Dieter Giesen
Andrea Lossen

MIT DEM WOHNMOBIL DURCH NEUSEELAND

Die Anleitung für einen Erlebnisurlaub

DER WOHNMOBIL-VERLAG
D-98634 Mittelsdorf/Rhön

Bibliografische Information der Deutschen Bibliothek

Die Deutsche Bibliothek verzeichnet diese Publikation in der Deutschen Nationalbibliografie.
Detaillierte bibliografische Daten sind im Internet über <http://dnb.ddb.de> abrufbar.

Titelbild: Milford Sound mit Mitre Peak (Tour 13)

Fotos:
Janika Giesen: S. 14, S. 15, S.16 unten, S. 17 oben
Roland Heinrich: S. 9 unten, S. 62, S. 120 unten, S. 122 oben, S. 123 oben
Andreas Mohr: S. 77 oben, S. 84 unten, S. 87, S. 118, S. 216, S. 260, S. 282, S. 306 unten, S. 322
Mira Wagner: S. 205, S. 265
Alle anderen von den Autoren

Karten: Alle von den Autoren

1. Auflage 2012

Druck:
www.schreckhase.de

Vertrieb:
GeoCenter ILH, 70565 Stuttgart

Herausgeber:
WOMO-Verlag, 98634 Mittelsdorf/Rhön
Position: N 50° 36' 38.2"; E 10° 07' 56.0"
Fon: 0049 (0) 36946-20691
Fax: 0049 (0) 36946-20692
eMail: verlag@womo.de
Internet: www.womo.de

Autoren-eMail: giesen@womo.de

Alle Rechte vorbehalten.
Alle Angaben ohne Gewähr.
ISBN 978-3-86903-691-5

EINLADUNG

Die „Kiwis", wie sich die Neuseeländer selber gerne nennen, leben in einem jungen Land. Noch vor tausend Jahren gab es hier keine Menschen. Und dennoch wird Ihnen das „schönste Ende der Welt" gar nicht so fremd vorkommen. Es erwarten Sie schneebedeckte Berge wie in den Alpen, Fjorde wie in Skandinavien und weiße Sandstrände wie der Karibik. Dazu Regenwälder und Gletscher, die bis fast an Küste heran reichen, Vulkane, Geysire und brodelnde Schlammlöcher.

Neuseelands Natur ist atemberaubend und seine Tier- und Pflanzenwelt einzigartig. Die riesigen Kauri-Fichten, der flugunfähige Nationalvogel Kiwi und der frech-schlaue Bergpapagei Kea gehören dazu. Doch nicht nur das Land wird Sie verzaubern, auch die polynesisch-geprägte Kultur der Maori, ihre Handwerkskunst, ihre Begrüßungszeremonie, ihre im Erdofen gefertigten Hangi-Gerichte und ihre Mythen.

Die ersten Einwanderer Neuseelands tauften ihre neue Heimat in ihrer bildhaften Sprache Aotearoa, Land der langen weißen Wolke.
Heute leben die Maori prächtig mit den Weißen „Kiwis" zusammen, die als entspannt, offen und gastfreundlich gelten. Auch kulturelle und kulinarische Attraktionen werden Ihnen geboten: feine Weine, frische Meeresfrüchte, ausgezeichnete Café-Variationen und unschlagbare Carrot Cakes.

Neuseeland ist ein dünn besiedeltes Land, in der die Ansammlung von fünf „Kiwis" als Menschenauflauf und ein fünf Kilometer langer Strand mit mehr als 10 Menschen als „crowded" gilt. Es ist ein sicheres und sehr einfach zu bereisendes Land, ein Paradies für Camper. Wer das Campen, Wandern und die Natur liebt, kommt voll auf seine Kosten. Lassen Sie sich von Andrea Lossen und Dieter Giesen in 18 ausgewählten Touren durch die Naturschönheiten Aotearoas, vom Cape Reinga im winterlosen Norden, bis in das 1.600 km südlich gelegene Fjordland führen.

Neuseeland wird als Reiseland immer beliebter, fahren Sie los!

Ihre

Waltraud Roth-Schulz

Sehr geehrter Leser, lieber WOMO-Freund!

Reiseführer sind für einen gelungenen Urlaub unverzichtbar – das beweisen Sie mit dem Kauf dieses Buches. Aber aktuelle Informationen altern schnell, und ein veralteter Reiseführer macht wenig Freude.

Sie können helfen, Aktualität und Qualität dieses Buches zu verbessern, indem Sie uns nach Ihrer Reise mitteilen, welchen unserer Empfehlungen Sie gefolgt sind (freie Stellplätze, Campingplätze, Wanderungen, Gaststätten usw.) und uns darüber berichten (auch wenn sich gegenüber unseren Beschreibungen nichts geändert hat).

Bitte füllen Sie dafür schon während Ihrer Reise das Info-Blatt am Buchende aus und senden Sie es uns sofort nach Ihrer Rückkehr zu (per Brief, Fax oder formlos als eMail).

Dafür gewähren wir Ihnen bei der nächsten Buchbestellung direkt beim Verlag ein Info-Honorar von 10%.

Aktuelle Korrekturen finden Sie unter: www.forum.womoverlag.de

Um die freien Übernachtungs- und Campingplätze auf einen Blick erfassen zu können, haben wir diese im Text in einem Kasten nochmals farbig hervorgehoben und, wie auf den Karten, fortlaufend durchnummeriert. Wir nennen dabei wichtige Ausstattungsmerkmale und geben Ihnen eine kurze Zufahrtsbeschreibung. "Max. WOMOs" soll dabei andeuten, wie viele WOMOs dieser Platz maximal verträgt und nicht, wie viele auf ihn passen würden (schließlich gibt es auch Einwohner und andere Urlauber)!

Übernachtungsplätze mit **B**ademöglichkeit sind mit hellblauer Farbe unterlegt. **W**anderparkplätze sind grün gekennzeichnet. **P**icknickplätze erkennen Sie an der violetten Farbe. Auf Schlafplätzchen, denen die gerade genannten Merkmale fehlen – also auf einfache **S**tellplätze – weist die Farbe Gelb hin. Empfehlenswerte **C**ampingplätze haben olivgrüne Kästchen. Wanderungen, die wir Ihnen besonders ans Herz legen möchten, haben wir hellgrün unterlegt.

Und hier kommt das Kleingedruckte:

Jede Tour und jeder Stellplatz sind von uns meist mehrfach überprüft worden, wir können jedoch inhaltliche Fehler nie ganz ausschließen. Bitte achten Sie selbst auf Hochwasser, Brandgefahr, Steinschlag und Erdrutsch!

Verlag und Autoren übernehmen keine Verantwortung für die Legalität der veröffentlichten Stellplätze und aller anderen Angaben. Unsere Haftung ist, soweit ein Schaden nicht an Leben, Körper oder Gesundheit eingetreten ist, ausgeschlossen, es sei denn unsere Verantwortung beruht auf Vorsatz oder grober Fahrlässigkeit.

Inhaltsverzeichnis

Gebrauchsanweisung 8

Tour 1: Durch den winterlosen Norden
Auckland - Bay of Islands - Kerikeri - Kaitaia -
Cape Reinga -Waipoua Kauri Forest - Auckland 12

Tour 2: In den Westen der Nordinsel
Auckland - Hamilton - Raglan - Waitomo Caves -
New Plymouth - Mount Taranaki - Wanganui 36

Tour 3: In die zentrale Hochebene
Wanganui - Whanganui River - Tongariro NP - Lake
Taupo - Rangipo Desert - Rangitikei River - Bulls 50

Tour 4: Wellington - The Windy City
Bulls - Palmerston North - Kapiti Coast -
Wellington - Wairarapa - Napier 70

Tour 5: First to see the light am East Cape
Napier - Lake Waikaremoana - Mahia Halbinsel -
Gisborne - East Cape - Opotiki 88

Tour 6: Höllische Verhältnisse in Rotorua
Opotiki - Whakatane - Rotorua - Tauranga -
Katikati - Waihi... 108

Tour 7: Um die wilde Coromandel Halbinsel
Waihi - Whangamata - Hot Water Beach - Cathedral
Cove - Whitianga - Coromandel - Thames 128

Tour 8: Auckland - City of Sails
Thames - Miranda - Orere Pt - Clevedon - Auckland . 148

Tour 9: Dialog mit dem Meer in Kaikoura
Picton - Blenheim - Kaikoura - Hanmer Springs -
Waipara - Christchurch 162

Tour 10: Durch Rolling Hill Country zum Mt Cook
Christchurch - Lyttelton - Akaroa - Inland Scenic
Route - Lake Tekapo – Mt Cook Village 178

Tour 11: Vom Mt Cook ins schottische Dunedin
Mt Cook Village - Twizel - Omarama - Oamaru -
Moeraki - Dunedin 196

Tour 12: Durch die rauen Catlins im Southland
Dunedin - Balclutha - Catlins - Invercargill 212

Tour 13: In die überfluteten Täler des Fjordlands
Invercargill - Riverton - Manapouri - Doubtful Sound -
Te Anau - Milford Sound - Mossburn 224

Tour 14: Adrenalin pur in Queenstown
Mossburn - Lake Wakatipu - Queenstown - Wanaka -
Lake Hawea- Haast Pass - Haast 242

Tour 15: Die Gletscher der West Coast
Haast - Fox-Gletscher - Franz-Joseph-Gletscher -
Okarito - Harihari - Ross 258

Tour 16: Versteinerte Pfannkuchen
Ross - Hokitika - Arthur's Pass - Lake Brunner -
Greymouth - Punakaiki - Westport 272

Tour 17: Abel Tasman National Park
Westport - Buller Gorge - Nelson Lakes NP -
Motueka - Abel Tasman NP - Nelson.......................... 286

Tour 18: Zu den Marlborough Sounds
Nelson - Cable Bay - Pelorus Bridge -
Havelock - Picton 300

Tipps und Infos 309

Anreise 309
Automobilclub, Pannenhilfe... 309
Campen 309
Department of Conservation (DOC) 311
Diplomatische Vertretungen in Neuseeland 312
Einreise.. 312
Elektrizität.. 312
Essen und Trinken... 313
Geld und Devisen 314
Gesundheit, Ärzte, Apotheken..................................... 314
Internet 315
Kleidung... 315
Klima, Jahreszeiten, Reisezeit 315
Kriminalität... 316

Maori	316
Nationalparks, Naturschutzgebiete	317
Neuseeländer	318
Pflanzen	319
Post	320
Reiseführer	320
Sprache	321
Strände	321
Telefonieren, **Notrufnummer**	322
Tiere	323
Toiletten	323
Touristeninformation	324
Trinkgeld	324
Verkehr, Straßen	324
Versicherungen	325
Wandern	326
Wohnmobil	326
Zeitunterschied	329
Zollbestimmungen	329
Stichwortverzeichnis	330
Tourenübersicht	hintere Umschlaginnenseite

Zeichenerklärungen für die Tourenkarten

Touren / abseits der Touren

- Autobahn
- 4-spurige Straße
- Hauptstraße
- Nebenstraße
- Schotterstraße

- (11) WOMO-Stellplatz
- (12) WOMO-Wanderparkplatz
- (13) WOMO-Picknickplatz
- (14) WOMO-Badeplatz

Alle Plätze sind zum Übernachten geeignet und auf den Tourenkarten fortlaufend nummeriert.

- ♦♦ Kirche, Kloster
- ▲ Berggipfel (1493 m)
- ※ ※ Sehenswürdigkeit
- →※ Aussicht, Rundsicht
- 🍴 Trinkwasser/Dusche
- ⓔ Ver-/Entsorgung
- WC 🚽 Toilette, Klo
- △(24) Campingplatz-Tipp

S50° 36' 38.2" E175° 07' 12.5" GPS

Gebrauchsanweisung

Neuseeland eignet sich wie kein zweites Land dafür, mit dem Wohnmobil erkundet zu werden. Dieser Reiseführer will Ihnen bei der Planung Ihrer Reiseroute und der Suche nach Übernachtungsplätzen helfen. Er liefert darüber hinaus Informationen zu den Hauptsehenswürdigkeiten, Wanderungen, Badestränden sowie Cafés und Restaurants. Er eignet sich auch, wenn Sie mit dem Pkw durch Neuseeland reisen möchten, denn fast alle Campingplätze in Neuseeland verfügen über *Tourist Cabins*, bieten also auch Pkw-Reisenden Unterkunftsmöglichkeiten. Schließlich ist dieser Reiseführer auch denen von Nutzen, die im Zelt übernachten wollen.

Wir beschreiben insgesamt 18 Touren, 8 auf der Nordinsel und 10 auf der Südinsel Neuseelands. Die Touren variieren in ihrer Länge und in ihrem Zeitbedarf. Während die Touren 1 und 5 jeweils mindestens vier Tage erfordern, kann Tour 8 problemlos an einem Tag gefahren werden. Die Autoren dieses Buches sind sämtliche 18 Touren zwischen Mitte November 2010 und Mitte März 2011 gefahren, wobei die für das Buch erforderlichen Recherchen in die Reisezeit eingegangen sind. Wer die 18 Touren in voller Länge fahren will, benötigt dazu unseres Erachtens mindestens sechs Wochen. Viele Neuseelandurlauber werden nicht so viel Zeit haben. Sie müssen Abstriche machen, einige Touren ganz ausfallen lassen, oder Abkürzungen wählen. Wenn Sie nur drei Wochen zur Verfügung haben, empfehlen wir Ihnen, sich zunächst auf eine Insel zu konzentrieren, und Neuseeland lieber nochmals zu besuchen. Neuseeland ist zu schön, um im Eiltempo durchfahren zu werden.

Vor jeder unserer Touren finden Sie eine Übersicht, in der wir Ihnen Stell- und Campingplätze vorschlagen, Badestrände nennen, Sie auf Wanderrouten hinweisen und Cafés oder Restaurants empfehlen. Diese Angaben werden dann im anschließenden Text näher beschrieben. Die ebenfalls zu jeder Tour gehörende Tourenkarte dient der Orientierung. Eine professionelle Straßenkarte die Sie von den Wohnmobilvermietern erhalten, ist zusätzlich unbedingt erforderlich. Wir empfehlen den *Discover New Zealand, Road Atlas and Travel Guide, ISBN-10: 1877302732.*

Damit Sie auf der Suche nach Übernachtungsmöglichkeiten nicht unnötig Zeit verlieren, schlagen wir Ihnen 168 Campingplätze und freie Stellplätze vor. Wenn Sie sich für die von uns ausgearbeiteten Touren entscheiden, wird immer einer dieser 168 Plätze in Ihrer Nähe sein. In den Tourenkarten sind die jeweiligen Übernachtungsplätze der Tour eingetragen. Die Plätze werden fortlaufend nummeriert und für jeden Übernachtungsplatz finden Sie an einer geeigneten Stelle einen zugehörigen Kasten mit Informationen. Wir beschreiben dort alle Stell- und Campingplätze, liefern Ihnen oft auch Bilder und immer die GPS-Koordinaten und eine Anfahrtsbeschreibung. Von den Reisführern des WOMO-Verlages sind Sie gewohnt, dass der Schwerpunkt auf freie Stellplätze gelegt wird. In Neuseeland wird das freie Campen durch zwei Umstände eingeschränkt. Zum einen führen weite Abschnitte der beschriebenen Touren durch Nationalparks, in denen freies Campen generell verboten ist. Neuseelands Umweltschutzbehörde *Department of Conservation (DOC)* bietet hier einfache und preisgünstige Campingplätze an. Zum anderen sind weite Teile Neuseelands Farmland. Die Straßen führen vorbei an scheinbar endlos langen Zäunen und die Einfahrten zu den Farmen sind Privatwege und oft durch Tore blockiert. Nach wie vor hat freies Campen (*Freedom Camping*) in Neuseeland jedoch große Tradition und ist im Selbstverständnis der Neuseeländer ein natürlich gegebenes Recht. Wir haben 63 Plätze für Sie ausgesucht, an denen Sie in landschaftlich meist überaus reizvoller Umgebung frei übernachten können. Unter den freien Stellplätzen, befinden sich auch einige, an denen eine Gebühr (*Fee*) erhoben wird. Wir weisen diese im zugehörigen Kasten unter „Preise" aus. Fehlt diese Angabe, so wird keine Übernachtungsgebühr fällig.

Neben den 63 freien Stellplätzen haben wir 16 DOC-Campingplätze und 89 kommerzielle Campingplätze für Sie ausgewählt und beschrieben. Zur Standardausstattung der

Gebrauchsanweisung 9

kommerziellen Campingplätze gehören Ver- und Entsorgung, sanitäre Einrichtungen, große und gut bestückte Gemeinschaftsküchen, Waschmaschinen, Trockner und Grillbereiche. Bietet der Campingplatz darüber hinaus Spielplätze, Swimmingpools oder andere Extras, so weisen wir im zugehörigen Kasten unter *Ausstattung* darauf hin. Für die DOC-Campingplätze wird die Ausstattung generell beschrieben. Bei Stellplätzen wird die maximale Zahl an Wohnmobilen angegeben, während bei Campingplätzen unter WOMOs die Anzahl der Stellplätze (*Sites*) ausgewiesen wird. Fehlt der Zusatz „mit Stromanschluss", so sind keine Plätze mit Strom (*powered Sites*) verfügbar. Die angegebenen Preise sind die Preise der Hochsaison im Januar und Februar 2011. Da fast jeder Campingplatz und nahezu jede Gemeinde über Entsorgungsstationen verfügen, weisen wir auf Entsorgungstationen (*Dump Stations*) nicht gesondert hin. Ihre Standorte können den Straßenkarten entnommen werden.

Für alle Übernachtungsplätze geben wir die GPS Koordinaten an und empfehlen Ihnen sehr, ein **Navigationsgerät** zu nutzen. Für all diejenigen unter Ihnen, die Ihr Ziel selber suchen möchten, geben wir Weg- oder Zufahrtsbeschreibungen an. Die dort gemachten Angaben *links* oder *rechts* beziehen sich dabei auf die Richtung der Tour. Auf der hinteren Umschlagseite finden Sie eine Übersichtskarte, die Ihnen einen Überblick darüber gibt, in welchen Teilen Neuseelands die einzelnen Touren verlaufen.

In der Übersicht, die jeder Tour vorausgeht finden Sie neben Stell- und Campingplätzen die Rubriken *Baden*, *Wandern* und *Essen*. Die aufgelisteten Stichworte sind im folgenden Text fett gedruckt. Bei den Badestränden haben wir die schönsten Strände aufgenommen, die sich zum Baden eignen. Bitte informieren Sie sich vor Ort über Sicherheitsaspekte beim Schwimmen. Auf attraktive Wanderungen weisen wir hin, beschreiben sie jedoch nicht im Detail, vielmehr nennen wir Ihnen den Namen der Wander-Broschüren, die Sie in den Touristen Informationen (*i-Sites*) bekommen. Von einzelnen Cafés oder Restaurants, die wir empfehlen können, haben wir Namen, Anschrift und Telefonnummer notiert. Bitte beachten Sie, dass bei der Angabe der Webseite ein Trennzeichen entstehen kann, das nicht Bestandteil der Webseite ist. Soweit die Bilder nicht mit einem Bildtext versehen sind, geht ihr Verständnis aus dem benachbarten Text hervor.

Im hinteren Teil des Buches finden Sie die Rubrik **Tipps und Infos**. Wir haben dort viele wichtige Informationen zu den Gegebenheiten in Neuseeland für Sie zusammen gestellt. Insbesondere  die Hinweise unter den Stichworten **Campen** und **Wohnmobil** dürften Sie brennend interessieren. Ihnen werden in diesem Reiseführer immer wieder englische Ausdrücke begegnen wie: Hauraki Gulf, Kaikoura Range, Whangarei Harbour oder Coromandel Peninsula. Wir haben uns entschlossen diese nicht zu übersetzen, weil sie Ihnen in Neuseeland auf Schildern, in Broschüren oder in Landkarten immer im Original begegnen. Einige englische Begriffe haben wir für Sie unter **Sprache** in der Rubrik **Tipps und Infos** übersetzt.

Wir haben nach bestem Wissen gründlich recherchiert, können aber keinen Anspruch auf die Richtigkeit und Gültigkeit aller Angaben erheben, denn eine Restaurant-Empfehlung erweist sich oft als kurzlebig und ein heute noch heißer Stellplatz-Tipp kann schon morgen durch Baumaßnahmen oder behördliche Aktivitäten seine Qualität einbüßen. Sie helfen uns daher sehr, wenn Sie uns Veränderungen präzise mitteilen und uns auf neue Stellplätze aufmerksam machen. **Wir sind Ihnen für Ihre Zuschriften wirklich sehr dankbar.** Bitte richten Sie Ihr Schreiben an den Verlag oder an

Dr. Andrea Lossen
Dieter Giesen
Bahnhofanlage 18
D 68723 Schwetzingen
Fax: (+49) 6202 / 923 184
giesen@womo.de

denn ein Wohnmobil-Reiseführer lebt besonders von der Aufmerksamkeit und den Tipps seiner Leser. Um Ihnen das Feedback zu erleichtern, befindet sich am Ende des Buches eine vorbereitete **Antwortkarte**.

Einige Freunde haben uns bei der Anfertigung dieses Reiseführers sehr geholfen. Wir bedanken uns ganz herzlich bei: Renate von Wiegen, Gertrud Ohling-von Haken, Dr. Ralf Gréus, Steffen Schurg und Julia Hilmer.

Tour 1: Durch den winterlosen Norden

Auckland - Bay of Islands - Kerikeri - Kaitaia - Cape Reinga - Waipoua Kauri Forest - Auckland - 720 km

Stellplätze:	Hikurangi, Helena Bay
Camping:	Orewa, Sandspit, Ruakaka, Tutukaka, Russell, Paihia, Whatuwhiwhi, Awanui, Ahipara, Baylys Beach
Baden:	Orewa Beach, Thermalbad Wairewa, Sandspit Beach, Whale Bay, Woolleys Bay, Helena Bay, Russell Oneroa Bay, Paihia TeTi Bay, Coopers Beach, Whatuwhiwhi und Tokerau Beach, Taputaputa Bay, Ahipara Bay, Aranga Beach, Kai Iwi Lakes, Lake Taharoa, Baylys Beach
Wandern:	Shakespear Regional Park, Moir Hill, Whangarei Waterfall, Whale Bay, Russell Heritage Walk, Flagstaff Hill, Waitangi Treaty Grounds, Rawene Mangrove Walk, Arai Te Uru Heritage, Waitomarama, Waipoua Kauri Forest, Lake Taharoa, Trounson Kauri Park, Baylys Beach
Essen:	Whangarei: a Deco, Russell Rd: Gallery & Café, Russell: Kamakura, Paihia: Only Seadfood, Treaty Grounds: Waikokopu Café, Mangonui Fish Shop, Kohukohu: The Waterline, Rawene: Copthorne Hotel

Die Reise durch Neuseelands Norden, von den Neuseeländern „**The Winterless North**" genannt, bietet sich für den Beginn oder den Abschluss des Neuseeland Urlaubes an. Im subtropischen Klima mit milden Wintern bei 15 bis 20°C und Sommertemperaturen zwischen 24 bis 35°C gedeihen Palmen, Zitrusfrüchte und Bananen. Mehr als die Hälfte der Fläche wird land- oder forstwirtschaftlich genutzt. Das hügelige Land mit kurvenreichen Straßen trennt die grüne *Tasman See* der Westküste vom blauen *Pazifik* der Ostküste. Während die Ostküste von vielen kleinen Fjorden, Halbinseln und Buchten mit ruhigen und sicheren Stränden geprägt ist, erstrecken sich auf der wenig strukturierten Westküste langgestreckte Dünenstrände, an denen Baden wegen gefährlicher Strömungen nur bedingt zu empfehlen ist. Am 450 km nördlich Auckland gelegenen **Cape Reinga** treffen beide Meere eindrucksvoll aufeinander. Nach dem Mythos der Maori reisen die Seelen der Verstorbenen entlang der **90 Mile Beach** um *Aotearoa*, vom Cape Reinga aus in Richtung **Hawaiki** zu verlassen. *Northland* mit dem Verwaltungssitz **Whangarei** gilt als die „Wiege Neuseelands". Den Legenden der Maori zufolge landete der legendäre polynesische Navigator *Kupe* vor etwa 1000 Jahren in *Hokianga* und viele Maori-Stämme sehen ihn als ihren direkten Vorfahren an. In *Northland* wurden einige der ältesten Spuren menschlicher Besiedlung in Neuseeland gefunden und auch die ersten dauerhaften europäischen Siedlungen entstanden hier. Der am 6. Februar 1840 unterzeichnete *Vertrag von Waitangi* ist die Gründungsurkunde des modernen Neuseeland. Im Verlauf von Tour1 folgen Sie im wesentlichen dem *Twin Coast Discovery Highway*.

Sie verlassen Neuseelands größte Stadt über die Harbour Bridge. Die 1.150 m lange stählerne Brückenkonstruktion über den *Waitemata Harbour* mit seinen unzähligen Segelbooten ist das Wahrzeichen der Stadt. Der State Highway 1 (SH1) führt 70 km nördlich Auckland, kurz vor **Orewa**, auf einen 7,5 km langen mautpflichtigen Abschnitt, der sich *Northern Gateway Toll Road* nennt. Sie fahren hier vom SH1 ab und erreichen

(001) WOMO-Campingplatz-Tipp: Orewa Beach Top 10

GPS: S 36°35'47" E 174°41'57" **WOMOs:** 300 **Ausstattung/Lage:** Spielplatz / Direkt am Strand mit sehr guten Bademöglichkeiten. **Preise:** Stellplatz mit Strom 21 NZD pro Person, Kinder 9 NZD. **Zufahrt:** Direkt am SH17. **Kontakt:** 265 Hibiscus Coast Highway, Orewa, Tel. 0800 673 921, www.orewabeachtop10.co.nz **Beurteilung:** Die Lage ist wunderschön, aber in den Platz wurde lange nicht mehr investiert, kein Top 10 Standard.

über den Grand Drive nach 2,5 Kilometern **Orewa**, einen kleinen Ferienort, in dem die **Hibiscus Coast** beginnt. Das Malvengewächs verleiht der Küstenlandschaft zwischen Dezember und März mit seinen rötlichen Blüten einen bezaubernden Reiz. Einige Kilometer außerhalb des Ortes befindet sich das Wohnhaus des 2008 verstorbenen Mt. Everest Bezwingers **Sir Edmund Hillary**, dem in der 5.000 Einwohner zählenden Stadt mit einer Statue gedacht wird. *Orewa* bietet dem Besucher vielfältige Freizeitmöglichkeiten und hat einen 3 km langen Sandstrand.

Wer genügend Zeit mitbringt, dem empfehlen wir einen Abstecher über den SH17 zur *Whangaparaoa Halbinsel*. Sie finden hier neben ausgezeichneten Möglichkeiten zum Windsurfing und Kajakfahren auch herrliche Sandstrände. Das System von Wanderwegen des **Shakespear Regional Parks** sei vor allem an Botanik Interessierten ans Herz gelegt, da sich hier ursprüngliche neuseeländische Flora und Fauna wunderbar beobachten lässt. Im Naturschutzgebiet gibt es einen Campingplatz für Zelte, der auch einige Stellplätze für Wohnmobile bereithält, die Sie über die Auckland Regional Council (Tel. 09 366 2000 oder 0800 80 60 40) buchen können.

Am nördlichen Ortsrand des 5 km nördlich *Orewa* an einer breiten Flussmündung gelegenen **Waiwera** befindet sich ein großzügig angelegtes Freibad, das von Thermalquellen gespeist wird. Es bietet Schwimmbecken, die bei Temperaturen zwischen 35 und 39 Grad Celsius zum Entspannen einladen. Nur 5 Minuten hinter Wairewa liegt der besuchenswerte **Wenderholm Regional Park** mit friedvollen Sandstränden und vielen alten Christmas Trees. Die von den Maori Pohutukawa genannten Bäume blühen in der Zeit zwischen Mitte Dezember und Mitte Januar in herrlichem Rot. Der Park liegt zwischen dem *Wairewa* und dem *Puhoi River* und bietet die Möglichkeit zu schönen Kajak Touren. Es gibt einen Campingplatz mit Basisausstattung, der auch einige Stellplätze für Wohnmobile aufweist, die Sie über die Auckland Regional Council buchen können.

Kurz hinter dem *Wenderholm Regional Park* treffen Sie wieder auf den SH1, dessen mautpflichtigen Teil Sie damit umfahren haben. Bald darauf bietet sich Ihnen die Gelegenheit zu einem kurzen Abstecher nach **Phuoi**. Das verträumte Dörfchen wurde 1863 von einer Gruppe von böhmischen (Egerländer) Einwanderern besiedelt. Daher stammt auch der Beiname des Ortes *Bohemian Settlement*. *Puhoi* liegt in einem abgeschiedenen Tal. Das Puhoi Cottage lädt zu einer Rast ein, ebenso der urige Country Pub des Puhoi Hotels, der mit alten Fotos und landwirtschaftlichen Geräten ein Hauch Pionierzeit vermittelt und in der neuseelandweit bekannten Puhoi Käserei können Sie sich mit Käse eindecken. Zurück auf dem SH1 halten Sie kurz vor **Warkworth** an einem Lookout. Dort startet der **Moir Hill Walkway** (3,5 km Rundweg) mit herrlichen Ausblicken auf den *Hauraki Gulf*. *Warkworth* selbst liegt am *Mahurangi River* und bietet neben der Touris-

Couldrey House, Wenderholm RP

teninformation auch einige Campingplätze. Wer lieber am Meer übernachten möchte, kann zum Campingplatz nach Sandspit fahren, der idyllisch an der *Kawau-Bay* liegt. **Sandspit** ist ideal als Ausgangspunkt für einen überaus lohnenden Abstecher per Fähre zur vorgelagerten Kawau-Insel. **Kawau** wurde 1862 von dem damaligen Generalgouverneur von Neuseeland als privater Rückzugsort gekauft. Er baute das Haus des Bergwerksverwalters zu einem der schönsten Gebäude im Kolonialstil aus. Das *Mansion House* gehört heute zum *Kawau Island Historic Reserve*. Das umliegende Land wandelte er mit eingeführten Pflanzen und Tieren in einen Botanischen und Zoologischen Garten um.

(002) WOMO-Campingplatz-Tipp: Sandspit Holiday Park
GPS: S 36°23'35" E 174°43'39" **WOMOs:** 50, davon sechs zum Strand hin.
Ausstattung/Lage: Spielplatz / Direkt am Strand gelegen, 500 m von der Kawau Fähre entfernt.
Preise: 16 NZD pro Person, 8 NZD pro Kind.
Zufahrt: 7 km von Warkworth entfernt. In Warkworth den Schildern Richtung Sandspit folgen. Der Campingplatz liegt an der Straße rechts.
Kontakt: 1334 Sandspit Road, Sandspit, Warkworth, Tel. 09 425 8610, www.sandspitholidaypark.co.nz **Beurteilung:** Ein wundervoller, familiärer Campingplatz in den historische Gebäude und nachgebaute Ladenfassaden integriert sind. Sehr gute Bademöglichkeit an der Beach.

Von *Warkworth* aus bietet sich ein weiterer Ausflug an, der Sie 22 km nördlich nach **Leigh** führt. Dort gibt es einen tollen Strand zum Schnorcheln und die Möglichkeit mit einem Glasbodenboot um die vorgelagerte Insel zu fahren. Auf dem Weg von *Warkworth* nach Norden verlassen Sie die Ostküste und passieren nach 4 km die *Sheepworld*, eine der zahlreichen Gelegenheiten, gegen Eintritt etwas über die Schafzucht zu lernen. Hinter Wellsford fahren Sie durch sanft hügeliges Hinterland und erreichen nach 44 km **Waipu**. Auf Höhe der *Bream Bay* liegen die *Hen and Chicken Islands*, eine Inselgruppe, bestehend aus *Henne und Küken*. Hier versank 1940 die Niagara - getroffen von einer deutschen Mine. Der Schiffsrumpf nahm einen Goldschatz im Wert von fünf Millionen Dollar mit auf den Meeresgrund. Kurz dahinter liegt unweit des Highways die *Marsden Point Ölraffinerie*. Hier wird das bei *New Plymouth* geförderte Gas und Öl verarbeitet. Nach weiteren 33km erreichen Sie *Whangarei*.

(003) WOMO-Campingplatz-Tipp: Ruakaka Reserve Camp

GPS: S 35°54'20" E 174°27'10"
WOMOs: 225 mit Strom
Ausstattung/Lage: Spielplatz / Direkt am Strand einer Meereslagune, Vogelschutzgebiet.
Preise: Stellplatz mit Strom 13 NZD pro Person, Kinder 5,50 NZD, Dusche 0,6 NZD.
Zufahrt: Vom SH1 in die Marsden Point Road abbiegen, den Schildern folgen.
Kontakt: 21 Ruakaka Beach Rd, Ruakaka, Tel. 09 432 7590, www.motorcamp.co.nz

Whangarei, das kommerzielle und industrielle Zentrum des *Nordlandes*, begrüßt seine Besucher als „Gateway to the North", als „Tor zum Norden". Zu den Attraktionen der Stadt gehören das *Uhrenmuseum* am Hafen, der *Rose Garden*, ein kleiner öffentlicher Park und der mit einer Farnzuchtanlage ausgestattete *Cafler Park*. Vom *Parahaki War Memorial*, einem Kriegerdenkmal in Form eines metallverkleideten Obelisken auf einem Hügel am Stadtrand, genießt man die beste Aussicht auf die Stadt. Empfehlenswert ist auch der Besuch des etwa 4 km Richtung *Dargaville* gelegenen *Whangarei Museums*. Sehr gut essen können Sie im **a Deco (**70 Kamo Rd, Kensington, Tel. 09 459 4957). Die 25 m hohen **Whangarei Falls** finden Sie 4,5 km nördlich in Richtung *Bay of Islands* Sie werden verblüfft sein, den oberen Bereich des Wasserfalles bereits nach wenigen Metern zu erreichen. Ein Fußweg führt Sie in 5 Minuten zum unteren Bereich der Fälle mit einem großartigen

> **(004) WOMO-Campingplatz-Tipp: Tutukaka Holiday Park**
> **GPS:** S 35°36'31" E 174°31'23"   **WOMOs:** 55 mit Stromanschluss
> **Lage:** Bis zum Shoppingzentrum und zum Hafen 5 Minuten zu laufen.
> **Preise:** 17 NZD pro Person, 8 NZD pro Kind, bis 5 Jahre frei, Dusche 0,5 NZD.
> **Zufahrt:** In Tutukaka direkt an der Hauptstraße, Schildern folgen.
> **Kontakt:** 288 Matapouri Rd, Tutukaka, Tel. 09 434 3938, www.tutukaka-holidaypark.co.nz   **Beurteilung:** Die Stellplätze liegen alle auf gepflegtem Rasen. Sehr schöner und sauberer Sanitärbereich und Küche.

Blick auf die wunderbar vielfältig bewachsene Steilwand.

Wir empfehlen Ihnen, sich auf dem Weg nach Norden die **Tutukaka Coast** anzuschauen. Sie fahren nach dem Besuch der *Whangarei Falls* nicht zurück zum SH1, sondern auf der *Ngunguru Road* Richtung Küste. Die wunderschöne Straße ist recht schmal und sehr kurvenreich. Nach der kleinen Siedlung *Ngunguru* erreichen Sie den Hafenort **Tutukaka**. Hier werden Tauchfahrten in die farbenfrohe Unterwasserwelt der vorgelagerten **Poor Knights Islands** angeboten, die als eines der besten Tauchgebiete der Welt gilt (www.diving.co.nz). Sehr zu empfehlen ist die *Perfect Day Ocean Cruise* zu den *PoorKnights Islands*, die Lunch, Heißgetränke, Schnorcheln und Kajak fahren beinhaltet. Im Hafen von *Tutukaka* liegt eine stattliche Zahl

> **(005) WOMO-Stellplatz: Wakapara Hikurangi**
> **GPS:** S 35°35'52" E 174°17'12"   **max. WOMOS:** 3
> **Ausstattung/Lage:** Keine / Auf dem Parkplatz hinter dem Hikurangi Hotel, 18 King St, Hikurangi 0114, Tel. 09 433 8701, Wohnmobile sind willkommen, bitte trotzdem nachfragen/anmelden.
> **Zufahrt:** Vom SH1 rechts in die George Street Richtung Hikurangi abbiegen, dann links in die King Street, nahe Ortskern.

von Fischerbooten, die Gelegenheit zum Hochseeangeln bieten. Kurz bevor sich die Straße wieder von der Küste abwendet, finden Sie in der *Woolleys Bay* direkt hinter einem feinen Sandstrand einen Übernachtungsplatz. Auf dem Hügel vor der *Woolleys Bay* liegt ein Parkplatz, von dem aus Sie eine 20 minütige Wanderung zur idyllischen **Whale Bay** unternehmen können. Wenn Sie sich gegen den Abstecher zur *Tutukaka Coast* entscheiden, folgen Sie ab *Whangarei* dem SH1 und haben nach etwa 22 km kurz vor *Whakapapa* erneut die Qual der Wahl. Sie können auf dem SH1 bleiben oder rechts in die **Russell Road** ab-

Whale Bay

biegen. Die Straße ist eng, sehr kurvenreich, hat steile Passagen und kann nur langsam befahren werden. Wer sie dennoch befährt, wird durch einsame, verzauberte Sandstrände und einen der schönsten erhaltenen Urwälder Neuseelands reichlich belohnt. In neueren Reiseführern heißt es die Straße sei nun durchgängig geteert. Fakt ist, dass ein Teil der Russell Road immer noch Schotterstraße ist. Sie können aber einer 10 km längeren asphaltierten Straße, die näher zur Küste verläuft und sich später wieder mit der Russell Road vereinigt, folgen. Die Russell Road trifft 21 km nachdem sie den SH1 verlassen hat in **Helena Bay** auf die Küste. Hier können Sie die Nacht verbringen und in der Bucht schwimmen. Kurz vor der *Helena Bay* bietet sich eine Rast im hoch gelegenen **The Gallery & Café** (www.galleryhelenabay.co.nz, Tel. 09 433 9934) an. Genießen Sie hier bei herrlichem Fernblick Fair-Trade-Kaffee und ausgezeichneten Kuchen.

(006) WOMO-Badeplatz: Helena Bay

GPS: S 35°25'58" E 174°21'38"
max. WOMOs: 3
Ausstattung/Lage: Keine / Parkplatz, direkt an der Helena Bay.
Zufahrt: Wenn die Old Russell Road die Küste erreicht, rechts in die Webb Road einbiegen. Nach 100 m links in die Helena Bay Road abbiegen. Der Parkplatz liegt am Ende der Straße rechts, leicht oberhalb des schwarzsandigen Strandes.

Wer dem SH1 folgt, sollte sich ca. 5 km vor *Kawakawa* die 1 km lange Abzweigung zu den *Kawiti Caves* in **Waiomio** nicht entgehen lassen. Die Tropfsteinhöhlen faszinieren ihre Besucher durch riesige Stalaktiten und tausende von der Decke hängende klebriger Fäden, an denen leuchtende Würmer sitzen.

Eine Stunde oder 55 km nördlich *Whangarei* erreichen Sie auf dem SH1 **Kawakawa**, das hübsch am gleichnamigen Fluss gelegene Verwaltungszentrum der **Bay of Islands**. Im Sommer kann man täglich mit einer restaurierten Dampfeisenbahn eine wunderschöne 45 minütige Fahrt durch Tunnel und über Brücken entlang des *Kawakawa River* unternehmen. Eng verbunden mit *Kawakawa* ist auch der Name **Friedensreich Hundertwasser**. Der österreichische Künstler ließ sich hier 1975 nieder und lebte bis zu seinem Tode im Jahr 2000 im nahe gelegenen *Kaurinui Valley* in einem grün bewachsenen, windschiefen Holzhaus auf seinem 180 ha großen Grundstück. Seinen Mitbürgern in *Kawakawa* gestaltete er 1997 die extravagante öffentliche Toilette des Ortes, die heute jährlich von vielen tausend

Hundertwasser-Toilette in Kawakawa

Besuchern bewundert und fotografiert wird. Um die *Bay of Islands* zu erkunden, müssen Sie spätestens in *Kawakawa* den SH1 verlassen. Sie folgen dem SH11, der zunächst North Rd und wenig später Paihia Rd heißt, zunächst bis **Opua** und nehmen in dem kleinen, attraktiven Jachthafen die Fähre Richtung *Russell*. Sie ist nicht sehr geräumig, aber es verkehren ständig zwei Fähren, so dass fast keine Wartezeit entsteht. Kassiert wird während der kurzen Überfahrt nach **Okiato**. Nach weiteren 8 km erreichen Sie **Russell**.

Die ehemalige Walfanghochburg hat ihren viktorianischen Charme bewahrt. Heute ein beliebter Ferienort mit etwa 1.200 Einwohnern war *Russell* Anfang des 19. Jahrhunderts die erste weiße Stadt Neuseelands. Nach der Unterzeichnung des Vertrages von *Waitangi* wurde *Russell* 1840 für kurze Zeit zur Hauptstadt des Landes. Trotz bewegter Vergangenheit, die *Christ Church* weist heute noch Einschüsse aus der Zeit der Auseinandersetzung zwischen einer Gruppe Maori und der britischen Marine im Jahr 1844 auf, zeigt sich *Russell* heute als Schmuckstück im viktorianischen Stil. Vor allem an der Hafenfront mit seinem Pier blieb die Zeit stehen. Dort finden Sie den *Duke of Marlborough*, ein Hotel mit den angeblich ältesten Schankrechten im Lande, den *Swordfish Club* der Hochseeangler, das Rathaus, das *Pompallier House* sowie die ehemalige *Missionsdruckerei*.

An der Uferpromenade „**The Strand**" liegen eine ganze Reihe von Cafés und Restau-

Strandpromenade in Russell

Bilck auf Russell vom Flagstaff Hill

rants, unter denen das **Kamakura** (29 The Strand, Tel. 09 403 7771) mit seiner großzügigen Terrasse und ausgezeichnetem Essen herausragt. Im *Captain Cook Memorial Museum* wird an die Zeit des großen Seefahrers erinnert. Es zeigt u.a. einen Nachbau von Cooks Schiff Endeavour im Maßstab 1:5. Die historischen Stätten Russells kann man am besten kennen lernen, wenn man den drei **Heritage Walkways** folgt. Eine imposante Aussicht auf Russel hat man vom **Flagstaff Hill** und dem **Tapeka Point**. Badestrände findet man an der östlichen Seeseite der Landzunge in der **Oneroa Bay**.

---

(007) WOMO-Campingplatz-Tipp: Russell Top 10

GPS: S 35°15'32" E 174°7'29" **WOMOs:** 140

Ausstattung/Lage:
Spielplatz / Die höher gelegenen Plätze bieten tolle Ausblicke auf die Bay of Islands. Sie laufen 10 Minuten bis zum Bootsanleger in Russell.
Preise: Gestaffelt bis 24,5 NZD pro Person, Dusche 2 NZD.
Zufahrt:
In Russell geradeaus fahren und den Schildern folgen
Kontakt: 1 James St, Russell, Tel. 0800 148 671,
www.russelltop10.co.nz

Beurteilung: Sehr gepflegter Platz. Die Duschkabinen sind sehr eng.

Da von *Russel* nur eine Personenfähre zum nahe gelegenen *Paihia* führt, müssen Sie, um nach *Paihia* zu gelangen, die Bucht umfahren und erneut die Fähre von *Okiato* nach *Opua* nehmen. Früher war **Paihia** ein kleines Fischerdorf, das überwiegend durch seine Nähe zum historischen Waitangi bekannt

Durch den winterlosen Norden

war. Heute ist *Paihia* ein beliebter Ferienort in abwechslungsreicher landschaftlicher Umgebung an der Bay of Islands gelegen, der seinen Besuchern Kauri-Bäume, Obstplantagen und einen langen Sandstrand bietet. Hochseeangler starten hier ihren Trip zu den reichhaltigen Fanggründen vor der Küste und auch für Taucher beginnt im Hafen ein schöner Tag auf und in dem Meer. Ausflugsboote laden zu verschiedenen Bootsausflügen durch die Bucht ein, die auch per Kajak erkundet werden kann. Anbieter von Touren zum „Hole in the Rock" oder „Schwimmen mit Delfinen" sind **Great Sights** (Tel. 0800 653 339, www.dolphincruises.co.nz) und **Explore NZ** (Tel. 0800 397 567, www.explorenz.co.nz), deren Büros an der *Paihia Wharf* liegen. Delfine sind bei den Touren fast immer zu sehen. Wenn Delfinbabys mit vor Ort sind, ist das Schwimmen mit ihnen allerdings nicht erlaubt. Einen gemütlichen 5,5 stündigen Ausflug können Sie mit dem Segelschiff R. Tucker Thompson unternehmen (Tel. 0800 633 255, www.tucker.co.nz/day_sails.htm). Wenn Sie gerne Fisch essen sind Sie im **Only Seadfood** (40 Marsden Rd, Tel. 09 402 6066) an der richtigen Adresse. Die Straße von *Paihia* nach *Waitangi* führt entlang des Sandstrandes der TeTi-Bay. Hinter dem Shipwreck Museum führt die Straße einspurig über eine schmale Brücke direkt zu den **Waitangi Treaty Grounds**, also mitten hinein in die Neuseelands Geburtsstätte. Durch Mangrovenwald, vorbei an Maorisäulen und einem 35 m langen, aus zwei Kauri-Stäm-

men zusammengesetzten Maori-Kriegskanu, es kann neben den 80 Ruderern 70 Krieger aufnehmen, führt uns der Weg zu

> **(008) WOMO-Campingplatz-Tipp: Waitangi Holiday Park**
> **GPS:** S 35°16'36" E 174°4'39"   **WOMOs:** 56 mit Stromanschluss.
> **Ausstattung/Lage:** Trampolin / Liegt am Strand des Waitangi River, bis zu den Waitangi Treaty Grounds 10 Minuten zu laufen, bis zum Zentrum Paihias 1,5 km.   **Preise:** 18 NZD pro Person, 9 NZD pro Kind, bis 5 Jahre frei.
> **Zufahrt:** In Paihia geradeaus weiter fahren, vor der Brücke nach Waitangi links abbiegen und den Schildern folgen.   **Kontakt:** 21 Tahuna Rd, Paihia Bay of Islands, Tel. 09 402 7866, www.waitangiholidaypark.co.nz

dieser wichtigsten historischen Stätte Neuseelands. Hier wurde am 6. Februar 1840 im **Treaty House** der **Treaty of Waitangi** unterzeichnet. Von der riesigen, gepflegten Rasenfläche vor dem *Treaty House* hat man einen herrlichen Blick in die Bay of Islands, aber das häufig umgebaute Haus ist wenig spektakulär, sein ursprüngliches Aussehen kann nur erahnt werden. Einige Schritte vom *Treaty House* entfernt steht das prunkvolle **Whare Runanga**, ein Maori Meeting House, mit Schnitzereien und Symbolen mehrerer Maori-Stämme aus dem Northland. Es wurde 1934 neben dem *Treaty House* im Stile eines traditionellen Versammlungshauses errichtet und bei der Hundertjahrfeier im Jahre 1940 eingeweiht. Im Visitor Centre wird man in einer ausgezeichneten audiovisuellen Show über die historischen Zusammenhänge informiert. Es empfiehlt sich eine Führung zu buchen. In der sehr instruktiven 1,5 stündigen Abendveranstaltung **Cluture North Night Show** (Tel. 09 402 5990, www.culturenorth.co.nz) wird im stimmungsvollen *Whare Runanga* die Geschichte Neuseelands aus Maori Sicht

Maori Versammlungshaus *Whare Runanga*

Durch den winterlosen Norden

Der Vertrag von Waitangi (Treaty of Waitangi)

Um britische Handelsinteressen zu wahren und der zunehmenden Rechtlosigkeit zu begegnen, ernannte die britische Regierung im Jahre 1833 James Busby zu ihrem Regierungsvertreter in Neuseeland. Er hatte die Aufgabe, ein legitimiertes Abkommen für das Zusammenleben der Maori und der britischen Siedler zu erarbeiten. Als Ende der 1830-iger Jahre die Sorge wuchs, Neuseeland an Frankreich zu verlieren, wurde der Vertrag eilig vorangetrieben. Der Vertragstext wurde von James Busby und Generalgouverneur William Hobson unter Mithilfe des Missionars Henry William, der die Sprache der Maori perfekt beherrschte und das Vertrauen einiger ihrer Häuptlinge hatte, aufgesetzt. Die 46 anwesenden Maori Häuptlinge diskutierten den Vertragsinhalt zwei Tage lang bevor sie ihn am 6. Februar 1840 im Treaty House (Vertragshaus) unterzeichneten.

Danach schlossen sich mehr als 500 Maori Häuptlinge im ganzen Land dem Treaty of Waitangi an. Sie ordneten sich damit der britischen Krone unter, bekamen im Gegenzug deren Schutz zugesichert und wurden britische Staatsbürger mit allen Rechten und Pflichten. Den Maori wurde das uneingeschränkte Recht an ihrem Besitzungen, Land, Wälder, Fischgründe usw. versprochen, nur die Krone durfte Land von den Maori kaufen.

Bald nach Vertragsunterzeichnung kam es zu Problemen und Spannungen um seine Auslegung. Diese Streitigkeiten wurzelten in der Tatsache, dass es den Vertrag in zwei Varianten gab: Englisch und Maori. Diese wichen teilweise voneinander ab. Vor allem die konkrete Umsetzung des Vertrages erbitterte die Maori, weil die britische Krone das den Maori abgekaufte Land zu wesentlich teureren Preisen an Siedler weiterverkaufte. Bis heute beschäftigt die korrekte Auslegung die höchsten Gerichte des Landes und bei den Jahrestagsfeiern des Vertrages kommt es immer wieder zu heftigen Protesten. In jüngster Vergangenheit gab es Schadensersatzzahlungen an Maori-Stämme, die damit für die widerrechtliche Enteignung von Fischgründen entschädigt wurden. Der Vertrag von Waitangi gilt als Neuseelands Gründungsdokument. Der 6. Februar ist nationaler Feiertag und wird jährlich als „Waitangi Day" gefeiert.

in Szene gesetzt, ein eindrucksvolles Erlebnis. Im reizvoll an einem Teich am Rande der T*reaty Grounds* gelegenen **Waiko-**

kopu Café (Tel. 09 402 6275) können Sie sich bei einem leckeren Kaffee oder typisch neuseeländischer Küche stärken. Sie fahren von *Paihia* aus über den SH11 Richtung *Kerikeri*. Nach 4 km biegen Sie rechts ab, um den **Haruru Falls** einen kurzen Besuch abzustatten. Die Wasser des *Waitangi River* stürzen hier kurz vor seiner Mündung hufeisenförmig 5 m in die Tiefe, ein imposantes Schauspiel. Etwa 9 km hinter den *Haruru Falls* biegen Sie rechts auf den SH10 ab, dem Sie für 8 km folgen, um dann rechts in die Kerikeri Rd abzubiegen. Schnell werden Sie feststellen, dass Sie sich nun in der ergiebigen **„Fruchtschüssel des Nordlands"** befinden, denn entlang der Straße verkaufen die Farmer am Straßenrand Kiwis, Orangen und Tomaten, oder laden Sie durch Schilder dazu ein, Käufe in ihrem Hof zu tätigen. Am Wegrand finden Sie Stände, an denen Orangen, Äpfel, Kiwis, Paprika oder Tomaten auf Selbstbedienungsbasis angeboten werden. Die ebenfalls angebauten Weine können Sie in einer Winery kosten. Immer wieder sind hohe Hecken zu sehen, die die Anbaugebiete vor dem oft heftigen Wind schützen sollen. In der kleinen Hafenbucht von **Kerikeri** (6.000 Ew) befindet sich mit dem 1822 gebauten **Kemp House**, das einen guten Einblick in die Zeit

Kerikeri Stone Store

der europäischen Besiedlung vermittelt, das älteste Gebäude Neuseelands und mit dem **Stone Store** das älteste Steingebäude des Landes (1835), dessen historische Mauern heute einen kleinen Kramladen beherbergen. Beide Gebäude gehörten zur *Kerikeri Missionsstation,* die 1821-1822 unter Reverend *John Gare Butler* errichtet wurde. Das Missionshaus war die erste ständige Mission Neuseelands, weswegen Kerikeri häufig auch als die „Wiege der Nation" bezeichnet wird. Mit der *St. James Kirche* und der *Methodist Church* befinden sich auch noch zwei Kirchen aus dem 19. Jahrhundert in *Kerikeri*. Im oberhalb des Yachthafens gelegenen Freilichtmuseum **Rewa's Maori Village** ist die Nachbildung eines Maori-Dorfes (Kainga) aus der Zeit vor der Ankunft der Europäer zu bewundern (Sept.-April tgl. 9-17, sonst 10-16 Uhr, Eintritt 5 NZD). Auch das Naturschauspiel der **Rainbow Falls** sollten sie sich nicht entgehen lassen. Vom Parkplatz laufen sie 5 Minuten zu den Wasserfällen, schauen von oben in das *Kerikeri Bassin* und können bei Sonnenschein einen Regenbogen bewundern.

Ihr nächstes Ziel ist die **Doubtless Bay** mit langen Sandstränden, die Sie erreichen, indem Sie von *Kerikeri* aus 60 km dem SH10 folgen. Mal wieder war *Captain Cook* der Namensgeber, der bei seiner Ankunft meinte dieses Gewässer wäre „doubtless a bay". Die **Karikari Peninsula** bildet die Nord- und Westseite der Bucht. Hier liegen die Orte **Whatuwhiwhi** und **Tokerau Beach.** Der gleichnamige Sandstrand zieht sich über die gesamte Westseite der Bucht nach Süden. Im Südosten mündet der *Oruati River* in die *Doubtless Bay* und bildet den Naturhafen **Mangonui Harbour**, der durch die Halbinsel *Osprey Head* von der Bucht getrennt ist. Zentrum der *Doubtless Bay* ist das historische Dorf **Mangonui**, westlich davon erstrecken sich diverse Vororte wie *Coopers Beach* oder *Cable Bay*. In Mangonui gibt es den weithin bekannten **Mangonui Fish Shop**, der immer wieder Preise für die besten „Fish & Chips" des Landes bekommt. In *Mangonui* kann man Bootstouren und Schwimmen mit Delfinen buchen. Sportfischer können Boote chartern, es gibt Angebote zum Tauchen oder zum Mieten von Kajaks.

---

(009) WOMO-Campingplatz-Tipp: Whatuwhiwhi Top 10
GPS: S 34°52'28" E 173°23'24" **WOMOs:** 17 mit Stromanschluss
Ausstattung/Lage: Spielplatz / Direkt hinter der Straße liegt die Doubtless Bay mit der romantischen Perehipe Beach, Abholung zu Cape Reinga Touren.
Preise: 25 NZD pro Person, 12 NZD pro Kind, Dusche 2 NZD.
Zufahrt: 18 km vom SH10 entfernt, gut ausgeschildert.
Kontakt: 17 Whatuwhiwhi Rd, Whatuwhiwhi, Tel. 0800 142 444, www.whatuwhiwhitop10.co.nz **Beurteilung:** Sehr gepflegter Platz. Große Stellplätze auf Gras. Die Duschkabinen sind sehr eng.

Sie verlassen Mangonui auf dem SH10 und erreichen nach 30 km *Awanui*. **Awanui** ist ein kleiner, 350 Einwohner zählender Ort, an der Basis der *Aupori Peninsula*, an deren Nordspitze **Cape Reinga** liegt. Der *Awanui River* fließt durch den Ort

Richtung Norden in die *Rangaunu Bay*. In den 1920er Jahren wurde Kauriholz und Kauriharz aus *Kaitaia* über *Awanui* an die Küste gebracht. Wir empfehlen einen Blick in den am SH1 liegenden Show Room der Firma *Ancient Kauri Kingdom* zu

---

(010) WOMO-Campingplatz-Tipp:
Awanui Norfolk Motel & Campervan Park

GPS: S 35°2'45" E 173°15'31"　　**WOMOs:** 12 mit Stromanschluss
Ausstattung/Lage: Spielplatz, Swimmingpool, Spapool / Zentral gelegen.
Preise: 18 NZD pro Person, 10 NZD pro Kind.
Zufahrt: 150 m bevor der SH10 auf den SH1 trifft links abbiegen.
Kontakt: 29 SH10, Awanui, Tel. 0800 266 736, www.norfolkmotel.co.nz

---

werfen, in dem aus ausgegrabenen alten Baumstümpfen der Urwaldriesen gearbeitete Möbel, Skulpturen und Gebrauchsgegenstände zu bewundern und zu kaufen sind. In *Awanui* trifft der SH10 wieder auf den SH1. Wer mit dem eigenen Camper Richtung *Cape Reinga* fahren will, folgt dem SH1 nun nach Norden. Wir ziehen eine organisierte Bus Tour zum Cape Reinga vor. Die Touren starten in der Regel im 8 km südlich gelegenen *Kaitaia*. Wer sich in Absprache mit dem Veranstalter in *Awanui* für die Tour auflesen lassen will, kann hier im Ninety Mile Beach Holiday Park übernachten.

Im 5.600 Einwohner zählenden *Kaitaia* befindet sich nahe der i-Site ein sehenswertes Lokalmuseum. Das „The Far North Regional Museum" informiert über die Besiedlungsgeschichte sowohl der Maori, als auch der ersten Pakeahs die hier als Gumdigger das begehrte Kauri Harz sammelten. Eine erstaunlich große Zahl schön polierter Exponate dieses Bernstein Neuseelands sind hier zu bewundern. Von Kaitaia kommend erreichen Sie über eine Nebenstrecke nach 14 km die 1000 Einwohner Gemeinde **Ahipara**, deren *Ahipara Bay* bei Surfern Kultstatus genießt. Der Ort *Ahipara* verströmt mit seiner Kombination aus Designerhäusern und alten, leicht verwitterten Ferienhäusern einen besonderen Charme. In vielen Reiseführern kommt dieser reizvolle Ort zu kurz. Der lange Strand bietet genug Platz zum Strandsegeln, zu Pferdeausflügen oder einfach nur zum genießen der salzigen Luft beim Spaziergang. Da die Bustouren zum Cape Reinga auch in Ahipara starten, empfehlen wir

Ihnen hier zu übernachten. Dies können Sie im Ahipara Motor Camp, das etwa 300 m von der Küste entfernt liegt (siehe Kasten). Dort werden Sie für die Cape Reinga Touren abgeholt. Etwa 4 km südöstlich von Ahipara liegen die *Ahipara Gum Fields*, in denen in die Pioniere das kostbare Kauriharz aus dem Boden buddelten. Es wurde in der nahen *Shipwreck Bay* (bei Ebbe werden mehrere Schiffswracks sichtbar) auf Schiffe verladen und nach *Auckland* transportiert. Direkt an der *Shipwreck Bay* befindet sich ein wunderbar gelegener, aber sehr einfacher Campingplatz ohne Powered Sites.

---

(011) WOMO-Campingplatz-Tipp: Ahipara Motor Camp
GPS: S 35°9'37" E 173°9'42" **WOMOs:** 30 mit Stromanschluss
Ausstattung/Lage: Spielplatz / Über die Kaka Street gelangt man nach 600 m zur Beach. Abholung zu Cape Reinga Touren.
Preise: 15 NZD pro Person.
Zufahrt: In Ahipara rechts in die Takahe Rd abbiegen und dieser 1 km folgen. Der Platz liegt rechts vor dem Golfplatz.
Kontakt: 164-170 Takahe Street, Ahipara, Tel. 0800 888 988, www.ahiparaholidaypark.co.nz
Beurteilung: Sehr ansprechende kleine Anlage mit hübschen, bepflanzten Stellplätzen und großem Kommunikationsbereich.

Die Fahrt nach Norden lohnt wegen der einzigartigen Landschaftsbilder. Wenn Sie den gewaltigen Sandstrand der **Ninety Mile Beach** hautnah genießen wollen, müssen Sie auf Ihr Wohnmobil verzichten und mit einem der Spezialbusse vorlieb nehmen. Die Fahrt mit dem Wohnmobil auf dem harten Sandstrand ist prinzipiell möglich. Wir raten davon jedoch dringend ab. Die Gefahren und Risiken sind zu groß. Wenn Sie mit dem eigenen Camper bis zum *Cape Reinga* fahren wollen, so folgen Sie dem durch das Innere der Halbinsel führenden SH1, der seit 2010 durchgängig geteert ist. 16 km nordwestlich von

Strand in Ahipara

Awanui sollten Sie den *Gumdiggers Park* nahe *Waiharara* besuchen. Von Ende des 19. bis weit in das 20. Jahrhundert trug der Handel mit Kauriharz ganz wesentlich zum Wohlstand des Northlands bei. Im *Gumdiggers Park* können Sie das Leben und Arbeiten der Gum Digger nachvollziehen.

Zunächst eine Klarstellung: Die **Ninety Mile Beach** ist tatsächlich nur 64 Meilen (103 km) lang. Eine Bustour zum **Cape Reinga** dauert den ganzen Tag und schließt ein Picknick zur Mittagszeit mit ein. Am *Cape Reinga* legt der Bus eine 45 minütige Pause ein. Das ist für diesen stimmungsvollen Ort etwas kurz. Ein 10 minütiger Spaziergang führt Sie zum Leuchtturm und dem dahinter liegenden Aussichtspunkt auf das Kap. An den hohen Sanddünen am **Te Paki Stream** halten die Busse, um Sandschlittenfahren zu ermöglichen. Wer will, kann sich einen Plastikschlitten schnappen, die Düne hinaufsteigen und in rasanter Fahrt zum Fluss hinunter flitzen. Die Busse befahren die *Ninety Mile Beach* fast in ihrer vollen Länge zwischen der Mündung des *Te Paki Stream* und der *Waipapakauri Beach*. Sie jagen bei Ebbe mit etwa 100 km/h den festen Sandstrand entlang und verlangsamen ihre  Fahrt nur gelegentlich im Mündungsbereich eines der kleinen Wasserläufe, die sich in die *Tasmansee* ergießen. Der Rest der Rundreise führt über den SH1. Ob die *Ninety Mile Beach* auf der Hinfahrt zum *Cape Reinga* oder erst der Rückfahrt befahren wird, hängt von den Gezeiten ab. Die Tour wird in der beschriebenen Art von zahlreichen Busunternehmen angeboten und kann auf jedem Campingplatz und in jeder i-Site gebucht werden. Wir können sie sehr empfehlen. In *Kaitaia* beginnt Ihre Rückreise nach Auckland, über die Westseite des Nordlandes.

Durch den winterlosen Norden

Leuchtturm am Cape Reinga

Die Küstenlinie verläuft hier, im Gegensatz zur reich gegliederten Ostküste, sehr geradlinig. Unterbrochen wird der endlose Sandstrand im wesentlichen nur durch den **Hokianga Harbour**, eine verklüftete Bucht, die tief in das Land hinein führt. Sie folgen zunächst für 37 km dem SH1 durch die *Mangamuka Ranges* gen Süden, biegen dann vor der Mangamuka Bridge rechts ab, folgen der Mangamuka Rd für etwa 10 km und biegen dann links Richtung Kohukohu ab. Wir empfehlen Ihnen in **Kohukohu** im Café **The Waterline** (2 Beach Rd, Tel. 09 405 5552) eine Rast einzulegen. Das kleine und sehr originelle Café hat eine Terrasse über dem Wasser. Es gibt frisch zubereitete leckere Snacks, ideenreiche Pizza- und Burgervarianten sowie selbstgebackene Muffins, die Ihnen warm serviert werden. Nachdem Sie sich gestärkt haben, steuern Sie die 3 km entfernte Anlegestelle **Narrows Landing** an und setzen mit der Fähre, die Ihnen einen 70 km Umweg über *Kaikohe* erspart, nach *Rawene* über, wobei Sie den **Hokianga Harbour** überqueren.

Cape Maria van Diemen

In der kleinen Ansiedlung **Rawene** befinden sich zahlreiche historische Gebäude. Das *Clendon House,* errichtet 1860 durch den Händler *James Clendon*, das *Manison Hotel* aus dem Jahre 1875, die *Methodist Church* von 1876 und das *Gerichtsgebäude* von 1876. Sehenswert sind auch das *Warf House*, das heute ein Restaurant beherbergt, und das *Rawene*

Sanddünen am Hokianga Harbour

Hotel. Besichtigen können Sie nur das Clendon House (Nov-April , Sa, So und Mo,10-16 Uhr). Neben dem Westpack-Bank ist das Maori-Kanu *Te Hawera* aufgebaut. Wer Lust auf Natur bekommt, sollte den **Mangrove Walkway** entlang spazieren, der durch das umliegende Feuchtgebiet führt. Direkt am Strand, auf der ausladenden Terrasse des **Copthorne Hotel**, kann man sich anschließend mit einem ausgezeichneten Kaffee verwöhnen lassen.

Von *Rawene* aus fahren Sie auf der Rawene Road Richtung Süden und biegen nach 5,5 km rechts auf den SH12 ab und erreichen nach weiteren 12 km **Oponoi**, das langsam in das 3,5 km dahinterliegende **Omapere** übergeht. Auf der Fahrt haben Sie einen wunderbaren Blick auf die riesige goldgelbe Dünenlandschaft auf der Nordseite

des *Hokianga Harbour*. Mit dem Wassertaxi können Sie sich übersetzen und später wieder abholen lassen. Ein beliebtes Vergnügen ist eine Düne hochzuklettern und auf Plastikschlitten in rasantem Tempo wieder hinunterzurutschen. Den besten Blick auf die beeindruckenden Sanddünen haben Sie von der Landspitze westlich von *Omapere* aus. Sie folgen der Signal Station Road bis zum Parkplatz und gelangen nach einer wunderbaren kleinen Wanderung über den **Arai Te Uru Heritage Walk**, bis zur Landspitze. *Omapere* bietet Muscheln und fangfrischen Fisch als kulinarische Spezialitäten und dem Wanderer ein breites Angebot an Wanderwegen. Einer weiteren Attraktivität wurde *Opononi* schon 1956 beraubt, als der kleine zutrauliche Delfin *Opo*, der Kinder auf seinem Rücken reiten ließ, ein Tag vor Inkrafttreten eines Sondergesetzes zu seinem Schutz, erschossen aufgefunden wurde! In der i-Site in *Omapere* können Sie sich in einem sehenswerten Video anschauen, welchen Rummel es damals um dem lustigen Delfin gab. Der kleine Sandstrand war über und über mit Menschen bevölkert, die alle den Delfin berühren wollten. Die auch in Deutschland ausgestrahlte amerikanische TV-Serie Flipper wurde durch die Ereignisse um *Opo* inspiriert.

12 km hinter *Omapere* haben Sie die Gelegenheit, vom SH12 abzubiegen und einige Attraktionen kennen zu lernen. Eine unbefestigte Straße bringt Sie nach 3 km zu *Labyrinth Woodworks.* Neben Kunsthandwerk und diversen Puzzels aus aller Welt können Sie sich im Maisfeld-Labyrinth versuchen. Nur wenige Meter hinter *Labyrinth Woodworks* beginnt der beliebte **Waitomarama Walk** durch ein Tal mit Nikau Palmen, Farnen und Kauris, vorbei an einem kleinen Wasserfall.

Der **Waipoua Kauri Forest** bietet dem Besucher den größten zusammenhängenden Bestand an Kauribäumen und ist gleichzeitig Neuseelands größter subtropischer Regenwald. In dem 91 km² großen Areal wachsen drei Viertel der erhalten gebliebenen Kauribäume Neuseelands. Da diese Fichtensorte durch ihr sehr hartes Holz, den geraden Wuchs und die erhebliche Höhe von besonderem Interesse für den Bootsbau der Maori und später der Engländer war, sind die Kauris heute fast ausgestorben. Im Waipoua Kauri Forest können Sie zwei der bekanntesten und mächtigsten Bäume Neuseelands bewundern. Zum einen den **Tane Mahuta (Gott des Waldes)**, mit der stattlichen Höhe von 52 m unbestritten größter Kauribaum

Tane Mahuta (Gott des Waldes)

Four Sisters, Waipoua Forest

Neuseelands. Er fasst 13 m im Umfang, sein Holzvolumen wird auf gut 244 m³ und sein Alter auf über 2.000 Jahre geschätzt. Ebenso imposant ist der **Te Matua Ngahere (Vater des Waldes)**, der zwar nicht die Höhe des Tane Mahuta erreicht, aber dafür mit seinen 18 m Umfang noch massiver wirkt. Ende des 19. Jahrhunderts wurde nördlich von *Dargaville* ein Kauri gefällt, der mit einem Holzvolumen von 453 m³ zu den mächtigsten Bäumen der Welt zählte. Kauris können bis zu 4.000 Jahre alt werden. Beide Giganten sind am SH12 ausgeschildert und können über kurze Wanderungen erreicht werden. Eine weitere empfehlenswerte Wanderung führt zu den **Four Sisters**, einem Kauribaum, der sich in eine Gruppe von vier Stämmen aufteilt. Die Wanderungen durch die ursprünglichen Kauriwälder sind ausgesprochen beeindruckend und ein absolutes Muss. Schon die Fahrt mit dem Wohnmobil durch den dichten Wald, dessen Baumwipfel meist in die Straße hineinragen, ist ein phantastisches Erlebnis.

Zu Beginn des Jahres 2007 bedrohte ein Waldbrand den Waipoua Forest. Das Feuer brach am 1. Februar aus, nachdem jemand an der nahegelegenen Küste auf offenem Feuer Muscheln gekocht hatte. Das Feuer vernichtete Kiefernpflanzungen in Nachbarschaft des Nationalparks und zerstörte die Vegetation in ökologisch wichtigen Feuchtgebieten. Es näherte sich bis auf 3 km an den *Tane Mahuta*. Den Neuseeländischen Feuerwehrleuten und Freiwilligen des Department of Conservation gelang es glücklicherweise noch rechtzeitig, das Feuer mit Wasserabwürfen von Hubschraubern und Feuergassen unter Kontrolle zu bringen.

Im **Waipoua Kauri Forest Visitor Centre** werden alle verbleibenden Fragen zu den Baumriesen beantwortet und Hinweise zu Wanderwegen gegeben. Neben einem einladenden Picknickplatz bietet sich hier auch noch eine Bademöglichkeit

Te Matua Hgahere (Vater des Waldes)

am Fluss und am kleinen Campingplatz können Wohnmobile über Nacht bleiben, freilich ohne Strom. Am Ende des Parks führt eine Seitenstraße zu einem 30 m hoch gelegenen Aussichtspunkt über den Regenwald und das Tal des *Waipoua River*.

Die 53 km Route nach *Dargaville* ist kurvenreich und durchquert naturbelassenen Wald. Gelegenheit zu einem lohnenden Abstecher bietet der **Trounson Kauri Park**, der auf seinem 573 ha Areal neben Baumriesen auch eine DOC-Rangerstation mit Motorcamp zu bieten hat. Auch ein Ausflug zur Aranga Beach ist empfehlenswert. Der 459 m hohe Felsrücken des *Maunganui Bluff* unterbricht den fast 100 km langen Sandstrand von der nördlich gelegenen Mündung des **Hokianga Harbour** bis zum **Kaipara Harbour** im Süden. Im weiteren Streckenverlauf lohnt sich der 11 km lange Abstecher zu den kristallklaren Seen der **Kai-Iwi-Lakes** die zum Baden und Boot fahren einladen. Der mit Abstand größte der Seen, der *Lake Taharoa*, bietet sogar die Vorzüge eines Sandstrandes. Eine Wanderung auf markierten Pfaden zur nahe gelegenen Küste ist ebenfalls möglich. Auch hier können Sie mit Ihrem Womo über Nacht stehen .

Dargaville liegt am Ufer des mächtigen *Wairoa River* und verdankt Namen und Entstehung dem Holzhändler und Politiker *Joseph McMullen Dargaville* (1837-1896). Die Stadt wurde während des Booms des Holz- und Bernsteinhandels im 19. Jahrhundert gegründet und war kurzzeitig die bevölkerungsreichste Stadt Neuseelands. Das Gebiet um *Dargaville* wird von der Landwirtschaft dominiert, dazu gehören Milchwirtschaft, Rinderhaltung und Schafzucht. Das Gebiet um die Stadt ist außerdem eines der bedeutendsten Anbaugebiete für Süßkartoffeln in Neuseeland. *Dargaville* ist heute mit ca. 4500 Einwohnern das administrative Zentrum des *Kaipara-Distrikts*. Neben hübschen Holzhäusern kann man sich in der Stadt das sehenswerte *Dargaville Maritime Museum* anschauen, vor dem die Masten des berühmten Greenpeace Schiffes Rainbow Warrior aufgestellt sind. Dargaville hat mit dem 13 km von der Stadt entfernten, 90 km langen **Baylys Beach**, einen der längsten ununterbrochenen Sandstrände Neuseelands, der größtenteils auch befahrbar ist. An der Küste lebt die große und sehr schmackhafte Muschelart *Toheroa*. Der einfache Campingplatz in *Baylys Beach* liegt 500 m von der Beach entfernt.

---

(012) WOMO-Campingplatz-Tipp: Baylys Beach Holiday Park
GPS: S 35°57'0" E 173°44'52" **WOMOs:** 60 mit Stromanschluss.
Ausstattung/Lage: Spielplatz / 500 m zur Beach.
Preise: 16 NZD pro Person, 8 NZD pro Kind.
Zufahrt: 10 km vom SH10 entfernt.
Kontakt: 24 Seaview Rd, Baylys Beach, Dargaville, Tel. 09 439 6349, www.baylysbeach.co.nz
Beurteilung: Guter Platz auf Gras mit sauberen sanitären Einrichtungen. Quads können zur Ausfahrt am Strand gemietet werden.

Über **Matakohe**, einem 400 Einwohner zählenden Ort, dessen ausgezeichnetes **Kauri Museum** der Geschichte der auf dem Einschlag von Kauribäumen basierenden Holzindustrie der Gegend gewidmet ist, folgen Sie dem SH12 etwa 70 km bis zum SH1, der Sie auf bekannter Strecke 200 km zurück nach **Auckland** bringt.

Baylys Beach

Durch den winterlosen Norden

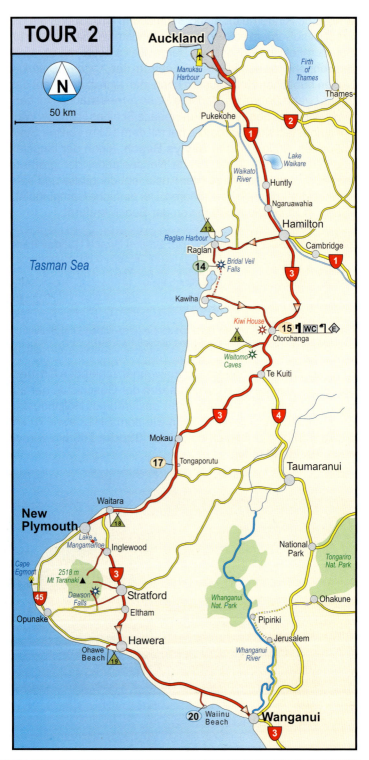

Tour 2: In den Westen der Nordinsel

Auckland - Hamilton - Raglan - Waitomo Caves - New Plymouth - Mount Taranaki - Wanganui - 650 km

Stellplätze:	Bridal Veil Falls, Otorohanga, Tongaporutu, Waiinu Beach
Camping:	Raglan, Waitomo, Waitara, Ohawe Beach, Wanganui
Baden:	Raglan: Te Kopua
Wandern:	Hamilton Gardens, Hamilton Lake, Te Toto Track, Bridal Vail Falls, Mokau, New Plymouth: Marsden Hill, Heritage Walkways, District Guide to Walkways, Short Walks in Mt Egmont, Ngatoro Loop Track
Essen:	Raglan: Orca, Otorohanga: Thirsty Weta, New Plymouth: Arboria

Im Verlauf von Tour 2 werden Sie die Universitätsstadt **Hamilton** und ihre ausgedehnten Gartenanlagen kennen lernen und den Surfern im 50 km entfernten **Raglan** bei ihren waghalsigen Wellenritten zuschauen. Danach wandern Sie zu den 45 m hohen **Bridal Vail Falls** und besuchen die berühmten **Glühwürmchen Höhlen von Waitomo**. Vorbei am immer mit einer Schneehaube überzogenen **Mount Taranaki** führt Sie die Fahrt bis **Wanganui**, wo der Whanganui River in einer ausgedehnten Dünenlandschaft in die Tasmanische See mündet.

Auf Ihrem Weg vom winterlosen Norden in den Westen der Nordinsel verweilen Sie nicht in *Auckland*, auch wenn die Silhouette der Stadt mit dem markanten Skytower Sie dazu einlädt, sondern passieren die Harbour Bridge und gelangen

geradewegs auf den *Motorway One South*, der Sie dicht am *Manukau Harbour* vorbei südlich aus der Stadt führt. In einer der Satellitenstädte *Onehunga, Otahiuhu* oder *Manukau* können Sie im Supermarkt Ihre Vorräte auffüllen. Danach verengt sich der Motorway zum SH1 und verläuft ca. 100 km durch eine fruchtbare Ebene, die **Waikato Plains**, die zu Beginn der weißen Besiedelung dem ausgedehnten Sumpfland abgerungen wurde. Der SH1 folgt bis *Hamilton* dem **Waikato River**, dem mit 425 Kilometern längsten Fluss Neuseelands. Zuvor hatten schon die Maori das fruchtbare *Waikato-Schwemmland* für Kumara-Pflanzungen genutzt. Heute gedeihen im milden feuchten Klima Obst und Gemüse und das Gras auf den Rinder- und Pferdeweiden wächst neun Monate im Jahr. Aber auch Kohlebergwerke, ein großes Kohlekraftwerk (Huntly Power Station), sowie einige Wasserkraftwerke an Stauwerken des *Waikato River* liegen an Ihrem Weg in die Universitätsstadt *Hamilton*. 20 km vor *Hamilton* mündet das kleine Flüsschen *Waipa* in den *Waikato*. Dort liegt die 5000 Ew. Ortschaft **Ngaruawahia**, die historisch bedeutsame **Maori Hauptstadt des King Movement**. In dieser für alle Maori-Stämme wichtigen Stadt ließ Prinzessin *Te Pueha* zu Beginn des letzten Jahrhunderts das *Turangawaewae-Marae* bauen, das heute mit seinen traditionellen Versammlungshäusern Sitz des Maori Königtums ist. Jedes Jahr am 17. März, dem St Patrick's Day, findet in *Ngaruawahia* auf dem *Waikato River* eine traditionelle Regatta mit Kriegskanus der Maori statt.

Hamilton, Waikato River

Das 129 Kilometer südlich von *Auckland* im Zentrum der Waikato-Region gelegene **Hamilton** ist mit mehr als 130.000 Einwohnern die viertgrößte Stadt Neuseelands. Das heutige Stadtgebiet war ursprünglich von Maori-Dörfern (Pa) besiedelt und wurde nach *Captain Fane Charles Hamilton* benannt, der als Kommandeur in einer Schlacht nahe dem heutigen Tauranga getötet wurde.

Im schnell gewachsenen *Hamilton* gibt es eine Vielzahl von kleineren Kunstgalerien und Museen, unter ihnen auch das *Waikato Museum of Art and Culture*. Letzteres beherbergt mit dem *Te Winika* eines der ältesten erhaltenen *Waka (Kriegs-Kanu)* noch aus der Zeit vor der europäischen Kolonialisierung.

Die bekannteste Touristenattraktion aber ist zweifelsohne die weitläufige Gartenanlage *Hamilton Gardens,* in der das jährliche **Hamilton Gardens Summer Festival** veranstaltet wird. An

Hamilton Gardens

den Teichen, Palmenhäusern und den abwechslungsreichen Gärten der **Hamilton Gardens** werden Sie ganz sicher Ihre Freude haben. Vom Stadtzentrum aus führt ein wunderschöner Wanderweg am stattlichen und durchaus flott dahin fließenden Waikato River entlang zu dieser reizenden Gartenanlage. Auf dem *Waikato* können Sie an einer Motorboot-Tour teilnehmen oder den Fluss entlang paddeln. Wer nicht gegen den Strom anpaddeln möchte, kann sich flussabwärts einsammeln lassen. Andere Attraktionen der Stadt sind der *Hamilton Zoo,* die *ArtsPost Gallery* und das *Sky Riverside Casino*. An jährlichen Großveranstaltungen sind das *Balloons over Waikato-Festival*, ein fünf Tage dauerndes Heißluftballon-Festival und die *National Agricultural Fieldays*, eine große landwirtschaftlichen Messe, zu nennen. Sofern es Ihre Zeitplanung erlaubt, empfehlen wir Ihnen abschließend den 40 minütigen **Rundweg um den Hamilton Lake**.

Zu den Glühwürmchenhöhlen der *Waitomo Caves* führen zwei Wege. Wir beschreiben zunächst kurz den direkten Weg über den SH37 und danach die Alternativroute über Raglan und Kawhia. In der direkten Streckenführung verlassen Sie Hamilton gen Süden über die Tu-

Surfer an der Manu Bay

In den Westen der Nordinsel

Raglan, Fußgängerbrücke zum Campingplatz

hikaramea Road, die an der *Lake Koromatua Wildlife Reserve* vorbeiführt. Schließlich biegen Sie rechts in den SH 37 ein und erreichen nach 82 km den kleinen Ort **Waitomo**.

Wenn Sie über genügend Zeit verfügen, empfehlen wir Ihnen die im Folgenden beschriebene **Alternativroute** von Hamilton nach Waitomo über Raglan und Kawhia. Der SH23 bringt Sie von Hamilton nach 48 km in den Badeort **Raglan** mit seinem malerischen Naturhafen und langen Stränden. Einstündige Hafenrundfahrten beginnen am Anleger. Raglan wird bei Wochenendausflüglern aus Hamilton zunehmend beliebter und unter Wellenreitern hat sein Name sogar internationalen Rang, denn hier gibt es die beste linksbrechende Welle der Welt. Besuchen Sie die **Whale Bay** oder **Manu Bay** und beobachten Sie die Surfer bei ihren halsbrecherischen Wellenritten von den Aussichtspunkten aus. Am Hafen liegt ein sehr schöner Campingplatz (Raglan Kopua Holiday Park) mit sicherem

---

(013) WOMO-Campingplatz-Tipp: Raglan Kopua HP
GPS: S 37°48'15" E 174°51'47" **WOMOs:** 200 mit Stromanschluss
Ausstattung/Lage: Spielplatz / Liegt auf einer Landzunge im Meeresarm des Raglan Harbour. Stadtzentrum von Raglan in Laufweite.
Preise: Stellplatz mit Strom 16 NZD pro Erwachsenem, 8 NZD pro Kind.
Zufahrt: Vom Zentrum kommend biegt die Oxford Street direkt hinter dem Waipoua River links vom SH2 ab.
Kontakt:
61 Marine Parade, Raglan 3225, Tel. 07 825 8283, www.raglanholidaypark.co.nz
Beurteilung: Großer gepflegter Platz, gute Sanitäranlagen, schöner Badestrand. Sie erreichen das Ortszentrum über eine Fußgängerbrücke die einen Meeresarm überquert.

Badestrand **Te Kopua**. Ihre leiblichen Gelüste werden im zentral gelegenen **Orca** (2 Wallis St, Tel. 07 825 6543) befriedigt. Wer gerne klettert, hat da zu 12 km südlich von Raglan an der Whaanga Rd Gelegenheit, wo der **Te Toto Track** (8 km hin und zurück, 5-6 h) auf den 755 m hohen Gipfel des Mt Karioi beginnt.

---

(014) WOMO-Wanderparkplatz: Bridal Veil Falls
GPS: S 37°54'26" E 174°54'3" **max. WOMOs:** 5
Ausstattung/Lage: Keine / an der Straße, von Wald umgeben.
Zufahrt: 4 km südlich Raglan vom SH23 Richtung Kawhia in die Maungatawhiri Rd einbiegen, die später in die Te Mata Rd übergeht. Kurz darauf links in die Kauroa-Kawhia Rd einbiegen. Der Parkplatz ist ausgeschildert.
Beurteilung: Einfacher Parkplatz. Die 45 m hohen Bridal Vail Falls sind über einen ausgeschilderten 10 minütigen Fußweg durch dichten Busch zu erreichen.

Die Alternativroute führt Sie nun Richtung *Kawhia* durch eine sanfte Hügellandschaft, die gelegentliche Blicke bis zum Mt Taranaki freigibt. Kurz hinter *Te Mata* liegen die 45 m hohen **Bridal Vail Falls** inmitten eines kleinen Regenwaldes. Sie sind über einen gut ausgeschilderten 10 minütigen Fußweg durch dichten Busch zu erreichen. Der Parkplatz an den Bridal Falls wird auch als freier Stellplatz genutzt. Die insgesamt 55 km lange Strecke nach Kawhia ist auf den letzten 25 km unbefestigt und sehr kurvenreich. **Kawhia** ist wegen seiner jährlich am 1. Januar stattfindenden Walboot-Regatta bekannt. An der nahe gelegenen Ocean Beach können Sie sich Ihr eigenes Thermalbad buddeln, ähnlich wie in der wesentlich bekannteren *Hot Water Beach* in *Coromandel*.

Bridal Vail Falls

Die **Tu Puia Hot Springs** sind über die unbefestigte 4 km lange Tai-Nui-Kawhia Forest Road zu erreichen. Alternativ können Sie eine Quad Bike Tour, die am Strand entlang führt, buchen. Der südlich des Pirongia Forest Parks verlaufende SH31 führt Sie zurück zur **Hauptroute**, auf die Sie in **Otorohanga** treffen. Attraktion dieses kleinen Ortes ist das Kiwi House, in dessen schummrigen Licht sich der flügellose Wappenvogel Neuseelands gut beobachten lässt. Im benachbarten Otorohanga Kiwi Town Holiday Park können Sie die Nacht verbringen und in der Weinbar **Thirsty Weta** (57 Maniapoto St, Tel. 07 873 6699) gut essen und danach Lifemusik genießen.

(015) WOMO-Stellplatz: Otorohanga Kiwi Town HP

GPS: S 38°10'50" E 175°12'45" **max.WOMOs:** 25 mit Strom
Ausstattung/Lage: Standard / Zwischen Kiwi House und einem Sportplatz.
Preise: Stellplatz mit Strom für zwei Personen 25 NZD, pro weiterer Person 10 NZD, Kinder 5 NZD, Kinder unter 5 Jahren sind frei. **Zufahrt:** Den Schildern zum Kiwi House folgen. **Kontakt:** 7 Domain Drive, Otorohanga, Tel. 07 873 8214, www.campkiwi.co.nz/
Beurteilung: Einfacher Platz, sauber, das Kiwi House ist sehr zu empfehlen! Sie zahlen am Office des Kiwi Hauses, 8.00 bis 17.00 Uhr.

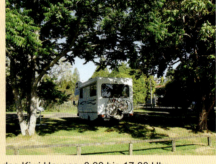

Waitomo besteht im Wesentlichen aus ein paar wenigen Häusern, einem Restaurant, einer Kneipe, dem **Waitomo Caves** Hotel, einer Tourist Information und dem Waitomo Top 10 Holiday Park. Natürlich gibt es auch ein kleines *Waitomo Museum of Caves*, in dem man sich über die Höhlen und das Leben der Glowworms informieren kann. Der Name Waitomo kommt aus der Sprache der Maori und bedeutet Wasser und Loch, bezogen auf die zahlreichen aus Kalkstein geformten Höhlen der Umgebung. Und tatsächlich, wer nach Waitomo kommt, der möchte unter die Erde, hinab ins Dunkel und in eine fast unwirkliche Welt, wie sie in Millionen von Jahren geschaffen wurde. Die mit Abstand meistbesuchte dieser Höhlen, durch

(016) WOMO-Campingplatz-Tipp: Waitomo Top 10 HP

GPS: S 38°15'37" E 175°6'37" **WOMOs:** 35 mit Stromanschluss.
Ausstattung/Lage: Spielplatz, Swimmingpool, Spa / Zentral.
Preise: Stellplatz mit Strom 40 NZD für 2 Erwachsene.
Kontakt: 12 Te Anga Rd, Waitomo, Tel. 07 878 7639 u. 0508 498 666, www.waitomopark.co.nz
Beurteilung: Guter Top 10 Platz. Nahe den Waitomo Caves gelegen.

Eingang zu den Waitomo Caves

die im Minutentakt Touristenhorden geschleust werden, ist die Aranui Cave, an deren Decke Glühwürmchen wie ein Sternenhimmel funkeln. Die angrenzende *Ruakuri Cave* ist der Black Water Rafting-Tour vorbehalten. Teilnehmer dieser Tour hüllen sich in Gummianzüge und lassen sich auf Gummiringen über unterirdische Flüssen treiben. Das Visitor Information Centre, in dem man die Touren in die umliegenden Höhlen buchen kann und in dem man Informationen zum umliegenden **Kings Country** bekommt, ist meist total überfüllt.

Das heute landwirtschaftlich geprägte ca. 4.700 Einwohner zählende **Te Kuiti** liegt 19 km südöstlich von *Waitomo* an der Kreuzung SH3 und SH30 und an der *North Island Main Trunk Railway*. Der Eisenbahn verdankt die Stadt auch ihre Existenz, denn sie entstand 1887 aus einem Eisenbahncamp, von dem aus Waldrodungen, Landvermessungen und schließlich der Bau des letzten Teils der Eisenbahnstrecke Auckland - Te Kuiti vorangetrieben wurden. Die Stadt vermarktet sich als „Welthauptstadt der Schafschur". Sie ist Gastgeber der jährlichen Nationalen Meisterschaften im Schafscheren. Inmitten der Stadt wurde eine 7 m hohe Statue eines Schafscherers aufgestellt.

---

(017) WOMO- Stellplatz: Tongaporutu

GPS: S 38°49'2" E 174°35'28" **max. WOMOs:** 5
Ausstattung/Lage: Keine / Am Mündungsbereich Tongaporutu River.
Zufahrt: An der Süd-Seite der Brücke über den Tongaporutu River auf der Clifton Rd in Richtung See fahren, an den Häusern vorbei bis rechts ein einfacher Parkplatz kommt.
Beurteilung: Bei Ebbe ideal zum Wandern entlang der Küste bis zum offenen Meer (20 min) und zu den Kalksteinklippen (White Cliffs), von den „Three Sisters" ist 2005 eine eingestürzt.

Der verschlafen wirkende Ort **Mokau** liegt malerisch an der Flussmündung des *Mokau River* mit Blick auf den *Mt Taranaki* und hat einen wunderschönen schwarzen Sandstrand, der allerdings wegen gefährlicher Strömungen nicht zum Schwimmen

geeignet ist. In Pioniertagen war *Mokau* ein wichtiger Hafen zur Verschiffung von Bauholz und Kohle. Das *Tainui Museum* zeigt historische Fotos aus dieser Zeit. Rund um den Ort gibt es **Wanderwege** und Wasserfälle. Einige Szenen aus dem Film von *Jane Campion „The Piano"* wurden hier gedreht. Die Häuser haben meist gepflegte, hübsche Bauerngärten, die auch besichtigt werden können. Auch eine Kanu Tour auf dem *Mokau River* bietet sich an. Größere Boote können den Fluss, dessen Quelle dem südlich *Te Kuiti* gelegenen *Pureroa Forest* entspringt, bis zu 37 Kilometer flussaufwärts befahren. Wer möchte kann bei einer Ausflugfahrt des 90 Jahre alten Milchbootes *MV Cygnet* (30 NZD) einige geschichtlich bedeutende Stätten kennen lernen.

(018) WOMO-Campingplatz-Tipp:
Waitara Marine Park Motor Camp

GPS: S 38°59'21" E 174°13'31"   **WOMOs:** 50 mit Stromanschluss.
Ausstattung/Lage: Standard / Liegt unweit der Mündung des Waitara River in die Taranaki Bight.   **Preise:** 12 NZD pro Person.
Zufahrt: In Waitara, südlich der Brücke in die Centennial Ave einbiegen, bis zum Ende geradeaus fahren.
Kontakt: Centennial Avenue, West Beach, Waitara, Tel. 06 754 7121, www.motorcamps.com/content/camp/marine-park-motor-camp
Beurteilung: Einfacher, sauberer Platz auf Gras. Der nahegelegene lange Sandstrand ist übersät mit angeschwemmten Baumstämmen.

Nachdem vor der Küste einige der größten Öl- bzw. Gasvorkommen des ganzen Landes gefunden wurden, siedelten sich in **New Plymouth** Öl und Gas verarbeitende Betriebe sowie Firmen auf dem Sektor der Petrochemie an. Die Einwohnerzahl stieg schnell auf über 70.000 und machte *New Plymouth* zur mit Abstand größten Stadt der *Region Taranaki.* Ein ebenfalls stark wachsender Wirtschaftszweig ist der Tourismus. In *New Plymouth* Urlaub zu machen oder gar zu wohnen wird immer populärer, weil man an der Küste vortreffliche Surf-Bedingungen vorfindet (daher der Name *„Surf Highway 45"*) und man nicht weit bis zum *Mount Taranaki* fahren muss, um dort im Egmont-Nationalpark zu wandern oder im Winter Ski zu fahren oder zu Snowboarden. In *New Plymouth* selbst gibt es  einen sehenswerten *Botanischer Garten* und eine 45 Meter hohe Skulptur von *Len Lye*, genannt „Wind Wand" (Wind-Stab). Mit der *Govett-Brewster* Kunstgalerie existiert in New Plymouth die bedeutendste Sammlung zeitgenössischer Kunst in ganz Australasien und auch das *Taranaki Museum*, in dem u.a. das Skelett eines Moas, des ausgestorbenen Riesenvogels, zu sehen ist, gehört zu den wichtigsten des Landes. Hinter der *St. Marys*

Church liegt der **Marsden Hill**, der einem die Mühen des Aufstieges durch einen wunderbaren Rundblick lohnt und zudem das Observatorium beherbergt. Auf dem **New Plymouth Heritage Trail** lernen Sie auf einer zweistündigen Wanderung viele historisch und architektonisch interessante Plätze und Gebäude der Stadt kennen. In der i-Site erhalten Sie darüber hinaus die Broschüre **„New Plymouth District Guide to Walkways"**, die Wanderwege der Umgebung beschreibt. Gut essen können Sie in angenehmem Ambiente und mit Blick aufs Meer im **Arboria** (North Wing Puke Ariki, 1 Ariki St, Tel. 06 759 1241).

Der Hauptanzie-

In den Westen der Nordinsel   45

hungspunkt der Region ist der 2518 m hohe, atemberaubend schöne **Mount Taranaki** mit seinem gleichmäßig geformten Vulkankegel, der immer von Schnee und Eis bedeckt ist. Der von den Maori seit jeher Taranaki genannte Berg wurde von *James Cook* nach dem *Earl of Egmont* in *Mount Egmont* umbenannt. Der Berg erhielt jedoch in den 80-iger Jahren des letzen Jahrhunderts wieder seinen alten Namen, und nur der ihn umgebende *Egmont-Nationalpark* erinnert an den Adligen, der nie in Neuseeland war. Der *Mt Taranaki*, dessen letzter Ausbruch

Lake Mangamahoe

auf das Jahr 1755 datiert, ist von vielen einzigartigen Pflanzen bewachsen und ihm entspringen mehr als 50 Flussläufe, die von sehr starken Niederschlägen gespeist werden. In den Sommermonaten Dezember bis März kann der am meisten bestiegene Gipfel Neuseelands auch ohne Kletterausrüstung erreicht werden. *Mt Taranaki* gehört zu den neuseeländischen Regionen, die echte vier Jahreszeiten haben. Im Frühjahr erwacht das Leben, zehntausende Rhododendren erblühen zu dieser Jahreszeit in den Garten- und Parkanlagen, der Sommer ist bei Wanderern, Outdoor-Fans und Alpinisten beliebt, der Herbst färbt die Blätter und wartet mit warmen Tagen und kalten Nächten auf und der Winter bietet sogar Schnee zum Skifahren.

Von den vielen **Maori Legenden**, die sich um den Berg ranken, sei hier die schönste wiedergegeben: *Früher lebte der Taranaki mit den anderen Vulkanen zusammen im Zentrum der Nordinsel, als Nachbar und Rivale von Tongariro. Eines Tages verliebten sich beide in den mit grünem Wald überwachsenen kleinen Vulkan Pihanga, wodurch es zum Streit zwischen den Vulkanen kam. Während der Schlacht schüttelte sich die*

Erde, und der Himmel wurde schwarz, bis sich schließlich Pihanga für Tongariro entschied. Traurig und von Tongariro bedrängt, wanderte Taranaki nach Westen, bis ihn das Meer stoppte. Der tiefe Graben, den der auf seiner Wanderung hinter sich herzog, verwandelte sich zum Bett des Whanganui River, der von Taranakis Wunden gespeist wurde.

Über den SH3 verlassen Sie New Plymouth gen Süden und legen schon nach 9 km den ersten Stopp ein, weil Sie von der Scenic Reserve des

Straße zur Bergstation North Egmont

Lake Mangamahoe einen wundervollen Blick auf den *Mt Taranaki* genießen wollen. Wenig später biegen Sie vor **Inglewood** rechts in den Mount Egmont National Park ab. Sie folgen der Egmont Road, die in ihrem Verlauf durch immer dichter werdenden Wald führt. Oft hängen dicke Äste über diese bezaubernde Straße und Sie müssen aufmerksam fahren, um Ihr Wohnmobil unversehrt nach etwa 18 km zum Visitor Centre die **Bergstation North Egmont** (940 m ü.d.M.) zu bringen. Hier ist der mit Abstand beste Ausgangspunkt für Gipfelbesteigungen. Wer eine Wanderung oder gar einen Aufstieg beabsichtigt, sollte sich mit Informationsmaterial eindecken und unbedingt den Wetterbericht einholen. Kurze Wanderungen werden in der Broschüre **„Short Walks in Mt Egmont"** beschrieben (2,5 NZD). Wir entschieden uns für den reizenden **Ngatoro Loop Track** (3 km, 45-60 min, 100 m Anstieg).

Eine zweite Stichstraße zum Mt Taranaki zweigt im 20 km hinter Inglewood liegenden *Stratford* ab. Die Pembroke Rd bringt Sie nach 15 km zur **Stratford Monutain-Station** (East Egmont, 850 m ü.d.M.). *Stratford*, das östliche Sprungbrett zum *Taranaki*, verfügt über eine ausgezeichnete Visitor Information, ein DOC-Büro, ein Hallenschwimmbad und einen

Urwald am Ngatoro Loop Track

Top 10 Campingplatz. Außerdem befindet sich am südlichen Ortsausgang die *Taranaki Pioneer Village* in der 50 historische Gebäude der Gegend zusammen getragen sind, darunter das sehenswerte *Okato-House (1853)*.

Eine dritte Möglichkeit, nahe an den Gipfel heranzukommen, bietet sich Ihnen in *Stratford.* Sie biegen auf dem SH3 fahrend im Stadtzentrum rechts in die Celia St ab, die im weiteren Verlauf zur Opunake St wird. Nach insgesamt 14 km biegen Sie rechts in die Manaia Rd ab. Diese führt Sie durch den Regenwald, vorbei am 18 m hohen Wasserfall, nach weiteren 8,5 km zum **Dawson Falls Visitor Centre** (924 m ü.d.M.). Von der Aussichtsplattform haben Sie einen atemberaubenden Blick. Auf dem Rückweg können Sie kurz vor Kaponga die Rosenbeete des *Hollards Gardens* bewundern und über die Palmer Rd zum Kapuni Gasfeld gelangen. Wer sich dafür interessiert, kann sich im dortigen Visitor Centre über die ausgedehnte Industrieanlage informieren. Über die Eltham Road gelangen Sie

(019) WOMO-Campingplatz: Ohawe Beach Hawera
GPS: S 39°35'9" E 174°11'49"   **WOMOs:** 10 mit Stromanschluss
Ausstattung/Lage: Wasser, Toilette, Dusche / An der Steilküste nahe der Mündung des Waigongoro River gelegen. Wilder Strand mit großen Felsbrocken, Baumstämmen. Gut geeignet zum Surfen.
Preise: 15 NZD pro Stellplatz mit Strom.
Zufahrt: Vom SH45 in die Ohawe Rd einbiegen, 3 km bis Ohawe Beach.

Kontakt: Rangatapu Street, Ohawe Beach, Tel. 06 278 6939
Beurteilung: Einfacher Platz an einer sehr schönen wilden Küste mit Steilufer. Der Sonnenuntergang ist dort fantastisch!

Mount Taranaki

zurück nach Eltham, wo Sie sich im Verköstigungsraum der **Mainland Packing Käserei** für die Weiterfahrt nach Wanganui mit frischen Käsevorräte eindecken können. Etwa 20 km südlich Eltham erreichen Sie auf dem SH3 in der 9.000 Einwohner Gemeinde **Hawera** das südliche Ende der Taranaki Halbinsel.

Attraktionen sind hier der direkt an der Umgehungsstraße gelegene *King Edwards Park*, das eindrucksvolle *Turuturu Mokai Pa* und das *Tawhiti-Museum*. Das Sou-

Steilküste an der Ohawe Beach

th Taranaki Visitor Centre liegt direkt am 50 m hohen Wasserturm, der einen herrlichen Rundblick bietet. Sie verlassen *Hawera* über den SH3, dem Sie über die Örtchen *Patea* und *Waverly* 90 km bis *Wanganui* folgen.

---

(020) WOMO-Badeplatz: Waiinu Beach
GPS: S 39°51'54" E 174°44'49"   **max. WOMOs:** 10
Ausstattung/Lage: Toilette, Wasser, Dump Station / Am Meer.
Zufahrt: In Waitotara nach Süden abbiegen, 4 km Richtung Strand fahren.
Beurteilung: Einfacher Platz in schöne Lager, direkt am Strand von Waiinu Beach.

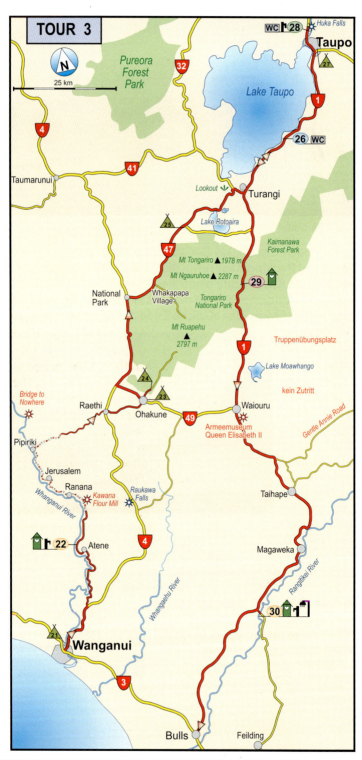

Tour 3: In die zentrale Hochebene

Wanganui - Whanganui River Road - Tongariro NP - Lake Taupo - Rangipo Desert - Rangitikei River - Bulls - 510 km

Stellplätze:	Whanganui River Road, Lake Taupo: Mission Bay, Taupo: Reids Farm, Desert Road: Three Sisters, Vinegar Hill
Camping:	Ohakune, Mangawhero DOC, Tongariro NP, Taupo
Baden:	Whanganui River, Lake Taupo
Wandern:	Pipiriki: Pukehinau Walk, Bridge to Nowhere, Okahune: Mangawhero Forest Walk, Rimu Track, Mangawhero Falls, Whakapapa: Nature Walk, Tongariro Crossing, Lake Rotopounamu: Walking Track, Taupo: Great Lake Walk, Huka Falls Walkway,
Essen:	Wanganui: Vega, Taupo: Plateau

Sie fahren in dieser Tour zunächst die bezaubernde **Whanganui River Road** bis Pipiriki und unternehmen dort eine spannende Jetboot Fahrt zur **Bridge to Nowhere.** Auf der Weiterfahrt wird sich die Landschaft plötzlich öffnen und den Blick auf den eindrucksvollen schneebedeckten **Mount Ruapehu** freigeben. Nachdem Sie einige Wanderungen in dem in der zentralen Hochebene gelegenen **Tongariro Nationalpark** unternommen haben, fahren Sie hinab zum **Lake Taupo**, dem größten See der Nordinsel, in dem es vor wohlschmeckenden Regenbogen Forellen nur so wimmelt. Sie schauen sich die eindrucksvollen **Huka Falls** und die **Thermalregion von Wairakei** an und fahren auf der Ostseite des *Tongariro NP* durch die **Rangipo Desert** zurück Richtung Westküste. Sie folgen dem Lauf des ursprünglichen **Rangitikei River** und werden schließlich am

Tourende in **Bulls** durch einen übergroßen Bullen begrüßt.

Wanganui, Hauptstadt des *Wanganui-Distriktes*, liegt mit rund 41.000 Einwohnern an der Mündung des **Whanganui River**. Der das Stadtbild beherrschende Fluss entspringt den Hängen des *Tongariro*, fließt zunächst in Richtung Nordwesten und wendet sich bei dem 5.000-Einwohner-Städtchen *Taumarunui* in südwestliche Richtung. Der ab hier schiffbare Fluss windet sich in unzähligen engen Flussschleifen in tiefen, scharfkantigen Tälern durch den Regenwald, bevor er bei *Castlecliff*, einem Vorort von *Wanganui* auf ausgedehnte Dünenlandschaften stößt und an der *South Taranaki Bight* in die Tasmanische See mündet.

(021) WOMO-Campingplatz-Tipp:
Whanganui River Top 10 Holiday Park

GPS: S 39°53'41" E 175°5'30"   **WOMOs:** 50 mit Stromanschluss
Ausstattung/Lage: Spielplatz, beheizter Swimmingpool, Kajakverleih / Am Ufer des Whanganui River.
Preise: Stellplatz mit Strom 25, 44, 66 NZD für 1, 2, 3 Personen.
Zufahrt: Von der i-Site in Wanganui den Taupo Quay Richtung Norden fahren. Er geht in die Somme Parade über, die 7 km am Ufer des Whanganui River bis zum Top 10 führt.   **Kontakt:** 460-462 Somme Parade, Aramoho, Tel. 0800 272 664, www.wrivertop10.co.nz
Beurteilung: Angenehme Anlage. Sehr schön am Westufer des Whanganui River gelegen, 5 km nördlich der Dublin Bridge.

Das Gebiet um die Mündung des *Whanganui River* wurde bereits vor Ankunft der Europäer von Maori besiedelt. Gegründet wurde **Wanganui** 1840 von der *New Zealand Company*, die nach neuem Land für ihre Siedler suchte. Dabei wurde *Wanganui* auch als Ausgangspunkt für Expeditionen ins Landesinnere wichtig, weil der *Whanganui River* die längste Binnenwasserstraße in Neuseeland ist. Der **Raddampfer Waimarie**, der mit viel Liebe von einer örtlichen Freiwilligengruppe restauriert wurde und Ausflugsfahrten bis zu 30 km den Fluss hinauf unternimmt, stellt das offensichtlichste Überbleibsel aus der ehemaligen Kolonialzeit dar. Eine Fahrt mit dem historischen Schaufelraddampfer gehört zweifellos zu den Höhepunkten eines *Wanganui* Aufenthaltes (Whanganui Riverboat Centre, 1A Taupo Quay, Tel. 06 347 1863, www.riverboat.co.nz). Im neben der i-Site am *Whanganui River* gelegenen **Vega** (49

Blick auf den Whanganui River

Taupo Quay, Tel. 06 345 9955) serviert man Ihnen ausgezeichnete Fischgerichte.

Obwohl *Wanganui* eine der ältesten Städte des Landes ist, weist das Stadtbild eindeutig moderne Züge auf. Gleichzeit verströmt die Stadt Charme und Geruhsamkeit. Sie werden sich hier sicherlich gerne einige Stunden oder gar einen ganzen Tag aufhalten. Für einen ersten Überblick bietet sich der flussnahe 66 m hohe **Durie Hill** mit seinem aussichtsreichen **War Memorial Tower** (Mo-Fr 7.30-19, Sa 9-20, So 13-18 Uhr) an. Auf den *Durie Hill* können Sie auf ganz ungewöhnliche Weise gelangen, indem Sie vom Stadtzentrum aus die City Bridge überqueren, ca. 200 m durch einen Tunnel laufen und dann einen Aufzug nehmen. Wenn das *War Memorial* nicht geöffnet ist, können Sie den Maschinenturm des Lifts besteigen und haben von dort ebenfalls einen vorzüglichen Blick auf die Stadt

Whanganui River

In die zentrale Hochebene 53

und die große Flussschleife des *Whanganui River*. Danach sollten Sie unbedingt die Haupt- und Shoppingstraße des Ortes, die palmengesäumte *Victoria Avenue,* entlangspazieren. Im *Civic Centre,* gegenüber der War Memorial Hall, präsentiert das **Whanganui Regional Museum** (Mo-Sa 10-16.30, So 13-16.30 Uhr) eine vorzügliche Sammlung von Maorikunst. Das königliche Opernhaus wurde im Jahre 1899 aus Holz errichtet und wird heute immer noch genutzt. Die *Sarjeant Galerie* wurde 1919 im Art Deco Stil gebaut und ist mit der weithin ins Auge fallenden weißen Kuppel unübersehbares Wahrzeichen von *Wanganui.* Berühmt ist *Wanganui* auch für seine traumhaften Parks und Gärten, die der Stadt zu Recht das Attribut *Gartenstadt* eingebracht haben.

(022) WOMO-Stellplatz: Whanganui River Road
GPS: S 39°42'49" E 175°7'34"   max. **WOMOs:** 8
Ausstattung/Lage: Wasser, Toilette / Malerisch gelegen, wenige Meter oberhalb des Whanganui River, kleine Sandbank, Möglichkeit zum Schwimmen.
Zufahrt: Kurz hinter Atene, direkt links an der Straße gelegen. Augen auf, oder von den Koordinaten leiten lassen!
Beurteilung: Sehr schöner Platz, Kiwi rufen in der Nacht!

Sie wenden sich nun dem kaum besiedelten Hinterland zu, verlassen *Wanganui* auf dem SH4 entlang des Flussbettes und biegen nach 14 km links in die **Whanganui River Road** ab. Schon am Eingang des *River Valley* bietet sich Ihnen ein atemberaubender Blick tief hinab zum Fluss. Die 1934 eröffnete kurvenreiche Landstraße wird bald eng und muss sich zwischen Fluss, Weideland und stark bewaldeten Abschnitten hindurch schlängeln. Es herrscht wenig Verkehr, aber wessen Camper gar zu lang ist, der sollte sich überlegen, ob er die engen Kurven dieser Strecke nicht lieber gegen den bequemen und landschaftlich ebenfalls reizvollen SH4 eintauscht. Bei starken Regenfällen sollte die bezaubernde Landstraße auf jeden Fall gemieden werden, denn der letzte Streckenabschnitt vor Pipiriki ist unbefestigt. In *Raetihi* treffen *Whanganui River Road* und SH4 wieder aufeinander. Sie sollten auf die wundervollen Ausblicke, die dieses, meist hoch über dem Fluss entlang führende Sträßchen bietet, keinesfalls verzichten. Sie ist wenig

Blick auf Jerusalem

befahren, dafür grasen überall am Wegesrand Schafe und ab und zu auch einige Kühe. Die schmale *Whanganui River Road* führt vorbei an kleinen, mehrheitlich von Maori bewohnten Ortschaften, idyllischen Holzkirchen, Versammlungshäusern, alten Missionsstationen und Sägemühlen. Zum Besuch der oft wunderschön restaurierten Marae (Versammlungshäuser) benötigen sie eine Erlaubnis. 4 km vor *Ranana* erreichen Sie die 1854 erbaute *Kawana Flour Mill*. Sie ist die am längsten betriebene und erfolgreichste Mehlmühle am *Whanganui River*. Sie schloss im Jahr 1912 und verfiel. 1978 wurde sie vollständig restauriert. In der winzigen Ortschaft *Ranana (London)* gibt es eine Katholische Missionskirche und einen dicht am Fluss liegenden Campingplatz (Kauika, Tel. 06 342 8061). Immer wie-

Whanganui River Road

In die zentrale Hochebene 55

Bridge to Nowhere

der bietet sich Ihnen eine wunderbare Aussicht auf den Fluss mit seinen unzähligen Sandbänken und Stromschnellen. Auch Sie werden ganz sicher kurz vor **Jerusalem** anhalten, um das Motiv, das dieses kleine Örtchen mit seiner bezaubernden Holzkirche bietet, mit Ihrer Digitalkamera festzuhalten. Ende der 60er, Anfang der 70er lebte der neuseeländische Dichter *James K. Baxter* in Jerusalem und erlangte mit seiner bis zu 200 Anhänger starken Kommune landesweite Berühmtheit.

Pipiriki, 79 km von *Wanganui* entfernt, ist der größte Ort auf diesem Streckenabschnitt und wird als das Tor zum Whanganui Nationalpark betrachtet. Hier gibt es ein Informationszentrum und ein Museum, das sich im historischen Colonial House befindet. Lohnend sind die angebotenen kurzen Spaziergänge zu historisch und landschaftlich interessanten Orten und der **Pukehinau Walk**, der in 30 Minuten auf den Hausberg Pipirikis führt und prächtige Ausblicke auf das obere Tal des Whanganui River bietet. Es werden von hier aus Jetbootfahrten zur **Bridge to Nowhere** angeboten (siehe Kasten).

Sie verlassen nun den *Whanganui River*, der zwischen *Pipiriki* und *Taumarunui* für 80 km unbehelligt von Straßen und Autos bleibt. Die 27 km lange kurvenreiche Straße nach **Raetihi** ist durchaus reizvoll. Ihr Belag wandelt sich jedoch bald für ca. 10 km in einem unangenehmen grauen Schotter. Wenige Kilometer nachdem die Straße wieder asphaltiert ist, öffnet sich plötzlich der Blick und der schneebedeckte mächtige *Mt Ruapehu* liegt vor ihnen. Versäumen Sie nicht, an der Ausbuchtung der Straße anzuhalten und diesen herrlichem Blick, der im Hintergrund auch den *Mt Tongariro* zeigt, zu genießen. Der 1.400 Einwohner zählende Ort *Raetihi* ist lokales Zentrum der umliegenden Landwirtschaft. Die markanten Zwillingstürme

Jetboot Tour *Bridge to Nowhere*

Eine Kanufahrt auf dem *Whanganui River* kann ihre Tücken haben: immer wieder wird man durch Stromschnellen überrascht und die Wassertiefe des Flusses variiert stark. Wie zum Beweis dafür fischt Joe ein Paddel aus River. Der Besitzer sitzt mächtig verschüchtert in einem Kanu, das von zwei Mädchen gesteuert wird, die ihn auflesen mussten. Er war manövrierunfähig, sein Paddel hatte er beim Kentern verloren. Damit uns das nicht passiert und damit wir garantiert aus dem Nirgendwo zurückkehren, haben wir uns für eine Jetboot-Tour entschieden. Für die Jetboot-Touren zur Bridge of Nowhere gibt es vier Anbieter. Unsere Wahl fällt auf die „Bridge to nowhere Tours" (Pipiriki, Tel. 0800 480 308, www.bridgetonowhere.co.nz). Wir haben unseren Camper auf dem Parkplatz geparkt und warten in der Morgensonne auf Joe. Als er um 10 Uhr eintrifft bekommt jeder eine Schwimmweste und schon geht es los hinunter zum Whanganui River. Das Jetboot ist bis auf den letzten Platz gefüllt und Joe braust nach einigen Erläuterungen zum Ablauf der Tour los. Er stoppt immer wieder und geht auf landschaftliche Besonderheiten ein.

Bald erreichen wir den Eingang zum *Whanganui River National Park* und kurz darauf sein Haus, das hoch oben über dem Fluss thront. Er fährt mit einem bereit stehenden Quad Bike hinauf und kommt zwei Minuten später mit einem Rucksack voller Utensilien zum Lunch zurück.

Sein Fresspacket muss jeder selbst mitbringen: Für den Kaffee, Tee und Gebäck sorgt Joe. Durch Regenfälle in der *Mt Taranaki Region* ist der Wasserspiegel über Nacht um 80 cm angestiegen, ohne das in *Pipiriki* ein Tropfen Regen gefallen wäre, durchaus tückisch. Wer eine mehrtägige Tour gebucht hat und am Fluss übernachtet, sollte das bei der Wahl des Zeltplatzes und der Befestigung seines Kanus berücksichtigen. In der Nähe des *Maungaparua Tals* legen wir an und wandern 40 Minuten auf einem reizvollen Pfad, der oft sehr steil abfällt, bis zur Brücke ins Nichts. Eine Gruppe von Bikern hat es sich schon gemütlich gemacht. Auch wir finden noch ein schattiges Plätzchen, um unser Lunchpacket und Joes Kaffee und Kekse zu genießen. Die Betonbrücke über den *Maungaparua Stream* wurde Mitte der 30er Jahre gebaut. Sie sollte den umliegenden Farmen bessere Zugangswege eröffnen und war deswegen auf 3 m Breite ausgelegt. Tatsächlich fuhren in den ersten Jahren schon Autos über die Brücke. Die Farmen wurden dann aber wegen Unwirtschaftlichkeit aufgegeben. Heute hat sich der neuseeländische Busch das Gebiet zurück erobert und von beiden Seiten führen heute nur noch Trampelpfade zu der nun deutlich überdimensioniert wirkenden Touristenattraktion.

gehören zu einem Gotteshaus der Ratana-Sekte, die christliche und traditionelle Maori-Elemente zusammengefügt hat. Sie werden nicht lange in *Raetihi* verweilen, denn vor Ihnen liegt der **Tongariro Nationalpark**, der mit seinen drei aktiven Vulkanen, dem **Tongariro (1968 m), Ngauruhoe (2291 m)** und **Ruapehu (2797 m)** zum Weltkulturerbe zählt. Auch wenn die Filmtrilogie „Herr der Ringe" bisher nicht zum Weltkulturerbe zählt soll erwähnt werden, das der *Ngauruhoe* dort als Schick-

Mount Ruapehu

salsberg (*Mount Doom*) zu bestaunen ist. Um eine Ausbeutung durch die weißen Einwanderer zu verhindern, schenkte der Stamm der *Ngati Tuwharetoa* 1887 den Kern des heutigen Nationalparks der britischen Krone unter der Auflage, dort eine Schutzzone zu schaffen. Die Berge des *Tongariro Nationalparks* haben für die Maori eine wichtige spirituelle Bedeutung. Daher sollte dem Gebiet mit besonderer Ehrfurcht und Respekt begegnet werden. Hauptaktivitäten in diesem einzigartig schönen Park sind Wandern und Bergsteigen im Sommer beziehungsweise Skifahren und Snowboarden im Winter. Die bekannteste Wanderroute ist sicherlich **Tongariro Crossing**, die zu den schönsten weltweit gezählt wird und Jahr für Jahr ca. 25.000 Wanderer begeistert. Der 19,5 km lange Weg führt in die Welt der Vulkane. Erstarrte Lavaasche, dampfender Boden und Seen in nahezu unnatürlicher grüner Farbe warten auf den Wanderer. Neben dem *Tongariro Crossing* gibt es aber auch zahlreich kürzere Wanderungen im Nationalpark. In der Nähe

(023) WOMO-Campingplatz-Tipp: Ohakune Top 10

GPS: S 39°25'2" E 175°24'11"
WOMOs: 50 mit Strom
Ausstattung/Lage: Spielplatz / Zentrumsnahe Lage. Einige Restaurants in der Nähe. **Preise:** Stellplatz mit Strom 15 NZD pro Person,
Zufahrt: Im Zentrum gut ausgeschlidert.
Kontakt: 5 Moore Sreet, Ohakune, Tel. 0800 825 825, www.ohakune.net.nz
Beurteilung: Sehr schöne, gepflegte Anlage mit besonders hochwertigem Sanitärbereich, viel Grün, hohe Bäume.

von Okahune liegen mit dem **Mangawhero Forest Walk** und **Rimu Track**, dem Weg zum **Lake Rotokura** und dem Weg

Parkplatz des Turoa Ski-Gebietes

zu den **Mangawhero Falls** drei Wanderungen, die zwischen 10 Minuten und einer Stunde in Anspruch nehmen. Sie fahren auf direktem Wege über die 11 km lange Raetihi-Ohakune-Road zum kleinen Ort **Ohakune**, dem südlichen Einfallstor zum *Tongariro National Park*. In Neuseeland gilt *Ohakune* als Karotten-Hauptstadt, neben dem Ortseingangsschild begrüßt eine 10 m große Karotte die Besucher und jedes Jahr im August wird das *Karotten-Festival* gefeiert.

Sie folgen der ungemein reizvollen 17 Kilometer langen *Ohakune Mountain Road*, die zunächst, vorbei an üppigen Baumfarnen, durch dichten Wald führt. Im späteren Verlauf wird die Landschaft zunehmend karger, bis auch die letzten Bäume Tussock-Grasflächen, Steinen und vielfarbigen Flechten weichen müssen. Sie passieren einen Wanderparkplatz, von dem aus kurze Spazierwege in den Wald führen und bewundern von einer Plattform aus die **Mangawhero Falls**. Schließlich erreichen Sie den großen Parkplatz des **Turoa Ski-Gebietes**, der im Sommer fast völlig verweist ist. Sie genießen den Blick und fahren nach einem Rundgang von einer Höhe von 1.600 m ü.d.M. die Stichstraße zurück nach *Ohakune*, das auf einer Höhe von 600 m ü.d.M. liegt. Diese Stichstraße am Westhang des *Ruapehu* ist wirklich wunderschön und wird in vielen

---

(024) WOMO-Campingplatz-Tipp:
Mangawhero, Tongariro NP DOC

GPS: S 39°23'40" E 175°25'45"   **WOMOs:** 20 ohne Stromanschluss
Ausstattung/Lage: Toilette, Wasser, Picknicktisch / Am Eingang des Tongariro National Parks an der Bergflanke des Mt Ruapehu gelegen.
Preise: 4 NZD pro Erwachsenem, 2 NZD pro Kind.
Zufahrt: Ohakune Mountain Rd, Ohakune.
Beurteilung: Schöner DOC CP. Ausgangspunkt einer Kurzwanderung.

Reiseseführern nicht genügend gewürdigt.

Ihr nächstes Ziel ist das kleine Bergdorf **Whakapapa Village**, das sich in einer Höhe von 1.200 m an die Hänge des *Ruapehu* schmiegt. Diesen idealen Ausgangsort für Wanderungen im Tongariro National Park erreichen Sie, indem Sie von *Ohakune* kommend den SH45 9 km bis zur Tohunga Junction fahren. Dann folgen Sie dem SH4 26 km bis **National Park Village** und biegen dort rechts in den SH47 ab. Nach wenigem Kilometern zweigt eine Straße rechts Richtung **Whakapapa** ab. Das ausgezeichnete *Whakapapa Visitor Information Centre* informiert umfassend über die vulkanischen Aktivitäten in der Region. Direkt hinter dem Visitor Centre startet der **Whakapapa Nature Walk,** auf dem 15 minütigen Spaziergang erhält der Wanderer einen ersten Einblick in die einzigartige Flora des *Tongariro National Parks*. Die weiter den Berg hinauf kletternde Straße führt Sie am eleganten **Chateau Tongariro** vorbei. Nach etwa 4 km erreichen Sie das lediglich aus Skihütten be-

Mount Ngauruhoe

stehende **Iwikau Village**, das inmitten des **Whakapapa Ski-Gebietes** liegt.

Eine dritte Stichstraße in die höheren Regionen ist die Mangatepopo Road, die etwa 5 km hinter der Straße nach Whakapapa vom SH 47 abzweigt und Sie nach 7 km Schotterstraße zum **Mangatepopo Parkplatz** bringt. Hier beginnt die berühmte Tageswanderung **Tongariro Crossing**, die zunächst ganz harmlos auf dem Schutz der sensiblen Landschaft dienenden Holzstegen gemächlich bergauf führt. Der dann folgende Aufstieg zum South Crater hat es in sich. Wir wollen hier die Wanderung nicht weiter beschreiben, aber doch jedem raten, gute Wanderschuhe, warme Thermal-Kleidung (das Wetter kann sehr schnell wechseln), Regenjacke, Mütze, Handschuhe, Sonnenschutz, Erste Hilfe Päckchen und ausreichend Verpflegung mit auf den etwa 8 stündigen Weg zu nehmen. Ein weiterer Rat: Parken sie ihr Wohnmobil lieber an sicherem Ort und nehmen einen der unzähligen Shuttle Services, der Sie am Parkplatz an der *Mangatepopo Hut*, dem Ausgangspunkt der Wanderung, absetzt und 8 Stunden später am 19,5 km entfernten Endpunkt, dem Parkplatz hinter der *Ketetahi Hut*, wie der einsammelt. Wer nicht die gesamte Tour laufen will, kann ab der *Mangatepopo Hut* auch schöne kleine Wanderungen

---

(025) WOMO-Campingplatz-Tipp:
Tongariro Holiday Park

GPS: S 39°2'45" E 175°36'13"   **WOMOs:** 12 mit Stromanschluss
Ausstattung/Lage: Spa-Pool, Spielplatz / Am SH47, von Wald umgeben.
Preise: Stellplatz mit Strom 19 NZD pro Person.
Zufahrt: Liegt an der Kreuzung von SH46 und SH47
Kontakt: SH47, Tel. 07 386 8062, www.thp.co.nz   **Beurteilung:** Idealer Platz für Wanderungen im Tongariro National Park. Für 35 NZD werden Sie zum Startpunkt der Wanderung gebracht und am Ende wieder abgeholt.

Tongariro Crossing

unternehmen. Diese sind dort auf Schautafeln beschrieben und gut ausgeschildert.

Sie verlassen die *Tongariro Region* gen Norden. Der SH47, der in diesem Abschnitt *Te Ponanga Saddle Rd* heißt, verläuft stetig bergab und führt nach 23 km am Lake Rotoaira vorbei. Er dient als Rückhaltebecken für die Kraftwerke von *Tokaanu* und *Rangipo* und wird von den Ableitungen aus den Oberläufen des *Whanganui-, Tongariro-* und *Rangitekei-River* gespeist. Kurz hinter *Lake Rotoaira* erreichen Sie einen links am Straßenrand liegenden Parkplatz. Dies ist der Startpunkt des **Lake Rotopounamu Walking Track,** den wir Ihnen unbedingt empfehlen. Er ist ein Kleinod unter den Wanderungen und begeistert sowohl Vogel-, als auch Waldliebhaber. Gegenüber vom Parkplatz (GPS: S 38°59'24" E 175°45'51") führt ein schmaler Pfad in den üppig bewachsenen Wald. Er führt stetig bergauf und bringt Sie in 20 Minuten zum eigentlichen Rundweg um den See. Genau wie der Zubringerpfad ist der Rundweg schlichtweg bezaubernd. Sie sehen durch das dichte Gewirr der Äste immer wieder das Blau des Sees durchschimmern und gelangen an mehreren Stellen an sein Ufer hinab. Obwohl der idyllische **Lake Rotopounamu** (Jade-See) wesentlich kleiner als sein Nachbar **Lake Rotoaira** ist, nimmt seine Umwanderung 2 h in Anspruch. Südöstlich vom *Lake Rotopounamu* liegt *Mount Pihanga*, von dessen 1325 m hohen Vulkankegel man einen phantastischen Überblick über die *Tongariro Region* und den *Lake Taupo* hat. See und Berg gehören zur *Pihanga Scenic Reserve*, die 1975 dem *Tongariro National Park* eingegliedert wurde.

Kurz bevor der SH47 auf den SH10 trifft, sollten Sie unbedingt auf den ausgeschilderten Scenic Lookout fahren. Von dort eröffnet sich Ihnen ein atemberaubender Blick auf den *Lake Taupo*. Sie biegen links auf den SH41ab und haben bald dar-

Lake Rotopounamu

auf **Turangi** erreicht. Diese 5.000 Einwohner zählende Stadt entstand zur Unterbringung der Arbeiter und ihrer Familien während der Errichtung der Staudämme und Wasserkraftwerke am Tongariro River in den 60er Jahren. *Turangi* wurde zu einer Modellstadt mit geschwungenen Straßen, Sackgassen, gleichförmigen Häusern, Parkplätzen und einem zu Fuß erreichbaren Einkaufszentrum. Der Verkehr des SH1 und SH41 wurde von der Innenstadt fern gehalten. Um in das Stadtzentrum zu gelangen, müssen Sie links vom SH1 abbiegen. Der *Tongariro River* fließt mitten durch die Stadt und bietet, neben dem nahe gelegenen *Lake Taupo,* beste Gelegenheit zum Angeln von Forellen. Turangi nennt sich „The trout fishing capital of the world" („Die Welthauptstadt der Forellenfischerei"). Die Stadt hat dem Besucher sonst wenig zu bieten, ist aber eine gute nördliche Basis für Besuche im Tongariro NP.

(026) WOMO-Badeplatz: Lake Taupo Mission Bay

GPS: S 38°53'35"
E 175°56'55"
max. WOMOs: 10
Ausstattung/Lage: Toilette / Am Ufer des Lake Taupo.
Zufahrt: Zwischen SH1 und See, 750 m vor Motutere.
Beurteilung: Einfacher Platz nahe SH1, für eine Nacht o.k.

Von *Turangi* aus fahren Sie den SH1 Richtung *Taupo*. Die Straße folgt dem Ufer des **Lake Taupo** beachtliche 50 km entlang, bevor die Stadt **Taupo** erreicht wird. Legen Sie unterwegs eine Pause ein und werfen einen Stein ins Wasser. Sie werden verblüfft sein, dass der Stein schwimmt und nach kurzem Nachdenken sicherlich auf einen vulkanischen Ursprung der Steine schließen. Und tatsächlich geht die Wissenschaft davon aus, dass *Lake Taupo* im Jahr 186 nach Christus durch eine der weltgrößten Vulkaneruptionen entstanden ist. 30 km³ Asche und Geröll sollen damals bis in eine Höhe von bis zu 50 km geschleudert worden sein. Der kesselförmige Vulkankrater füllte sich mit Süßwasser und hat heute einen Umfang von ca. 193 km und eine maximale Wassertiefe von 186 m, bei einer Durchschnittstiefe von 120 m. Der leicht zu laufende

(027) WOMO-Campingplatz-Tipp: Taupo All Seasons

GPS: S 38°41'0" E 176°5'20"   **WOMOs:** 66 mit Stromanschluss
Ausstattung/Lage: Swimmingpool, Spielplatz / 1,5 km vom Zentrum Taupos gelegen.
Preise: Stellplatz mit Strom 21 NZD pro Person.
Zufahrt: Vom SH5 über Riffle Range Rd, Schilder und Koordinaten!
Kontakt: 16 Rangatira St, Taupo, Tel. 0800 777 272, www.taupoallseasons.co.nz
Beurteilung: Einfacher Platz, Stellplätze mit Hecken eingezäunt.

Great Lake Walk führt von Taupo aus 8 km am Seeufer entlang.
Zwischen 1887 und 1909 wurden braune Forellen und Regenbogenforellen im See ausgesetzt. Sie fanden ein vorzügliches Refugium vor und vermehrten sich sehr schnell. Heute ist der *Lake Taupo* das größte Forellenfischgebiet der Welt und

voll auf **Troutfishing** eingestellt. Kommerzielles Angeln ist verboten, es darf nur für den Eigenbedarf geangelt werden. Angellizenzen vergibt das *DOC (Department of Conversation)*. Jeder Campingplatz und jede Unterkunft bietet Möglichkeiten, gefangene Fische zu waschen und auszunehmen. Alternativ kann man seinen Fang in einem der Restaurants vom Koch zubereiten lassen. Klassische neuseeländische Fleisch-Gerichte können Sie im **Plateau** (Taupo, 64 Tuwharetoa St, Tel. 07 377 2425) genießen. Den Abfluss des Sees bildet der *Waikato River*. Fährt man dem SH1 noch ein wenig weiter, erreicht man die **Thermalregion von Wairakei**. Dort ist von einem Hügel aus ein einzigartiges Geothermalkraftwerk zu sehen, welches Energie aus der Erdwärme gewinnt. Am Eingangsbereich wird man von einem kleinen Geysir begrüßt, der den typischen Schwefelgeruch der Thermalgebiete verströmt. Wer sich für die Geschichte des geothermischen Kraftwerks und seine technischen Abläufe interessiert, den wird die Diashow im Informationszentrum beeindrucken. Ebenfalls nördlich von *Taupo* liegen die **Huka Falls**, Neuseelands meistbesuchte Naturattraktion. Der 100 m breite *Waikato River* wird hier durch eine 15 m enge Schlucht gepresst. Auf einer Länge von mehr als 100 m beträgt der Höhenunterschied zwar nur 25 m, aber beeindruckend sind die ungeheuren Wassermassen, die am Ende der Kaskaden 11 m tief hinabstürzen. In einer Sekunde strömen durchschnittlich 140.000 Liter Wasser die Felsen hinab. Mehrere Aussichtsplattformen bieten einen ausgezeichneten Blick auf dieses Naturspektakel. Der **Huka Falls Walkway** bringt Sie in einer guten Stunde am Ufer des Waikato River entlang zu den Falls.

Die Stadt liegt malerisch am Ufer des Sees, ihre Uferpromenade ist von zahlreichen Straßencafes gesäumt, von denen aus man bei schönem Wetter über den *Lake Taupo* bis zum *Tongariro Vulkanplateau* blicken kann. Am Ufer laden einige lange Sandstrände mit unterschiedlich großen Bimsstei-

nen und einer Wassertemperatur von 16 - 20 °C zum Baden, Kanu fahren, Paddeln, Segeln, Wasserskifahren und anderen Wasseraktivitäten ein. Das gut erschlossene östliche Ufer wird von zahlreiche Hotels, Motels, B&B, Backpackers, Holiday Parks und Campingplätzen gesäumt, während das westliche Ufer landschaftlich geprägt ist. Grüne Weiden mit Kühen und Schafen beherrschen die Szenerie. Lohnende kleine Ausflüge führen in die *Acacia Bay* und nach *Kinloch*. Die Stadt **Taupo** bietet dem aktivitätshungrigen Jetboating, Wildwasserrafting, Bungeejumping, Wasserski und Ski Diving. Wer es lieber ruhiger angehen lässt, genießt den Ausblick auf den blauen See und den atemberaubenden Fernblick auf die schneebedeckten Gipfel der Vulkane des *Tongariro National Parks*, oder fährt mit dem Ausflugsboote zu den Felszeichnungen der Maori, die nur per Boot erreichbar sind.

> **(028) WOMO-Wanderparkplatz: Taupo Reids Farm**
> **GPS:** S 38°39'51" E 176°4'47"   **max. WOMOs:** 10
> **Ausstattung/Lage:** Toilette, Wasser / Am Ufer des Waikato River.
> **Hinweis:** Kostenfrei, offen vom 1. November bis 31. Mai.
> **Zufahrt:** Vom Zentrum Taupos 2 km Richtung Norden, dann links in die Huka Falls Road einbiegen und dieser 1,5 km folgen.
> **Beurteilung:** Friedliche Umgebung mit tollen Blick auf den Fluss. Ein erfrischendes Bad im Fluss kann die fehlende Dusche ersetzen. Die sehr schöne Wanderung zu den Huka Falls dauert etwa 25 min (2 km).

Sie verlassen *Taupo* wie Sie gekommen sind und folgen dem SH1 am Seeufer gen Süden. Ihre Reiseroute führt an *Turangi* vorbei nach **Rangipo** und streift den *Tongariro NP* nun auf seiner östlichen Seite. Die Straße folgt zunächst kurvenreich den Hohenzügen des *Tongariro National Parks*. Am *Oturere Stream*, etwa 15 km hinter *Rangipo*, haben sie die Gelegenheit zur freien Übernachtung (siehe Kasten). Wer ein geländegängiges Fahrzeug besitzt, kann etwa 25 km hinter *Rangipo* die Stichstraße zum *Tukino Skifield* hochfahren. Südlich der Stichstraße geht der T*ongariro National Park* in den **Rangipo Desert** über. Der zuvor ursprüngliche Baumbewuchs wird nun von einer sehr trockenen braunbewachsenen Landschaft abgelöst. Nach weiteren 25 km auf dem **Desert Highway**

(029)
WOMO-Picknickplatz:
Desert Rd Three Sisters

GPS: S 39°10'57" E 175°45'29"
max. WOMOs: 10
Ausstattung/Lage: Toilette, kein Wasser / Am Oturere Stream.
Zufahrt:
15 km südlich Rangipo (Abzweig des SH46), ausgeschildert.
Beurteilung: Schöner Platz!

erreichen Sie **Waiouru,** einen kleinen Ort mit rund 1.700 Einwohnern, der die größten Militäreinrichtungen und den größte Truppenübungsplatz Neuseelands beherbergt. Für Besucher ist vor allem das Militärmuseum „Queen Elizabeth II Army Memorial Museum" interessant. Die umfangreiche Ausstellung dokumentiert die Geschichte der neuseeländischen Armee und gibt einen Einblick in ihre heutigen Aufgaben. Das Museum ist täglich von 9.00 bis 16.30 Uhr geöffnet. Wer seine Lebensmittelvorräte ergänzen will, dem steht ein kleiner Supermarkt im Wohngebiet der Armee in 2 km Entfernung vom SH 1 zur Verfügung. *Waiouru* liegt am *North Island Main Trunk*, der Eisenbahnhauptstrecke der Nordinsel, und der Bahnhof ist mit 814 m der höchstgelegene des neuseeländischen Eisenbahnnetzes. Der bekannte *Overlander* hält seit April 2005 jedoch nicht mehr in Waiouru.

Sie folgen dem SH1 weiter nach Süden und kommen dabei

Desert Road

In die zentrale Hochebene

durch hügeliges Weideland, vorwiegend für Schafe. 10 km vor *Taihape* zweigt eine sehr reizvolle Nebenstrecke nach Napier ab. Die **Gentle Annie Road,** so der Name dieser teilweise geschotterten Straße, führt vorbei an sehr schönen Schluchten mit reißenden Flüssen, die gerne von Kajak-Fahrern benutzt werden, offenen und dünn besiedelten Landschaftsformen und sanften Hügeln mit viele weidenden Schafen und Kühen. Dazwischen tauchen immer wieder schmucke Farmhäuser auf. Weniger schön ist der Streckenabschnitt

Maori Frauen beim Flax-weben

durch Nutzwald, denn die teilweise riesigen gerodeten Flächen sehen erschreckend aus. Die Gentle Annie Road wird vermutlich im Jahr 2013 vollständig geteert sein.

Taihape (2.000 Ew, 500 m ü.d.M.), nahe am Zusammenfluss des *Hautapu River* mit dem *Rangitikei River* gelegen, ist ein ländliches Dienstleistungszentrum, das seine beste Zeit in den 1960er Jahren hatte, als es ein Eisenbahn- und Transportknotenpunkt für das umliegende Farmland war. Heute profitiert der Ort vom Tourismus, denn wegen seiner Lage an am SH1 dient er vielen Reisenden als Zwischenstopp. *Taihape* bezeichnet sich selbst als „Gumboot Capital of the World" („Gummistiefelhauptstadt der Welt") und zieht zu einem jährlichen Wettbewerb im Gummistiefelweitwerfen zahlreiche Besucher an.

Ein lohnender 15-minütiger Abstecher zum **Mokai Canyon** bietet sich Ihnen 6 km hinter *Taihape*. Folgen Sie den Hinweisschildern des Unternehmens *Mokai Gravity Canyon* und Sie werden eine landschaftlich überaus reizvolle Fahrt zum tiefgeschnittenen *Mokai Canyon* erleben. Auch wenn Sie selbst keinen 80 m Bungy Jump, Bridge Swing oder Höllenritt auf dem

Flying Fox vorhaben, ist es doch sehr unterhaltsam, sich diese Aktivitäten von der Aussichtplattform aus anzusehen.

Die 200 Einwohner Gemeinde **Mangaweka** erreichen Sie nach weiteren 20 km auf dem SH1. In *Mangaweka ist* eine historische Hauptstraße erhalten geblieben, deren in die Jahre gekommenen Gebäude die Gemeinde zu einer Touristenattraktion machen. Viele Durchreisende stoppen, um zu fotografieren. Und wenn man schon mal gestoppt hat, dann drängt sich der Besuch der gefälligen Kunstgalerien, in *Mangaweka* gibt es gibt eine wachsende Gemeinschaft von Künstlern, geradezu auf. Darüber hinaus können im  geschäftigen Zentrum Informationen zu Rafting, Wildwasserfahrten im *Rangitikei River*, Bungy Jumping, Angeln und Wanderungen entlang der ehemaligen *North Island Main Trunk Bahnlinie* durch den *Ruahine Forest Park* eingeholt werden. Eine besondere Attraktion ist eine alte DC-3, in die Sie hinaufklettern können. 20 km südlich *Mangaweka* finden Sie unweit des SH1 eine wunderschön am **Rangitikei River** gelegene freie Übernachtungsstelle. 41 km südlich dieses besonders reizvollen Platzes erreichen Sie **Bulls**, wo Sie von einem über-

---

(030) WOMO-Stellplatz: Vinegar Hill

GPS: S 39°56'4" E 175°38'29"
max. WOMOs: >30
Ausstattung/Lage: Toilette, Kaltwasser Dusche / Am Fluss gelegen.
Zufahrt: 6 km nördlich von Hunterville, Koordinaten.
Beurteilung: Viele traumhafte gelegene Stellplätze am Rangatikei River. Nicht gleich die ersten Plätze nehmen, weiterfahren bis zur Ausfahrt, dort ist es am schönsten.

---

großen Bullen begrüßt werden. Die 1.700 Einwohner Gemeinde liegt am *Rangitikei River* in einem florierenden Landwirtschaftsgebiet am Schnittpunkt Von SH1 und SH3. Bulls ist nach dem Holzschnitzer *James Bull* benannt, der die Stadt gründete und dem auch der erste Gemischtwarenladen gehörte. Viele der heutigen Bewohner sind in dem nahe gelegenen Stützpunkt der *Royal New Zealand Air Force* beschäftigt.

In die zentrale Hochebene

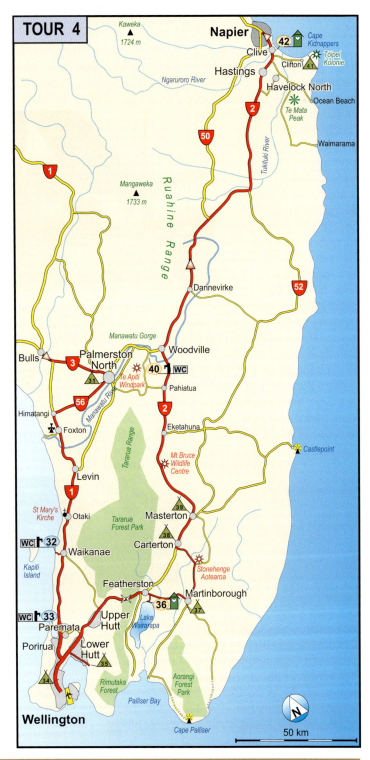

Tour 4: Wellington - The Windy City

Bulls - Palmerston North - Kapiti Coast - Wellington
Wairarapa - Napier - 600 km

Stellplätze:	Waikanae, Paremata, Featherston, Manawatu, Clive
Camping:	Palmerston North, Wellington: Waterfront + Top 10, Martinborough, Carterton, Masterton, Clifton
Baden:	Foxton-, Otaki-, Waikanae-, Paraparaumu-Beach, Wellington Oriental Bay, Ocean Beach, Waimarama
Wandern:	Nga Manu Nature Reserve, Waikanae Beach, Wellington, Masterton Tararua Forest Park, Cape Kidnappers
Essen:	Palmerston North: Aberdeen, Foxton: Laughing Fox, Wellington: Great India, Bistro Skyline Function Centre

In Tour 4 durchfahren Sie die fruchtbare **Manawatu Ebene**, wobei Sie dem Küstenverlauf der *Tasmanischen See* folgen. Sie verweilen zwei Tage in der „**Windy City" Wellington**, der Kulturhauptstadt Neuseelands, und setzen Ihre Reise dann nach Nordosten fort. Sie durchqueren die Region **Wairarapa**, eine sanfte Hügellandschaft mit weiten Tälern und Wäldern, Weinbaugebieten und ausgedehnten Schafweiden. Die Streckenführung verläuft im Landesinneren, das Meer werden Sie erst in Napier wiedersehen. Die Art-Deco Stadt **Napier** liegt an der **Hawke Bay,** die zum Pazifischen Ozean gehört.

Sie verlassen Bulls über den SH1 in südöstlicher Richtung. Nach 5 km wechseln Sie auf den SH3, dem Sie weitere 25 km bis **Palmerston North** folgen, um diese florierende Hauptstadt der *Region Manawatu* kennen zu lernen. Sie liegt im Zentrum der fruchtbaren *Manawatu Plains*, einer ausgedehnten Ebene um den Flusslauf des *Manawatu River*, der durch die Stadt fließt, um 35 Kilometer westlich in die Tasmanische See zu münden. Benannt ist die Stadt nach *Viscount Palmerston*, einem früheren Premierminister Großbritanniens. Um Verwechslungen mit dem Ort Palmerston auf der neuseeländischen Südinsel zu vermeiden, wurde im Jahr 1871 offiziell die Nachsilbe „North" angefügt. Wie viele andere Orte in Neuseeland auch, hat *Palmerston North* seinen Aufschwung dem Bau der Eisenbahn zu verdanken, die in den 1870-igern für einen Boom sorgten. Heute kreuzen sich in der Stadt die *North Island Main Trunk Railway*, Neuseelands wichtigste Eisenbahnlinie, die von Auckland nach Wellington führt, und die Eisenbahnlinie *Palmerston North - Gisborne*.

Mit 75.000 Einwohnern ist *Palmerston North* die zweitgrößte Binnenstadt Neuseelands. Das Stadtzentrum besteht aus

einem quadratischen 7 ha großen Park mit Teichen und Springbrunnen. Auf diese *The Square* genannte zentrale Grünanlage laufen alle Hauptstraßen der Stadt zu. *The Square* beherbergt den *Hopwood Clock Tower*, ein Ehrengrabmal, das *Civic Center* mit schöner Aussichtsplattform und die i-Site. Einen Häuserblock entfernt befindet sich der *Te Manawa Komplex* mit den drei Einheiten, *Manawatu Museum* (Maori-Kultur und Siedlungsgeschichte), *Science Center* (Physik und Naturgeschichte) und *Art Gallery* (Sammlungen zeitgenössischer neuseeländischer Künstler). Sehenswert ist auch die 1995 eröffnete *Stadtbibliothek*, die ihren umfangreichen Lesestoff in „thematischen Wohnzimmern" präsentiert, und für Sportfans ist der Besuch im *New Zealand Rugby Museum (87 Cuba Street)* ein Muss und der Besuch im nationalen Rugby-Trainingslager ein add on. Rugby ist klar die Sportart Nummer Eins in Neuseeland und die Spiele der Nationalmannschaft, den *All Blacks,* bewegen die ganze Nation. Vor jedem Wettkampf versetzt sich die Mannschaft mit dem Maori Tanz *Haka* in die „richtige" Kampfesstimmung - sehr eindrucksvoll.

(31) WOMO-Campingplatz-Tipp: Palmerston North HP
GPS: S 40°22'17" E 175°36'30" **WOMOs:** 75 mit Stromanschluss
Ausstattung/Lage: Spielplatz / Liegt auf einem 5ha großen Parkgelände am Manawatu River. **Preise:** Stellplatz mit Strom 15 NZD pro Person.
Zufahrt: Liegt 2,5 km südlich des Zentrums hinter dem Aquatic Centre.
Kontakt: 133 Dittmer Drive, Palmerston North, Tel. 06 358 0349, www.holidayparks.co.nz/palmerstonnorth **Beurteilung:** Großer Platz, viele große Bäume, ideal für einen Stopp in Palmerston North.

Ein Stadtbummel in *Palmerston North* bietet sehr gute Einkaufsmöglichkeiten, viele Cafés, Restaurants, Bars, Nachtclubs, ein Theater und ein Multiplex Kino. Sehr schön ist es auch, durch die herrlichen Gartenanlagen am **Manawatu River** zu schlendern, oder die Esplanade entlang zu promenieren. Während des Semesters erwacht die Stadt durch die zahlreichen Studenten - alleine in der Massey University sind 20.000 Studenten immatrikuliert - zu quirligem Leben. Ein gepflegtes Steak können Sie im **Aberdeen Steakhouse & Bar** (161 Broadway Ave, Tel. 06 952 5570) zu sich nehmen.

Die in der ertragreichen *Manawatu Ebene* gelegene Region um *Palmerston North* ist auf bestem Wege, sich mit den natürlichen Essenzen, die hier gewonnen werden, international einen Namen zu machen. Auf der Weiterfahrt von *Palmerston North* nach *Wellington* folgen Sie dem SH56 bis zum SH1 und erreichen nach insgesamt 38 km  den breiten Mündungstrichter des *Manawatu River*. Die Bucht des oberhalb gelegenen kleinen Ortes **Foxton** eignet sich sehr gut zum Schwimmen. Die Geschäfte dieser interessanten 5.000 Seelen Kleinstadt tragen historische Fassaden und liegen an Straßen mit Kopfsteinpflaster. *Foxton* war Zentrum der neuseeländischen Flachsverarbeitung. Empfehlenswert ist der Besuch des **Flax Stripper Museum** und der **„de Molen Windmühle"**, einem Nachbau einer holländischen Windmühle aus dem 17. Jahrhundert. In einem kleinen Shop können Sie dort Schwarzbrot kaufen! Gut essen Sie im **Laughing Fox** (7 Russell St, Tel. 06 363 5540), das leicht an seinem seltsamen Turm zu erkennen ist. Zur Unterstützung der Verdauung können Sie sich anschließend mit einer von Pferden gezogenen Kutsche durch die Stadt schaukeln lassen.

Sie setzen Ihren Weg durch sanft hügelige, von Obst und Gemüseanbau geprägte Landschaft fort, passieren das touristisch wenig ergiebige, immerhin 19.000 Einwohner starke, *Levin* und erreichen nach 21 km das 5.500 Einwohner Städtchen **Otaki**. Während die 1994 abgebrannte hölzerne *Rangiatea Church* nur als ein exakter Nachbau vorhanden ist, kann die an der Convent Rd gelegene, 1858 erbaute, *Saint Mary's Church* im Original be-  wundert werden. Auf dem Gelände sind auch zwei Versammlungshäuser der Maori zu besichtigen. Wem es nun nach einem Bad im Meer zumute ist, kann diesem Bedürfnis, überwacht von Rettungsschwimmern, am Dünenstrand von **Otaki Beach** nachkommen.

15 km südlich treffen Sie auf **Waikanae**. Die Stadt befindet sich 60 km nördlich von *Wellington* und liegt damit schon in ihrem Einzugsbereich. Ornithologisch Interessierte können hier **Nga Manu Nature Reserve**, ein ausgedehntes und sehr reiz-

volles Vogelschutzgebiet besuchen. Auf einem 1,5 km langen Rundweg können Sie Enten, schwarze Schwäne und Keas in einer ursprünglichen Umgebung bewundern. Im Nachthaus gilt es darüber hinaus Kiwis, Eulen und Tuataras zu entdecken.

(32) WOMO-Badeplatz: Waikanae Beach
GPS: S 40°51'52" E 175°1'7" max. **WOMOs:** 15
Ausstattung/Lage: Wasser, Toilette / Direkt am Meer.
Zufahrt: Am SH1 zunächst in die Te Moana Rd und später in die Waimea Rd abbiegen, liegt am Ende der Waimea Rd (*Waikanae Boating Club*).
Beurteilung: Sehr schön gelegener, asphaltierter Platz, an der Kapiti Coast, gegenüber Kapiti Island.

(33) WOMO-Badeplatz: Paremata Ngatitoa Domain
GPS: S 41°5'51" E 174°51'55" max. **WOMOs:** 30
Ausstattung/Lage: Wasser, Toilette / Malerisch am Strand gelegen, großzügige Stellmöglichkeiten.
Zufahrt: Biegen Sie vom SH1 kurz vor der Paremata Inlet Bridge rechts ab, danach gut ausgeschildert, ca. 700 m.
Beurteilung: Sehr schöner, großzügiger Platz auf Gras! In der Nähe befinden sich einige Restaurants.

Am Strand der 3,5 km entfernten Siedlung **Waikanae Beach** kann relativ gefahrlos gebadet werden. Hier bietet sich Ihnen die Gelegenheit zur freien Übernachtung (siehe Kasten). Der Sandstrand ist beliebt für Wassersport und Wanderungen. Immer im Blick und ebenfalls mit guten Stränden ausgestattet ist die vorgelagerte Insel **Kapiti**, zu deren Betreten Sie ein Permit des DOC in *Wellington* benötigen (9 NZD), da sie als Vogel- und Naturschutzgebiet einer Besucherbeschränkung unterliegt. Seit die Ausrottung des Possums und der Ratten geglückt ist, konnten sich einheimische Vogelarten rasch regenerieren. Das sehr klare Wasser um die Insel bietet beste Bedingungen zum Tauchen und Schnorcheln. Die Gewässer zwischen Insel und Festland sind Meeresschutzgebiet. Manchmal können hier auch durchwandernde Wale beobachtet werden.

Nur 5 km hinter Waikanae erreichen Sie das **Seebad Paraparaumu** mit einem beeindruckenden Oldtimer Museum. Kurz vor dem Ort liegt

Blick auf Wellington und das Te Papa Museum

am SH1 der *Lindale Farm Park*. Hier werden Ihnen diverse landwirtschaftliche Shows geboten und Sie können 30 Sorten der hauseigenen Kapiti Cheese Produktion verkosten. Wem es lieber nach etwas Süßem ist, kann sich in der nahe gelegenen Schokoladenfabrik Nyco Chocolates schadlos halten (Führungen und Verkauf). In **Paremata**, nur 20 km vor *Wellingtons* Stadtzentrum, bietet sich Ihnen eine Chance, zur reizvollen freien Übernachtung direkt am *Paremata Inlet* (siehe Kasten). In *Paremata* wird aus dem Highway ein viel befahrener Motorway, der Sie direkt zum *Hafen Port Nicolson* und dem Fährterminal nach *Picton* bringt.

---

(34) WOMO-Campingplatz-Tipp: Wellington Waterfront
GPS: S 41°16'52" E 174°46'47"   **WOMOs:** 39 mit Stromanschluss
Ausstattung/Lage: Ver- und Entsorgung, Toilette, Dusche / Direkt am Hafen gelegen, an der Straße, mitten im Zentrum, nahe der Anlegestelle der Bluebridge Fähre.   **Preise:** Stellplatz mit Strom 50 NZD
Zufahrt: Von Norden kommend vom SH1 am Aotea Quay Exit Richtung Zentrum abfahren, liegt nahe der Anlegestelle der Bluebridge Fähre, ist gut ausgeschildert.
Kontakt: 12 Waterloo Quay, Wellington, Tel. 04 472 3838, www.wwmp.co.nz, info@wwmp.co.nz,
Hinweise: Vorab buchen über Internet.   **Beurteilung:** Kleine Stellplätze auf Asphalt, direkt an der Hauptstraße, aber ideal, um das Zentrum von Wellington zu Fuß zu erkunden.

Für Neuseelands Hauptstadt am windigen Südzipfel der Nordinsel sollten Sie sich zwei bis drei Tage Zeit nehmen. Stür-

mische Winde beherrschen **„Windy Welli"** fast das ganze Jahr über. An über 170 Tagen im Jahr herrschen Windgeschwindigkeiten von mehr als 50 km/h vor. Hauptursache sind die hohen Windgeschwindigkeiten, die in der nahe gelegenen *Cook Strait* durch die Bündelung des Windes erzeugt werden. Die hoch aufragenden Bürotürme im Zentrum verstärken diesen Effekt. In den letzten 20 Jahren hat sich **Wellington** von einer verschlafenen Landeshauptstadt zu einer wichtigen *Kultur- und Lifestylemetropole* des Landes entwickelt. Dazu tragen neben den zahlreichen Museen und Theatern eine lebendige Musik- und Filmszene bei. *Peter Jackson* lebt und arbeitet hier und am 1. Dezember 2003 wurde der dritte Teil seiner Filmtrilogie „Der Herr der Ringe" im *Wellingtoner Embassy Theatre* uraufgeführt. Wellington gilt heute als die Kulturhauptstadt Neuseelands. In allen geraden Jahren findet die Kulturbiennale „*New Zealand International Arts Festival*" statt.

Wellington liegt eingeklemmt zwischen einem sehr schönen Naturhafen und nur 1 km dahinter steil aufragenden Bergen. Diese Naturgegebenheiten setzen dem Zentrum enge Grenzen und ermöglichen es Ihnen, alle Sehenswürdigkeit zu Fuß zu erkunden. Die Einwohnerzahl von ca. 450.000 kommt nur durch bevölkerungsreiche Vororte zustande **(Lower Hutt, Porirua, Upper Hutt)**, **Wellington City** bringt es lediglich auf 180.000 Einwohner.

Ihre **Erkundungstour** beginnen Sie an der größten Touristeninformation der Stadt am **Civic Square**, der von mehreren interessanten Gebäuden umrahmt wird. Zunächst schauen Sie sich die *Central Library* (Stadtbibliothek) an, deren Besuch sich unbedingt lohnt. Auch die benachbarte *City Gallery*, die in einem Art Deco Gebäude aus dem Jahre 1939 untergebracht ist, werden sie besuchen wollen. Das dritte Gebäude, die architektonisch ebenfalls interessante Town Hall,

Maori Versammlungshaus im Te Papa

bietet sich dagegen eher nicht zum Besuch an. Ebenfalls am *Civic Square* liegt das 183 eröffnete *Michael Fowler Center*, das sowohl als Konzerthalle, als auch als Kongresszentrum genutzt wird. Man erreicht es über eine breite Treppe, die von Nikau-Palmen gesäumt ist. Diese sind aus Edelstahl gefertigt, ebenso wie eine **Weltkugel**, die über dem Platz schwebt. Sie verlassen den *Civic Square* über die *City-to-Sea-Bridge* mit ihrer modernen Architektur und gelangen über diese Sehenswürdigkeit an die Waterfront.

Vorbei am *Circa Theatre* führt Sie der Weg zu Neuseelands Nationalmuseum, das Sie in der Cable Street am Lambton Harbour finden. Das „Museum of New Zealand / Te Papa Tongarewa", im Volksmund kurz **„Te Papa"** genannt, wurde nach einer fünfjährigen Bauzeit 1998 eröffnet. Es hat sich internationale Anerkennung für seine ultra-moderne, extravagante Architektur erworben und ist der ganze Stolz des Landes. Auf sechs Ebenen wird das Land Neuseeland von den vielseitigsten Aspekten beleuchtet. Insbesondere wird die Entwicklung Neuseelands von den ersten Besiedlungen an bis zum heutigen modernen Staat dargestellt. Präsentiert werden auch ethnologische Schätze, kunstvolle Maori-Schnitzereien, eines ihrer Versammlungshäuser und ein 150 Jahre

Nikau Palmen aus Edelstahl

altes Kriegskanu. In dem beeindruckenden Museum wird die gemeinsame Geschichte von Maori und Pakeha eindrucksvoll dargeboten. Te Papa (Tel. 04 381 7000, www.tepapa.govt.nz) ist bei freiem Eintritt täglich von 10.00-18.00 Uhr (Do bis 21.00 Uhr) geöffnet. Auch wer sonst kein großer Freund von Museumsbesuchen ist, wird von dem Dargebotenen begeistert sein und sollte einen halben Tag einplanen.

Wer nach dem Besuch des Te Papa erst einmal eine Pause braucht, kann sich an der nahen *Queens Wharf* in eines der zahlreichen Restaurants oder Cafés begeben und während einer Stärkung Fähr- oder Kreuzfahrtschiffe beobachten. Anschließend wartet schon das in einem schön restaurierten

viktorianischen Zolllagerhaus untergebrachte **Museum of Wellington City & Sea** darauf, erkundet zu werden. Die gesellschaftliche und maritime Stadtgeschichte *Wellingtons* wird hier anhand von ausgewählten Exponaten aufgezeigt. Das Museum (Ecke Queens Wharf, Jervois Quay, Tel. 04 472 8904) ist bei freiem Eintritt täglich von 10.00-17.00 Uhr geöffnet.

Ihr nächstes Ziel ist die berühmte **Cable Car**, die Sie hinauf zum **Botanischen Garten** bringen wird. Sie überqueren den Jervois Quay, an dem das *Museum of Wellington City & Sea* liegt und gelangen durch die Hunter St oder die Grey

St in den *Lambton Quay*, die kommerzielle Hauptschlagader Wellingtons. Der Lambton Quay war früher die Uferpromenade Wellingtons, ist heute aber nach der Landanhebung durch das Erdbeben von 1855 und die Umsetzung von Landgewinnungsprojekten ca. 300 m von der Uferlinie abgerückt.

Waterfront Campingplatz und Fähre

Zwischen verspiegelten Glaspalästen findet man hier Edelboutiquen, Ladenpassagen und diverse Espressobars. Gegenüber dem markanten und zur Featherston Street hin spitz zulaufenden „*MLC Building*" beginnt eine schmale Passage, die leicht zu übersehende *Cable Car Lane*, die Sie nach wenigen Metern zur Talstation der **Cable Car** bringt. Täglich von 7.00 bis 22.00 Uhr bringen die leuchtend roten Wagen der 1902 gebauten Bahn alle 10 Minuten die Fahrgäste (Einheimische und Touristen) hinauf in den im Stadtteil Kelburn gelegenen oberen Teil des **Botanischen Gartens**. An den vier Haltestationen der Cable Car hat man wunderbare Ausblicke auf die Stadt und den Hafen. An der Bergstation angelangt, kann der Interessierte dem Cable Car Museum einen Besuch abstatten, in dem Bistro des **Skyline Function Centre** mit wunderbarer Aussicht verweilen oder gleich den Rückweg den Hang hinab durch den reizvollen Botanischen Garten antreten. Eine weitere Möglichkeit bietet sich dem astronomisch Interessierten im nur 100 m entfernten kleinen Museum des *Carter Observatory* aus dem Jahre 1907. Der weitere Weg führt Sie nun stetig bergab bis zum Begonien Haus und dem 1960 direkt daneben angelegten *Lady Norwood Rose Garden*, in dem von November bis April in den prächtigsten Farben blühende Rosen zu bewundern sind.

Am südlichsten Zipfel des Botanischen Gartens erreichen Sie den *Anderson Park*, dem unmittelbar der *Bolton Street Memorial Park* folgt. Ein übergroßes Denkmal von *Richard Seddon* markiert den Eingang dieses alten viktorianischen Stadtfriedhofes. Sie folgen

Regierungssitz *Beehive*

dem Robertson Way und überqueren die Stadtautobahn auf einer Fußgängerbrücke, die Sie in einen Teil des Friedhofes bringt, in dem eine kleine Kapelle steht. Über die Bowen St gelangen Sie schließlich in den oberen Teil des Lambton Quay und damit an den Anfang des Parlaments-Distriktes. Dieser wird vom *Old Government Building* dominiert, dessen Eingänge mit prächtigen Holzpfeilern und Säulengängen geschmückt sind. Das im italienischen Renaissancestil errichtete Gebäude war bei seiner Fertigstellung 1876 das größte Gebäude Neuseelands. In einem direkt am Eingang befindlichen DOC Visitor Centre erhält man Karten für die Besichtigung der öffentlich zugänglichen Teile des Gebäudes. Der Sitz der neuseeländischen Regierung befindet sich in den drei Gebäuden des **Parliament Buildings** auf der anderen Seite des Lambton Quay. Die Büros des Premierministers und seiner Kabinettsmitglieder sind im auffälligsten dieser drei Gebäude, dem **Beehive** (Bienen-

stock), einem kreisrunden, aus sieben Stufen bestehendem Kegel untergebracht. Während das Beehive aus Sicherheitsgründen für Besucher gesperrt ist, können die beiden anderen Regierungsgebäude, das 1922 im klassizistischen Stil erbaute Parliament House und die neogotische General Assembly Library , von Ihnen im Rahmen einer einstündigen kostenlosen Führung erkundet werden. Abschließend bietet es sich an, der markanten, 1937 fertig gestellten **Wellington Railway Station** einen Besuch abzustatten. Sie erreichen das vom Architekten *William Gray Young* in gregorianischer Architektur entworfene Gebäude nach 200 m Wegstrecke, die Sie am Busbahnhof vorbeiführt. Schauen Sie sich unbedingt auch das Innere des größten Kopfbahnhofes in Neuseeland mit seiner hohen Schalterhalle und den eindrucksvollen Dachgewölben an.

Der in diesem Buch empfohlene Rundgang im Zentrum Wellingtons endet hier. Das Aufzeigen der anderen Sehenswürdigkeiten würde den Rahmen diese Wohnmobil-Reiseführers sprengen und soll darauf spezialisierten Reiseführern überlassen bleiben. Tipp: Ein gepflegtes indisches Mahl können Sie im Restaurant **Great India** (141 Manners St, Tel. 04 384 5755) einnehmen.

Blick vom Mount Victoria

Auf zwei Ausflüge möchten wir Sie noch hinweisen. Der erste führt auf den 196 m hohen, südöstlich des Zentrums gelegenen **Mount Victoria**. Von seiner Aussichtsplattform öffnet sich ein weites Panorama auf die Stadt, den Hafen, die Docks und bei guter Sicht bis zum *Hutt Valley*. Auf dem Gipfel werden Sie auch eine dreieckige, bunt verzierte Konstruktion antreffen, die ein Zelt auf einer Antarktis Expedition darstellen soll. Das *Byrd Memorial* erinnert an den Antarktis-Forscher *Richard E. Byrd* (1888-1957). Ein zweiter, deutlich weiterer Ausflug, den wir Ihnen empfehlen, ist eine Fahrt auf dem etwa 40 km langen *City Marine Drive*. Er umrundet die **Miramar Halbinsel**, wobei er fast immer nahe an der Küstenlinie verbleibt. Sie können ihn mit dem Fahrrad oder dem Auto fahren und kommen unterwegs an zahlreichen Badebuchten vorbei.

---

(35) WOMO-Campingplatz-Tipp: Wellington Top 10 HP
GPS: S 41°16'52" E 174°46'47"   **WOMOs:** 150 mit Stromanschluss
Ausstattung/Lage: Spielplatz / An den Hutt Park angrenzend, in der Nähe des Hutt River.   **Preise:** Stellplatz mit Strom 44 NZD.
Zufahrt: Auf dem SH2 Ausfahrt Richtung „Maungaraki/Lower Hutt/City Centre" nehmen, am Wellington Harbour entlang fahren, Brücke über den Hutt River überqueren, gut ausgeschildert
Kontakt: 95 Hutt Park Rd, Seaview, Lower Hutt, Tel. 0800 488 872, www.wellingtontop10.co.nz **Beurteilung:** Große Stellplätze, teils auf Gras und von Büschen und Bäumen eingerahmt. 12 km vom Zentrum Wellingtons entfernt, Infos über die Fahrzeiten der Busse sind im Office erhältlich.

Sie verlassen nun die Hauptstadt und fahren auf dem SH2 Richtung Nordosten. Der Highway folgt für etwa 8 km der Küstenlinie des *Wellington Harbour* und wendet sich dann ins Landesinnere. Bald passieren Sie **Lower Hutt** und nach weiteren 15 km **Upper Hutt**, womit Sie den Großraum Wellington hinter sich gelassen haben. Der SH2 führt Sie nun aus dem Hutt Valley heraus und anschließend in einer kurvenreichen Passstraße auf den 555 m hohen **Rimutaka Hill**, auf dem ein großer Rastplatz mit öffentlicher Toilette und einem Café eingerichtet ist. An schönen Tagen werden Sie hier viele Motorradfahrer an-

treffen, bei denen die windungsreiche Passstraße sehr beliebt ist. Nach einer kleinen Pause fahren Sie weiter, überqueren die *Rimutaka Range* und tauchen in die **Wairarapa Region** ein, genauer in den *South-Wairarapa-Distrikt*. Die *Wairarapa* ist ein Gebiet, das sich von der *Rimutaka Range* bis zur *Hawke Bay* erstreckt, und damit fast 300 km weit bis nach Napier, dem Ziel von Tour 4. Das ausgedehnte Weideland ist ein alteingesessenes und urtypisches neuseeländisches Schafzuchtgebiet. In den letzten beiden Jahrzehnten gab es zwei Entwicklungen, die Bewegung in die vorher verschlafene Region gebracht haben. Zum einen wurde der südliche Teil von den Bewohnern des Großraumes Wellington als Ziel eines Tages- oder Wochenendausfluges entdeckt und zum anderen hat sich der 1976 hier begonnene Weinanbau prächtig entwickelt. Heute ist South-Wairarapa eine bedeutende Weinbau-Region Neuseelands, besonders für Spätburgunder.

(36) WOMO-Stellplatz: Featherston Lake Reserve

GPS: S 41°9'52" E 175°18'15"   **max. WOMOs:** großer Platz mit vielen Stellmöglichkeiten.
Ausstattung/Lage: Toilette / Am Lake Wairarapa gelegen.
Zufahrt: In Featherston den SH53 nehmen, nach 1,5 km rechts in das Sträßchen „Murphys Line" abbiegen, dem Schild *Lake Reserve*, bzw. *to Longwood Rd* folgen.

Als erstes Städtchen jenseits der Berge erreichen Sie nach 10 km **Featherston**, wo das Fell Lokomotivenmuseum einen Besuch wert ist. Wer möchte, kann über die Western Lake Rd einen Abstecher zum nur 5 km entfernten *Lake Wairarapa* machen, der mit einer Fläche von 78 km² der drittgrößte See auf der Nordinsel ist. Sein Nordufer ist bereits nach 5 km erreicht, aber das Seeufer ist nur an einigen Stellen zugänglich. Sie verweilen nicht lange in der 3.400 Einwohner Stadt und wenden sich dem etwa 17 km entfernten **Martinborough**, der Hauptstadt des *South-Wairarapa-Distriktes* zu. Das hübsche 2.000 Einwohner Städtchen ruht inmitten einer idyllischen Parklandschaft. Sie erreichen Martinborough, dessen Grundriss nach dem Union

(37) WOMO-Campingplatz-Tipp:
Martinborough Village Camping

GPS: S 41°12'59" E 175°27'8"   **WOMOs:** 15 mit Stromanschluss

Ausstattung/Lage: Spielplatz / Schöner Platz mit gossen Stellplätzen, von Büschen und Bäumen eingerahmt, mit Blick auf die Weinfelder, neben den Schwimmbad.
Preise: 17 NZD pro Person, 10 NZD pro Kind.
Zufahrt: Mitten in Martinborough an der Ecke Dublin St und Prinzess St gelegen, Einfahrt in der Dublin St, Hinweisschilder beachten.
Kontakt: 10 Dublin St West, Martinborough, Tel. 0800 780 909, www.martinboroughcamping.com
Beurteilung: Schöner, ruhiger Platz, viel Grün.

Jack geplant wurde, über den SH53. Martinborough ist gleichzeitig auch die Weinhauptstadt der Region und seine Weine erfreuen sich internationaler Bekanntheit. Da es hier wie in Wellington sehr windig ist, werden in den Weinbaugebieten oft Windschutzhecken angepflanzt.

Sie fahren auf direktem Wege nach **Carterton**, indem Sie zunächst der Ponatah Rd und später der Kokotau Rd folgen. Etwa 8 km vor *Carterton* befindet sich an der Kokotau Rd das sehenswerte **Stonehenge Aotearoa**. Es ist eine moderne Nachbildung des historischen *Stonehenge*, die den Traditionen der Maori folgt. Dies erkennt man am deutlichsten in der Platzierung der Ringsteine, die einen polynesischen Sternenkompass bilden. Der Steinring besteht aus 24 Säulen von je 3 m Höhe und hat einem Durchmesser von 30 m. Mit dem aufliegenden Steinring ist er 4 m hoch. Im Zentrum steht ein 5 m hoher Obelisk, der den südlichen Himmelspol symbolisiert. Besonders

eindrucksvoll ist eine nächtliche Führung (Anmeldung erforderlich, Tel. 06 377 1600, www.stonehenge-aotearoa.com).

(38) WOMO-Campingplatz-Tipp: Carterton HP

GPS: S 41°1'9" E 175°31'22" **WOMOs:** 28 mit Stromanschluss
Ausstattung/Lage: Standard / Gepflegter Campingplatz mit großen, von Büschen eingerahmten Stellplätzen. Grenzt an einen Spielplatz.
Preise: 12 NZD pro Person, 5 NZD pro Kind
Zufahrt: In der Stadtmitte in die Belvedere Rd abbiegen, 700 m.
Kontakt: 198 Belvedere Rd, Carterton, Tel. 06 379 8267, www.cartertondc.co.nz/caravanpark
Beurteilung: Sehr schöner, gepflegter Platz mit guten Facilities.

In *Carterton* lohnt der Besuch der **Paua Shell Factory** (54 Kent St, Tel. 06 379 4222), in der die typisch neuseeländischen Paua-Muscheln zu allerlei Kunstgegenständen verarbeitet werden. Der SH2, den Sie in *Carterton* wieder erreicht haben, bringt Sie nach 15 km in die mit 18.000 Einwohnern größte Stadt des *Wairarapa*. Hier lohnt ein Besuch des *Aratoi Wairarapa Museum of Art&History* (tgl. 10 bis 16.30 Uhr, Ecke Bruce St / Dixon St, Tel. 06 370 0001, Spende erwünscht).

Dem SH2 folgend erreichen Sie nach 15 km **Masterton**, die mit 18.000 Einwohnern größte Stadt des *Wairarapa*. An vier Tagen bis zum ersten Samstag im März findet hier alljährlich die „Olympiade des Schafscherens" statt. Die **Golden Shears** (www.goldenshears.co.nz) sind ein bei Alt und Jung beliebtes Riesenspektakel, das im War Memorial Stadium stattfindet und aus den Disziplinen „sheering", „wool handling" und „wool pressing" besteht, die wiederum in verschiedenen Alters- und Erfahrungsklassen ausgetragen werden. Im März 2011 wurden die Golden Shears zum 50. Male ausgetragen. Masterton hat zwei Parks und ein Museum aufzuweisen. Im Nordosten der Stadt liegt der *Henley Park* mit seinem gleichnamigen See, der in den 1930-iger Jahren angelegt wurde

und sich aus dem Wasser des *Waipoua Rivers* speist. Zentraler, nämlich östlich an das Zentrum von Masterton anschließend, liegt der hübsche *Queen Elisabeth Park*. Daneben gibt es noch das *Aratoi*, ein Kunst und Geschichtsmuseum, dessen Schwerpunkt auf der *Wairarapa* liegt (www.aratoi.co.nz). Schließlich bietet der nahe gelegene **Tararua Forest Park** Wanderfreunden ausgezeichnete Möglichkeiten, ihrer Leidenschaft nachzugehen.

---

(39) WOMO-Campingplatz-Tipp: Mawley Park Motor Camp
GPS: S 40°56'38" E 175°40'0"   **WOMOs:** 54 mit Stromanschluss
Ausstattung/Lage: Spielplatz / Zentrumsnahe Lage in parkähnlicher Umgebung direkt am Waipoua River mit der Möglichkeit im Fluss zu schwimmen. Der Elisabeth Park mit zahlreichen Freizeitangeboten kann zu Fuß in zwei Minuten erreicht werden.
Preise:
Stellplatz mit Strom 12 NZD pro Person, Kinder 5 NZD, Kinder unter 5 Jahren sind frei.
Zufahrt: Vom Zentrum kommend biegt die Oxford St direkt hinter dem Waipoua River links vom SH2 ab.
Kontakt: 15 Oxford St, Masterton, Tel. 06 378 6454, www.mawleypark.co.nz

---

Sie setzen Ihre Fahrt nach *Napier* auf dem SH2 fort und gelangen nach 28 km in das **Pukaha Mt Bruce Wildlife Centre**, wo Sie ganz ausgezeichnet einheimische, vom Aussterben bedrohte Vogelarten beobachten können. Nach weiteren 60 km erreichen Sie *Woodville*, wo Sie den SH2 verlassen, um über den SH3 der **Manawatu Gorge** einen Besuch abzustatten. Der 180 km lange *Manawatu River* nimmt einen verblüffenden Verlauf. Er entspringt auf der Ostseite der Nordinsel in der südlichen *Hawkes Bay*, mündet aber bei *Foxton Beach* auf der Westseite. Er muss also auf seinem Weg die Gebirgszüge der

---

(40) WOMO-Stellplatz: Manawatu Gorge
GPS: S 40°20'42" E 175°49'1"   **max. WOMOs:** 5
Ausstattung/Lage: Toilette, Wasser / In einem Wäldchen.
Zufahrt: In Woodville den SH2 Richtung Palmerston North nehmen. Nach etwa 4 km, kurz vor der Balance Bridge über den Manawatu River biegen Sie links in die Balance Gorge Rd ein und folgen dieser 1 km.
Beurteilung: Schöner freier Platz. Ein Café ist ganz in der Nähe. Zum Manawatu River laufen Sie 500 m.

Ruahine- und der *Tararua Ranges* durchbrechen. Genau das tut er in der *Manawatu Gorge*, in der er von einem gemütlich dahinfließenden Flüsschen zum reißenden Gebirgsbach mit zahlreichen Wasserfällen wird. Sie wollen sich dieses spekta-

Waimarama mit Bare Island

kuläre Schauspiel sicher nicht entgehen lassen und machen einen ca. 10 km langen Abstecher Richtung *Palmerston North*. Links sehen Sie die **Te Apiti Wind Farm** liegen, die 35.000 Haushalte mit Strom versorgt. Der SH3 durch die enge *Manawatu Gorge* wurde bereits 1871 gebaut und ist eine wichtige Ost-West-Verbindung auf der Nordinsel.

Sie kehren zurück zum SH2, dem Sie ohne weitere Stopp-Empfehlungen für ca. 130 km bis kurz vor *Hastings* folgen. Sie befinden sich nun in der *Region Hawke's Bay*. Einen hervorragenden Überblick über die Gegend bietet Ihnen der 399 m hohe **Te Mata Peak**. Sie erreichen ihn, indem Sie in *Pakipaki* rechts in die Te Aute Rd nach *Havelock North* abbiegen und nach 8 km, im Zentrum dieses Ortes, ebenfalls rechts in die Te Mata Rd. Das enge, kurvenreiche Sträßchen windet sich eine lange Kette von Kalksteinfelsen entlang, bevor es nach 7 km den Gipfel des *Te Mata Peak* erreicht. Schon vor dem eigentlichen Peak ergeben sich atemberaubende Blicke und es ist absolut zu empfehlen, das Wohnmobil an einem der Parkplätze stehen zu lassen und die letzte Wegstrecke zu laufen. Nachdem Sie die herrliche Aussicht in alle Himmelsrichtungen ausgiebig genossen haben, fahren Sie noch zu den wunderschönen Stränden **Ocean Beach** und **Waimarama**. Sie sind über die Ocean Beach Rd und die Waimarama Rd zu erreichen. Sofern Ihr Wohnmobil über eine Toilette verfügt, dürfen Sie hier zwei Nächte kostenlos übernachten und können Badefreuden genießen. Um von den beiden Stränden

nach *Napier* zu gelangen, fahren Sie am *Te Mata Peak* vorbei und dann am *Tukituki River* entlang bis zu dessen Mündung in den Pazifik nahe dem kleinen Ort **Clive**. Der SH2 verläuft nun direkt an der Küste bis **Napier**.

Eine einzigartige Sehenswürdigkeit ist etwa 30 km vom Zentrum *Napiers* entfernt. An der Spitze von **Cape Kidnappers**, am südwestlichen Ende der Hawke Bay, liegt eine Tölpel-Kolonie.

---

(41) WOMO-Campingplatz-Tipp: Clifton Motor Camp
GPS: S 39°38'25" E 177°0'15"   **WOMOs:** 150 mit Stromanschluss
Ausstattung/Lage: Spielplatz / Langgestreckter Platz mit schöner Aussicht auf die See.   **Preise:** 20 NZD für Stellplätze mit Stromanschluss.
Zufahrt: In Clive Richtung Clifton vom SH2 abbiegen. Am Ende der Clifton Rd, 20 km südöstlich Napier.   **Kontakt:** Clifton Rd, RD 2 Hastings 4172, Tel. 06 875 0263, www.cliftoncamphawkesbay.co.nz
Hinweise: Idealer Startpunkt für den Besuch der Tölpel Kolonie am Cape Kidnappers. Ein beliebtes Café, Restaurant und Bar direkt gegenüber, kleiner Shop für das Notwendigste.

Es ist eine von nur zwei Tölpel-Kolonien der Welt, die auf dem Festland angesiedelt sind. Die in drei Teile abgrenzbare Brutkolonie der Tölpel können Sie über eine fast zweistündige **Strandwanderung** (nur bei Ebbe möglich, Gezeitentabelle im Visitor Centre erhältlich) oder wesentlich bequemer auf dem Hänger eines Traktors erreichen. Zwischen November und Februar schlüpfen die jungen Tölpel und lernen das Fliegen. Ein ganz besonderes Schauspiel ist es, die großen Seevögel mit den goldgelben Köpfen aus großer Höhe mit hoher Geschwindigkeit ins Meer abtauchen zu sehen. Die Touren zur Tölpel-Kolonie starten in **Clifton**, wo Sie im Clifton Beach Reserve Motor Camp übernachten, oder gegen eine kleine Gebühr ihr Wohnmobil sicher parken können.

---

(42) WOMO-Stellplatz: Clive Richmond Road Reserve
GPS: S 39°34'53" E 176°55'1"   **max. WOMOs:** 20
Ausstattung/Lage: Toilette / Am Ufer des Flusses, zum Teil große Bäume.
Zufahrt: Sofort hinter der SH2 Brücke in Clive scharf links in die School Rd und nach wenigen Metern ebenfalls links in die Ferry Rd abbiegen. Nach etwa 50 m biegen Sie links in die Zufahrt zum Platz ab. Der Platz liegt lang gestreckt am Clive River neben der Brücke.
Beurteilung: Schöner freier Platz! Guter Startpunkt für den Besuch der Tölpel Kolonie am Cape Kidnappers. Sie können den Clive River etwa 1 km bis zu seiner Mündung entlang wandern.

Tour 5: First to see the light am East Cape

Napier - Lake Waikaremoana - Mahia Halbinsel - Gisborne
East Cape - Opotiki - 730 km

Stellplätze:	Lake Tutira, bei Waihua, East Cape, bei Te Kaha
Camping:	Napier, Wairoa, Lake Waikaremoana, Mahia Beach, Gisborne, Tolaga Bay, Anaura Bay, Te Araroa, Opotiki
Baden:	Hawke Bay, Mahia Beach, Gisborne: Waikanae Beach, Midway Beach, Wainui, Makorori Beach, Tatapouri, Pouawa, Tolaga Bay, Anaura Bay, Hicks Bay, Whanarua Bay, Opotiki-Waiotahi Beach
Wandern:	Napier:Marine Parade, Tangio Falls Walkway, Lake Tutira, Lake Waikaremoana Walks, Rundweg Waipai-Ruapani-Waikareiti, Rundweg Mahia Peninsula, Nikau Loop, Gisborne Historic Trail, Tolaga Bay - Cooks Cove Walkway, Anaura Bay Walkway, Te Ariki Hikurangi Track
Essen:	Napier:Provedore, Cappadona Café, Mahia Beach Café, Gisborne: The Works Café & Restaurant, Pacific Coast Macadamia Nut Farm, Opotiki: Two Fish

Freuen Sie sich auf diese reizvolle Tour, die Sie von **Napier** nach **Opotiki** und damit von der **Hawke Bay** um das **East Cape** zur **Bay of Plenty** führen wird. Vom etwa 120 km hinter *Napier* gelegen *Wairoa* aus sollten Sie einen ungemein lohnenden Abstecher in den **Te Urewera Nationalpark** mit seinem Kleinod *Lake Waikaremoana* unternehmen. Kurz vor dem an der **Poverty Bay** gelegenen **Gisborne** verlassen Sie den SH2, um die östlichste Landnase Neuseelands auf dem großartigen *Pacific Coast Highway (SH35)* zu umfahren. **Eastland** ist eine der ursprünglichsten und bisher kaum erschlossenen Gegenden *Aotearoas*, mit einem sehr hohen Maori Bevölkerungsanteil. Am Ziel dieser Tour erreichen sie die Kleinstadt *Opotiki*, die etwas verschlafen am östlichen Rand der *Bay of Plenty* liegt.

Die Region **Hawke's Bay** wird für ihr sonniges Klima, ihre hervorragenden Strände, ihre geschützten Küstenebenen im Wind- und Regenschatten der Bergketten und ihre hochwertigen Weinberge geschätzt. Bereits 1851 pflanzten katholische Missionare die ersten Weinstöcke an einem Fleckchen Erde, das heute zur *Mission Estate Winery* gehört (www.missionestate.co.nz). Es ist außerdem eines der größten Kernobstanbaugebiete des Landes und trägt den Spitznamen „Obstschale Neuseelands", auch wenn immer mehr Obstbäume von Weinreben verdrängt werden. Beim Studium der Landkarte wird Ihnen die *Hawke Bay* sofort auffallen, weil sie fast exakt halbkreisförmig verläuft. Sie erstreckt sich von der *Mahia Halbin-*

sel im Nordosten über fast 100 km bis zum *Cape Kidnappers* im Südwesten. Den Norden der Region (150.000 Einwohner) dominiert die Flutebene des Wairoa River. Weiter südlich wird das Landschaftsbild von Hügeln bestimmt, die nach Westen hin in Richtung des *zentralen Hochplateaus (Kaweka Range und Ruahine Range)* immer größere Höhen erreichen. Im südlichen Teil der Region liegt die fruchtbare *Heretaunga Ebene*. Hier befinden sich dicht beieinander die Städte **Napier** und **Hastings.** Die „Twin Cities" beherbergen die ältesten Märkte des Landes (**Urban Market**, Napier, Clive Square, Sa 8.30-12.30 Uhr; **Farmers Market**, Hastings, Hawkes Bay Showgrounds, Kenilworth Rd, So 8.30-12.30 Uhr). Hastings hat Napier in der Einwohnerzahl zwar überholt, nicht aber in der touristischen Bedeutung.

Art Deco Gebäude in Napier

Prägend für das heutige Stadtbild von *Napier* war der 3. Februar 1931, als ein gewaltiges Erdbeben der Stärke 7,9 auf der Richter-Skala die Stadt erschütterte. Das Zentrum wurde völlig zerstört, 162 Menschen fanden den Tod. Ein Großfeuer raffte auch die Holzhäuser hin, die das Beben zunächst überstanden hatten. Die Erde hob sich während des Bebens um ca. 2 m, was Napier und Umgebung fast 40 km² neues Land einbrachte. Napier wurde komplett neu aufgebaut. Heute kann der Besucher in Napier eine der dichtesten Konzentrationen von **Art-Deco** Gebäuden auf der Welt bewundern. Die meisten Fassaden der Art-Deco Gebäude sind sorgfältig restauriert. Gemeinsam mit den vielen Palmen, die nach dem großen Unglück gepflanzt worden sind, geben sie Napier ein ganz besonderes Flair. Auch Einheimische kommen gerne hierher. Besonders beliebt ist das **Art Deco-Weekend** im Februar. Dann kleidet man sich im Stil der Dreißiger und fährt mit chromblitzenden Oldtimern gemächlich durch die Stadt. Und wenn Sie in einem Restaurant mit Art Deco Fassade dinieren wollen, können wir Ihnen das **Provedore** (60 West Quay, Tel. 06 834 0189) empfehlen. Einen sehr schönen Überblick über die Stadt können Sie sich auf dem *Bluff Hill* verschaffen, der direkt am Hafen liegt. Vom Bluff Hill aus liegt direkt vor Ihnen die langgestreckte **Marine Parade**, die Strandpromenade

Blick vom Bluff Hill auf Napier

Napiers. Im vorderen Teil der Marine Parade, auf Höhe des Informationszentrums, zweigen mehrere Einkaufsstraßen ab. Am schönsten ist die Emerson Street, in der Sie in angenehmer Umgebung Galerien, Cafés, Bekleidungsgeschäfte und auch Second-Hand-Läden finden (**Tipp: Cappadona Café**, 189 Emerson St, Tel. 06 835 3368). In der parallel verlaufenden Tennyson Street befinden sich mit dem *Stadttheater (Municipal Theatre)*, dem *Daily Telegraph Building* und dem *Hildebrands Building* die markantesten Art-Deco Gebäude der Stadt.

Spazieren Sie die **Marine Parade** entlang und erfreuen sich am Duft der zahllosen Norfolk-Pinien, begehen Sie den feinen schwarzen Sandstrand und bewundern Sie die Art-Deco-Fassaden. Etwa 400 m hinter der i-Site liegt Marineland, in dem einheimische Meerestiere und Vögel zu sehen sind und 500 m weiter erreichen Sie das neu gestaltete und absolut sehenswerte *National Aquarium of New Zealand*. Schlendern Sie vom Visitor Center aus ca. 200 m in die entgegengesetzte Richtung, so treffen Sie auf das *Hawkes Bay Museum & Art Gallery*. In einer hervorragenden audiovisuellen Show wird die Geschichte der Stadt beleuchtet, wobei natürlich das Erdbeben von 1931 einen besonderen Platz einnimmt. Weitere 300 m nördlich, am Fuße des *Bluff Hill*, gelangen Sie zum *Ocean*

Club. Dort können Sie sich in windgeschützten Whirlpools mit Meerblick entspannen. In der Stadt sollten Sie sich noch das *Deco Centre* (163 Tennyson Street), den *Botanischen Garten* und den *Kennedy Park* anschauen.

Napier i-Site und Masonic Hotel

Sicher wollen Sie es sich nicht entgehen lassen, eines der 50 öffentlich zugänglichen **Weingüter** aufzusuchen, hervorragende Weine zu verkosten und an Führungen durch die Weinkeller teilzunehmen. In *Destination Wineries* ist die Weinprobe mit einem Essen im Restaurant oder einem Picknick in einem Landschaftsgarten verbunden. Die erzeugten Chardonnays, Sauvignon Blancs, Cabernets und Merlots erhalten bei internationalen Qualitäts-Prüfungen alljährlich Auszeichnungen. Infos über die Weingüter bekommen Sie in der örtlichen i-Site oder auf www.napier.govt.nz.

---

(043) WOMO-Campingplatz-Tipp:
Bay View Snapper Holiday Park

GPS: S 39°25'50" E 176°52'24"   **Zufahrt:** Am SH1 ausgeschildert.
WOMOs: 51 Stellplätze mit Stromanschluss, davon 6 mit Meerblick.
Ausstattung/Lage: Spielplatz / 8 km nördlich Napier, direkt am Strand.
Preise: 20 NZD pro Person.
Kontakt: 10 Gil Rd, Bay View, Napier, Tel. 0800 287 275, 06 836 7084, www.snapperpark.co.nz/   **Beurteilung**: Dieser Platz liegt wunderschön am Strand, fragen Sie nach einem der 4 Plätze hoch auf den Dünen.

Ihre nächsten Stationen in Tour 5 sind Wairoa und der im *Te Urewera Nationalpark* gelegene *Lake Waikaremoana*. Sie verlassen Napier über den SH2, der uns zunächst durch die beim Erdbeben von 1931 entstandene Westshore führt, dann den Vorort *Bay View* streift und sich schließlich kurz vor Tangoio und dem gleichnamigen Bluff von der Küste entfernt. Nutzen Sie die Chance zu einer 40 minütigen Wanderung (hin und zurück) zu den **Tangoio Falls**. Parkplatz und Walk sind gut ausgeschildert. Der dem *Kareaara Stream* folgende **Tangio Walkway** (3h hin und zurück) startet ebenfalls hier. 17 km hinter den *Tangoio Falls* führt der SH2 am **Lake Tutira** vorbei. Hier haben Sie die Möglichkeit zu einem Picknick und einem kleinen Spaziergang am Seeufer entlang. Auch eine freie Übernachtung am Seeufer ist möglich und überaus reizvoll.

(044) WOMO-Stellplatz: Laka Tutira

GPS: S 39°14'1" E 176°53'35"
max. WOMOs: 10
Ausstattung/Lage: Toiletten, Wasser / Am Lake Tutira.
Preise: Spende erbeten.
Zufahrt: Nicht zu verfehlen, 40 km hinter Napier, von der Straße aus sehen Sie die kleinen Lake Waikopiro und den größeren Lake Tutira.
Beurteilung: Traumhaft schöne Stelle, machen Sie auf jeden Fall eine kleine Pause, zwei Bush Walks warten auf Sie.

Vorbei an den *Tangoio Falls* verläuft der SH2 weitere 60 km im Landesinneren, bevor er Sie, kurz vor *Raupunga*, auf einer imposanten, fast 100 m hohen Brücke über den stattlichen **Mohaka River** bringt. Wenige hundert Meter davor bietet sich Ihnen die Gelegenheit, die höchste Eisenbahnbrücke des Landes zu bestaunen. Nach kurzer Wegstrecke können Sie in *Waihua* rechts in die **Waihua Beach** Rd abbiegen und an die Steilküste ans Meer gelangen.

(045) WOMO-Badeplatz: Waihua

GPS: S 39°5'35" E 177°17'5"
max. WOMOs: 4
Ausstattung/Lage: Keine / Malerisch auf den Klippen über dem Meer, unweit der Mündung des Te Kiwi Streams.
Zufahrt: 25 km vor Wairoa rechts in die Waihua Beach Rd abbiegen, bei dem 2. Haus fragen, ob Sie dort stehen dürfen. Nicht bis an den Strand runter fahren, es ist schwierig dort zu wenden.   **Beurteilung:** Traumhaft schöne Stelle an der Ostküste, auch für einen Stopp mit einer Strandwanderung oder einem Bad im Meer sehr zu empfehlen.

Die 5.500 Einwohner zählende Stadt **Wairoa** erreichen Sie 35 km hinter dem *Mohaka Viadukt*. In *Wairoa* zweigt die Straße zum paradiesischen *Te Urewera NP* ab. *Wairoa* wird deshalb auch als Zugangstor zu diesem Kleinod unter den Nationalparks angesehen. Besonders sehenswert ist in Wairoa der Leuchtturm an der Uferpromenade, ein 1935 erbautes

Maori Versammlungshaus (Takitimu-Marae) und das Wairoa District Museum.

(046) WOMO-Campingplatz-Tipp:
Wairoa Riverside Motor Camp

GPS: S 39°1'57" E 177°24'55"   **WOMOs:** 40 mit Strom
Ausstattung/Lage: Spielplatz / Zentrumsnahe Lage, direkt am stattlichen Wairoa River, in dem Sie auch schwimmen und baden können.
Preise: Stellplatz mit Strom 16 NZD pro Person.
Zufahrt: Im Zentrum von Wairoa am Kreisel nach links abbiegen, nach 200 m liegt der Platz auf der rechten Seite.
Kontakt: 19 Marine Parade, Wairoa, Tel. 06 838 6301, www.riversidemotorcamp.co.nz
Beurteilung: Die großzügigen Stellplätze liegen auf gepflegtem Rasen, wunderbar saubere Sanitäranlagen. Sehr schöne und gepflegte Anlage.

Sie sollten sich unbedingt den 65 km langen Abstecher in den **Te Urewera Nationalpark** und seinen **Lake Waikaremoana** gönnen. Der *Te Urewera Nationalpark* umschließt das größte Urwaldgebiet der Nordinsel und ist fast vollständig von Vegetation bedeckt. Der Urwald wächst sogar noch auf den bis zu 1.500 m hohen Bergketten des Parks. Seine Fruchtbarkeit verdankt der Nationalpark, der auf der Verwerfungslinie der T*aupo Volcanic Zone* liegt, dem Zusammenspiel von vulkanischer Asche und hohen Regenmengen. Der artenreiche Wald, eine 2005 vom DOC durchgeführte Erhebung ergab 563 verschiedene Pflanzenarten, wird an vielen Tagen in Nebel eingehüllt. Folgerichtig nannte sich der hier lebende Maori-Stamm **Tuhoe**, was „Kinder des Nebels" bedeutet.

Sie verlassen Wairoa über den SH38 und erreichen nach 8 km **Frasertown**. Dort zweigt der SH36 nach Gisborne ab. Bleiben Sie auf dem SH38 und genießen Sie die wunderschöne Strecke entlang des wilden *Waikarotahoko River*. In dem Örtchen **Tuai**, das 5 km vor dem Eingang des Nationalparks liegt, befindet sich ein 1926 erbautes Wasserkraftwerk, das aus dem künstlich aufgestauten *Lake Whakamarino* Strom

Kraftwerk am Lake Whakamarino

erzeugt. Ab *Tuai* wird der SH38 zur Schotterstraße, die kurz hinter der Ansiedlung *Onepoto* auf den *Lake Waikaremoana*, dem **„See des sich kräuselnden Wassers"** trifft. Wissenschaftler haben herausgefunden, dass der 600 m hoch gelegene Bergsee vor gut 2000 Jahren durch einen gewaltigen Erdrutsch entstanden ist, der den *Waikaretaheke River* in der Folge auf einer Fläche von 54 km² aufstaute. Der SH38 führt weiter in den Park hinein, durchquert ihn schließlich und führt 160 km weiter bis *Rotorua*. Achtung! Kurven und Schotterbelag machen das Fahren sehr anstrengend. Für die Strecke von *Wairoa* bis *Rotorua* müssen Sie 4 bis 5 Stunden Fahrzeit einplanen. Bei Regen sollten Sie die Strecke auf jeden Fall meiden, weil sie dann rutschig und zu gefährlich wird. Sie folgen der Schotterstraße etwa 15 km bis zum **DOC Aniwaniwa Visitor Centre**.

Decken Sie sich im am See gelegenen *DOC Aniwaniwa Visitor Centre* mit den benötigten Informationen ein oder buchen sie dort den *Lake Waikaremoana Great Walk*. Der 46 Kilometer lange Lake Waikaremoana Track, wie er auch genannt wird, verläuft über weite Strecken am Süd- und Westufer des Lake Waikaremoana entlang und wird damit stark durch diesen großartigen See geprägt. Der Wanderweg führt durch verschiedene Typen von Wäldern und offenen Wiesenflächen, die immer wieder herrliche Ausblicke auf den See ermöglichen. Für die Wanderung sollten Sie 3 bis 4 Tage einplanen.

Lake Waikaremoana

Für Übernachtungen stehen an fünf Plätzen einfache DOC-Unterkünfte (nur Trinkwasser und Toiletten, buchungspflichtig!) bereit. Ausgangspunkte der Wanderung (kein Rundwanderweg!) sind der *Onepoto Car Park* am Süd- und *Hopuruahine* am Nordende des Sees. Beide liegen am SH38. Vom Lake Waikaremoana Motor Camp aus verkehren Wassertaxis zu verschiedenen Stellen des Tracks. Wer will, kann sich also morgens zu einer Stelle bringen und abends von einer anderen wieder abholen lassen (Home Bay Water Taxi, Tel. 06 837 3826, www.waikaremoana.com). An das DOC Aniwaniwa Visitor Centre ist ein Museum angeschlossen, das über Leben und Kultur der Tuhoe Auskunft gibt. Vertreter dieses Maori-Stammes bieten darüber hinaus authentische Einführungen in die Legenden und Lebensweise ihres Volkes sowie naturnahe Wanderungen an.

Zwei Kilometer vor dem Aniwaniwa Visitor Centre befindet sich das Lake Waikaremoana Motor Camp. Suchen Sie sich einen am See gelegenen Stellplatz für mindestens zwei Nächte, Sie werden es nicht bereuen.

---

(047) WOMO-Campingplatz-Tipp:
Lake Waikaremoana Motor Camp

GPS: S 38°45'13" E 177°9'19" **WOMOs:** 54 mit Strom
Ausstattung/Lage: Spielplatz, Einkaufsmöglichkeiten im Shop / Am Lake Waikaremoana, im Te Urewera National Park.
Preise: Stellplatz mit Strom 16 NZD pro Person.
Zufahrt: Dem SH38 folgen, etwa 12 km nachdem der SH38 auf den See trifft, direkt am Lake Waikaremoana in der Opourau Bay.
Kontakt: SH38, Tel. 06 837 3826, www.lake.co.nz
Beurteilung: Einfache Anlage mit großzügigen Stellplätzen auf Gras.

Zu den angebotenen Freizeitmöglichkeiten gehören viele Wanderungen verschiedener Länge, Kanu-Touren und Angeln. Über die möglichen Wanderungen gibt die DOC Broschüre *Lake Waikaremoana Walks* (2 NZD) Auskunft. Auf jeden Fall sollten Sie sich die kurzen Wanderungen zu zwei nahe gelegenen Wasserfällen einplanen. Die **Papakorito Falls** befinden sich 2 km östlich des Visitor Center und die **Aniwaniwa Falls** sind sogar nur einen Kilometer entfernt. Wer ehrgeizigere Wanderziele verfolgt, der sollte den 15 km langen **Rundweg Waipai-Ruapani-Waikareiti** gehen, der 200 m nördlich des Visitor Centre beginnt. Auf der Strecke liegt der friedvolle *Lake Waikareiti*. Wer dort eine ruhige und extrem naturnahe Ruderboot Fahrt unternehmen möchte, muss diese vor Antritt der Wanderung im Aniwaniwa Visitor Centre buchen.

Mit dem Ziel *Gisborne* fahren Sie den SH38 zurück nach *Wairoa*. In *Frasertown* besteht die Möglichkeit vom SH38 abzubiegen und auf einer Inlandsroute nach *Gisborne* zu gelangen. Die 97 km lange **Alternativstrecke**, die zunächst dem *Wairoa River* folgt, bietet zwei Highlights. Nach einer 27 km langen Fahrt auf der schmalen Tiniroto Rd durch eine reizvolle Hügellandschaft können Sie in **Te Reinga** den gleichnamigen Wasserfall besuchen und ca. 20 km vor *Gisborne* auf dem 360 m hohen

Papakorito Falls

Mahia Beach

Gentle Annie Summit eine phantastische Aussicht genießen.

Wir empfehlen Ihnen, die 17 km längere Strecke über Wairoa zu fahren, um der **Mahia Halbinsel** und ihren herrlichen Stränden einen Besuch abzustatten. Die *Mahia Halbinsel* war ursprünglich eine Insel, wurde dann aber durch Jahrtausende lange Sandanschwemmungen zur Halbinsel. Um diese zu erreichen, folgen Sie hinter Wairoa dem SH2, der Sie zunächst an der Whakaki Lagoon vorbei führt, und biegen in **Nuhaka**, 32 km hinter Wairoa, rechts in die Nuhaka-Opoutama Rd ab. Sie fahren nun entlang der Küste, passieren eine Landenge (Sandanschwemmungen) und erreichen nach 17 km den reizenden Ferienort **Mahia Beach**. Wie schon erwähnt, begrenzt die *Mahia Halbinsel* die *Hawke Bay* nach Nordosten hin. Die besonders bei Neuseeländern sehr beliebte Mahia Beach liegt auf der Seite der *Hawke Bay*. Der Ferienort bietet großartige Möglichkeiten zum Fischen, Surfen und Tauchen sowie sicheres Schwimmen und einem 9-Loch-Golfplatz.

(048) WOMO-Campingplatz-Tipp: Mahia Beach HP
GPS: S 39°4'49" E 177°52'26"   **WOMOs:** 54 mit Stromanschluss
Ausstattung/Lage: Spielplatz / In Strandnähe.
Preise: Stellplatz mit Strom 20 NZD pro Person.
Zufahrt: Am Ortseingang ausgeschildert.
Kontakt: 43 Moana Drive, Mahia Beach, Tel. 06 837 5830,
www.motelscabinscampmahiabeach.com   **Beurteilung:** Sehr großzügiger und schöner Campingplatz mit ganz passablen Sanitäranlagen.

Wenn Sie gerne Langusten essen, haben Sie gute Chancen diese auf der Speisekarte der hiesigen Restaurants zu finden (**Café Mahia**, 476 East Coast Rd, Tel. 06 837 5094). Auf der anderen Seite der Halbinsel liegt **Oraka Beach** und kurz dahinter der kleine Ort **Mahia**. Die gesamte Halbinsel ist wegen ihrer Sandstrände und umfangreichen Wassersport Möglichkeiten sehr en vogue. Ob sie am Pazifik oder an der *Hawke Bay* liegen, die Sandstrände geben sich in ihrer Schönheit nichts.

Im *Mahia Peninsula Scenic Reserve* können Sie die reizvolle Halbinsel auf einem mehrstündigen Rundweg erkunden.

Die Weiterfahrt nach Gisborne führt zurück über die Landenge, über die Sie gekommen sind. Sie biegen nach deren Überquerung rechts in die Tunanui Rd ab, die Sie nach Morere und damit zurück zum SH2 bringt. Wenn Sie diese 13 km lange Schotterstraße lieber vermeiden wollen, können Sie über Nuhaka nach Morere gelangen. Im nahen Waldgebiet **Morere Hot Springs** liegt eine Region mit heißen Quellen. Die Thermalbecken sind von 10.00 bis 21.00 Uhr geöffnet. Sie können im Thermalgebiet einen 20-minütigen **Nikau Loop** laufen, der durch einen Nikau Palmenwald mit vielen seltenen Vögeln führt.

Im weiteren Streckenverlauf steigt die Straße kurvenreich auf den 510 m hohen *Wharerata Pass* an. Vom dortigen Rastplatz haben Sie eine prächtige Aussicht. Auf der Weiterfahrt nach *Gisborne* passieren Sie nach 19 km die Ortschaft Muriwai, die auf der Höhe der Landzunge **Young Nicks Head** (Maori: Te Kuri o Paoa) liegt. Die Landzunge ist nach dem *Schiffsjungen Nicholas Young* benannt, der am 7. Oktober 1769 als Erster aus der Crew von *James Cooks* Endeavour das Vorgebirge erspähte.

Morere Hot Springs - Nikau Loop

Auf Sie wartet **Gisborne**, die *Chardonnay Capital of New Zealand*. Sie haben von Muriwa aus lediglich noch 23 km zur östlichsten Stadt Neuseelands zurückzulegen, die nur zwei Längengrade von der Datumsgrenze entfernt liegt. Hier ging James Cook mit seinen Leuten an Land. Nach Abel Tasman war es das erste Mal, dass Europäer neuseeländischen Boden betraten. Cook und seinem Schiffsjungen Nick wurden Bronzestatuen gesetzt. Wie bei Tasman endete das Zusammentreffen mit den Maori blutig und nachdem sechs Maori getötet wurden, setzte Cook seine Reise eilig fort. Weil er nur etwas Brennholz an Bord nehmen konnte, nannte er die Bucht **Poverty Bay, „Bucht der Armut"**. Er hat damit diesem schönen Landstrich mit seinen tollen Stränden und fruchtbaren Ebenen Unrecht getan. *Gisborne* ist heute mit 33.000 Einwohnern das wirtschaftliche Zentrum der *Eastcape Region*. In seinem umtriebigen Hafen werden Lamm- und Rindfleisch, sowie Obst, Mais und Gemüse umgeschlagen. Dank seines warmen, sonnigen und relativ trockenen Klimas wurde der Weinbau zu einer wichtigen wirtschaftlichen Säule Gisbornes. Die hauptsächlich an der Küste liegenden Weinbaugebiete sind international wegen ihres hervorragenden Chardonnay bekannt. In Gisborne finden Sie eine Reihe schöner Parks, darunter den Botanischen Garten. Die Stadt wir von drei Flüssen, dem *Turanganui, Waimata-* und dem *Taruheru River* durchflossen und hat deswegen den Spitznamen **„City of Rivers"** verpasst bekommen. Die Sehenswürdigkeiten der Stadt lassen sich leicht erwandern, wenn man der DOC-Broschüre **Gisborne Historic Trail** folgt.

Vom Lookout des 135 m hohen *Kaiti Hill* können Sie sich einen prächtigen Überblick über die Stadt verschaffen. Am Fuße des *Kaiti Hill* können Sie im **The Works Café & Restaurant** (41 Esplanade, Tel. 0800 333 114) mit Blick auf den Hafen auf der Terrasse eines 100 Jahre alten Backsteingebäudes einen guten Kaffee oder ein Dinner mit einem schönen Wein aus eigenem Anbau genießen. Als Sehenswürdigkeiten hervorzuheben sind das *Gisborne Museum & Arts Centre*, das *Star of Canada Maritime Museum* und das *James-Cook-Observatorium*. Wem das Wasser an den reizvollen Stränden der Stadt zu kalt ist, kann sich im 39° C warmen Wasser des Olympic Pool im Freibad an der Midway Beach schadlos halten.

Cooks Schiffsjunge Nick

Wie im Vorspann unter Campen bereits erwähnt, hat in Neuseeland jeder District seine eigenen Regeln für freies Campen. Im Gisborne District ist **Freedom Camping** zeitlich eingeschränkt an neun ausgewiesenen Plätzen möglich. Die Genehmigung müssen Sie über die Webseite www.gdc.govt.nz/freedom-camping-permit-request beantragen. Dort finden Sie auch genaue Informationen über die freien Campingplätze. Sie erwerben für 10, 25 oder 60 NZD das Recht, an 2, 10 oder 28 aufeinander folgenden Nächten auf den beschriebenen Plätzen frei zu Campen. Allerdings muss ihr Wohnmobil

> **(049) WOMO-Campingplatz-Tipp:**
> **Waikanae Beach TOP 10 Holiday Park**
> **GPS:** S 38°40'14" E 178°1'5" **WOMOs:** 133 mit Stromanschluss
> **Ausstattung/Lage:** Spielplatz / Zentrumsnahe Lage, direkt am Meer, schön zum Baden, großer Platz, Stellplätze auf Rasen.
> **Preise:** Stellplatz mit Strom 20 NZD pro Person.
> **Zufahrt:** Den Schildern zur I-Site folgen, der Campingplatz liegt in derselben Strasse. **Kontakt:** 280 Grey St, Waikanae Beach, Gisborne, Tel. 0800 867 563, www.waikanaebeachtop10.co.nz
> **Beurteilung:** Günstig gelegener, sehr schöner Campingplatz mit guten Sanitäranlagen. Restaurants sind gut zu Fuß zu erreichen. Einziges Manko waren die donnernden Geräusche, die beim Beladen der großen Frachter am Pier gegenüber entstanden.

„self-contained" sein.

Von *Gisborne* aus haben Sie nun 330 kurzweilige Kilometer nach *Opotiki* vor sich, die Sie zum allergrößten Teil auf dem großartigen *Pacific Coast Highway* (SH35) zurücklegen werden. Er führt Sie durch die östlichste Region Neuseelands, die Eastland genannt wird und wie eine markant geformte Nase aus der Nordinsel heraus- und weit in den Südpazifik hineinragt. Den Nasenrücken bildet in diesem Bild die unwegsame *Raukumara Range*, deren höchster Berg, der **Mount Hikurangi**, 1.754 m Höhe erreicht. Eastland ist Neuseelands ältestes Siedlungsgebiet, die ersten Boote der Polynesier sind hier angelandet. In der sehr dünn besiedelten Region leben überwiegend Maori, 80% des Landes befinden sich in ihrem Besitz. Von Touristen ist diese ursprüngliche Region wegen ihrer Abgeschiedenheit wenig besucht. Wer Ruhe sucht, wird sie hier garantiert finden. Der *Pacific Coast Highway* ist durch-

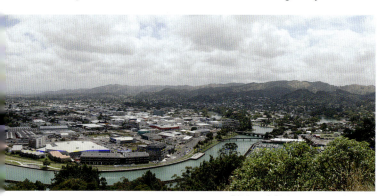

Blick auf Gisborne vom Kaiti Hill

gehend asphaltiert, aber weite Teile im Landesinneren sind nur auf Schotterstraßen befahrbar. Es ist sinnvoll, sich in *Gisborne* mit Lebensmitteln und Sprit einzudecken, denn die auf dem Wege liegenden kleinen Geschäfte schließen oft früh und bei den wenigen Tankstellen kann man nicht sicher sein, ob sie noch Sprit vorrätig haben.

In der Regel sind die **Maori** hilfsbereit und werden Ihnen sehr freundlich begegnen. Manchmal schlägt Ihnen aber auch eine gewisse Reserviertheit entgegen, die im Einzelfall von Ihnen durchaus auch als Grobheit erlebt werden kann. Bitte denken Sie daran, Sie sind Gast in ihrem Land.

Sie werden auf Ihrer Fahrt an zahlreichen traditionellen Versammlungshäusern der Maori vorbeifahren, die Sie wegen ihrer Schönheit und hervorragenden Schnitzkunst zum Besuch einladen. Sie sollten aber jeweils vorher um Erlaubnis fragen, ob sie betreten werden dürfen (Schuhe ausziehen). Hieran wird deutlich, dass es sich bei einem **Marae** nicht um eine touristische Sehenswürdigkeit handelt, sondern um ein von den Maori zu zeremoniellen Zwecken genutztes **Versammlungshaus**. Das Marae ist Zentrum des kulturellen Lebens der Maori. Jedes seiner Details ist mit Symbolik belegt, die Ausrichtung, der kleine Vorplatz, die Tür, das Fenster und natürlich die kunstvoll geschnitzten Figuren. Ist eine größere Gruppe von Maori vor einem Marae zu sehen, findet eine Feier statt, die Sie nicht stören sollten. Unser Weg durch das Maoriland führt vorbei an kleinen Siedlungen und einzelnen Gehöften. Viele der Maori Häuser sind hellgelb und mit roten Schnitzereien versehen.

(050) WOMO-Campingplatz: Tolaga Bay Holiday Park

GPS: S 38°22'58" E 178°18'59" **WOMOs**: 100 mit Stromanschluss.
Ausstattung/Lage: Spielplatz / Direkt an der schönen Tolaga Bay mit der langen Pier aus den 1920-iger Jahren, Startpunkt des Wanderweges zur Cooks Cove.
Preise: Stellplatz mit Strom 15 NZD pro Person.
Zufahrt: Am SH35 gut ausgeschildert, 1,7 km.
Kontakt: 167 Wharf Rd, Tolaga Bay, Tel: 06 8626 716, www.tolagabayholidaypark.co.nz
Beurteilung:
Die Stellplätze befinden sich auf einer großen Rasenfläche, von Norfolk Tannen eingefasst. Die Sanitäranlagen sind annehmbar.

Hinter Gisborne folgen die Strände *Wainui, Makorori Beach, Tatapouri* und *Pouawa*. Danach verlässt der SH35 die Küste, die er erst 55 km hinter Gisborne in **Tolaga Bay** wieder erreicht. Der Uawa River mündet hier in den Pazifik. Die geschützte Tolaga Bay bietet sehr gute Bademöglichkeiten und eine markante Pier ragt in ihrem südöstlichen Teil 660 m weit in die See hinaus. Nebenan finden Sie einen guten Campingplatz. Unweit der Pier beginnt ein gut 5 km langer Wanderweg, der in die idyllische *Cooks Bay* führt (**Cooks Cove Walkway**, 2,5 h hin und zurück). In Cooks Cove ging James Cook an Land, um Wasser und Verpflegung an Bord zu nehmen. Im Fremdenverkehrsort finden Sie Läden, Motels und auch einen Golfplatz. Etwa auf halber Strecke von Gisborne nach Tolaga Bay liegt der Ort **Whangara**, in dem 2002 *Niki Caro* dem Film „Whale Rider" drehte.

Hinter *Tolaga Bay* entfernt sich die Straße wieder von der Küste, die Sie erst nach 36 km in *Tokomaru Bay* wieder sehen werden. Es sei denn Sie entscheiden sich, 13 km hinter Tolaga Bay rechts in die Anaura Road einzubiegen, um der hübschen **Anaura Bay** einen Besuch abzustatten (9 km Stichstraße). Am nördlichen Ende der Bucht beginnt der 3,5 km lange **Anaura Bay Walkway**. In **Tokomaru Bay** treffen Sie auf eine kleine Gemeinde mit einem 7 km langen geschützten Sandstrand. 56 km hinter *Tokomaru Bay* liegt *Tikitiki*, etwa 7 km vor der Mündung des hier breit dahinfließenden *Waiapu River*.

**(051) WOMO-Campingplatz-Tipp:
Anaura Bay Motor Camp**

GPS: S 38°14'51" E 178°18'58"   **WOMOs:** 35 mit Stromanschluss.
Ausstattung/Lage: Direkt an der Anaura Bay, ein breiter, wilder Strand, gut zum Baden.
Preise: Stellplatz mit Strom 14 NZD pro Person, je Kind 8 NZD.
Zufahrt: Vom SH35 nach Anaura Bay abbiegen und 7 km fahren. **Kontakt:** Anaura Bay, Tel. 06 862 6380, anaura@farmside.co.nz

Beurteilung: Ursprünglicher, großer Platz auf Gras. Einfach, aber sehr ordentlich. Liegt an einem kleinen Bach.

Etwa auf halber Strecke, kurz hinter dem Abzweig nach Ruatoria, führt eine weitgehend unbefestigte Stichstraße in die Berge. Wer zum etwa 25 km im Hinterland liegenden Mount Hıkurangi (1.754 m) gelangen will, biegt hier ab. Der Wanderweg zum Gipfel beginnt an der *Pakihiroa Station* und insbesondere der letzte Anstieg von einer Hütte über den **Te Ariki Hikurangi Track** ist sehr anspruchsvoll. Der Weg zur Hütte dauert etwa 4 h und der Weg von der Hütte zum Gipfel etwa 2 h. In *Tikitiki* ist die anglikanische **Holzkirche St. Marys** sehenswert, die zwei Kulturen repräsentiert. Die äußere Struktur der Kirche ist christlich geprägt, während ihr Inneres von einer außergewöhnlich reichhaltigen Schnitzkunst der Maori

Tikitiki - Holzkirche St. Marys

bestimmt wird, deren Mythologie in feinen Schnitzereien ihre Darstellung findet. Schon am kunstvollen Eingangstor bekommen Sie davon einen Vorgeschmack.

Nur 23 km hinter *Tikitiki* treffen Sie auf das kleine Städtchen **Te Araroa**. *Te Araroa* ist ein ruhiges, fast verschlafen wirkendes Maori-Dorf. Neben einer Kirche, Polizei, Feuerwehr und Post besteht *Te Araroa* aus einer Tankstelle, einem Supermarkt und einem schön angelegten Campingplatz, der einige Kilometer Richtung *Hicks Bay* liegt.

An der Straße am Strand finden Sie den größten Pohutukawa Baum Neuseelands. Einer der für Neuseeland typischen Wegweiser gibt die Entfernung nach Frankfurt am Main mit 19.290 km an. Viel weiter geht es nicht auf unserem Erdball.

(053) WOMO-Campingplatz-Tipp: Te Araroa HP

GPS: S 37°36'11" E 178°18'48"   **WOMOs:** 54 mit Stromanschluss.
Ausstattung/Lage: Spielplatz / Weiträumiger Platz mit vielen großen Stellplätzen.   **Preise:** Stellplatz mit Strom 14 NZD pro Person.
Zufahrt: Von Te Araroa in Richtung Hicks Bay, am Ende der Bay.
Kontakt: SH35, 1480 East Cape Rd, Te Araroa, Tel. 06 864 4873, www.teararoaholidaypark.co.nz
Beurteilung: Großer, schattiger Platz, auf dem Sie sicher ein schönes Plätzchen ergattern werden, eigener Strand (300 m).

In *Te Araroa* beginnt eine aufregende Straße zum etwa 20 km weiter östlich gelegenen *East Cape*, dem östlichsten Punkt der Nordinsel. Die meist unbefestigte Straße führt teilweise dicht am Meer entlang und ist nichts für ängstliche Gemüter. Bei Extremwetterlagen oder besonders hoher Flut wird die Straße gesperrt. Große rote Schilder bitten um besonders vorsichtige Fahrweise. Bitte lassen Sie sich von dieser Wegschilderung nicht abschrecken. Auch die unbefestigten Teile der Straße sind sehr gut zu befahren und bei umsichtiger Fahrweise werden sie wohlbehalten am *East Cape* ankommen. Die

Te Araroa - Größter Pohutukawa-Baum Neuseelands

Küste ist sehr felsig mit teils malerischen Klippen. Streckenweise liegt zwischen Straße und Meer ein ganzes Areal von flachen Felsplatten. Zur anderen Seite hin steigen die Berghänge steil an. Am *East Cape* angelangt treffen Sie auf eine grüne Gras- und Weidelandschaft, die in privatem Besitz ist.

(052) WOMO-Stellplatz: East Cape
GPS: S 37°41'31" E 178°32'39" max. **WOMOs:** 5
Ausstattung/Lage: Toilette / Parkplatz am Ende der East Cape Road, direkt unterhalb des Leuchtturmes.
Zufahrt: 20 km östlich Te Araroa, am Ende der Straße zum East Cape.
Beurteilung: Kein schöner Platz, aber ideal zum frühen Aufstieg auf den Leuchtturm zum „First to see the light!".

Sie sollten über rund 750 Stufen den auf einer 154 m hohen Anhöhe gelegenen Leuchtturm erklimmen und gen Osten blicken, denn hier am *East Cape* geht die Sonne weltweit zuerst auf: **„First to see the light!"** ist der lokale Werbespruch. Für den Ausflug von *Te Araroa* zum *East Cape* einschließlich des Aufstieges zum Leuchtturm sollten Sie einen Zeitbedarf von mindestens 3 Stunden veranschlagen. An dem Parkplatz ist eine freie Übernachtung möglich, eine Toilette ist vorhanden.

Von *Te Araroa* aus fahren Sie Richtung Westen und erreichen nach 12 km Hicks Bay, von James

Cook nach seinem Leutnant Zachariah Hicks benannt. *Hicks Bay* hat eine Bucht, die zum Schwimmen, Angeln und auch Tauchen einlädt. Der SH35 verlässt nun die Küste, führt bald über eine leichte Passhöhe und erreicht nach 34 km den Ort *Whangaparaoa*. Er liegt am *Cape Runaway*, das von Cook so getauft wurde, weil eine Gruppe von Maori beim Anblick der Endeavour die Flucht ergriff. Es folgen mehrere langgezogene Buchten, die zum Schwimmen einladen. An der Wegstrecke finden Sie immer wieder kleine Campingplätze. Hinter der nächsten Landnase in die See erwartet Sie unvermittelt eine

Felsplatten an der Straße zum East Cape

besondere Sehenswürdigkeit. In exponierter Lage auf einer kleinen Halbinsel, deren felsiges Ufer von der Meeresbrandung umspült wird, steht die blendend weiße **Raukokore Anglican Church**. Sie ist von einem ebenfalls weißen Holzzaun umgeben und ihre rote Türeinfassung sind Maori Arbeiten nachempfunden. Die Kirche kann besichtigt werden. Nach weiteren 14 km auf dem SH35 gelangen Sie in die idyllische *Whanarua Bay* mit ihrem kleinen Strand, der nur zu Fuß zu erreichen ist. Ausgangspunkt ist die **Pacific Coast Macadamia Nut Farm**, in der Macadamia Nüsse angebaut werden und die auch über ein kleines Café verfügt (täglich von 9.00 bis 17.00 Uhr geöffnet). Sie befinden sich hier in einer absolut friedvollen, malerischen Umgebung. Außer unzähligen Macadamia Bäumen gedeihen in dem fruchtbaren Gar-

Raukokore Anglican Church

Blick von der Macadamia Nut Farm

ten auch andere tropische Früchte wie Papaya und Bananen. Kaffee, Kuchen oder leckere, getoastete Sandwiches können Sie mit Blick auf das tief unter Ihnen liegende Meer verzehren. Der Pacific Coast Highway SH35 führt Sie 17 km weiter entlang der Küste und bald kommen Sie in die Bay of Plenty. Sie befinden sich nun in **Te Kaha**, einem alten Walfängerort, in dem das auf einer Anhöhe mitten im Ort stehende Versammlungshaus **Marae Tukaki** die Blicke auf sich zieht. Es ist besonders reich verziert und mit seinen kunstvollen Schnitzereien wohl das schönste Marare in dieser an Versammlungshäusern wahrlich nicht armen Region.

(054) WOMO-Stellplatz: Te Kaha

GPS: S 37°43'39" E 177°41'40"   **max. WOMOs**: 5   **Ausstattung/Lage:** Toilette mit Public Dump Station / Liegt an der Te Kaha - School House Bay. **Zufahrt:** Auf einer kleinen Halbinsel, 2,3 km vor dem Ort Te Kaha. **Beurteilung:** Sehr schön auf einer Landzunge gelegener Platz, der in drei Himmelsrichtungen von Meer umgeben ist.

Die 5.000 Einwohner zählende Kleinstadt **Opotiki** erreichen Sie 65 km hinter **Te Kaha**. Das verschlafen wirkende Städtchen liegt am östlichen Rand der Bay of Plenty am Zusammenfluss des Waioeka und des Otara River und wird als Tor zum Eastland betrachtet. Opotiki ist eine der ersten Siedlungen der Maori, deren Kultur hier auch heute noch allgegenwärtig ist. So können Sie entlang der Hauptstraße Opotikis kunstvolle Schnitzereien bewundern. Wer mehr über Kultur und Geschichte der Maori kennen lernen möchte, kann sich im Museum informieren oder sich einer geführten Tour anschließen. Ein Maori-Führer vermittelt Ihnen Einblicke in die Lebensweise und Traditionen seiner Landsleute. Sehr guten Kaffee und deftiges Essen bekommen Sie im **Two Fish** (102 Church St, Tel. 07 315 5548) geboten. Viele Besucher *Opotikis* werden von seinem schönen Sandstrand angezogen. Er ist bei Schwimmern und Surfern gleichermaßen beliebt. Etwa

Blick auf die Bay of Plenty

8 km südlich des Stadtzentrums von *Opotiki* können Sie die *Hukutaia Domain* besuchen, einen Park in dem neben vielen verschiedenen Baum- und Pflanzenarten ein über 2.000 Jahre alter Puriri-Baum von 22 m Umfang steht, in dessen Hohlraum Maori die Knochen ihrer Toten beerdigt haben.

(055) WOMO-Campingplatz-Tipp: Opotiki Holiday Park

GPS: S 38°0'7" E 177°17'1"   **WOMOs:** 35 mit Stromanschluss
Ausstattung/Lage: Spielplatz / Zentrumsnahe Lage am Waioeka River, unweit seiner Mündung und der Waiotahi- und der Hukawai Beach.
Peise: Stellplatz mit Strom 16 NZD pro Person.
Zufahrt: Sie erreichen Opotiki über den SH35. An der Kreuzung, an der SH35 links abbiegt, fahren Sie gerade aus, bleiben also auf der Elliot Street. Sie biegen rechts in die zweite Querstraße (Potts Ave) ein. Der Platz liegt nach 200 m links.

Kontakt: 39 Potts Ave, Opotiki, Tel. 07 315 050, www.opotikiholidaypark.co.nz
Beurteilung: Hübscher Platz mit Stellplätzen auf Gras und vielen halbhohen Bäumen, Pool mit 27°C.

Tour 6: Höllische Verhältnisse in Rotorua

Opotiki - Whakatane - Rotorua - Tauranga - Katikati - Waihi - 400 km

Stellplätze:	Kawerau: Boyce Park, Lake Okataina Lodge, Waikite Valley Thermal Pools, Lindemann Lookout
Camping:	Ohiwa Beach, Ohope Beach, Whakatane, Rotorua, Blue Lake, Papamoa Beach, Mount Maunganui, Athenree Hot Springs
Baden:	Ohiwa, Ohope, Whakatane, Lake Tikitapu (Blue Lake), Papamoa, Mount Maunganui, Waihi Beach,
Wandern:	Walks around Whakatene, Puketapu Lookout, Kohi Point Walkway, Mount Edgecumbe, Tarawera Falls, Okataina Walkway, Kuirau Park Walk, Te Manaroa Spring, Waimangu Volcanic Valley, Mount Maunganui Summit Track, Tauranga City Walkways, Historic Tauranga,
Essen:	Whakatene: Wharf Shed, Rotorua: Lime Caffeteria, Indian Star, Tauranga: Mediterrano Café, Fresh Fish Market

Tour 6 bietet Ihnen die beiden Attraktionen **Bay of Plenty** und **Rotorua**. Sie starten in **Opotiki** und folgen dem Küstenverlauf der *Bay of Plenty* bis **Whakatane**. Unterwegs bieten sich ihnen immer wieder prächtige Badestrände an. Bei der den gesamten Streckenverlauf vor der Küste liegenden Insel handelt es sich um das von Schadtieren befreite **Whale Island**. In Whakatane verlassen Sie die Küste und fahren nach Rotorua, in eines der geothermisch aktivsten Gebiete der Erde. Der SH30 nach *Rotorua* führt Sie an den wunderschönen Seen der **Rotorua Seenplatte** vorbei, die sämtlich aus Vulkankratern hervorgegangen sind. Nach einem ausgiebigen Besuch der Geothermalgebiete um *Rotorua* wenden Sie sich **Tauranga** und damit wieder der *Bay of Plenty* zu. Das sehr reizvoll auf mehreren Halbinseln gelegene *Tauranga* ist die einzige größere Stadt Neuseelands, die einen Maori-Namen trägt (Sicherer Ankerplatz). Nachdem Sie sich die Stadt angesehen haben, fahren Sie um den *Tauranga Harbour* herum, erreichen zunächst **Katikati** und abschließend **Waihi**, den Zielort von Tour 6.

Wie so oft, ist zu unterscheiden, zwischen der politischen Region und der gleichnamigen Bucht. Die Bucht **Bay of Plenty** ist die nördliche Grenze der Region *Bay of Plenty*. Im Osten bildet die *Raukumara Range* eine natürliche Abgrenzung zur Region Gisborne, zu der das in Tour 5 durchfahrene *Eastland* gehört. Im Südosten der Region liegen die *Huirau Ranges* und die Region *Hawke's Bay* und im Westen die *Region Waikato*. Die größte Stadt der Region ist mit etwa 120.000 Einwohnern

Tauranga. Auch das 50 km landeinwärts gelegene, schnell wachsende **Rotorua** mit derzeit (2010) 70.000 Einwohnern liegt in der Region.

Im milden, fast subtropisch zu nennenden, Klima werden Obst und tropische Früchte angebaut, es dominieren Äpfel und Avocados, und der Kiwi-Anbau des Landes begann hier. Folgerichtig gab *James Cook* der Bucht den Namen **„Bay of Plenty", „Bucht des Überflusses"**. Neben der Landwirtschaft wird auch Forstwirtschaft betrieben, denn die Region ist zu einem erheblichen Prozentsatz bewaldet. Der Weinanbau spielt bisher noch eine untergeordnete Rolle. Der Tourismus hat dafür, besonders in den beiden größten Städten Tauranga und Rotorua, enorm zugelegt. An naturbezogenen Attraktionen bekommt der Besucher viel Sonnenschein und feinsandige Strände, einsame Nationalparks, großen Fischreichtum, zahlreiche schöne Seen, das geothermisch sehr aktive Gebiet um Rotorua und die aktive **Vulkaninsel White Island** geboten.

Tour 6 startet in Opotiki und führt Sie zunächst ins nahe

---

(056) WOMO-Campingplatz-Tipp: Ohiwa Beach HP
GPS: S 37°59'24" E 177°9'41" **WOMOs:** 120 mit Stromanschluss
Ausstattung/Lage: Spielplatz / Direkt am wunderschönen, großen weißen Sandstrand.
Preise: Stellplatz mit Strom 18 NZD pro Person.
Zufahrt: Vom Zentrum kommend biegt die Oxford Street direkt hinter dem Waipoua River links vom SH2 ab.
Kontakt: 380 Ohiwa Harbour Rd, Opotiki, Tel. 07 315 4741, www.ohiwaholidays.co.nz
Beurteilung: Traumhaft schöne Lage direkt am Strand, Wiese, Bäume.

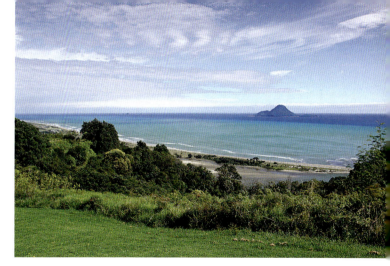

Waiotahi Beach. Falls Sie genügend Zeit haben, sollten Sie sich einen kleinen Abstecher nach **Ohiwa** gönnen, wo direkt am Strand ein sehr schöner Campingplatz liegt. An dem weitläufigen Strand können Sie wunderbar Baden. Über die *Ohiwa Loop Road* gelangen Sie auf ausgesprochen reizvoller Strecke zurück zum SH2. Bald danach verlässt der SH2 die Küste um einem großen Naturhafen, dem *Ohiwa Harbour*, auszuweichen. Verlassen Sie den SH2 kurz hinter *Kutarere* und biegen Sie rechts in die Wanui Road ein. Diese umrundet den Naturhafen und stößt in **Ohope** wieder an die Küste. Sie biegen hier rechts in die Harbour Road ein, um der langen schmalen Landnase zu folgen, die die Bucht zum Naturhafen macht. Am Ende der flachen Landnase befindet sich ein sehr empfehlenswerter Campingplatz, mit Stellplätzen direkt am Strand.

Dieses wunderschöne Fleckchen Erde ist auch bei den Einheimischen en vogue, die hier zahlreiche Zweitwohnungen ihr

---

(057) WOMO-Campingplatz-Tipp: Ohope Beach Top 10
GPS: S 37°58'59" E 177°6'46"   **WOMOs:** 125 mit Stromanschluss
Ausstattung/Lage: Spielplatz, Pool mit Rutschen / Direkt am wunderschönen, langen Sandstrand.
Preise: Stellplatz mit Strom 21 NZD pro Person.
Zufahrt: In Ohope rechts in die Harbour Road einbiegen und den Hinweisschildern folgen. Am Ende der flachen Landnase gelegen. **Kontakt:** 367 Ohiwa Harbour Rd, Ohope Beach, Tel. 0800 264 673, www.ohopebeach.co.nz
Beurteilung: Großer Platz in traumhaft schöner Lage direkt am Strand. Wiese, Bäume, schöner Pool. Die Sanitäranlagen sind gut, wie bei Top 10 zu erwarten.

Eigen nennen. Am Wochenende ist es entsprechend *crowded*. Wegen des reichlichen Angebotes von Meeresfrüchten war die Landzunge auch schon bei den Maoris sehr beliebt. Über die artenreichen Gewässer, die Ökologie des Mündungsgebietes und die einheimische Vogelwelt informiert eine 2,5 stündige Ökotour (Ohiwa Harbour Tours, Tel. 027 206 6689, ohiwaharbourtours@xtra.co.nz).

(058) WOMO-Campingplatz-Tipp: Whakatane HP

GPS: S 37°56'55" E 176°59'11"   **WOMOs:** 40 mit Stromanschluss

Ausstattung/Lage:
Spielplatz /
Am Whakatane River. In das Zentrum von Whakatane laufen 10 min, am Flussufer entlang.
Preise:
Stellplatz mit Strom 15 NZD pro Person.
Zufahrt:
Den Schildern folgen.
Kontakt:
McGarvey Rd,

Whakanate, Tel. 07 308 8694, www.whakataneholidaypark.co.nz/
Beurteilung: Ruhiger, großer Platz auf einer Wiese. Sanitäranlagen o.k.

Entlang der Küste fahren Sie ins 8 km entfernte **Whakatane**, in dessen Mittelpunkt der imposante Felsen *Pohaturoa* trohnt. Lassen Sie sich den rechts vom SH2 abzweigenden Abstecher zum **Kohi Point Lookout** nicht entgehen. Auf dem Weg dorthin haben Sie einen wunderbaren Blick auf den hinter ihnen liegenden Küstenabschnitt und am Lookout selbst liegt Ihnen **Whakatane** zu Füßen. Die ansehnliche 15.000 Einwohner

zählende Stadt liegt in der letzten Flussschleife des *Whakatane River*, bevor dieser ins Meer fließt. Ihre erste Anlaufstelle sollte die zentral am Civic Center gelegene i-Site sein, wo Sie sich über mögliche Ausflüge oder Wanderungen (Broschüre: **Discover the Walks around Whakatene** - 2 NZD) informieren können. Ein Ausflug zur 50 km vor der Küste liegenden aktiven Vulkaninsel **White Island**, dem Vogelparadies **Whale Island** (Moutohora Island) und eine Tour zum Schwimmen mit Delfinen gehören sicherlich zu deren Highlights. Sehenswert in Whakatane ist der Botanische Garten, das *District Museum and Gallery* und der ebenfalls zentral gelegene Wasserfall *Wairere Falls*. Lohnend ist auch ein Spaziergang auf den Hügel **Puketapu**, dessen Lookout einen guten Überblick über die Stadt und den Fluss bietet. Eine längere und sehr zu empfehlende Wanderung ist der etwa 3,5 h in Anspruch nehmende **Kohi Point Walkway**. Preisgekrönte Lamm- und leckere Fischgerichte bekommen Sie im **Wharf Shed** (Ecke The Wharf - The Strand, Tel. 07 308 5698) mit Blick auf den Whakatane River.

> **(059) WOMO-Stellplatz: Kawerau Boyce Park**
> **GPS:** S 38°4'46" E 176°42'37" max. **WOMOs**: 10
> **Ausstattung/Lage:** Keine / Plätze auf Gras, am Flussufer des Tarawera River, unter großen Bäumen gelegen.
> **Zufahrt:** Direkt nach der Brücke über den Tarawera River nach links abbiegen, hinter dem Judoka Haus zum Fluss zurück fahren.
> **Beurteilung:** Einfacher, schattiger Platz. Sehr große Wohnmobile müssen wegen niedrig hängender Äste Vorsicht walten lassen.

Nun kehren Sie der Küste den Rücken und wenden sich dem landeinwärts gelegenen Rotorua zu. Die 80 km lange Wegstrecke folgt dem SH30. Wenn Sie Lust haben, die Holz- und Papierindustriestadt **Kawerau** kennen zu lernen, müssen Sie einen 3 km Umweg über den SH34 in Kauf nehmen. In Kawerau erwartet Sie ein recht strenger Geruch. Er geht von der *Pulp & Paper Company Mill* aus, einer hochmodernen Zellstoff- und Papier-Mühle. Die unzähligen mit Holz gefüllten Container direkt am SH34 sind nicht zu übersehen. Nur 4 km entfernt, quasi vor der Haustür Kaweraus, liegt der markante 820 m hohe Vulkankegel des **Mount Edgecumbe** (Maori: Pūtauaki). Zum Besteigen des Vulkangipfels benötigen Sie ein Permit (i-Site, 5 NZD). Zu gleichen Konditionen können Sie einen Ausflug

Lake Okataina

in die *Lake Tarawera Scenic Reserve* unternehmen. Eine ca. 45-minütige Fahrt auf unbefestigten Straßen durch das Landschaftsschutzgebiete bringt Sie zunächst zu einem Parkplatz. Hier beginnt ein gut ausgebauter Pfad, der Sie nach 20 minütigem Fußmarsch zu den **Tarawera Falls**, einem 60 m hohen Wasserfall führt. Das besondere an diesem Naturschauspiel ist, dass der Wasserfall inmitten einer Felswand entspringt. Dieser verblüffende Umstand hat seine Ursache darin, dass der *Tarawera River* vor den Fällen unterirdisch in einer Höhle vulkanischen Ursprunges verläuft.

---

(060) WOMO-Stellplatz: Lake Okataina Lodge
GPS: S 38°5'60" E 176°25'49"   **WOMOs:** 10 mit Stromanschluss
Ausstattung/Lage: Öffentliche Toiletten 100 m / Sehr schön am Lake Okataina gelegen. In der Lodge können Sie essen, aber nicht duschen.
Preise: Stellplatz mit Strom 15 NZD pro Person.
Zufahrt: Die Straße endet am See. In der Lodge anmelden.
Kontakt: Lakes Lodge Okataina, 692 Lake Okataina Rd, Tel. 07 3627 849, www.okatainalodge.co.nz/
Beurteilung: Idyllische, ruhige Lage direkt am Lake Okataina.

Zurück auf dem SH30 treffen Sie bald auf den ersten von vier Seen die wie an einer Kette aneinander gereiht liegen. **Lake Rotoma** ist der östlichste von ihnen und wurde wie die anderen Seen **Lake Rotorua, Lake Rotoiti** und **Lake Rotoehu** vor etwa 10.000 Jahren durch vulkanische Aktivität geschaffen, indem erkaltete Lava als natürliche Staumauer fungierte. *Lake Rotoma* hat eine sehr gute Wasserqualität, die Sichten bis in 13 m Tiefe erlaubt. Nach dem *Lake Rotoma* folgt zunächst *Lake Rotoehu*, der bei Kajak Fahrern und Anglern (Regenbogenforelle) sehr beliebt ist. Kurz dahinter treffen Sie auf den langgestreckten *Lake Rotoiti*, der durch den *Ohau Channel* mit

Hells Gate Wairoa Spa

dem *Lake Rotorua* verbunden ist. Seine Wasserqualität ist bedingt durch landwirtschaftlichen Nährstoffeintrag und daraus verursachter Algenblüte deutlich schlechter.

Vom am See gelegenen Ort *Ruato* kann man über den **Okataina Walkway** zum geschützten *Lake Okataina* wandern. Es führt allerdings auch eine 7 km lange Straße zu dem nördlichsten von vier kleinen Seen zwischen dem *Lake Rotorua* und dem *Lake Tarawera*. Sie ist kurvenreich und sehr eng, aber wunderschön überwachsen. Sie fahren fast die gesamte Strecke unter einem grünen Blätterdach. Die anderen drei Seen, *Lake Rotokakahi (Green Lake)*, *Lake Tikitapu (Blue Lake)* und *Lake Okareka* werden Sie sich von Rotorua aus erschließen. *Lake Okataina* ist vollständig von Wald aus heimischen Baumarten umgeben und hat weder Zu- noch Abfluss. Am Ende der Zufahrtstraße befindet sich die Okataina Lodge, in deren Umgebung Sie Derby-Wallabies (kleine Känguruart) begegnen können, die im 19. Jahrhundert aus Australien eingeführt wurden.

Kurz bevor Sie auf *Lake Rotorua*, den vierten und mit Abstand größten See der Seenkette treffen, sehen wir am SH30 das Thermalfeld **Hells Gate Waiora Spa** liegen (www.hellsgate.co.nz). Hier haben Sie die Chance, einen ersten Eindruck der Erdaktivitäten im *Geothermalgebiet Rotorua* zu bekommen. Sie können die Urgewalten der Erde hier relativ ungestört genießen, überall blubbert, brodelt und dampft es. Auf dem ausgedehnten Areal gibt es tiefschwarze Pools, gelbe Schwefelablagerungen, brodelnde Schlammlöcher und Seen angefüllt mit kochend heißem Wasser. Überall steigen dampfende Schwaden auf und die Luft ist erfüllt von fauligem Schwefelgeruch. Unter dem 38°C heißen Wasserfall darf man heute leider nicht mehr duschen, so dass Sie sich auf ein entspannendes Bad im modernisierten historischen Badehaus beschränken müssen.

Nach diesem ersten Eindruck von einem brodelnden Vulkangebiet setzen Sie Ihre Reise nach Rotorua fort. Nach 4 km erreichen Sie den Lake Rotorua an dessen Gestaden Sie weitere 12 km bis zur Touristenattraktion Nummer eins auf der Nordinsel zurück zu legen haben. Der 80 km² große **Lake Rotorua** ist der zweitgrößte Binnensee der Nordinsel. Wie seine fast kreisrunde Form nahe legt, bildet die nach einer Eruption zusammengefallene Magmakammer eines Vulkans das Bett für den heutigen See. Sie können den Lake Rotorua mit einem Raddampfer im Mississippi Stil, der *Lakeland Queen*, erkunden.

Rotorua liegt im Zentrum der **Taupo Vulcanic Zone**, einem Gebiet von 300 km Länge und 30-70 km Breite, das sich von White Island bis zum Tongariro Nationalpark erstreckt. Die touristische Tradition Rotoruas reicht etwa bis ins Jahr 1850 zurück. Nachdem auch nach dem Ende der Landkriege keine Ruhe einkehrte, wurde das Gebiet um Rotorua unter Staatsschutz gestellt. Man richtete großzügige Parks ein und machte das ehemalige Maori-Dorf zu einem Heilbad, das zunächst den oberen Gesellschaftsschichten vorbehalten blieb. Besondere Attraktion waren damals zwei Terrassen, die aus Ablagerungen von zwei Geysiren entstanden waren. Die mit sehr heißem Wasser gefüllten **White Terraces** waren die größere und schönere Formation, die **Pink Terraces** konnten dagegen zum Baden genutzt werden. Die Terrassen wurden als *achtes Weltwunder* angesehen und zogen in den frühen 1880er Jahren auch Besucher aus Europa an. Die Terrassen wurden 1886 bei einem gewaltigen Ausbruch des *Mount Tarawera* zerstört, bei dem 150 Menschen ums Leben kamen.

Mit der beschaulichen Ruhe des einstigen mondänen Kurortes ist es heute vorbei. Jährlich kommen fast 3 Millionen Gäste, die hier zwischen dem Besuch der Sehenswürdigkeiten nach Herzenslust Einkaufen und Geld ausgeben können. Das städtische Leben, der sich rasant entwickelnden 70.000

Einwohner Stadt konzentriert um die Fenton Street. An der ca. 3,5 km langen Hauptstrasse liegen die meisten Hotels, Motels, Supermärkte und vor allem die Souvenirläden, die aus Holz und Jade gefertigte Maori-Kunst und Produkte aus Schafwolle anbieten. An der Ecke zur Whakaue Sreet können Sie in Seenähe, klassische Snacks und leckeren Kaffee zu sich nehmen (**Lime Caffeteria**, Tel. 07 350 2033). Ausgezeichnet indische Küche serviert das **Indian Star** (1118 Tutanekai St, Tel. 07 343 6222).

Rotorua Information Centre

(061) WOMO-Campingplatz-Tip: Rotorua Top 10 HP

GPS: S 38°8'11" E 176°14'26"
WOMOs: 120 mit Strom
Ausstattung/Lage: Spielplatz, Swimmingpool, Hot Pool / zentrumsnahe Lage, in 10 min erreichen Sie die Stadtmitte
Preise: Stellplatz mit Strom 21 NZD pro Person.
Zufahrt: Die Pukuatua Street zweigt westlich des Zentrums vom SH5 ab. Der Platz liegt 500 m Richtung Osten auf der linken Seite. **Kontakt:** 137 Pukuatua St., Rotorua, Tel. 0800 481 886, www.rotoruatop10.co.nz
Beurteilung: Ein typischer Top 10 Holiday Park: schön gelegen, sauber, eng. Die Sanitäranlagen sind sehr gut, weil noch ganz neu.

Die **zentrumsnahen Attraktionen** sind: Das Information Centre, das in zwei imposanten Bauten aus den frühen 1900-ern untergebracht ist (Ecke Fenton St / Haupapa St, Tel. 07 348 5179, www.rotoruanz.com/home.asp, isite@rotoruanz.com). Wenige Schritte entfernt, befindet sich im großzügig angelegten Park *Government Gardens* in typisch englischer Umgebung (Cricket-Spielfeld, Bowling Greens, echter englischer Rasen) das 1908 gebaute *Bath House (Tudor Towers)*. Heute ist in dem wunderschönen Gebäude das *Rotorua Museum & Art Gallery* untergebracht. Es zeigt eindrucksvoll die Geschichte der neuseeländischen Badekultur, Maorischätze und Dokumente über den Ausbruch des Vulkans Tarawera. (Tel. 349 4350, www.rotoruamuseum.co.nz, tgl. 9.30-18 Uhr). Am Ende des *Government Gardens* finden Sie das im Jahr 1886 eröffnete **Polynesien Spa**. Hier kann man in verschie-

Rotorua Tudor Towers

denen mit Thermalwassern gefüllten Becken baden: eines enthält säurehaltiges Wasser, welches gegen Rheuma, Hexenschuss oder Arthritis zu helfen verspricht und eines alkalisches, schwefelhaltiges Wasser, welches die Haut weich macht und bei Hautekzemen, wie Schuppenflechte, seine heilende Wirkung entfaltet. Es gibt auch ein großes auf 38°C temperiertes Schwimmbecken sowie mehrere kleine, flache Becken mit jeweils 39°C, 41°C und 42°C, die wir am Ufer des Lake Rotorua finden. Insgesamt werden dem Besucher 26 verschieden temperierte Hot Pools geboten. Die Becken befinden sich alle im Freien und werden von der Radium Hot Spring gefüllt.

Wendet man sich an der Rotorua Lakefront westlich, so kommt man nach wenigen 100 m an der Konzertmuschel vorbei zum Maori-Dorf **Ohinemutu**. Das mit wunderschönen Schnitzereien reich verzierte *Tamatekapua-Marae* fällt hier sofort ins Auge. Die wundervolle Holzkirche *St. Faith's Anglican Church* liegt gegenüber in Richtung See. Die 1914 im Tudor-Stil gebaute Kirche verbirgt in ihrem Inneren wahre Kunstschätze von feinsten Schnitzereien und sorgfältig gewebten Wandverkleidungen, „tukutuku" genannt. Auch eine in einen Maori Umhang gehüllte Christusfigur gibt es hier zu bewundern. Sie ist in einem Fenster platziert und scheint für den Betrachter auf dem Wasser des Lake Rotorua zu schweben.

Der städtische **Kuirau Park** liegt 600 m westlich des *Government Garden* und ist über die *Arawas Street* zu erreichen. Er bietet inmitten einer gepflegten Gartenanlage ein frei zugängliches aktives Thermalgebiet. In zwei Fußbädern können Sie Ihre Füße kostenlos im warmen Thermalwasser baumeln lassen. Wenn Sie die Kulisse von Rotorua von oben aus betrachten wollen, sollten Sie sich von der Rotorua *Skyline Gondola* auf

Rotorua Skyline Gondola

eine 487 m hohe Bergstation nahe dem *Mount Ngongotaha (757 m)* bringen lassen. Am Fuße der Seilbahn befindet sich der *Rainbow Springs Nature Park*, in dessen Mineralwasserquellen sich verschiedene Forellen-Arten wohl fühlen. Höhere Bedeutung hat jedoch der *Kiwi Encounter*, in dem die Besucher durch eine Glasscheibe den kompletten Brutvorgang und das Schlüpfen der Vögel beobachten können. Ein paar Kilometer weiter nördlich finden Sie den sehr kommerziellen *Agrodome Freizeitpark*. Geboten wird eine amüsante Show, in der man so ziemlich alles über Schafe lernen kann. Daneben gibt es im Agrodome einen Abenteuertourismus-Spielplatz, in dem Adrenalinjunkies auf ihre Kosten kommen.

Rotorua Kuirau Park

Etwa 2 km südlich der i-Site, also noch recht zentral, liegt des touristisch sehr stark frequentierte **Whakarewarewa**, ausgestattet mit dem größten Geysirfeld in Neuseeland. Da der vollständige Name *Te Whakarewarewatanga O Te Ope Taua A Wahiao (*Der Aufstand der Krieger von Wahiao) sehr lang ist, wird der Ort gerne mit *Whaka* abgekürzt. Whakarewarewa besteht aus etwa 500 heißen Quellen, Schlammtöpfen und Geysiren, von denen sieben derzeit aktiv sind. Der berühmteste unter ihnen, der **Pohutu-Geysir**, bricht etwa stündlich aus und schleudert heißes Wasser bis zu 30 Meter hoch. Das Areal wurde im

Höllische Verhältnisse in Rotorua

Jahr 1998 nach jahrelangen Besitzstreitereien aufgeteilt. Dem *NZ Maori Arts and Crafts Institute* (www.tepuia.co.nz) gehören heute 2/3 des Whakarewarewa Thermal Reserve - nach einer Maori Festung **Te Puia** genannt - und das restliche Drittel gehört dem Dorf Whakarewarewa - **The Thermal Village** (www.whakarewarewa.co.nz). Dem Dorf ist eine Maori-Kunsthochschule angeschlossen. Geöffnet ist das Gelände im Sommer von 8:00-18:00 Uhr (im Winter 17:00 Uhr), stündlich werden Führungen angeboten. Das Maori Konzert am Mittag findet vor dem Versammlungshaus von 12:15 - 13:00 Uhr statt. Der Eintritt kostet 25 NZD, für die abendliche Cultural Show & Dinner zahlt man 94.50 NZD. Wir empfehlen beide Veranstaltungen, weil sie eine authentische Atmosphäre vermitteln.

Östlich von Rotoruas Stadtzentrum zweigt eine Stichstraße Richtung Südosten zu den Seen *Lake Okareka, Lake Tikitapu, Lake Rotokakahi* und *Lake Tarawera* ab. Der erste See, den die kurvenreich ansteigende Straße erreicht ist der **Lake Tikitapu**. Der See mit seinem glasklaren Wasser liegt zu Ihrer Rechten und auf der anderen Straßenseite befindet sich, an einem leichten Hang gelegen, ein Top10 Campingplatz. Wenig später befindet sich rechts der Straße ein Lookout, der ziwschen dem *Lake Tikitapu (Blue Lake)* und dem *Lake Rotokakahi (Green Lake)* liegt und Ausblicke auf beide Se-

Blick auf Lake Tikitapu (Blue Lake)

en bietet. Nur 2 km hinter dem Lookout treffen Sie auf **Te Wairoa, The Buried Village.** Wie schon geschildert, begrub der Ausbruch des Vulkans Mount Tarawera am 10. Juni 1886 die zuvor als achtes Weltwunder angesehenen *Sinterterrassen (Pink and White Terraces)* unter Schlamm und Asche. Das 15 km entfernte Te Wairoa mit einem Hotel für die Besucher der Terrassen und zwei Nachbarorte wurden ebenfalls verschüttet. Fünfzig Jahre nach der Katastrophe wurde Te Wairoa freigelegt und verschiedene Häuser rekonstruiert. Ein kleines Museum vermittelt einen sehr guten Eindruck von der Gegend vor dem Vulkanausbruch. Auf dem Gelände gibt es einen sehr schönen **Rundwanderweg**, der Sie auch zu einem Wasserfall bringt. Alleine die herrliche Anfahrt, die Sie an den genannten Kraterseen vorbei führt, ist den Ausflug wert. Am nahen *Lake Tarawera* können Sie über dies mit dem Kanu fahren, oder sich mit dem Boot zur *Hot Water Beach* bringen lassen.

---

(063) WOMO-Campingplatz-Tipp: Blue Lake Top 10 HP
GPS: S 38°11'13" E 176°19'56"   **WOMOs**: 80 mit Stromanschluss
Ausstattung/Lage: Spielplatz / vom wunderschönen, glasklaren Lake Tikitapu (Blue Lake) mit Sandstrand nur durch eine Straße getrennt.
Preise: Stellplatz mit Strom 21 NZD pro Person. **Zufahrt:** Östlich von Rotoruas Stadtzentrum zweigt eine Stichstraße Richtung Südosten zum Lake Tarawera ab. Dieser etwa 15 km folgen.
Kontakt: 723 Tarawera RD, Blue Lake Rotorua, Tel. 07 362 8120, www.bluelaketop10.co.nz
Beurteilung: Großer Platz, direkt am idealen Badesee, Sanitäranlagen gut.

Champagne Pool

biete **Waikite Valley, Wai-o-Tapu** und **Waimangu** können Sie an einem Tag erkunden. Über den SH5 Richtung Taupo und eine ausgeschilderte Nebenstraße erreichen Sie zunächst *Waikite Valley*. Kurz nachdem die Nebenstraße Richtung Taupo wieder auf den SH5 trifft, erreichen Sie *Wai-o-Tapu*. Und schließlich gelangen Sie nach Waimangu, indem Sie den SH5 zurück Richtung Rotorua fahren, rechts in den SH38 abzweigen und wenig später links in eine kleine Nebenstraße einbiegen und dieser etwa 5 km folgen. Natürlich können Sie diese Tour auch in umgekehrter Richtung fahren und dann am Ende des Tages in den Hot Pools von **Waikite Valley** entspannen und danach im angeschlossenen Campingplatz übernachten.

Im Waikite Valley können Sie auf einem kurzen **Wanderweg „Te Manaroa Spring"**, die größte Quelle kochenden Wassers in Neuseeland, erkunden. Die Quelle ergießt sich in einen Bach, der dampfend zu Tale fließt. In den angeschlossenen **Waikite Valley Thermal Pools** können Sie täglich von 10-21 Uhr in mehreren schön angelegten Pools ein heißes Bad nehmen. Für Gäste des benachbarten Campingplatzes ist der Eintritt frei.

Das **Thermal-Wonderland von Wai-O-Tapu** glänzt mit dem leuchtend orange umränderten *Champagne Pool*, dem in

(062) WOMO-Stellplatz: Waikite Valley Thermal Pools
GPS: S 38°19'37" E 176°18'10"   **WOMOs:** 16 mit Stromanschluss
Ausstattung/Lage: Standard / Direkt an den Hot Pools der Waikite Thermen.
Preise: Stellplatz mit Strom 20 NZD pro Person.
Zufahrt: Etwa 25 km südöstlich Rotorua. Den Hinweisschildern zu *Waikite Valley Thermal Pools* folgen.   **Kontakt:** Waikite Valley Road, RD1, Rotorua, Tel. 07 333 1861, www.hotpools.co.nz
Beurteilung: Einfacher Platz, das riesige Plus sind die Hot Pools des Waikite Valleys, die für die 20 NZD beliebig genutzt werden können, nehmen Sie sich die Zeit, diese Hot Pools sind fantastisch!

dem in 75°C heißen Wasser aufsteigende Gasbläschen seinen Namen geben. Neben den unzähligen Kratern des Thermalgebietes fallen die allgegenwärtigen, farbenprächtigen Ausfällungen von Mineralien ins Auge. Eine weiter Attraktion ist der *Lady-Knox-Geysir*, der täglich um 10.15 Uhr mit Seifenflocken zum Ausbruch gebracht wird und dann bis zu einer Stunde lang eine 20 m hohe Wasserfontäne in den blauen Himmel mit der lange weißen Wolke schleudert.

Wai-O-Tapu - Lady Knox Geysir

Eine weiteres Geothermalgebiet ist das vom Tarawera Ausbruch geschaffene **Waimangu Volcanic Valley**. Seine Hauptattraktion ist der *Inferno Krater*, dessen dampfender Kratersee eine kräftige, türkise Farbe hat, und der mit seinen steilen Kraterwänden einen atemberaubenden Anblick bietet. Sein Wasserpegel verändert sich in einem 38-tägigen Rhythmus. Zunächst steigt das Wasser 21 Tage lang an, fließt dann an zwei Tage über den Kraterrand hinweg, um hernach in 15 Tagen wieder auf seinen 8 Meter unter dem Kraterrand liegenden Ausgangslevel zu sinken. Außerdem findet man hier mit dem Lake Rotomahana den größten Heißwassersee der Erde (über 50°C). Das Gelände des Waimangu Volcanic Valley fällt von seinem Eingang bis zum See stetig ab. Der Besucher kann den Hang hinab spazieren und dabei die verschiedenen geothermischen Attraktionen bewundern. An drei Busstationen kann er sich zu vorgegeben Zeiten bergauf oder bergab bringen lassen. Am unteren Ende der Straße erwartet ihn der Lake Rotomahana, der auf einer 45-minü-

Waimangu - Inferno Krater

tigen Bootsfahrt erkundet werden kann. Dampfende Klippen, kleine Geysire und andere vulkanische Sehenswürdigkeiten, wie die Stellen an denen 1886 die White- und die Pink Terraces versunken sind, werden angesteuert und vom Bootsführer erläutert.

Auf dem Weg nach Tauranga verlassen Sie das Stadtzentrum Rotoruas über den SH5 Richtung Norden. Nach etwa 7 km folgen Sie dem SH36, der den See nach ebenfalls 7 km verlässt. Die Gesamtstrecke von Rotorua nach Tauranga beträgt 65 km. Das Zentrum von Tauranga liegt im Südosten eines großflächigen Naturhafens, der sich aus vielen Buchten und Halbinseln zusammen setzt. Direkt am Meer liegen die Stadtteile Mount Maunganui und Papamoa.

(064) WOMO-Campingplatz-Tipp:
Papamoa Beach Top 10 Holiday Park

GPS: S 37°41'48" E 176°17'2" **WOMOs:** 125 mit Stromanschluss
Ausstattung/Lage: Spielplatz / Direkt am wunderschönen, großen Sandstrand. **Preise:** Stellplatz mit Strom 21 NZD pro Person.
Zufahrt: Vom SH33 nach Papamoa Beach abfahren, am Kreisel zur Düne hoch, kein Schild! **Kontakt:** 535 Papamoa Beach Rd, Papamoa, Tel. 07 572 0816, www.papamoabeach.co.nz
Beurteilung: In den Platz wurde lange nicht mehr investiert, kein Top 10 Standard. Großer Platz, direkt am Strand, fragen Sie nach einem der Plätze zur Beach hin.

Das vorherrschende Klima mit trockenen Sommern und milden Wintern lockte zuletzt viele Menschen an. Ruheständlern folgten Pendler und schließlich Selbstständige, die ihre Firma von hier aus führen konnten. Im Ergebnis ist Tauranga mit seinen Vororten die am schnellsten wachsende Stadt des Landes und dazu ausgesprochen wohlhabend. Trotzdem ist die Stadt von einer wild wuchernden Bebauung verschont geblieben und weist viele Parks und kleinere Grünanlagen auf. Das weithin sichtbare Wahrzeichen der Stadt ist der 232 m hohe erloschene Vulkankegel **Mount Maunganui** (Maori-Name: Mauao), von den Bewohnern einfach *The Mount* genannt. Er liegt in einem weitgehend flachen Umland und thront vor dem Eingang des Naturhafens. Sie können den Berg auf einem über viele Stufen steil nach oben führenden Wanderweg hin-

Blick vom Mount Maunganui

auf wandern (**Summit Track**, 1,5 h) und oben angekommen, die herausragende Aussicht genießen. Die gleichnamige Vorstadt Taurangas liegt auf einer schmalen Sandbank, die den Mount Maunganui mit dem Festland verbindet. Der feinsandige kilometerlange Sandstrand lockt die Menschen an, Kiwis wie Touristen. Der Strand von Mount Maunganui ist vor allem bei Surfern beliebt. Direkt am Fuße des Berges liegt ein wegen der attraktiven Lage recht teurer Campingplatz.

---

(065) WOMO-Campingplatz-Tipp:
Beachside Holiday Park Mount Maunganui

GPS: S 37°37'55" E 176°10'35"   **WOMOs:** 233 mit Stromanschluss
Ausstattung/Lage: Spielplatz / Direkt neben dem Zentrum und den schönen Bade- und Surfstränden von Mt Maunganui.
Preise: 25 NZD pro Person, mindestens aber 50 NZD !!!
Zufahrt: Der Platz liegt am Kopfende der Straße zum Mt Maunganui.
Kontakt: 1 Adams Avenue, Mount Maunganui, Tel: 07 575 4471, www.mountbeachside.co.nz
Beurteilung: Ein großer, teurer und dennoch meist voller Platz, der ideal zu den schönen Stränden und zum Aufstieg auf den Mt Maunganui liegt. Nebenan finden Sie einen beheizten Salzwasser Pool und viele Restaurants.

Unter den vielen Restaurants ist das **Astrobale** herausragend gut (82 Maunganui Rd, Tel. 07 574 8155). Der kürzeste Weg von Mount Maunganui zum Zentrum Taurangas führt über die Harbour Bridge. Ziviler Ungehorsam (man zahlte die Maut einfach nicht) führte dazu, dass sie fallen gelassen wurde. Der danach stark gestiegene Verkehr führt allerdings immer wieder zu Staus. Auch das Zentrum Taurangas liegt auf einer schmalen Landzunge, auf deren östlicher Seite die Uferpromenade *The Strand* viele Cafés und Restaurants aufweist. Nicht allzu weit entfernt finden Sie nahe der Harbour Bridge das restaurierte Missionshaus *The Elms*. Das 1847 aus Kauri-Holz gebaute his-

Aufstieg zum Mount Maunganui

torische Gebäude im spätklassizistischen Stil ist noch original möbliert. Das Haus diente als Missionsstation der englischen Church Mission Society und ist vor allem wegen seiner Bibliothek bekannt, die rund 1000 Bände des ursprünglichen Bestandes umfasst (Mission St, Tel. 07 577 9772, www.theelms.org.nz, Mi ,Sa, So 14-16 Uhr). Das parkartige Gelände mit großem alten Baumbestand ist auch außerhalb der Öffnungszeiten zugänglich. Zum Freizeitangebot Taurangas gehört auch ein *Schwimmen mit Delfinen* Bootsausflug. In der i-Site erhalten Sie kostenlos die Broschüren **Tauranga City Walkways** und **Historic Tauranga**. Letztere führt Sie zu historischen Stätten der Stadt. Leckere Sandwiches und ausgezeichneten Kaffee bekommen Sie im **Mediterrano Café** (62 Devonport Rd, Tel. 07 577 0487). Frische Fischgerichte werden Ihnen im direkt am Wasser liegenden **Fresh Fish Market** (1 Dive Cres, Tel. 07 578 1789) serviert. Die *Dive Cres* finden Sie in der Verlängerung der Devonport Road.

> **(066) WOMO-Stellplatz: Lindemann Lookout**
> **GPS:** S 37°32'40" E 175°52'31"   max. WOMOs: 5
> **Ausstattung/Lage:** Toiletten / Am Hügel über Katikati, toller Ausblick!
> **Zufahrt:** Kurz hinter der Uretara Domain links in die Lindemann Road abbiegen und dieser 3,4 km folgen.
> **Beurteilung:** Sehr schöner, ruhiger Übernachtungsplatz mit weitem Blick.

Vor dem Eingang des Naturhafens, direkt neben dem *Mount Maunganui*, beginnt eine langgezogene, schmale Insel, die sich 25 km in nordwestlicher Richtung erstreckt, **Matakana Island**. Die Tauranga Harbour genannte Meeresbucht zwischen Festland und Insel ist sehr flach und in weiten Uferbereichen versumpft. Auf der dem Meer abgewandten Seite liegt die Bergkette *Kaimai Range*, die Regenwolken abhält und für die trockenen Sommer verantwortlich ist. Sie verlassen *Tauranga* und fahren auf dem SH2 entlang der Küste und parallel zur *Matakana Insel* in nordwestliche Richtung. Sie überqueren den *Wairoa River* und biegen wenig später in *Te Puna* links eine Stichstraße ab, die Sie nach 4 km auf den **Minden Lookout** bringt. Von hier aus hat man eine phantastische Perspektive auf *Tauranga* und *Tauranga Harbour*. Zurück auf dem SH2 erreichen Sie nach

28 km, die Insel noch immer vor Augen, **Katikati**. Im Hinterland von Katikati liegt das Naturschutzgebiet *Kaimai Mamaku Forest Park*, in dem die während des Goldrausches im 19. Jahrhundert  rücksichtslos gerodeten Hänge wieder aufgeforstet werden. Die ca. 4000 Einwohner zählende Gemeinde **Katikati** ist für ihre bemerkenswerten Wandmalereien bekannt. Darin wird die Geschichten der Pioniere und ihres Lebensstiles in fein ausgearbeiteten Gemälden an den Außenwänden von Handels- und Wirtschaftsgebäuden fest gehalten. *Katikati* wurde 2005 mit der Auszeichnung als „Neuseelands schönste Kleinstadt" ausgezeichnet.

11 km hinter Katikati biegen Sie links in die Straße Richtung Waihi Beach ab. Den sehr empfehlenswerten Campingplatz *Hot Springs Holiday Park Athenree* erreichen Sie nach etwa 4 km. Wenn Sie dort über Nacht stehen, können Sie die beiden heißen Pools kostenlos benutzen. Wir ziehen diesen Campingplatz den zahlreichen Plätzen in Waihi Beach eindeutig vor. **Waihi Beach** bietet Ihnen sehr schöne weiße Sandstrände. Das Tourenziel, die 4.500 Einwohner zählende Gemeinde **Waihi**, liegt etwa 10 km hinter *Waihi Beach*.

(067) WOMO-Campingplatz-Tipp:
Athenree Hot Springs Holiday Park

GPS: S 37°26'54" E 175°58'01"   **WOMOs:** 80 mit Stromanschluss.
Ausstattung/Lage: Spielplatz, Hot Pools !!! / An der Shelly Bay, nur von einer kleinen Landzunge von der Bay of Plenty getrennt. Unweit vom Waihi Beach (4 km).   **Preise:** Stellplatz mit Strom 22 NZD pro Person.
Zufahrt: Sie biegen 4 km hinter Katikati rechts vom SH2 in die Athenree Rd ab. Nach 3 km erreichen Sie den kleinen Ort Athenree. Sie biegen hier rechts ab, um auf Athenree Rd zu bleiben. Wenn Sie nach etwa 500 m auf der rechten Seite einen überdimensionaler Reiher mit einem Fisch im Schnabel sehen, sind Sie angekommen.
Kontakt: 1 Athenree Rd, Athenree, Bay of Plenty, Tel. 07 863 5600, www.athenreehotsprings.co.nz **Beurteilung:** Sehr zu empfehlen: wunderbar gepflegte Grasflächen, super Gemeinschaftsküche, gute Sanitäranlagen und freie Benutzung der beiden Hot Pools (37°+34°) mit kristallklarem, mineralreichem Wasser. Das sollten Sie sich auf keinen Fall entgehen lassen!

Tour 7: Um die wilde Coromandel Halbinsel

Waihi - Whangamata - Hot Water Beach - Cathedral Cove - Whitianga - Coromandel - Thames - 290 km

Camping:	Wentworth Valley DOC, Hot Water Beach, Whitianga, Opoutere, Coromandel Town, Dickson, Kauaeranga Valley DOC
Stellplätze:	Im Distrikt Coromandel ist freies Campen verboten
Baden:	Whiritoa, Whangamata Ocean Beach, Opoutere, Hot Water Beach, Hahei Beach, Whitianga, Wharekaho, Matarangi, Kuaotunu Beach, Otama Beach, Opito Bay
Wandern:	Wentworth Falls Walk, Whangamata Walks, Opoutere Vogelschutzgebiet: Wharekawa Wildlife Refuge, Tairua Paku Hill, Broken Hills, Cathedral Cove Walkway, Coromandel Town: Long Bay, Coromandel-Heritage Trail, Coastal Walkway, Recreation Walks, Kauaeranga Valley
Essen:	Tairua: Old Mill Café, Hot Waves Café, Whitianga: Sangam Indian Cuisine, Driving Creek Café, Rapaura Watergardens, Thames: Rocco

In Tour 7 schauen Sie sich die wundervolle **Coromandel** Halbinsel an. Fahren Sie die in weiten Streckenabschnitten felsige Westküste in Richtung Norden. In den Orten **Whangamata, Opoutere** und **Tairua** treffen Sie das Meer wieder und können an feinsandigen Stränden baden. Ein besonderes touristisches Highlight wartet ein Stück weiter im Norden auf Sie, die **Hot Water Beach**. Hier buddeln Sie sich bei Ebbe (+-2h) eine Kuhle in den Sand und legen sich nach getaner Arbeit in deren warmes Wasser. Vorsicht, heiß, Verbrühungsgefahr! Nicht weit entfernt wandern Sie an einen Strandabschnitt mit magischer Atmosphäre, **Cathedral Cove**.

Danach passieren Sie **Whitianga** an der *Mercury Bay* und erreichen schließlich *Kuaotunu*. Die Straße wendet sich nach Westen und durchquert die Halbinsel und ihre Bergkette bis zur Ostküste. Bevor Sie **Coromandel Town** erreichen, können Sie von einem hochgelegenen Aussichtspunkt das Panorama des *Coromandel Harbour* mit seinen vorgelagerten Inseln genießen. Sie setzen Ihre Fahrt Richtung Süden fort und erreichen am südwestlichen Ende der *Coromandel Halbinsel* das altehrwürdige **Thames**, das in den Jahren des Goldrausches mit mehr als 18.000 Einwohnern bedeutend größer war als *Auckland*. Danach durchwandern Sie das östlich *Thames* gelegene, tief eingeschnittene **Kauaeranga Valley.** Regenerieren Sie sich von Ihrer Wanderung bei einem erfrischenden Bad in einem Naturpool des *Kauaeranga River*. Gute Erholung!

Landschaft der Coromandel Halbinsel

Die *Coromandel Peninsula* ist sehr hügelig und wird von der bis zu 900 m in die Höhe ragenden Bergkette **Coromandel Range** von Nord nach Süd durchzogen. Gerade einmal 26.000 Einwohner leben auf dieser wundervollen Halbinsel, die in weiten Teilen von dichtem immergrünen Regenwald überzogen ist. Vor der Küste liegen viele kleine Inseln verstreut, zu denen *Motukawo Island* im Nordwesten, die *Alderman Islands* und *Slipper Island* im Südosten und *Mercury Island* im Nordosten gehören. An der Küste wechseln sich felsige Abschnitte und lange Sandstrände ab. Es gibt eine Vielzahl idyllischer Wanderwege, die oft zu höchst interessanten Zielen und beeindruckenden Aussichtspunkten führen. Große Teile *Coromandels* sind Naturschutzgebiete mit einer reichen Pflanzenvielfalt und kristallklaren Wasserläufen. Von den unzähligen Naturschönheiten werden nicht nur die Neuseeländer selbst angezogen, sondern auch Öko-Touristen und Menschen mit einem alternativen Lebensstil. Außerdem siedeln sich immer mehr Wohlhabende aus dem Ballungsraum Auckland fest an. *Coromandel* ist darüber hinaus die Wahlheimat vieler Künstler, Maler, Töpfer und Kunsthandwerker geworden. Viele Kiwis verbringen auf der *Coromandel Peninsula* ihre Wochenenden oder ihre Ferien. In der Zeit zwischen Weihnachten und Ende Januar ist es sinnvoll, Campingplätze im Voraus zu buchen.

Schon 18 km hinter **Waihi** erreichen Sie in Whiritoa den ersten reizenden Badestrand an Coromandels Ostküste. **Whiritoa Beach** ist bei Surfern und Paraglidern sehr beliebt, denn hier ist es oft stürmisch. Nach 13 weiteren Kilometern Fahrtstrecke auf dem SH25 gelangen Sie an einen der bekanntesten Surfstrände Neuseelands, **Ocean Beach**. Der herrliche 4 km lange Badestrand reicht vom **Whangamata Harbour** bis zur

Whangamata - Ocean Beach

Mündung des *Otahu River* mit vier kleinen vorgelagerten Inseln. Die größte dieser Inseln, *Hauturu Island*, liegt der Küste so nahe, dass Sie bei Ebbe durch das seichte Wasser hinüberwaten können. Trotz hoher Brandung ist an zwei Strandabschnitten ein sicheres Schwimmvergnügen möglich. **Whangamata** ist auch bei Hochseeanglern und Seglern beliebt. Vor allem wegen der malerischen Kombination von Strand und dem die Halbinsel begrenzenden buschbewachsenen Hügel und Regenwald, ist Whangamata ein ausgesprochen beliebter Ferienort. Der angrenzende **Coromandel Forest Park** bietet Ihnen eine Vielzahl von Aktivitäten wie Waldspaziergänge, Mountain Biking oder Wanderungen zu den alten Goldminen an. Jenseits der *Ocean Beach* wartet noch manch einsamer Strand und einige versteckte Buchten auf ihre Erkundung. Diese sind oft nur

---

(068) WOMO-Campingplatz-Tipp:
Wentworth Valley Camp DOC

GPS: S 37°14'42" E 175°49'8" **WOMOs:** 3 mit Stromanschluss, 20 ohne.

Ausstattung/Lage:
Eingeschränkte Einkaufsmöglichkeit, Trinkwasser, Dusche, einfache Toilette / Mitten im dichten Wald, an einem Fluss.
Preise: Stellplatz mit Strom 15 NZD pro Person, ohne Strom 9,20 NZD.
Zufahrt: Am Golfplatz von Whangamata in die Wentworth Valley Rd einbiegen und 4 km nicht asphaltierte Straße fahren. **Kontakt:** 474 Wentworth Valley Rd, Whangamata, Tel. 07 865 7032, www.wentworthvalleycamp.co.nz

Beurteilung: Sehr schöne Stellplätze, riesengroß, mitten im Wald. Im Bach können Sie baden. Wanderweg zum Wasserfall, einfache Sanitäranlagen. Ein Restaurant ist in der Nähe.

Onemana

über verborgene Wege zu erreichen. Eine lohnende 10 km lange Wanderung führt zu den zweistufigen **Wentworth Falls** im nahe gelegenen Wentworth Valley. Sie startet von einem hübschen DOC-Campingplatz mit Stellplätzen am *Wentworth River*. Diesen finden Sie, indem Sie 2 km bevor Sie das Zentrum Whangamatas erreichen links in die Wentworth Valley Rd einbiegen und ihr 4 km über eine unbefestigte Straße folgen.

Acht Kilometer nördlich von Whangamata werden Sie am Straßenrand des SH25 ein Schild entdecken, dass auf den Ort **Onemana** hinweist. Wir empfehlen Ihnen diesem Hinweis zu folgen, auch wenn die Straße im *Tairua Forest* zu verschwinden scheint. Tatsächlich tauchen Sie in das dichte Grün des Waldes ein, das sich nach 3 km auf einem Bergkamm öffnet und einen wunderbaren Blick auf die Küste freigibt. Wenn Sie das Glück haben um die Weihnachtszeit unterwegs zu sein, können Sie in umringt von leuchtend rot blühenden Pohutukawa Bäumen in den Ort hinabfahren. Die bezaubernde Szenerie wird von einem kleinen Wasserfall am nördlichen Ende des feinen Sandstrandes komplettiert.

Zurück auf dem SH25 sollten Sie wenig später unbedingt einen weiteren Abstecher zur Küste unternehmen. Die von Pohutukawa Bäumen gesäumte Zufahrtstraße nach **Opoutere** verläuft am *Wharekawa Harbour* entlang und führt an einem Feuchtgebiet vorbei. Passieren Sie den kleinen Ort und parken Sie kurz vor dem Ende der geteerten Straße auf dem ausgeschilderten Parkplatz. Ein Hinweisschild lädt Sie zu einer 1 km Wanderung in das Vogelschutzgebiet **Wharekawa Wildlife Refuge** ein. Es liegt in einem abgesperrten Teil des 5 km langen weißen Sandstrandes von Opoutere. Dort angekommen werden Sie von der friedvollen Schönheit dieses Ortes vollkommen eingenommen sein und sich nach einer Weile fragen, wieso an diesem Traumstrand kaum eine Handvoll Menschen anzutreffen sind.

(069) WOMO-Campingplatz-Tipp:
Opoutere Coastal Camping

GPS: S 37°6'5" E 175°52'43" **WOMOs:** 30 mit Stromanschluss.
Ausstattung/Lage: Standard / Der hintere Teil des Platzes ist von Wald umgeben und von friedvoller Schönheit. Fünf Gehminuten bis zum Strand.
Preise: Stellplatz mit Strom 15 NZD pro Person,
Zufahrt: 12 km hinter Whangamata rechts in die Ohui Rd abbiegen, am Wharekawa Harbour entlang und Opoutere durchfahren, wenn der Asphalt aufhört (4,5 km) sehen Sie rechts den Campingplatz liegen.
Kontakt: 460 Ohui Road, Opoutere, Tel. 07 865 9152, www.opouterebeach.co.nz
Beurteilung: Sehr schöne, einfache Anlage, nur durch einen Kiefernwald von der traumhaft schönen Opoutere Beach getrennt. Der Platz ist nur im Sommer geöffnet und sollte reserviert werden.

Auch Ferienhäuser werden sie in Strandnähe nicht finden. Der Meeresarm, der an der Zufahrtsstraße liegt, wird von einer Landzunge vor den mächtigen Wellen des Pazifiks geschützt. Auf dieser Landzunge befindet sich das erwähnte Vogelschutzgebiet. Hier leben eine Vielzahl seltener Seevögel. Der geschützte Meeresarm ist auch ein Paradies für Kajak-Fahrer. Ganz am Ende der oben erwähnten Zufahrtstraße liegt auf der rechten Seite ein Campingplatz, von dem aus Sie

Blick auf Paunaui

Tairua

den Strand in wenigen Minuten erreichen.

Der SH25 macht nun einen kräftigen Schwenk ins Landesinnere und trifft nach 11 kurvenreichen Kilometern auf den SH25a. Dieser gut ausgebaute Highway ist die kürzeste und schnellste Verbindung zwischen Ost und Westküste. Sie bleiben auf dem SH25, der bald auf den *Tairua-River* trifft und wenig später auf den fjordähnlichen *Tairua-Harbour*. Kurz vor dem Fluss zweigt die Hikuai Settlement Rd rechts ab, die nach **Pauanui** führt. Hier verbringt *Aucklands* obere Mittelschicht bevorzugt ihre Sommerferien und lässt dann die Einwohnerzahl des kleinen Ortes auf mehr als 15.000 ansteigen. Auf die Besucher wartet ein herrlicher weißer Sandstrand, eine sehr gute Infrastruktur, Campingplätze und ein umfangreiches Freizeitangebot.

Sie bleiben auf dem SH25, dem Sie nach **Tairua** folgen, das umringt von bewaldeten Hügeln an einem sehr reizvollen Küstenabschnitt liegt. Setzen Sie sich in eines der Cafés mit Blick auf den *Tairua Harbour* und genießen die Aussicht über den bei Ebbe in weiten Teilen trocken fallenden Sund hinüber nach *Pauanui*. Im Sommer verkehrt eine Personen-Fähre zwischen beiden Orten. In der Verlängerung der wilden *Ocean Beach* liegt der markante **Paku-Hügel** mit zwei Gipfeln, deren höherer 360 m hoch ist. Sie können fast bis zum Gipfel fahren und müssen vom Parkplatz aus lediglich noch 10 Minuten laufen. Der Marsch lohnt sich, denn vom Gipfel haben Sie einen phantastischen Rundumblick auf die beeindruckende Szenerie und die vorgelagerten Inseln *Slipper-, Shoe-* und *Alderman-Island*. Am Hang des Hügels lag früher das Maori Pa *Paku*. Neben dem ausgedehnten Freizeitangebot haben Sie in *Tairua* die Möglichkeit zu einigen Wanderungen, die Sie zu den Goldminen von *Broken Hills*, in Kauri-Wälder oder

Hot Water Beach

zum nahen *Mount Kaitarakihi* führen (Infos gibt es wie immer in der i-Site). Im **Old Mill Café** (1 The Esplanade, Tel. 07 864 9390) können Sie auf eleganten Gartenmöbeln Schoko Muffins und Blaubeerkuchen zu sich nehmen. Hinter *Tairua* klettert der SH25 kurvenreich eine Bergkette hinauf und erreicht nach 16 km das Örtchen *Whenuakite*. Sie biegen hier rechts ab, um auf einer schmalen Straße zu den touristischen Highlights *Hot Water Beach* und *Cathedral Cove* zu gelangen.

An der **Hot Water Beach** werden Sie vermutlich mehr als hundert Menschen antreffen, die zum größten Teil mit Schaufeln im Sand des Strandes graben. Sie sind auf der Suche nach einer der Thermalquellen vulkanischen Ursprungs, die hier direkt unter dem Sand liegen. Werden Sie fündig, können Sie genüsslich ein warmes Bad in Ihrem persönlichen Spa-Pool nehmen, was durchaus auch bei Regen seine Reize hat. Die Flut wird Ihre Arbeit bald wieder zunichtemachen und zwei Stunden vor der nächsten Ebbe kann die nächste Schicht mit dem Buddeln beginnen. Den benötigten Spaten können Sie sich im **Hot Waves Café** (8 Pye Pl, Tel. 07 866 3887) ausleihen. Sie können dort bei schönem Blick über die Bucht gut essen.

---

(070) WOMO-Campingplatz-Tipp:
Hot Water Beach Holiday Park

GPS: S 36°53'25" E 175°49'14"   **WOMOs:** 75 mit Stromanschluss.
Ausstattung/Lage: Spielplatz / Im Grünen, 600 m zu den heißen Quellen.
Preise: Stellplatz mit Strom 20 NZD pro Person.
Zufahrt: Kurz vor dem Parkplatz der Hot Water Beach.
Kontakt: 790 Hot Water Beach Rd., Whitianga 3591, Tel. 07 866 3116, www.hotwaterbeachholidaypark.com
Beurteilung: Ideal gelegen zum Besuch der Hot Water Beach. Neue, 2008 eröffnete, sehr gut geführte Anlage.

Heihei Beach

Das Baden im Meer ist wegen tückischer Strömungen, die vor allem im Bereich der den Strand teilenden Felszunge vorherrschen, mit Vorsicht zu genießen. Man sollte sich nur an den dafür vorgesehenen Abschnitten ins türkisfarbene Nass wagen.

Um zum nächsten Highlight zu gelangen, fahren Sie einige Kilometer nördlich in den bezaubernden kleinen Ort **Hahei**. Der Strand dieses an einem Seitenarm der *Mercury Bay* liegenden Ortes ist mit Muscheln übersät und gut zum Baden geeignet. Etwas nördlich des Ortszentrums erreichen Sie über die Grange Rd einen großen Parkplatz mit einer Aussichtsplattform, von dem aus eine herrliche Wanderung die felsige Steilküste entlang startet. Nach etwa 40 Minuten steigen Sie eine steile Treppe zum Strand hinab und sehen zu Ihrer Linken einen stattlichen Durchbruch in einem etwa 15 m hohen Felsen. Sie haben soeben die *Cathedral Cave* entdeckt, durch die Sie einen eindrucksvollen, auf dem Strand hinter ihr stehenden weißen Rhyolit Felsen sehen. Bei Ebbe können Sie durch diese *Kathedrale* mit spitz zulaufender Decke gehen. An vielen Stellen am Strand und im Wasser sind interessante Kalksteinformationen zu entdecken. Die Strandabschnitte rechts (*Mare´s Leg Cove*) und links (*Cathedral Cove*) der *Cathedral Cave* sind von bizarrer Schönheit und es ist zu spüren, wie seine magische Atmosphäre alle Besucher in ihren Bann zieht.

Die **Cathedral Cove** ist auch vom Wasser aus zu erkunden. Das Gebiet um die *Cathedral Cove* wurde wegen ihres reichen und vielfältigen Lebensraumes zum Wasserschutzgebiet erklärt. Felsenriffe, weiche Schichtgesteine sowie zahlreiche Höhlen und Unterwassergewölbe bieten einen Lebensraum für komplexe Lebensgemeinschaften von Pflanzen, Krustentieren, Weichtieren und Fischen. Geschützt vor den starken Südwin-

Strand der Cathedral Cove

den können Sie bei einer einstündigen Bootsfahrt, die auch an der *Cathedral Cove* vorbei führt, eine unberührte Wasserumgebung genießen (Hahei Explorer, Tel. 064 7866 3910, www.haheiexplorer.co.nz).

Sie mögen nach diesem eindrucksvollen Erlebnis und einem Blick in Ihre Straßenkarte versucht sein, nach **Ferry Landing** zu fahren, mit der Fähre nach *Whitianga* überzusetzen, um so ein gutes Stück Weg abzukürzen. Vergessen Sie es, denn bei der Fähre handel es sich um eine Personenfähre. Der kurze Ausflug von Hahei nach *Ferry Landing* lohnt sich dennoch. Zum einen wegen der direkt vor Ferry Landing liegenden wunderschönen *Cooks Beach*. Der große Seefahrer und Entdecker lag hier vor Anker, um seinem Auftrag folgend den Durchgang des Planeten Merkur vor der Sonne zu vermessen. Die große Meeresbucht *Mercury Bay* verdankt diesem Ereignis ihren Namen. Im *Mercury Bay Museum* in *Whitianga* können Sie sich

Blick vom Shakespeare Cliff

erschöpfend über Cooks Aufenthalt in der *Mercury Bay* informieren. Zum anderen zweigt zwischen *Ferry Landing* und *Cooks Beach* eine Straße (Shakespeare Rd) zum **Shakespeare Cliff** ab. Seine Aussichtsplattform bietet Ihnen einen wunderbaren Überblick über die gesamte *Mercury Bay* und hinab zur *Cooks*

Beach. Sie können mit Ihrem Wohnmobil von *Ferry Landing* nicht nach Whitianga übersetzen und müssen deswegen zurück zum SH25 und die tief ins Land reichenden Meeresbucht **Whitianga Harbour** umfahren, um nach **Whitianga** zu gelangen. Die größte Stadt in der bezaubernden *Mercury Bay* hat einen 4,5 km langen und charmanten Strand an dem Sie sicher schwimmen können. Auch die umliegenden idyllischen Buchten werden von Schwimmern, Surfern, Kajakfahrern und allen anderen Arten von Wassersportlern mit Begeisterung genutzt. Während *Whitianga* früher von der Verschiffung des Kauri Holzes und seines begehrten Harzes lebte, trägt heute neben dem Tourismus Fischfang und Landwirtschaft zum Broterwerb bei. Mit 4.000 Einwohnern ist *Whitianga* heute das Einkaufs- und Verwaltungszentrum der östlichen Coromandel Halbinsel. Gut essen können Sie im indischen Restaurant **Sangam Indian Cuisine** (121a Cook Dr, Tel. 07 866 0456).

---

(071) WOMO-Campingplatz-Tipp:
Whitianga Harbourside Holiday Park

GPS: S 36°50'24" E 175°42'8"   **WOMOs:** 45 mit Stromanschluss
Ausstattung/Lage: Spielplatz, Swimmingpool, Spa / Von der Meeresbucht Whitianga Harbour nur durch die Straße getrennt.
Preise: Stellplatz mit Strom 22 NZD pro Person.
Zufahrt: Vom SH25 in das Zentrum Whitiangas abbiegen, an der Albert St rechts fahren, den 2. Campingplatz auf der rechten Seite nehmen.
Kontakt: 135 Albert Street, Whitianga, Tel. 07 866 5746,
www.harboursidewhitianga.co.nz
Beurteilung: Gepflegte Anlage. Von hier aus die Glasboden Boot Fahrt zur Cathedral Cove machen!

Sie setzen Ihre Fahrt gen Norden entlang der **Mercury Bay** fort und erreichen nach 17 km **Kuaotunu**. Dort gibt es einen in Meeresnähe gelegenen Campingplatz (Kuaotunu Motor Camp, 33 Bluff Rd, Tel. 07 866 5628). Wenn Sie die Straße überqueren sind Sie direkt an einem herrlichen weißen Sandstrand, an dem sicheres Schwimmen gewährleistet ist. können Im Motorcamp werden Kajaks vermietet.

Kuaotunu

Wenn Sie Lust dazu haben, können Sie einen Ausflug ins 9 km östlich gelegene **Opito** unternehmen. Die meist ungeteerte Straße führt steil über den Black Jack Hill und bietet reizvolle Ausblicke. Entlang der Strecke liegen einige Aussichtspunkte und Badebuchten. Am Ende

Matarangi Beach

der Landzunge können Sie am kleinen Strand der **Opito Bay**, sehr ruhig und traumhaft schön, ein Bad nehmen.

In *Kuaotunu* macht der SH25 eine scharfe Kurve Richtung Südwesten. Bald trifft er auf die große Bucht des *Whangapoua Harbour*, die vom *Waitekuri River* und vom *Opitonui River* mit frischem Wasser aus der *Coromandel Range* versorgt wird. Hier zweigt eine Stichstraße zum mondänen Ferienort **Matarangi** ab. Im Jahr 1985 wurde begonnen, auf einer weißsandigen Nehrung touristische Infrastruktur für gehobene Ansprüche aufzubauen. Die kleine Stadt hat es wegen ihrer bekannt wohlhabenden Gäste, im Sommer schwillt die Einwohnerzahl von 300 auf über 7.000 an, zu einigem Wohlstand gebracht. Sie finden hier u.a. eine kleine Flugpiste, einen herrlich am Ende der Landzunge gelegenen 18-Loch-Golfplatz und auch ein Bowling Green darf nicht fehlen.

Die gut 4.000 Einwohner zählende Gemeinde **Te Rerenga** liegt am südwestlichen Ende des **Whangapoua Harbour**, etwas von der Küste entfernt. Hier können Sie in der *Castle Rock Winery* ein ganze Reihe von Fruchtweinen probieren. Sie fahren nun durch ein üppiges Waldgebiet und erreichen etwa 10 km hinter Te Rerenga einen auf einer Kammhöhe gelegenen Aussichtspunkt. Hier sollten Sie unbedingt anhalten und die atemberaubende

Surfer an der Whangapoua Beach

Um die wilde Coromandel Halbinsel

Blick auf Coromandel Town

Aussicht hinunter zum *Hauraki Gulf*, in dem in lieblicher Anordnung mehrere Inseln drapiert sind. Auch *Coromandel Town* ist im Blickfeld.

Sie werden in **Coromandel Town** einen angenehm entspannten und lockeren Lebensstil antreffen. Das war nicht immer so. Der aufsehenerregende Goldfund beim Driving Creek 1852 brachte *Coromandel Town* einen gewaltigen Aufschwung und zeitweise eine Einwohnerzahl von über 10.000. Noch heute verleihen restaurierte Erinnerungsstücke an die Goldgräberzeit und herrschaftliche Gebäude aus der Gründerzeit der Stadt eine besondere Note. Auf dem **Heritage Trail** können Sie darüber hinaus einige elegante Villen aus den Goldgräber Tagen bewundern. Im 1,5 km nördlich gelegenen *Coromandel Goldfields Centre & Stamper Battery* haben Sie die Gelegenheit, sich im Rahmen einer einstündigen Führung über alles was zum Goldabbau gehörte zu informieren. Die 1861 gegründete und heute ca.1.600 Einwohner zählende Stadt verdankt ihren Namen dem britischen Schiff *HMS Coromandel*, das im Jahr 1820 in der Bucht ankerte, um das für die Schifffahrt wertvolle Kauri-Holz an Bord zu nehmen. Heute sind neben dem Tourismus vor allem die reichen Fischgründe, Muschelfarmen und Austernbänke für *Coromandel Town* von wirtschaftlicher Bedeutung. Auch

i-Site in Coromandel Town

fühlen sich viele Künstler und Kunsthandwerker von der entspannten Atmosphäre der Gegend angezogen und in ihrem Schaffen gefördert. Einige von Neuseelands besten Künstlern leben im Coromandel Town District. Die *Craft Gallery* in der Wharf Rd ist das Zentrum des örtlichen Kunsthandwerkes.

---

(072) WOMO-Campingplatz-Tipp:
Coromandel Holiday Park

GPS: S 36°45'21" E 175°30'4"   **WOMOs:** 29 mit Stromanschluss
Ausstattung/Lage: Spielplatz, Swimmingpool / Sehr zentral gelegen.
Preise: Stellplatz mit Strom 20 NZD pro Person.
Zufahrt: In Coromandel Town rechts in die Kapanga Rd einbiegen, 300 m hinter der I-Site rechts.
Kontakt: 636 Rings Rd, Coromandel, Tel. 07 866 8830, www.coromandelholidaypark.co.nz
Beurteilung: Feine Anlage, sehr gepflegt, ausgezeichnete Sanitäranlagen! Restaurants und Geschäfte sind sehr gut erreichbar.

In der in einem hübschen Gebäude untergebrachten Touristeninformation (Coromandel i-Site Visitor Centre, 355 Kapanga Road, Tel. 07 866 8598, www.coromandeltown.co.nz/) sollten Sie sich die Broschüre *Visiting the Town of Coromandel* besorgen und deren Empfehlungen folgen. Unweit der i-Site finden Sie den Coromandel Motels & Holiday Park. Wenn Sie auf der Straße am Hafen, der Wharf Road, 3 km westwärts fahren, gelangen Sie zum **Long Bay** Motorcamp. 100 m hinter dem Motorcamp ist der Startpunkt für eine markierte 40 minütige Wanderung durch ein Landschaftsschutzgebiet. Alleine wegen der besonders hübschen Straße entlang des *Coromandel Harbour* sollten Sie diesen Ausflug unbedingt machen.

Neuseelands einzige schmalspurige Bergeisenbahn liegt am *Driving Creek* unweit der Stelle, an der 1852 das erste Gold gefunden wurde, ein wenig außerhalb von *Coromandel Town*. Sie finden sie, wenn Sie nördlich Richtung *Colville* fahren und kurz vor dem Ortsausgang rechts der Ausschilderung zur Station der **Driving Creek Railway** folgen. Die Schmalspur Eisenbahnstrecke durch den dichten Wald diente zunächst der Versorgung einer Ziegelei mit Tonerde aus den Bergen. Sie führt in abenteuerlicher Schienenführung 3 km steil hinauf zur Aussichtsplattform *Eyefull Tower,* von der aus Sie eine fantastische Sicht haben. Es ist ratsam, unter Tel. 07 866 8703 zu buchen (380 Driving Creek Road, www.drivingcreekrailway.

co.nz). Die Fahrt dauert ca. eine Stunde und kostet 17 NZD. Die allgegenwärtigen, von dem Töpfer und Ökoaktivisten *Barry Brickell* selbstgebauten liebevollen Details, die von kleinen Bahnhöfen über Mäuerchen, die die Strecke umsäumen, bis zu kleinen Tonfiguren reichen, sind zwingende Gründe diese Fahrt unbedingt zu unternehmen. Auch das auf dem Weg zur Eisenbahnstation liegende **Driving Creek Café** sollten Sie besuchen (380 Driving Creek Rd, Tel. 07 866 7066). Es hat ein ganz besonderes Flair mit teilweise kräftiger Farbgebung. In gemütlicher Atmosphäre können Sie ausgezeichneten hausgemachten Kuchen und frischgerösteten Kaffee genießen.

Driving Creek Railway

Wer einen Ausflug in den weiter nördlich gelegenen Teil der *Coromandel Halbinsel* plant sollte beachten, dass nördlich *Coromandel Town* der bergigste und wildeste Teil der Halbinsel liegt und nur die Strecke bis kurz hinter **Colville** geteert ist. Hinter *Colville* warten unbefestigte, kurvenreiche, steile und sehr enge Straßen auf Ihr Wohnmobil. Besonders warnen möchte ich Sie vor der Straße, die von *Little Bay* über *Kennedy Bay* nach *Coromandel Town* zurückführt. Dieser Streckenabschnitt ist eine staubige, graue Schotterstraße, die unter der Rubrik „berühmt-berüchtigt" einzuordnen ist. Obwohl alle „Schotten dicht waren" mussten wir auf dieser Straße mehrfach anhalten, weil der Rauchmelder im Inneren unseres Wohnmobils Alarm schlug. Sie brauchen auf die unberührten Naturschönheiten von Coromandels Norden jedoch nicht zu verzichten. Eine sehr zu empfehlende Ganztagestour bringt Sie zur Fletcher Bay, von der aus Sie den wundervollen **Coromandel Coastal Walkway** 8 km entlangwandern. In *Sandy Bay* werden Sie vom Kleinbus wieder abgeholt (Tel. 0800 668 175, www.coromandel-discovery.co.nz).

Die 56 km lange Strecke von *Coromandel Town* entlang der Westküste nach Thames folgt der felsigen

Coromandel Coastel Walk

Küstenlinie der **Pohutukawa Coast**. Wie dieser Name erahnen lässt, ist die Fahrt auf dieser Straße zwischen Mitte Dezember und Mitte Januar besonders reizvoll, denn dann blühen die Neuseeländischen Weihnachtsbäume. Wenn Sie Glück haben, können Sie einzelne Exemplare auch noch Ende Februar in ihrem leuchtenden Rot bewundern. Die in weiten Teilen sehr enge Straße kommt gelegentlich an kleinen Ansiedlungen und Sandbuchten vorbei, steigt dann aber sofort wieder an und verläuft größtenteils ein gutes Stück über dem Meeresspiegel. Sie werden sicherlich immer wieder Fotostopps an den Aussichtspunkten einlegen und wer gerne wandert wird der Versuchung, in den links liegenden dichten grünen Busch hineinzulaufen, irgendwann nachgeben. Die für 1 NZD erhältliche DOC-Broschüre **Coromandel Recreation Information** hilft Ihnen, sich nicht zu verlaufen. Nur 7 km hinter *Coromandel Town* biegt links der legendäre Highway 309 ab. Die kurvenreiche, oft steile und in weiten Streckenabschnitten unbefestigte Straße bringt Sie nach 25 km auf die Ostseite der Halbinsel zum *Whitianga Harbour*. Wer den Mut hat den SH309 zu fahren,

trifft nach wenigen Kilometern auf den etwas schrägen Funpark *Waiau Waterworks* und hinter dem namensgebenden Ort auf die kleinen **Waiau Falls**, in deren Pool Sie ein Bad nehmen können.

Zurück an der Pohutukawa Coast fahren

Rapaua Water Gardens

Sie Richtung *Thames* und haben in dem kleinen Ort **Tapu** die Gelegenheit zu einem weiteren Abstecher in das Innere der Halbinsel. Nach 6 km wartet in einer hügeligen Waldlandschaft ein kleines Paradies auf Sie, der **Rapaura Watergardens**. Besuchen Sie zunächst das Café, in dem Sie einen sehr guten Tee trinken oder eine überaus leckere Zwischenmahlzeit zu sich nehmen können. Dann betreten Sie den Garten, in dem sie neben exotischen Pflanzen kleine verspielt gelegene Teiche bewundern können. In einem größeren Teich wachsen unzählige Wasserrosen und der plätschernde Bach bringt Sie zu einem 3-stufigen Wasserfall, in dessen Pool Sie sehr schön baden können. Wandern Sie durch die von Pfaden durchzogene Anlage und lassen Sie sich dann auf einer der Bänke nieder und genießen Sie die dargebotenen Skulpturen oder denken Sie über eine der philosophischen Botschaften nach, die dem Besucher auf Tafeln angeboten werden. Eine Stunde sollten Sie für den Rapaura Watergardens mindestens einplanen (Rapaura Watergardens, 586 Tapu-Coroglen Rd, Tapu, Tel. 07 868 4821, www.rapaura.co.nz).

Ein besonderer Tipp, auch für Tage mit schlechtem Wetter, ist der **Butterfly and Orchid Garden**, der zum ebenfalls sehr zu empfehlenden Dickson Holiday Park gehört und 3 km nördlich des Stadtzentrums liegt. Hier werden in einem eindrucksvollen Schmetterlings- und Orchideenhaus eine Vielzahl von exotischen Pflanzen und Tieren dargeboten. Der *Butterfly and Orchid Garden* wurde schon mehrfach im Fernsehen vorgestellt und gewann verschiedene Auszeichnungen (Butterfly

---

(073) WOMO-Campingplatz-Tipp: Dickson Holiday Park
GPS: S 37°6'39" E 175°31'20"   **WOMOs:** 20 mit Stromanschluss.
Ausstattung/Lage: Spielplatz, Swimmingpool / Der Campingplatz liegt neben einem Fluss und ist von ursprünglichem Busch umgeben. Ausgangspunkt einer dreistündigen Buschwanderung.
Preise: 18 NZD pro Person, 9 NZD pro Kind.
Zufahrt: In Tararu, 3 km nördlich Thames, links in die Victoria St links abbiegen. Der Platz liegt auf der rechten Seite an der Straße (200 m).
Kontakt: Victoria Street, Thames, Tel. 07 8687 308, www.dicksonpark.co.nz
Beurteilung: Schöne Anlage, sehr gepflegt. Schauen Sie sich das eindrucksvollen Schmetterlings und Orchideenhaus an.

Blick auf Thames vom *War Memorial Monument*

and Orchid Garden, Victoria St, Tararu, Thames, Tel. 07 868 8080, www.butterfly.co.nz, tgl. 9.30-16 Uhr, Mitte Juli bis Ende August geschlossen).

Thames, das westliche Tor zur *Coromandel Halbinsel*, wurde 1867 als Goldgräberstadt gegründet und war wenige Jahre später drittgrößte Stadt des Landes. Zu dieser rasanten Entwicklung trug auch die Verarbeitung und der Abtransport des Kauriholzes bei, das im Hinterland geschlagen wurde. In der nur kurz währenden Blütezeit der Stadt wurden bis zu 70 Goldminen betrieben. Erinnerungen an diese Zeit werden im *Thames Historical Museum* dargeboten (Ecke Pollen St / Cochrane St, Tel. 07 868 8509, an Wochentagen von 13-16 Uhr, 4 NZD). Einen besonders lebendiger Eindruck dieser Zeit wird Ihnen im *Museum Goldmine Experience* vermittelt. In den restaurierten Gebäuden der *Golden Crown Mine* und der *Stamper Battery* kann man als Besucher eindrucksvoll sehen, wie damals unter schwierigsten Bedingungen und mit einfachsten Mitteln Gold aus dem Felsgestein gewonnen wurde. Anhand einer immer noch voll funktionsfähigen Anlage wird Ihnen gezeigt, wie die Bruchstücke des Gesteins zerstampft und zu einem glitzernden Brei gemahlen werden. Nach dem Ausgewaschen bleiben Gold, Silber und einige andere Mineralien übrig. Neben diesem Prozess der Goldgewinnung sind zahlreiche weitere Anlagen aus der Zeit des Goldrausches zu sehen. Als krönenden Abschluss können Sie ein Stück weit in den Stollen hinein krabbeln (Main Rd, Tel. 07 868 8514, www.goldmine-experience.co.nz, Führungen tgl. 10-16 Uhr, 10 NZD). Heute ist *Thames* ein eher beschauliches Städtchen mit etwa 10.000 Einwohnern. Es ist das Versorgungs- und Haupteinkaufszentrum der *Coromandel Peninsula*. Die Menschen im Stadtgebiet leben hauptsächlich vom Tourismus, dem Einzelhandel sowie der Landwirtschaft. Spazieren Sie die historische Hauptstraße entlang und entdecken Sie an vielen Stellen Reminiszenzen an die grandiose Geschichte der Stadt. Verlassen Sie die Hauptstraße und bestaunen Sie charmante und gut erhaltene Holzhäuser. Besonders hübsch sind die beiden alten Kirchen *St. James* und *St. Georges*. An jedem Samstagmorgen haben sie die Gelegenheit, den örtlichen Markt am nördlichen Ende der Pollenstreet zu besuchen. Dort werden neben den üblichen Pflanzen und Lebensmitteln auch Kunsthandwerk, Sammlerstücke und Krimskrams angeboten. Es gibt zwei Stellen von denen aus Sie eine ausgezeichnete Aussicht auf die Stadt haben. Zum einen das nahe dem Goldmine Experience im Norden der Stadt gelegene *War Memorial Monument*, zu dem Sie über die Waiotahi Creek Rd gelangen. Und zum anderen der *Totora Pa*, der im Süden der Stadt an der Te Arapipi Rd liegt, die vom SH25 abzweigt. Ausgezeichnet speisen können Sie in Thames in einer prächtigen aus Kauriholz gefertigten Villa (**Rocco**, 109 Sealey St, Tel. 07 868 8641).

Östlich von *Thames* liegt das bis zur *Coromandel Range* reichende **Kauaeranga Valley**. Sie sollten dieses üppig bewachsene Tal des *Kauaeranga Valley* besuchen, neben ursprünglicher Natur warten eindrucksvolle Relikte aus der Gold- und Holzfällerzeit, Badepools im Flussbett und einige beschaulich in die Natur eingebettete DOC-Campingplätze auf Sie. Ihre erste Anlaufstelle ist das DOC Visitor-Centre (GPS: S 37°7'16" E 175°37'47", Tel. 07 867 9080, kjauaerangavc@doc.govt.nz). Sie fahren vom Zentrum auf dem SH25 nach Süden und biegen links in die Banks St ab und 450 m später rechts in die Parawai Rd, die nach 1,5 km in die Kauaeranga Valley Rd übergeht. Nach 10 km endet der Asphaltbelag und die letzten 2 km bis zum Visitor Centre fahren Sie auf einer Gravel-Road. Hier versorgen Sie sich mit Informations- und Kartenmaterial und buchen den von Ihnen ausgewählten DOC-Campingplatz. Sie können zwischen sieben Plätzen, die jeweils mit Wasser und Toilette ausgestattet sind auswählen. Im *Kauaeranga Valley* warten 21 Wanderungen auf Sie, wobei Sie zwischen kurzen Spaziergängen, von einer guten

Viertelstunde bis hin zu herausfordernden Wanderungen mit Übernachtung wählen können. Direkt hinter dem Visitor Centre startet der kurze **Kahikatea Walk**, der Sie in 10 Minuten zu einem künstlich angelegten Kauri-Damm führt. In der Holzfällerzeit gab es viele derartige Dämme, in denen man Wasser zu kleinen Seen aufstaute. Das Wasser wurde dann auf einen Schlag abgelassen und spülte die zuvor eingebrachten Kauristämme ein Stück weit in das Tal hinab. Eine zweiter kurzer Naturlehrpfad startet 1 km hinter dem DOC Visitor-Centre. Vorbei an mehreren Informationstafeln führt Sie der Pfad zum *Hoffmans's Pool*, einem beliebten Platz zum Picknick und zum Schwimmen.

---

(074) WOMO-Campingplatz-Tipp:
Hotoritori Kauaeranga Valley Camp DOC

GPS: S 37°5'59" E 175°38'4" **WOMOs:** 20
Ausstattung/Lage: Trinkwasser, einfache Toilette / Mitten im Wald.
Preise: Stellplatz 9 NZD pro Person, 2 NZD pro Kind.
Zufahrt: Südlich Thames über die Banks St und später die Parawai Rd in die Kauaeranga Valley Rd fahren. Nach 12 km erreichen Sie das DOC Visitor Centre. Hier buchen. Bis zum Campingplatz noch 2,5 km.
Kontakt: Kauaeranga Visitor Centre, Tel. 07 867 9080
Beurteilung: Sehr schöne Stellplätze, ideal zur Erkundung des Kauaeranga Valley. Der 20 minütige Jasper Creek Walk startet hier.

Am Ende der Schotterstraße durch das *Kauaeranga Valley*, 8 km hinter dem DOC Visitor-Centre, liegt der letzte von insgesamt sechs DOC-Campingplätzen (Trestle View), die mit dem Womo erreicht werden können. Hier startet der anspruchsvolle und sehr beliebte *The Pinnacles Walk*. Die ganz Fitten laufen an einem Tag hin und zurück, die anderen laufen vier Stunden hin, übernachten  in der großen und modernen Pinnacle Hut (beim DOC reservieren) und wandern am darauf folgenden Tag den um das Jahr 1900 von Holzfällern und Goldgräbern angelegten Maultierpfad zurück. Sie werden die Wanderung durch herrlichen Kauri- und Rimu-Wald genießen. Die Pinnacles, die der Wanderung ihren Namen gaben, liegen im Gipfelbereich eines bis zu 759 m hohes Vulkanmassivs.

Tour 8: Auckland - City of Sails

Thames - Miranda - Orere Pt - Clevedon - Auckland - 120 km

Camping:	Miranda, Manukau, North Shore, Takapuna Beach
Stellplätze:	Kaiaua
Baden:	Orere Point, Kawakawa Bay, Takapuna, Devenport
Wandern:	Hunua Ranges Regional Park, Auckland: Queen Street, Mt Victoria, Mt Eden Heritage Walk, Coast to Coast Walk, auf den Inseln des Hauraki Gulf Marine Parks
Essen:	Kaiaua: Fish n' Chips Shop, Auckland: Drehrestaurant Orbit im Sky Tower, Kermadec Ocean Fresh Restaurant, Iguacu, Bolliwood, Le Garde-Manger

In Tour 8 schließt sich der Kreis der in diesem Buch beschriebenen Touren und Sie kehren zurück nach **Auckland**. Sie verlassen das altehrwürdige *Thames* und überqueren kurz danach die einzige Drehbrücke eines State Highways in Neuseeland. Die weitere Reise führt Sie durch die **Hauraki Plains** und in **Miranda** treffen Sie auf heiße Quellen. Danach fahren Sie am Westufer der *Firth of Thames* genannten Meeresbucht Richtung Norden. Von Ornithologen wird dieser Küstenabschnitt als hervorragendes Revier zur Beobachtung von See- und Wattvögeln sehr geschätzt. Am *Matingarahi Point* wendet sich die Streckenführung vom *Firth of Thames* ab und verläuft Richtung Westen. Nach 75 km erreichen Sie Aucklands Zentrum, das Sie sich nun genauer anschauen werden.

Sie verlassen Thames über den SH25 und biegen 5 km südlich in **Kopu** rechts ab. Wenig später überqueren Sie den *Waihou River* auf der **Kopu Bridge**, der mit 463 m längsten einspurigen Brücke des Landes und der einzigen Drehbrücke eines State Highways in Neuseeland. Der 150 km lange *Waihou River* ist zusammen mit dem benachbarten *Piako River* für das fruchtbare Schwemmland der *Hauraki Plains* verantwortlich, das Sie nun, immer noch auf dem SH25, durchfahren.

Direkt hinter der Brücke können Sie links abbiegen, um die 6 km entfernte **Piako Ostrich Farm** zu besuchen. In der Strau-

Wattzone am Firth of Thames

Hot Pool im Miranda Holiday Park

ßenfarm finden Sie alle Informationen zu den größten Vögeln der Erde (311 Piako Rd, Turua, Tel. 07 867 5326, www.ostrich-farm.co.nz, 5 NZD, Kinder 3,50 NZD, tgl. 9.30 - 16 Uhr, im Juli geschlossen). 10 km hinter der Brücke bietet sich für Familien ein 7 km Abstecher nach **Ngatea** in die **Ngatea Water Gardens** (Bratlie Place, Ngatea, Tel. 07 867 7275, Sonntag bis Donnerstag 10 bis 17 Uhr) an. Dort wartet ein 5 ha großer Garten mit Brücken, Wasserfällen, Wasserrädern und magischen Brunnen auf Sie.

18 km hinter Kopu biegen Sie rechts in die Front Miranda Rd ein und erreichen nach 6 km die **Miranda Hot Springs**. Sie haben die Wahl, sich im öffentliches Thermal-Bad in einen der 36°C heißen Pools zu begeben, oder im Miranda Holiday Park zu übernachten und im Thermalpool kostenlose Bäder zu nehmen.

(075) WOMO-Campingplatz-Tipp: Miranda Holiday Park
GPS: S 37°12'25" E 175°19'55"   **WOMOs:** 60 mit Stromanschluss
Ausstattung/Lage: Spielplatz, großzügiger, wunderschöner Thermalpool / Liegt etwas von der Straße ins Hinterland abgerückt, von Feldern umgeben.
Preise: Stellplatz mit Strom 22 NZD pro Person.
Zufahrt: In Waitakaruru Richtung Miranda fahren, ausgeschildert.
Kontakt: 595 Front Miranda Rd, Waitakaruru, Tel. 0800 833 144, www.mirandaholidaypark.co.nz

Beurteilung: Dieser belebte Holiday Park hat schön gestaltete Stellplätze und einen wunderschönen heißen Mineralpool, der abends bis 22 Uhr genutzt werden kann. Herrlich beleuchtet, toll !!!

Nördlich von Miranda liegt an der Straße, 283 East Coast Rd, das **Miranda Shorebird Centre**. Die Wattzonen am Firth of Thames sind Winterquartiere für viele arktische Wandervögel wie Regenpfeifer, Flussuferläufer, Zwergstrandläufer, Brachvogel und Steinwälzer. Sie kommen von Alaska, der Mongolei oder Sibirien und haben eine Flugstrecke von ca. 15.000 km hinter sich. Von April bis August sind riesige Schwärme des Schiefschnabel- Regenpfeifers zu sehen. Das *Shorebird Centre* gibt alle benötigten Informationen, benennt die besten Beobachtungsplätze und verleiht Ferngläser, für ornithologisch Interessierte ein absolutes Muss. Nun wird verständlich, warum die gesamte windreiche Westküste des *Firth of Thames* den Namen **Seabird Coast** trägt.

(076) WOMO-Stellplatz: Kaiaua

GPS: S 37°8'50"
E 175°18'18"
max. WOMOs: 30
Ausstattung/Lage:
Nichts / Unweit der Straße, direkt am Strand.
Zufahrt:
Genau zwischen Miranda und Kaiaua, nicht zu übersehen. Tel. 0800 734 834
Beurteilung: Sehr schöne Stelle. Sie verbringen die Nacht direkt am Ufer des vogelreichen Firth of Thames (maximal 2 Nächte).

Den mehrfachen Sieger für die besten „Fish and Chips" des Landes treffen Sie 4 km nördlich in Kaiaua. Im **Kaiaua Fish n' Chips Shop** können Sie im Restaurant zwischen verschiedenen Fischgerichten auswählen oder auch eine Portion „Fish and Chips", ganz klassisch in Zeitungspapier eingewickelt, mit nehmen (East Coast Rd, Tel. 09 232 2776). 13 km hinter Kaiaua verlässt die Straße am *Matingarahi Point* die Küste, die sie erst 16 km später an der *Kawakawa Bay* wieder erreicht. Unterwegs zweigt eine kleine Stichstrasse zum Orere Point (netter Campingplatz mit viel Platz, http://www.orerepointholidaypark.co.nz) ab. 9 km hinter Kawakawa erreichen Sie **Clevedon**. Jeden Sonntag können Sie hier zwischen 8.30 und 12 Uhr den *Clevedon Village Farmers Market* besuchen.

Die Hügelkette, die Sie an der Küste umfahren haben, war die sanft geformte **Hunua Range**, Aucklands Wasser-Reservoire. In vier Stauseen, dem *Cosseys-, Wairoa-, Mangatangi-* und *Mangatawhiri-Reservoir,* wird der jährliche Niederschlag von 2.300 mm gespeichert. Im *Hunua Ranges Regional Park* gibt es ein dichtes Netz von Wanderwegen, über das Sie sich im *Hunua Ranges Park Visitor Centre* informieren können. **Hunua** liegt 12 km südlich **Clevedon**. Nicht weit entfernt finden Sie die spektakulären 30 m hohen **Hunua Falls**. Es gibt auch einen kurzen Spaziergang zu einem Aussichtspunkt für einen herrlichen Blick auf die Wasserfälle.

Blick auf Auckland vom Mount Victoria

Im schnell wachsenden Ballungsraum **Auckland**, der sich im Wesentlichen aus *Auckland City, North Shore, Waitakere* und *Manukau* zusammensetzt, leben rund 1,4 Millionen Menschen. Die Landenge zwischen dem Pazifischen Ozean und der Tasmanischen See ist an der im Herzen Aucklands gelegenen engsten Stelle weniger als zwei Kilometer breit. Auf beiden Seiten bestimmen große Naturhäfen das Stadtbild, der **Waitemata Harbour** und der **Hauraki Gulf** Richtung Pazifik und der **Manukau Harbour** zur Tasmanischen See hin. Die stark befahrene *Auckland Harbour Bridge* ist eine enorm wichtige Verkehrsader über den Hauraki Gulf und verbindet North Shore (250.000 Einwohner) mit dem Stadtzentrum. Neben diesen maritimen Gegebenheiten wird das landschaftliche Bild Aucklands von 48 erloschenen Vulkanen geprägt, von denen **Mount Eden, Mount Victoria** und **One Tree Hill** wegen ihrer zentralen Lage besonders hervorzuheben sind. Ein weiterer Reiz der einzigartigen Topographie Aucklands sind die unzähligen in der Tasmansee und im Pazifik verstreuten Inseln, Halbinseln und Landengen, die mit etwas Glück bereits beim Landanflug zu beobachten sind. Zahlreiche geschützte Meeresbuchten beherbergen unzählige Segelboote, was der Stadt den Beinamen **City of Sails** einbrachte. Nachdem 1995 und 2000 das Team Neuseeland mit dem Skipper *Russell Coutts* zweimal den *Americas Cup* gewonnen und damit die Kiwis in einen kollektiven Freudentaumel ver-

Auckland Harbour Bridge

Auckland Downtown

setzt hatte, wurde Segeln immer beliebter und ist heute unangefochtener Freizeitsport Nummer eins.

In Auckland reihen sich vielfältige Sport und Freizeitmöglichkeiten aneinander und neben dem Kulturleben in der Großstadt bietet sie großartige Naturerlebnisse an ihrer Peripherie, urwüchsige Regenwälder und viele Sandstrände. So überrascht es nicht, das Auckland gemeinsam mit Vancouver nach einer im Mai 2010 veröffentlichten Untersuchung der Beratungsgesellschaft Mercer hinter Wien, Zürich und Genf auf Platz vier der lebenswertesten Städte der Welt liegt. Mit dem Attribut Hauptstadt darf sich Auckland dennoch nicht schmücken. Diesen Status musste man auf politischen Druck der Südinsel 1856 zähneknirschend an das zentraler gelegene Wellington abgeben. Auckland breitet sich über eine enorme Fläche von ca. 5.000 km^2 aus. Vom relativ kleinen Stadtzentrum mit seinen Hochhäusern abgesehen, ist die größte Stadt Neuseelands eine ausgedehnte Ansiedlung von Einfamilienhäusern und damit weltweit eine der am dünnsten besiedelten Großstädte. Die Bewohner Aucklands weisen eine bemerkenswerte ethnische Vielfalt auf, die Kulturen Europas, Asiens und Polynesiens sind

(077) WOMO-Campingplatz-Tipp: Manukau TOP 10 HP
GPS: S 37°0'27" E 174°53'24"   **WOMOs:** 40 mit Stromanschluss.
Ausstattung/Lage: Spielplatz / Im Stadtteil Manukau, 13 km vom Airport und 24 km südöstlich von Aucklands Zentrum.
Preise: Stellplatz mit Strom für zwei Personen 48 NZD, für jeden weiteren Erwachsenen 15 NZD, für jedes weitere Kind 10 NZD.
Zufahrt: 24 km südöstlich von Aucklands Zentrum, nahe dem SH1.
Kontakt: 902 Great South Rd, Manukau, Auckland, Tel. 09 266 8016, www.manukautop10.co.nz
Beurteilung: Sehr nahe am Airport, dafür 1 h Busfahrt bis Downtown. Schöne Anlage, allerdings nicht brandneu.

Ferry Building

hier zu Hause. Der in jüngerer Zeit stetig ansteigende Anteil der Asiaten betrug im Jahr 2010 etwa 14%, ebenso der Anteil der Menschen, die von den Pazifischen Inseln stammen. Letztere machen Auckland zusammen mit den Maori zur größten polynesischen Stadt der Erde. Der polynesische Einfluss ist traditionell auf einige wenige Stadtgebiete begrenzt, entfaltet sich aber in jüngerer Zeit immer mehr und ist insbesondere in der Kunst überall deutlich spürbar.

Auch klimatisch ist Auckland, mit über das Jahr hinweg gesehen geringen Temperaturschwankungen bestens ausgestattet. Milden Wintern mit durchschnittlich 15°C folgen lange warme Sommer mit angenehmen Temperaturen, die selten über 35°C liegen. Der durchschnittliche Jahresniederschlag beläuft sich auf etwa 1.200 mm. Im Folgenden werden einige wenige der zahlreichen Aktivitäten vorgestellt, die diese multikulturelle Großstadt dem Besucher bietet:

Aucklands Zentrum an der Waterfront wird beherrscht von dem markanten **Ferry Building**, das der Architekt *Alex Wiseman* 1912 im Stil des englischen Barock anlegen ließ. Es liegt gegenüber vom *Britomart Transport Centre*, dem Verkehrszentrum für lokale Busse und Züge, am unteren Ende der Queen Street. Das Ferry Building ist das quirlige Zentrum des Fährverkehrs und der Hafenrundfahrten im *Waitemata Harbour*. Es gewinnt seinen außergewöhnlichen Reiz aus seiner exponierten Lage und seiner lebhaf-

Britomart Transport Centre (vorne)

Blick auf Rangitoto

ten Nutzung durch Touristen und einheimische Pendler. An diesem Ort ist immer Leben, es herrscht ein ständiges Kommen und Gehen vor. Vom Ferry Building aus hat man einen wunderbaren Blick auf die Vulkaninsel *Rangitoto*, *Devonport* mit dem *Mount Victoria*, die Harbour Bridge und den Yachthafen. Neben dem zentralen Reisebüro der Fährgesellschaft Fullers ist im Gebäude auch das Hauptbüro des Department of Conservation untergebracht.

Sie sollten Auckland nicht verlassen, ohne eine Ausflug in den **Hauraki Gulf** unternommen zu haben. Im **Hauraki Gulf Maritime Park** liegen 47 Inseln, von denen wir Ihnen einige vorstellen. Weitere Informationen liefert Ihnen die überall erhältliche gleichnamige Broschüre.

Auf **Rangitoto** Island liegt Neuseelands jüngster Vulkan, der vor 600 bis 700 Jahren in einem Ausbruch die Insel über die Meeresoberfläche hob und einige hundert Jahre aktiv blieb. Ein ca. 4 km langer Weg führt auf seinen 260 m hohen Gipfel, der an klaren Tagen eine fantastische Sicht auf den *Hauraki Gulf* und auf *Auckland* bietet. Der Aufstieg zum Gipfel des Vulkans führt an Neuseelands größten Pohutukawa-Wald vorbei. Der Anblick der im Sommer in leuchtendem Rot blühenden "Neuseeländischen Weihnachtsbäume" ist sehr eindrucksvoll. Für jene, die nicht gerne in der sommerlichen Hitze wandern, gibt es einen kleinen Zug, der über

Delfine im Hauraki Gulf

Mount Victoria (Halbinsel links) und Rangitoto

holprige Schotterwege fast bis zum Gipfel fährt.

Ein weiteres Highlight der Inselwelt ist das einzigartige Naturreservat **Tiritiri Matangi Island**. Nach der einstündigen Fährüberfahrt mit 360 Discovery Cruises erreicht man die zur offenen Schutzzone erklärte Insel. Man kann sich also frei auf der Insel bewegen, aber auch eine von DOC-Rangern angebotene Führung in Anspruch nehmen. Auf der einst im Ackerbau genutzten Insel wurden mehr als 300.000 einheimische Bäume gepflanzt. Die von Raubtieren freie Insel ist heute ein ideales Vogelschutzgebiet. Elf bedrohte Vogelarten, darunter auch der besonders seltene Takahe, fühlen sich heute auf Tiritiri Matangi Island zu Hause.

Nur 35 Minuten dauert die Überfahrt von Auckland nach **Waiheke Island**. Auch diese, von 5.000 Menschen bewohnte Insel, hat sich in unmittelbarer Nähe des urbanen Lebens ihren Südseecharme bewahrt: Grüne Hügel, weiße Sandstrände und türkisfarbene Lagunen laden zum Wandern, Radeln, Baden oder Segeln ein. Zu allem Überfluss gedeiht auf Waiheke Island auch noch einer der besten Rotweine Neuseelands.

Das 88 km nordöstlich von Auckland gelegene **Great Barrier Island** ist durch seine schönen Strände, phantastischen Schnorchel- und Tauchmöglichkeiten und viele schöne Wanderwege bekannt. Wege von insgesamt mehr als 100 km erstrecken sich über diese schöne, abgeschiedene Idylle. Wegen seiner vielfältigen Möglichkeiten und relativ großen Entfernung zu Auckland, empfiehlt es sich eine Übernachtung einzuplanen, die rechtzeitig gebucht werden sollte. Im Jahr 2010 verlangte Fullers für die 2,5-stündige einfache Fahrt 75 NZD pro Erwachsenem.

Devonport ist ein auf der Nordseite des Waitemata Harbour auf einer Halbinsel gelegener kleiner und charmanter Ort, der zum eigenständigen North Shore gehört. Während man Devonport vom Ferry Building aus in 12 Minuten mit der Fähre

Viaduct Harbour

erreichen kann, muss man mit dem Auto einen zeitaufwendigen ca. 16 km langen Umweg über die Harbour Bridge in Kauf nehmen. Der Reiz Devonports geht von seinen gepflegten viktorianischen Holzhäusern und Villen aus. Seine Blumenpracht, Gärten und Nikau-Palmen verleihen dem Ort das Flair eines malerischen Seebades.

Unweit der Anlegestelle liegt das im Victorianischen Stil erbaute Esplanade Hotel und hier beginnt die Victoria Rd. Entlang der Victoria Rd, der Hauptgeschäftstraße Devonports, die vielleicht besser als Shopping- und Flaniermeile bezeichnet werden sollte, findet man kleine Cafés, interessante Galerien sowie gut sortierte Buchläden und Antiquariate. Am Ende der Victoria Rd beginnt der steile Anstieg zum **Mount Victoria**, dessen beide kegelförmigen Hügel vulkanischen Ursprungs sind. Sie waren früher von Maoris bewohnt, die auf dem Gipfel eines ihrer Wehrdörfer errichteten. Die von den Maori angelegten Terrassen sind noch heute zu sehen. Obwohl der größere der beiden Vulkankegel gerade mal 87 m hoch ist, bietet er einen ungehinderten Panoramablick in alle Richtungen, der unseres Erachtens nach wirklich umwerfend ist und das Attribut „atemberaubend" 100 prozentig verdient.

Devonport mit Mount Victoria

Sie können Auckland City durchaus zu Fuß erkunden. Der **Mt Eden Heritage Walk** und der **Coast to Coast Walkway** sind zwei der vielen Möglichkeiten. Infos erhalten Sie in der i-Site am Viaduct Harbour. Der **Viaduct Harbour** ist ausgesprochen betriebsam und sehenswert. Von den vielen Cafés und Restaurants sei das **Kermadec Ocean Fresh Restaurant** (Via-

Ecke Queen Street / Victoria Street

duct Harbour Level 1/204 Quay St, Tel. 09 304 0454) hervorgehoben. Daneben stehen Ihnen zwei Möglichkeiten zur Verfügung, die im Folgenden beschriebenen Attraktionen kennen zu lernen. Zum einen der **Explorer Bus**, der am Ferry Terminal startet und 14 Haltepunkte hat, an denen Sie ein- und aussteigen können. Alternativ dazu können Sie sich für 15 NZD ein Tagesticket kaufen (*Discovery Pass*), das für alle öffentlichen Verkehrsmittel einschließlich der Fähre nach Devonport gilt. Empfehlenswert ist der **Link Bus**, der je nach Tageszeit alle 10 oder 15 Minuten fährt und in ca. 1,5 h eine große Schleife um Aucklands Zentrum zurück legt (www.linkbus.co.nz). Der Link Bus hält auch in den trendy Stadtteilen **Parnell** und **Ponsonby**. Parnell gilt als schick und teuer, Ponsonby als angesagt. In Parnell können Sie im **Iguacu** (269 Parnell Rd, Tel. 09 358 4804) ausgezeichnet essen, während Ponsonby mit dem **Bolliwood** (110 Ponsonby Rd, Tel. 09 376 6477) den besten Inder der Stadt aufweisen kann.

Aucklands betriebsame Hauptgeschäftsstraße **Queen Street** beginnt am *Britomart Transport Centre* und verläuft meist gerade bergauf in einer südwestlichen Richtung bis zur Karangahape Rd. Es ist empfehlenswert die gesamte Strecke von ca. 2 km entlangzuschlendern, denn es wird viel Abwechslung geboten auf der einstigen Prachtstraße, die einen reizvollen Kontrast zwischen modernsten Glashochhäusern und gut erhaltenen Bauten aus der Zeit um 1900 bietet. Am oberen Ende der Queen St mit ihren zahlreichen Sakralbauwerken wird dieser Gegensatz durch den alten Myers Kindergarten und das benachbarte moderne Verwaltungszentrum ausgedrückt. Ebenfalls am oberen Ende der Queen St liegt der „Aotea Square", auf dem fliegende Händler und Marktbuden ihre Waren feilbieten.

Parnell

Blick vom Sky Tower zum Hauraki Gulf

Im **Le Garde-Manger** (466 Queen St, Tel. 09 362 0655) bekommen Sie gute französische Küche geboten. Aucklands Hauptschlagader beherbergt trendige Edelboutiquen, Textil-Discounter, Buchläden, Sushi Shops, Internetcafés, Spielhallen und Kinos. Sehr in Mode sind Passagen und Arkaden, von denen die „Queens Arcade" und die 100 Jahre alte „The Strand Arcade" hervorzuheben sind.

Der 1997 eröffnete **Sky Tower** ist mit 328 m Höhe das höchste Gebäude auf der ganzen südlichen Halbkugel. Seine Aussichtsplattformen bieten spektakuläre Ausblicke auf Auckland und die herrliche Umgebung. Gläserne Aufzüge bringen die Gäste in einer 40 Sekunden dauernden rasanten Fahrt zur 182 m hoch gelegenen ersten Station. Dort befindet sich ein Café, die *Sky Lounge*. Das 4 m höher gelegene Main Observation Deck ermöglicht durch in den Boden eingelassene dicke Glasscheiben Blicke in die Tiefe. Man kann die Glasscheiben auch betreten, was sicherlich nicht jedermanns Sache ist. In einer Höhe von 194 m befindet sich das **Drehrestaurant Orbit**, das sich in einer Stunde um die eigene Achse dreht. Nehmen Sie hier ein Lunch oder Dinner ein. Essen und Service sind ausgesprochen gut und im Preis angemessen. Für Gäste des Restaurants ist die Benutzung des Aufzuges frei.

Das **Auckland Museum** ist in einem beeindruckenden neoklassizistischen Bau über drei Stockwerke untergebracht. Das wuchtige Gebäude mit Säulenportal befindet sich im oberen Bereich der *Auckland Domain*, der größten Grünanlage nahe des Zentrums und bietet einen schönen Ausblick auf Aucklands Zentrum und den *Waitemata Harbour*. Das Erdgeschoss ist weitgehend von dem großen Saal „He Taonga Maori" eingenommen, in dem in eindrucksvoller Fülle und Intensität Maori-

Auckland Museum

Geschichte, -Kultur und -Kunst präsentiert wird. Die kleineren Säle im Erdgeschoß sind der Lebensform und Kunst der Völker des Pazifik-Raumes gewidmet. Im ersten Stock wird die Naturgeschichte Neuseelands präsentiert. Neben der gefährdeten Tier- und Pflanzenwelt des Landes wird auch das Leben in den Ozeanen gezeigt. Auch ein Fossil des ausgestorbenen Riesenvogels Moa kann hier bewundert werden. Sehr eindrucksvoll ist die Darstellung der geologischen Entstehungsgeschichte Neuseelands und das Aufzeigen der Implikationen der Plattentektonik für die Zukunft des Landes. Der zweite Stock ist Neuseelands Militärgeschichte gewidmet.

(078) WOMO-Campingplatz-Tipp:
Auckland North Shore Motels & Holiday Park

GPS: S 36°47'36" E 174°44'46"   **WOMOs:** 40 mit Stromanschluss
Ausstattung/Lage: Spielplatz, Pool, Spa / Im nördlichen Stadtteil Northcote, Restaurants sind in der Nähe.
Preise: Stellplatz mit Strom 20 NZD pro Person.
Zufahrt: Vom Zentrum aus die Harbour Bridge überqueren. Am Exit *419 Northcote Rd* links in die Northcote Rd einbiegen, nach 700 m links.

Kontakt: 52 Northcote Rd, Auckland, Tel. 09 418 2578, www.top1.co.nz
Beurteilung: Sauberer, enger Platz, ideal als Ausgangspunkt für Ausflüge nach Auckland per Bus oder für die Weiterfahrt gen Norden.

Etwa drei Kilometer südwestlich des Museums befindet sich der 196 m hohe **Mount Eden**, der höchste der zahlreichen Vulkankrater auf Aucklands Stadtgebiet. Sein Gipfel beherbergt Überreste eines sehr alten *Maori-Pa* und bietet die sicherlich

Blick vom Mount Eden

schönste Aussicht über die Stadt. Der mit Gras bewachsene recht steile Krater ist 50 m tief. Ihn hinunter zu wandern ist derzeit nicht mehr erlaubt.

Der **Albert Park** ist sehr zentral gelegen und kann über die City schnell erreicht werden. Entsprechend ist diese grüne Oase bei Bankern, Verkäufern und anderen Geschäftsleuten als Ort für ihre Mittagspause sehr beliebt. Der Park im viktorianischen Stil hat einen tollen Baumbestand und zieht sich den Hügel hinauf bis zur Universität. Er zeigt eine Bronzestatue von *Königin Victoria* und verfügt in seinem Südteil über einen Konzertpavillon. Am südwestlichen Ende des Parks ist die Auckland **Art Gallery Toi o Tamaki** anzutreffen, die vor ihren Toren mit einigen Exponaten auf sich aufmerksam macht, darunter *George Rickeys* „Double L Gyratory" (1984) aus rostfreiem Stahl und *Neil Dawsons* monumentale, halbkreisförmige „Throwback"-Skulptur.

---

(079) WOMO-Campingplatz-Tipp:
Takapuna Beach Holiday Park

GPS: S 36°47'3" E 174°46'31"   **WOMOs:** 40 mit Stromanschluss.
Ausstattung/Lage: Spielplatz / Im nördlichen Stadtteil North Shore direkt an der Küste mit weißem Sandstrand gelegen. Nur 350 m vom Zentrum Takapunas mit Cafés und Restaurants entfernt. Den Sonnenaufgang sehen Sie direkt über dem nahen Rangitoto Island.
Preise: Direkt am Strand 45 (sonst 40) NZD für zwei Personen.
Zufahrt: Vom Zentrum aus die Harbour Bridge überqueren, am Exit 420 Richtung National Route 26 fahren, dieser 3 km folgen (im Kreisverkehr erste Ausfahrt), dann rechts in die Straße *The Promenade* abbiegen.
Kontakt: 22 The Promenade, Takapuna, Auckland, Tel. 09 489 7909, www.takapunabeachholidaypark.co.nz
Beurteilung: Toll gelegener Platz mit Grasplätzen und Bäumen. Um nach Auckland zu gelangen gehen Sie zur nahen Bushaltestelle und können dann entweder direkt ins Zentrum fahren, oder zunächst zum Fähranleger in Devonport und dann mit der Hafenfähre übersetzen. Eine schönere Anreise zu Aucklands Downtown gibt es nicht.

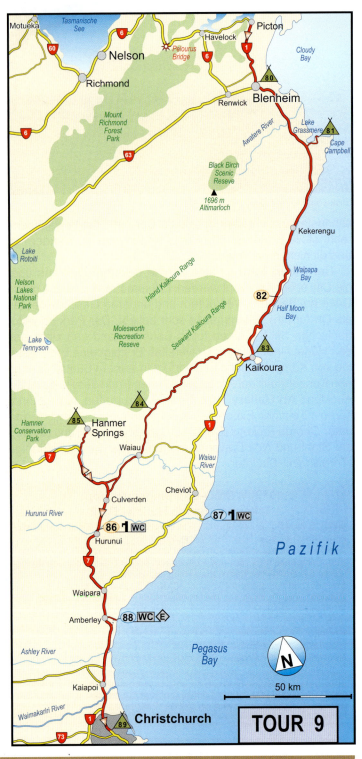

Tour 9: Dialog mit dem Meer in Kaikoura

Picton - Blenheim - Kaikoura - Hanmer Springs - Waipara - Christchurch - 450 km

Camping:	Blenheim, Marfells Beach, Kaikoura, Mt Lynford Lodge, Hanmer Springs, Christchurch Amber Park
Stellplätze:	Paparoa Point, Balmoral Forest, Hurunui River Mouth, Amberley Beach
Baden:	Hanmer Springs, Christchurch Waimairi Beach, New Brighton, Sumner, Taylors Mistake
Wandern:	Picton: Short Walks, Queen Charlotte Track, Kaikoura: Peninsula Walkway, Hanmer Springs: Concial Hill, Waikari Walkway
Essen:	Picton: Escape to Picton, Village Bakerij, Blenheim: Raupo, Kekerengu: The Store, Kaikoura: Pier Hotel, Mt. Lyford Lodge, Christchurch: Liquidity, Dux de Lux, Antigua Boat Sheds Café

Tour 9 startet mit einer der schönsten Fährpassagen der Welt. Sie überqueren die **Cook Strait** (siehe Kasten) und treffen in den **Marlborough Sounds** auf die Südinsel. Am südlichen Ende des **Queen Charlotte Sounds** werden Sie in **Picton** von Bord gehen. Im nahen **Blenheim** befinden Sie sich im bedeutendsten Weinbaugebiet des Landes. 130 km südlich wartet in **Kaikoura** Whale Watching und Schwimmen mit Delfinen auf Sie. Im reizvollen alpinen Kurort **Hanmer Springs** können Sie sich danach inmitten traumhafter Natur in heißen Thermalquel-

Ankunft in Picton

len entspannen. Durch das Weinbaugebiet *Waipara* fahren Sie anschließend zur englischsten Stadt Neuseelands, dem von Erdbeben geplagten **Christchurch**.

Die Cook Strait

Abel Tasman hatte sich geirrt. 1642 nahm er an, vor einer Bucht zu kreuzen. Tatsächlich war es die Meerenge zwischen den Nord- und Südinsel Neuseelands. Und weil Tasman sich irrte, wurde 1770 James Cook das Verdienst zuteil, am 22. Januar 1770 als erster Europäer diese Meerenge durchfahren zu haben. Die Cook Strait ist an ihrer engsten Stelle 22 Kilometer breit und fast durchgehend zwischen 100 und 300 Metern tief, fällt aber an einigen Stellen noch weiter bis 1.500 m ab. Die Verbindung zwischen der Tasmanischen See und dem öst-

lich Neuseelands gelegenen Pazifischen Ozean erzeugt starke Ausgleichsströmungen und wird regelmäßig von heftigen Winden aufgepeitscht, die gelegentlich Sturmstärke erreichen. Wem nach diesen Zeilen Zweifel an der Querung der Wasserstraße zwischen Wellington und Picton kommen sei beruhigt, die gut dreistündige Überfahrt ist meist wunderschön und auch bei weniger gutem Wetter sehr beeindruckend. Sie wird als eine der schönsten Fährpassagen der Welt bezeichnet. Die faszinierenden Küstenlandschaften beidseitig der Meerenge und die Fahrt durch den Queen Charlotte Sound sind ein ausgesprochen abwechslungsreiches und bezauberndes Erlebnis. Die Fähre muss durch die Marlborough Sounds immer wieder enge Kurven fahren und die vielen kleinen Inseln, Halbinseln und Buchten sind üppig bewachsen. Die Fahrt führt auch an Zuchtanlagen für Lachse, Muscheln und Krabben vorbei. Weil die Heckwellen den Betrieb der Fischzuchtfarmen nachhaltig störten, wurden 2006 Geschwindigkeitsbegrenzungen im Queen Charlotte Sound eingeführt.

Den Boden der Südinsel betreten Sie in **Picton**, einer pittoresken kleinen Stadt mit knapp 3.000 Einwohnern. Picton, nach dem 1815 in der Schlacht bei Waterloo gefallenen *Thomas Picton* benannt, ist zugleich die nördliche Endstation des neuseeländischen Eisenbahn- und Fernstraßennetzes auf der Südinsel. Wer sein Wohnmobil in Wellington abgegeben hat, um die Kosten für die Überfahrt zu sparen, bekommt damit die Gelegenheit zu einer wunderschönen Zugfahrt nach *Christchurch*, um erst dort wieder ein Motorhome anzumieten. Sehenswürdigkeiten von *Picton* sind der im Hafen vor Anker liegende Dreimaster *Edwin Fox*, ein einstiger Teak-Windjammer, ein kleines, dem Walfang gewidmetes Museum und ein neben dem Trockendock erbautes Aquarium. Darüber hinaus beherbergt das sympathische Städtchen einige interessante Galerien und viele Cafés und Restaurants mit wunderbarem Blick auf das geschäftige Treiben im Hafen oder auf den reiz-

Picton

vollen Queen Charlotte Sound. In der **Picton Village Bakerij** können Sie sich mit europäischen Backwaren eindecken. Wer möchte, findet hinter der Fußgängerbrücke am Yachthafen gut ausgeschilderte **Short-Walks**. Ausgezeichnet essen können Sie im Restaurant **Escape to Picton** (33 Wellington St, Tel. 03 573 5573). Mit seinem Labyrinth aus verborgenen Buchten und ruhigen Stränden, gesäumt von Busch und Regenwäldern, bieten die *Marlborough Sounds* ursprüngliche Natur, die sich am

Fähren über die Cook Strait

Zwei große Fährunternehmen bieten mehrfach täglich Überfahrten zwischen Wellington und Picton an, Blue Bridge und Interislander. Sie können per Internet buchen (www.bluebridge.co.nz und www.interislander.co.nz). Der Check-In erfolgt ein bis zwei Stunden vor der Abfahrt.

Wer zu spät kommt, verliert seine Reservierung! Wegen der großen Nachfrage sollten Sie, besonders in der Hauptsaison, mindestens zwei Wochen vorab buchen. Sie können Ihr Wohnmobil selbstverständlich mit auf die Fähre nehmen, allerdings kostet die rund 92 Kilometer lange Seereise an Bord der hochseetüchtigen Fähren je nach Größe des Wohnmobils und Reisezeit nicht eben wenig. Selbst für eine einfache Überfahrt für zwei Personen in einem Wohnmobil bis 550 cm Länge werden mindestens 190 NZD fällig. Von den zwei großen Fährunternehmen ist Bluebridge Ferry die jüngere, etwas günstiger und flexibler, was Ticketbuchungen betrifft. Dafür bieten die Interislander-Fähren etwas mehr Komfort während der gut drei Stunden Fahrtzeit zwischen Picton und Wellington. Rabatt bekommen Besitzer von Campingausweisen wie der Top 10 Card.

besten vom Wasser aus erkunden lässt. Viele Ausflüge in die *Marlborough Sounds* beginnen in *Picton*. Auch zum beliebten **Queen Charlotte Track** (www.qctrack.co.nz), der von *Anakiwa* aus dem Sound entlang bis zur malerischen *Ship Cove* führt (71 km, 4 Tage), kann man von hier aus gelangen. Die Schiffe fahren von *Picton* nicht nur die *Ship Cove* an, sondern auch andere Anlegestellen entlang des Tracks, was es uns Wohnmobilisten ermöglicht, Teilstrecken des reizvollen Tracks zu erwandern. Die schönsten Wanderabschnitte liegen zwischen *Ship Cove* und *Furneaux Lodge*. Der Walk führt durch dichten Regenwald vorbei an Farnen, Baumfarnen und Nikau Palmen, wobei sich immer wieder umwerfende Blicke auf den Sound ergeben.

Es gibt eine Reihe von Firmen, die vor Ort geführte Kanu- und Wandertouren anbieten. Die Kajak-Touren entlang der Küste sind sehr beliebt und an vielen Inseln gibt es gute Tauchreviere. Außerdem werden Eco-Touren zur Beobachtung der in den Sounds lebenden Delfine, Pinguine und Robben angeboten.

Sie verlassen Picton und die herrlichen **Marlborough Sounds** über den SH1, dem es offensichtlich ebenfalls gelungen ist, die gefürchtete *Cook Strait* zu überwinden. Im 7 km südlich gelegenen **Koromiko** lädt eine Käsefabrik zum Probieren ein. Weitere 23 km südlich erreichen Sie **Blenheim**, die am Zusammenfluss von *Opawa-, Taylor-* und *Omaka River* gelegene **Hauptstadt der Region Marlborough** (26.000 Ew). Wegen der günstigen klimatischen Bedingungen, 2008 war *Blenheim* die sonnigste Stadt Neuseelands, entwickelte sich in *Blenheim*

und Umgebung eine erfolgreiche Weinindustrie, der es gelang, *Hawke's Bay* als größten Weinproduzenten Neuseelands abzulösen. Das heute mit über 50 Weingütern bedeutendste Weinbaugebiet des Landes (etwa 40% aller Weinreben wachsen hier) erzeugt eine Vielfalt verschiedener Weine, unter denen der Sauvignon Blanc, der es zu internationalem Ruhm gebracht hat, hervorsticht. Zu den Klassikern der Region zählen außerdem der *Chardonnay, Pinot Noir, Pinot Gris* und *Riesling*. Einen besonders großen Zustrom an Gästen erfährt die Stadt jedes Jahr am zweiten Wochenende im Februar zum *Marlborough Wine and Food Festival*, das bei Einheimischen und Touristen beliebt ist. Im Information Center am alten Bahnhof erhalten Sie neben einer guten Beratung über den Besuch der *Wineries* auch den „Marlborough Winmakers Wine Trail Guide". Der Wine Trail liegt zwischen Blenheim und dem 12 km westlich am SH 6 gelegenen Renwick. In fast allen Weinkellereien können Sie täglich, außer sonntags, zwischen 9-17 Uhr Weine probieren und selbstverständlich auch kaufen. Auf den fruchtbaren Böden der Region wird neben Wein auch Obst und Gemüse angebaut und wie fast überall in Neuseeland gedeihen hier die Schafe prächtig. Schicke Restaurants und vornehme

---

(080) WOMO-Campingplatz-Tipp: Blenheim Top 10
GPS: S 41°30'7" E 173°57'40"   **WOMOs:** 90 mit Stromanschluss
Ausstattung/Lage: Swimmingpool, Spa / Am nördlichen Ortsrand zwischen SH1 und Bahnlinie.
Preise: Stellplatz mit Strom 45 NZD, 18,50 NZD für jeden weiteren Erwachsenen, 10,50 NZD für jedes weitere Kind.
Zufahrt: Am SH1 ausgeschildert.
Kontakt: 78 Grove Road, Mayfield, Blenheim, Tel. 0800 268 666, www.blenheimtop10.co.nz
Beurteilung: Die Einfahrt zum Camp ist etwas eng, der Platz selbst und die Stellplätze sind aber ausreichend groß. Er gehört sicherlich nicht zum gehobenen Top 10 Standard, für die Durchreise ist er o.k.. 20 min Fußweg zur Stadtmitte, 3 Restaurants ganz in der Nähe.

Unterkünfte, interessante Geschäfte und Cafés verleihen Blenheim ein besonderes Flair. Wir empfehlen Ihnen das **Restaurant Raupo** (2 Symons St, Tel. 03 577 8822). *Seymour Square*, einer von mehreren großzügigen Parkanlagen, liegt wunderschön mitten im Zentrum und lädt zum Verweilen und Entspannen ein. Im bereits 1857 quadratisch angelegten Park können sie neben ganzjährig komponierten Blumenbeeten auch historische Denkmäler und Relikte aus der Gründerzeit bewundern. Nicht weit entfernt befindet sich ein über 15 Meter hoher rekonstruierter steinerner Uhrenturm, dessen viertelstündlichem Glockenschlag sie hier lauschen können. Das 3 km im Süd-Westen der Stadt gelegene Freilichtmuseum *Brayshaw Museum Park* lädt mit seiner Cobb Cottage aus den 1860-iger Jahren zu einem Zeitsprung in die Pionierzeit ein. In der rekonstruierten Pioniersiedlung erhält man einen Einblick in die harten Anfangszeiten der Besiedlung Neuseelands.

Rund 20 km südlich von Blenheim zweigt ein Weg zum *Awatere Valley* ab. Kurz nach der Abzweigung überqueren Sie auf einer der landestypischen einspurigen Brücken den Awatere River, fahren wenig später durch die Kleinstadt **Seddon** und erreichen nach weiteren 10 km **Lake Grassmere** eine flache Lagune, die von der *Clifford Bay* nur durch eine schmale, von Sanddünen bedeckte Barriere getrennt ist. Aus dem riesigen Salzsee ohne natürlichen Abfluss wird ein Großteil des neuseeländischen Salzbedarfs gedeckt. Ein kurzer Abstecher bringt Sie zur Salinenanlage, die mehr als ein Drittel des Sees einnimmt. Direkt hinter dem See führt eine Stichstraße zum Meer.

(081) WOMO-Campingplatz-Tipp: Marfells Beach DOC
GPS: S 41°43'29" E 174°12'13"   **WOMOs:** 30
Ausstattung/Lage: Trinkwasser, einfache Toilette / Direkt am Strand.
Preise: Stellplatz 6 NZD pro Person, 1,5 NZD pro Kind
Zufahrt: Vom SH1 kommend 12 km südlich Seddon links in die Marfells Beach Rd abbiegen. Die Straße führt am Lake Grassmere vorbei und erreicht nach 8 km die Küste. Sie biegen rechts ab und erreichen  nach 600 m den Eingang des Campingplatzes (registrieren!).
Kontakt: Selbstregistrierung vor Ort

Dort finden Sie den wundervoll gelegenen DOC Campingplatz *Marfells Beach Reserve* mit eigenem Host, bei dem Sie sich zur Übernachtung anmelden müssen. Auf der Rückfahrt zum

SH1 sind die leuchtend weißen Salzberge des Lake Grassmere kontrastreich vor dem Hintergrund der Marlborough Hills zu sehen. Eine weitere Stichstraße führt zum **Cape Campbell** mit seinem Leuchtturm. Sie folgen dem SH1, der an der Küste mit grauen Kieselstränden entlangführt. Die nächste markante Stelle, den als felsige Nase ins Meer ragenden *Kekerengu Point*, erreichen Sie 33 km hinter der Stichstraße zu *Cape Campbell*. Es gibt hier ein sehr empfehlenswertes Café mit einer tollen Aussicht auf das Meer und den schwarzen Strand. In **The Store** (Tel. 03 575 8600) können Sie in stimmungsvoller Umgebung eine kleine Rast einlegen. Nach weiteren 35 km entlang der malerischen Küste erreichen Sie am *Ohau Point* Neuseelands größte Robbenkolonie. An der Küste lümmeln sich die Robben, teilweise nur 5-10 m von der Straße entfernt, sehr eindrucksvoll! Bereits 2 km vor dem **Ohau Point** besteht die Möglichkeit, auf eine kleine Landnase zu fahren. Hier können Sie eine Robbenkolonie beobachten und zudem noch die Nacht auf einem freien Stellplatz verbringen. An diesem urigen Ort werden sich vermutlich noch einige weitere Wohnmobile zu Ihnen gesellen.

(082) WOMO-Stellplatz: Paparoa Point frei

GPS: S 42°14'6" E 173°50'44" **max. WOMOs:** 6
Ausstattung/Lage: Nichts / Auf einer kleinen Landnase.
Zufahrt: Am SH1, 12 km hinter Clarence.
Beurteilung: Einfacher aber stimmungsvoller Platz nahe dem SH1, der an drei Seiten von Meer umgeben ist. Auf den Felsen lagern Robben.

Café The Store

Die verbleibenden 30 km bis *Kaikoura* führt der SH 1 entlang der zerklüfteten Felsen der Kaikoura Ranges. Die Küste ist hier sehr rauh und mit heranrollenden Brechern eher zum Wellensurfen als zum Schwimmen geeignet. Direkt an der Straße können Langusten gekauft werden. An der gesamten felsigen Küste um *Kaikoura* wird der „Cray-Fish" gefangen und an Ständen teilweise sehr günstig angeboten. In der Sprache der Maori bedeutet Kai „Essen" und Koura „Languste". Also haben auch die Maori schon in *Kaikoura* Langusten gefangen und mit Genuss verzehrt.

Kaikoura ist ein kleines aus einer ehemaligen Walfangstation hervorgegangenes Städtchen mit 4000 Einwohnern, landschaftlich schön auf der gleichnamigen Halbinsel gelegen, die als letzter Ausläufer der *Kaikoura Range* gilt. Vor der Küste fällt der Festlandsockel schon nach 1,6 km steil ab, erreicht im *Kaikoura-Canyon* eine Tiefe von bis zu 1600 m und bildet damit durch seine Tiefe und die günstigen Strömungsverhältnisse perfekte Bedingungen für maritimes Leben direkt vor der Küste. So gehört der küstennahe Bereich zum Lebensraum der riesigen *Pottwale*, die ganzjährig beobachtet werden können, und auch die Zugstraße der

Buckelwale, die hier im Winter zu Hunderten zu sehen sind, führt direkt vor der Küste vorbei. Seit Ende der 1980er Jahre kommt eine zunehmend größer werdende Zahl Touristen nach *Kaikoura*, um *Wale, Delfine, Seehunde, Seeelefanten,*

Blick auf Kaikoura

Seeleoparden und *Albatrosse* zu beobachten. Das ehemals beschauliche Fischerdörfchen hat sich rasant zur Touristenattraktion gemausert. Whale Watching und Schwimmen mit Delfinen und Robben gehört dabei zu den beliebtesten touristischen Angeboten. Bemerkenswert ist auch der Artenreichtum an Seevögeln. Beim *Bird Watching* ist die Sichtung von Albatrossen garantiert! Im internationalen Vergleich ist das Whale Watching in Kaikoura relativ preisgünstig und ein Sichtungserfolg wird zu erfreulichen 90 % garantiert.

(083) WOMO-Campingplatz-Tipp: Kaikoura Top 10
GPS: S 42°23'42" E 173°40'45" **WOMOs:** 100 mit Stromanschluss
Ausstattung/Lage: Abenteuerspielplatz, Swimmingpool, Spa / In Fußnähe zur Stadtmitte (300 m), Restaurants in unmittelbarer Nähe.
Preise: Stellplatz mit Strom 42 NZD, für jeden weiteren Erwachsenen 21 NZD, für jedes weitere Kind 12 NZD.
Zufahrt: An der Beach Road am Orts-Eingang.
Kontakt: 34 Beach Road, Kaikoura, Tel. 03 319 5362, 0800 36 36 38, www.kaikouratop10.co.nz **Beurteilung:** Schöne Anlage, etwas eng.

An der nur wenige Kilometer vom Stadtzentrum entfernten **Jimmy Armer's Beach** befindet sich eine Robbenkolonie, die Gelegenheit bietet, die Seehunde beim Faulenzen und Sonnenbaden zu beobachten. Sich den Tieren über die Klippen zu nähern ist freilich nur bei Ebbe möglich. In der Visitor Information sollte man sich zu Beginn des Aufenthaltes über die Wettervorhersage und die Gezeitentermine informieren. Ein wunderschönes Naturerlebnis ist der 2,5 stündige **Peninsula Walkway**, der den *Cliff Top Walk* und den nur bei Ebbe zu begehenden *Shoreline Walk* umfasst.

In Kaikoura selbst gibt es ein Miniaquarium, ein Museum im alten Stadtgefängnis, und das aus den 1860-igern stammende

Fyffe House an der stimmungsvollen *Old Wharf* ist ebenfalls sehenswert. Das markanteste Restaurant *Kaikouras* ist das **Pier Hotel** (1 Avoca St, Tel. 03 319 5037). Auch die nähere Umgebung von *Kaikoura* ist einzigartig. Das umliegende Farmland liegt im ehemaligen Schwemmland des *Kowhai Rivers*. Wunderschön ist der Blick vom Strand auf die **Kaikoura Range** oder gar vom Meer auf die Küstenlinie und die dahinter liegenden mächtigen, schneebedeckten Berge. Der im Visitor Center enthaltene Stadtplan weist einen *Scenic Drive* aus, der u.a. zu einem an der Spitze der Halbinsel gelegenen Aussichtspunkt mit weiter Rundumsicht führt. Im Osten liegt die See, im Norden tief unten der Ort *Kaikoura*, im Westen die *Kaikoura Ranges* und im Süden die *Southern Bay*, an der die Ausflugsboote ablegen. Tour 9 folgt nun einer Streckenführung, die „**Alpine Pacific Triangle**" genannt wird. Sie lernen den 380 m ü.d.M. liegenden reizvollen **alpinen Kurort Hanmer Springs** und die **Weinregion Waipara Valley** kennen. Der Kurort *Hanmer Springs* ist ein schönes Ausflugsziel während des ganzen Jahres. Im Winter ist er Basis für die umliegenden Skigebiete, im Herbst verzaubert prächtiges Farbenspiel die Landschaft, im Frühling treffen Sie ein Blütenmeer an und im Sommer herrschen hier angenehme Temperaturen. In den Wäldern um *Hanmer Springs* können Sie ausgedehnte Wanderungen inmitten traumhafter Natur unternehmen und sich danach in heißen Thermalquellen entspannen.

---

(084) WOMO-Campingplatz-Tipp: Mt Lynford Lodge
GPS: S 42°30'27" E 173°9'11"   **WOMOs:** 10 mit Stromanschluss
Ausstattung/Lage: Standard / Am SH70, von Wald umgeben.
Preise: Stellplatz mit Strom 25 NZD, pro weiterer Person 15 NZD
Zufahrt: Sie fahren den SH70 von Kaikoura nach Waiau. Nach 64 km biegen Sie rechts in den Mt Lyford Forest Drive ab. Der CP liegt nach 100 m rechts. **Kontakt:** 10 Mt Lyford Forest Drive, Waiau, Tel. 03 315 6446, www.mtlyfordlodge.co.nz

Beurteilung: Sehr schöner Platz mit ausgezeichneten Sanitäranlagen. Die Küche im benachbarten Restaurant, der in einem großen, schönen Blockhaus situierten Mt Lyford Lodge, ist fantastisch.

Etwa 5 km südlich Kaikoura biegt der SH70 ins Landesinnere ab und windet sich Hügel hinauf und Hügel hinab über kühn konstruierte Flussbrücken und durch wunderschöne Wälder und Täler. Sie werden angenehm überrascht sein, wie

Waia Ferry Bridge

einsam und wenig befahren diese Strecke ist, nur wenigen Kilometer vom umtriebigen Kaikoura entfernt. Keine Menschenseele wird ihnen begegnen, es sei denn ein Farmer treibt seine Schafe oder Kühe gerade über die Straße. Nach 62 km erreichen Sie einen Abzweig in das beliebte **Mt. Lyford** Skigebiet. Direkt an dieser Abzweigung liegt ein empfehlenswerter Campingplatz. Im zugeordneten Blockhaus können Sie sehr stimmungsvoll essen, im Winter bei Kaminfeuer. Zudem ist das Essen wirklich außergewöhnlich gut. Nach weiteren 23 km treffen Sie in *Waiau* auf die einzig nennenswerte menschliche Ansiedlung auf der Fahrt nach *Hanmer Springs*. Ab **Waiau** ist die Straße nicht mehr so windungsreich und leichter zu befahren. Etwa 19 km hinter Waiau trifft die Straße auf den SH7, auf den Sie rechts Richtung *Reefton* einbiegen. Der SH20 ist die nördliche Route zwischen *Christchurch* und der *Westküste*. Sie führt über den *Lewis Pass*. Nach 25 km auf dem SH20 biegt rechts eine 9 km lange Stichstraße nach *Hanmer Springs* ab. Kurz hinter dieser Abzweigung haben sie an der 1887 gebauten eindrucksvollen **Waia Ferry Bridge** die Gelegenheit zum Bungee Jumping. Das hier gelegene Adventure Centre **Thrillseekers Canyon** bietet außerdem White Water Rafting und Jetboating an (Tel. 03 315 7046, 0800 661 538).

---

(085) WOMO-Campingplatz-Tipp:
Mountain View Hanmer Springs Top 10

GPS: S 42°31'40" E 172°49'48"   **WOMOs:** 70 mit Stromanschluss
Ausstattung/Lage: Spielplätze, WIFI / Zentrale Lage, in Fussnähe zur Stadtmitte und zu den Hanmer Springs Thermal Pools.
Preise: Stellplatz mit Strom 36 NZD (2 Personen)
Zufahrt: Im Stadtzentrum, an der Hanmer Springs Rd.   **Kontakt:** Hanmer Springs Rd, Tel. 03 315 7113, www.mountainviewtopten.co.nz
Beurteilung: Schöne, große Anlage mit etwas engen Stellplätzen.

Die 750 Einwohner zählende Gemeinde **Hanmer Springs** ist umgeben von Gebirgszügen. Noch bevor Sie die i-Site erreichen liegt rechts an der Hauptstraße der beschriebene Top 10 Campingplatz. An der i-Site erhalten Sie eine Broschüre mit lokalen Wanderungen. Auf jeden Fall lohnend ist es auf den auf 550 m hohen **Conical Hill** hinaufzusteigen. Für die eine halbe Stunde steil nach oben führende Wanderung werden Sie mit einem großartigen Blick auf den Ort und die umliegen-

Blick vom Conical Hill

den Berge belohnt. Danach können Sie sich im direkt neben der i-Site liegenden *Thermal Pools & Spa* entspannen, das immerhin schon auf mehr als 125 Jahre Geschichte zurückblickt. Die Außenbecken sind teilweise von Farnen eingefasst und in natürlich wirkenden Felsformationen arrangiert. Bei Einsetzen der Dämmerung werden die Becken von unten beleuchtet. Nach dem Thermalbad sollten sie sich nicht mehr allzu viel vornehmen, denn es wird sich eine typische nachhaltige Müdigkeit einstellen.

(086) WOMO-Stellplatz: Balmoral Forest frei
GPS: S 42°52'0" E 172°46'9"   **max. WOMOs:** >20
Ausstattung/Lage: Wasser, Toilette / von Wald umgebene große Grasfläche in der Nähe des Hurunui River.   **Zufahrt:** Vom SH7 kurz vor der Brücke über Hurunui River rechts in die Balmoral Station Road einbiegen. Die Einfahrt zum Platz liegt nach 60 m auf der linken Seite.

Die Weiterfahrt nach Christchurch verläuft zunächst wie die Hinfahrt. Sie biegen jedoch nicht mehr in den SH70 ab, sondern bleiben auf dem SH2. Der Highway führt an den Weinanbaugebieten von Waipara entlang nach Waikari. Dieser Ort ist für seine Maori Felszeichnungen bekannt. Hier haben Sie die Gelegenheit zum **Waikari Walkway**, der zu den Felsbezeichnungen führt und Ihnen schöne Panorama-Ausblicke über die Canterbury Plains bis zu den südlichen Alpen bietet. Auf der

(087) WOMO-Badeplatz: Hurunui River Mouth frei
GPS: S 42°54'38" E 173°16'50"   **max. WOMOs:** >20
Ausstattung/Lage: Wasser, Toilette / Am Nordufer des Hurunui River kurz vor seiner Mündung gelegen. Langgestreckter, von Bäumen und Buschwerk umgebener Platz.   **Preise:** Stellplatz 4 NZD. Keine Anmeldung. Die Zahlung erfolgt am Parkeingang in eine „Honesty Box".
Zufahrt: In Domett vom SH1 links in die Hurunui Rd abbiegen und dieser 8,4 km folgen. Unmittelbar vor dem Fluss rechts abbiegen.

(088) WOMO-Badeplatz: Amberley Beach Camping Ground
GPS: S 43°10'27" E 172°46'40"   **max. WOMOs:** 15 mit Strom
Ausstattung/Lage: Ver- Entsorgung, Toilette, Spielplatz / Vom Strand nur durch ein Häuserreihe getrennt.   **Preise:** Stellplatz mit Strom 10 NZD (2 Pers.), pro weiterem Erwachsenen 3 NZD, pro weiterem Kind 1 NZD. Keine Anmeldung. Die Zahlung erfolgt am Parkeingang in eine „Honesty Box".
Zufahrt: 1 Chamberlain Ave, Amberley Beach. Auf dem SH1 Richtung Christchurch kurz hinter dem Ortszentrum Amberley links in die Amberley Beach Rd einbiegen und dieser 4,5 km folgen.
Beurteilung: Ruhiger, einfacher, schattenloser Platz mit sauberen Toiletten.

Weiterfahrt nach Waipara sollten Sie eine Winery besuchen. Die Gegend ist aufgrund ihres Klimas für hervorragende Weißweine prädestiniert. Auch der Pinot Noir gedeiht in der Weinregion Waipara Valley prächtig. Im Ort Waipara treffen Sie wieder auf den SH1, der Sie ins 59 km entfernte Christchurch bringt.

Christchurch (390.000 Ew.) und ist immer noch die englischste Stadt Neuseelands, auch wenn die Einwanderer der letzten Jahre zu einer größeren ethnischen Vielfalt führten. Die Stadt wurde nach englischem Muster geplant und gebaut. Die englische Prägung geht also schon auf die Stadtgründung im Jahr 1856 zurück, als der Architekt *Benjamin Mountfort* viele Gebäude im neugotischen Stil errichtete, darunter die das Stadtbild bestimmende 63 m hohe **Kathedrale**. Dieses weithin sichtbare Schmuckstück der Stadt wurde durch das Erdbeben am 22. Februar 2011 schwer beschädigt. Der Kirchturm stürzte ein und beschädigte Teile des restlichen Gebäudes. Der Platz vor der Kathedrale, der **Cathedral Square**, ist quirliger Treffpunkt für Einheimische und Touristen. Die i-Site befindet sich hier, Sie können Freiluftschach spielen, skurilen Vorträgen von Weltverbesseren nach Hyde Park Vorbild lauschen, oder sich die verschiedenartigsten Vorführungen ansehen. Die Innenstadt ist durch geradlinig verlaufende Straßen in ein Schachbrettmuster eingeteilt und leicht zu Fuß zu erkunden. Sie werden bei Ihrem Stadtrundgang immer wieder einem attraktiven Fluss begegnen, dem **Avon River**, der

Maori Gruppe am Cathedral Square

sich in einer weiten Schleife um das Zentrum der Stadt zieht.

Der *Hagley Park* zusammen mit dem angrenzenden **Botanischen Garten** bilden einen großen innerstädtischen Park und haben Christchurch das Attribut „Garden City" eingebracht. **Tipp:** Parken Sie Ihr Womo in der Hagley Avenue. Dort finden Sie immer einen stadtnahen Parkplatz und können Ihren Stadtrundgang im Grünen beginnen, indem Sie durch den *Hagley*

Brunnen und Canterbury Museum

Park über den *Avon* in den Botanischen Garten laufen. Am Ausgang des Botanischen Gartens Richtung Zentrum treffen Sie auf das eindrucksvolle **Canterbury Museum**. Es zeigt beeindruckende Maori Exponate und informiert über die Geschichte Canterburys, das frühe Leben in *Christchurch* und Neuseelands Naturgeschichte. Wenn Sie nach dem überaus lohnenden Museumsbesuch rechts in die Rolleston Ave einbiegen, gelangen Sie zur idyllisch am *Avon* gelegenen **Antigua Boat Sheds** (2 Cambridge Tce, Tel. 03 366 5885). Hier finden Sie ein ausgezeichnetes Café, Möglichkeiten Boote zu mieten und den Ausgangspunkt der *Stocherkahnfahrten* auf dem Avon. Sich von einem Gondoliere durch

die bezaubernde Natur „punten" zu lassen ist ein besonders romantisches Erlebnis. Wenn Sie vom Botanischen Garten den Worcester Boulevard Richtung Kathedrale entlang schlendern, so treffen Sie nach nur wenigen Metern das **Arts Centre**. Es liegt stimmungsvoll in den neugotischen Gebäuden der ehemaligen *University of Canterbury* und ist Treffpunkt in Sachen Kunst, Kultur und Szene. Sie finden hier Kunsthandwerksläden sowie Cafés und Restaurants und können an kostenlosen geführten Touren teilnehmen. Das höchst informative *Arts Centre Visitors Centre* finden Sie im Uhrenturm. Eine Straßenecke weiter führt Sie der Worcester Boulevard an der **Art Gallery** (Eintritt frei) vorbei. In dem futuristische Bauwerk können Sie bei freiem Eintritt zeitgenössische Kunst und viele bedeutende einheimische Kunstwerke sehen. Eine sehr zu empfehlende Möglichkeit, sich Christchurch zu erschließen, ist an einer zweistündigen geführten **Fahrradtour** teilzunehmen (Christchurch Bike Tours, Tel. 0800 733 257, Abfahrt an der i-Site). Nett ist es auch, eine 2,5 km lange Schleife mit der **historischen Tram** zu fahren.

Südlich des *Cathedral Square* können Sie in der High Sreet (Fußgängerzone) ausgezeichnet shoppen. Im Bereich zwischen Cathedral Square und Botanischem Garten finden Sie eine große Vielfalt an Restaurants, besonders verdichtet in einem Teil der Oxford Terrace, der „**The Strip**" genannt wird. Wir empfehlen das stilvolle **Liquidity** (128 Oxford Tce, Tel. 03 365 6088). Wenn Sie zum Essen ein gutes Bier trinken wollen, sind Sie im **Dux de Lux** (Ecke Hereford St / Montreal St, Tel. 03 366 6919) gut aufgehoben.

Christchurch verfügt über einen **internationalen Flughafen** mit sehr guten Flugverbindungen nach Europa. Für viele Gäste startet oder endet der Neuseeland Urlaub hier. Ganz in der Nähe des internationalen Flughafens von Christchurch liegt das riesige und absolut sehenswerte **Antarctic Centre,** in dem gezeigt wird, wie das Überleben in der Eiswüste der Antarktis möglich ist. Im Preis inbegriffen ist eine atemberaubende Fahrt mit dem Hägglund über ein künstliches Off-Road Gelände. Der Hägglund ist ein Expeditionsfahrzeug, das in der Antarktis als Fortbewegungsmittel eingesetzt wird. Nicht sehr weit entfernt liegt das *Willowbank Wildlife Reserve* (60 Hussey Rd, Tel. 03 359 6226) mit vielerlei einheimischen Tieren, vom Bergpapagei Kea bis zum Nationalvogel Kiwi. Von den zahlreichen Vororten Christchurchs möchten wir Ihnen **Sumner** ans Herz legen. Dort können Sie baden, den schmucken Surfer Boys zuschauen oder sich einfach in einer der Bars, Cafés oder Restaurants dem örtlichen Lifestyle hingeben.

(089) WOMO-Campingplatz-Tipp: Christchurch Amber Park
GPS: S 43°32'18" E 172°34'56"   **WOMOs:** 50 mit Stromanschluss
Ausstattung/Lage: Spielplatz / 4 km östlich des Zentrums.
Preise: Stellplatz mit Strom 39 NZD, pro weiterem Erwachsenen 19,5 NZD, pro weiterem Kind 10 NZD.   **Zufahrt:** Vom SH1 links in den SH73 abbiegen und dann links in die Blenheim Rd.
Kontakt: 308 Blenheim Rd, Christchurch, Tel. 0800 348 308, www.amberpark.co.nz   **Beurteilung:** Sehr saubere und grüne Anlage. Die Bushaltestelle ist direkt vor der Tür. Der Flughafen ist 8 km entfernt.

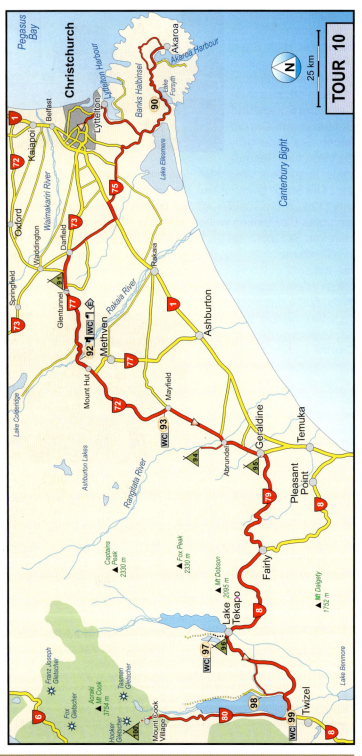

Tour 10: Durch Rolling Hill Country zum Mt Cook

Christchurch - Lyttelton - Akaroa - Inland Scenic Route - Lake Tekapo - Mount Cook Village - 560 km

Camping:	Glentunnel, Peel Forest DOC, Geraldine, Lake Tekapo, Mt Cook DOC
Stellplätze:	Lake Forsyth, Hinds River, Rakaia Gorge, Lake Alexandria, Lake Pukaki
Wandern:	Lyttelton Historic Walk, Akaroa Historic Walk, L'aube Hill, Sharplin Falls, Mount Somers Walkway, Peel Forest, Mount John Lookout, Aoraki Mount Cook Nationalpark, Tasman Glacier View
Essen:	Hilltop Tavern, Barry's Bay Cheese, French Farm Winery & Restaurant, Geraldine: Café Verde, Fairlie: Bakehouse, Mount John Observatory Astro Café

Zunächst schauen Sie sich **Lyttelton** und die reizvolle *Banks Halbinsel* mit der französisch geprägten Stadt **Akaroa** an. Danach fahren Sie Richtung Westen, bis die *Canterbury Plains* auf die südlichen Alpen treffen. Nun folgen Sie der *Inland Scenic Route*, die Sie an den Ski-Orten **Mount Hutt** und **Mount Somers** vorbei führt, den wilden *Rangitata River* überquert und in Geraldine endet. Tour10 wendet sich nun westlich ins **Rolling Hill Country** und dringt hinter dem **Burkes Pass** in das *Mackenzie Country* ein. Vorbei an den von Gletschern gespeisten türkisfarbenen Seen **Lake Tekapo** und **Lake Pukaki** fahren Sie in den **Mount Cook Nationalpark**.

Für den Weg von Christchurch zum 12 km entfernten **Lyttelton** stehen Ihnen zwei Alternativen zur Verfügung. Die eindeutig schnellste Verbindung führt über den SH74 durch einen 1964 in Betrieb genommenen Tunnel, an dessen Ende Sie das Städtchen schon links liegen sehen. Sehr viel interessanter und auch schöner ist die Strecke über die *Summit Road*. Auf dieser Strecke haben Sie nacheinander einen tollen Blick auf die *Governor's Bay, Cass Bay,* den *Christchurch Harbour* und den *Lyttelton Harbour*, den Sie von diversen am Wegesrand gelegenen Lookouts genießen können. Der Verlauf der Strecke ist in der Broschüre *Christchurch Scenic Drive Guide* sehr gut beschrieben.

Der Naturhafen von **Lyttelton** wurde bereits 1770 von Besatzungsmitgliedern der Endeavour gesichtet, die unter dem Oberbefehl von James Cook fuhr. Im Jahr 1849 wurde das gerade erst gegründete Lyttelton wegen seiner günstigen und geschützten Lage zum Hafen erklärt. Am 12. September 1867 wurde der erste Eisenbahntunnel Neuseelands eröffnet, der

Akaroa Harbour

die Ortschaft mit dem damals schon aufstrebenden Christchurch verband. Heute ist *Lyttelton Harbour* internationaler Hafen für den gesamten Ballungsraum. Hier machen sowohl Kreuzfahrtschiffe als auch Containerschiffe fest und die Versorgungsschiffe der Antarktisstationen von Neuseeland und der USA legen hier ab. Eine zweistündige Hafenrundfahrt können Sie mit *Black Cat Cruises* unternehmen (17 Norwich Quay, Tel. 0800 436 574, www.blackcat.co.nz, tgl. 13.30 Uhr).

Das von den Felswänden eines versunkenen Vulkankraters eingeschlossene **Lyttelton** (3000 Einwohner) konnte sich noch etwas von der Atmosphäre der Gründerzeit bewahren. In der i-Site erhalten Sie für einen Dollar die Broschüre **„Lyttelton Historic Walk"**, die Sie an 24 historischen Stellen vorbeiführt. Eine berühmte Attraktion ist die Navigationsstation *Timeball-Station*, die 1876 von Strafgefangenen gebaut wurde. Sie lieferte über fünfzig Jahre lang den Seefahrern Informationen zur Kalibrierung ihrer Chronometer. Sehenswert ist auch die *Holy Trinity Church*, das älteste Kirchengebäude der Region, für dessen Errichtung Steinblöcke von der nahe gelegenen Insel *Quail Island* verbaut wurden. *Lyttelton* fungiert als Tor zur **Banks-Halbinsel** und ist damit für Handel und Tourismus von beträchtlicher Bedeutung.

Sie können *Lyttelton* als Entre zur *Banks-Halbinsel* nutzen. Die Halbinsel ist nach *Joseph Banks* benannt, einem vermögenden Reisebegleiter *James Cooks*. Sie folgen zunächst der schmalen Governor's Bay Road, die Sie kurvenreich entlang der *Governor's Bay* und der *Cass Bay* führt, bevor sie in Teddington rechts in die Gebbies Pass Road abbiegt. Diese trifft 28 km hinter *Lyttelton* auf den SH75, dem Sie 54 km bis *Akaroa* folgen. Doch zunächst treffen wir auf den Süßwasser-

Badestrand in Akaroa

see *Lake Ellesmere*, der durch die schmale Landzunge *Kaitorete Spit* vom *Pazifischen Ozean* getrennt wird. Ab dem Ort *Little River* steigt die Straße kontinuierlich an und erreicht ihren höchsten Punkt bei der **Hilltop Tavern**. Hier lohnt ein Halt, denn der Ausblick ist wirklich atemberaubend. Wenn Sie sich an dem tollen Panorama satt gesehen haben, fahren Sie steil hinab zum am oberen Meeresarm des *Akaroa Harbour* gelegenen *Barry's Bay*, wo Sie die Molkerei **Barry's Bay Cheese** besichtigen und Ihre Käsevorräte auffrischen können. Ein Stück hinter der Käserei liegt **French Farm Winery & Restaurant** (French Farm Valley Rd, Tel. 03 304 5784) mit französischem Flair, eigenem Wein und ausgezeichnetem Essen.

Die Straßen tragen in **Akaroa** französische Namen wie Rue Jolie oder Rue Balguerie. Dies geht auf *Jean Francois Langlois* zurück, der hier 1838 mit seinem Walfängerschiff vor Anker ging. Heimgekehrt, warb er für die Besiedlung dieses schönen Fleckchens Erde. 63 Franzosen und 6 Deutsche machten sich auf den weiten Weg. Doch es wurde nichts mit einer französischen Kolonie in Neuseeland, denn sechs Tage vor ihrer Ankunft wurde in *Akaroa* die britische Fahne gehisst. Langlois Passagiere entschlossen sich trotzdem zu bleiben. Heute ist Akaroa ein liebliches Plätzchen, die Besucher sitzen entspannt in Cafés am Hafen und genießen die Aussicht auf das Wasser und das malerische Stadtbild. Die Stadt wird von den vielen gepflegten historischen Gebäuden und Gärten geprägt. Einige der privaten Gärten kann man besuchen und bestaunen.

Sehenswert sind auch die 1864 erbaute katholische Pfarrkirche *St. Patrick*, die anglikanische *St. Peter's Church* im neugotischen Stil von 1863, das alte *Zollhaus* aus dem Jahre 1863, die katholische Kirche *Church of St Patrick* von 1864 und die

presbyterianische *Trinity Church* von 1886. All diese historischen Gebäude können Sie auf dem Spazierweg **Akaroa Historic Walk** kennen lernen. Im historischen *Langlois-Eteveneaux House* von 1845 ist das Museum untergebracht, das sich ausgiebig mit der französischen Vergangenheit von *Akaroa* auseinandersetzt. Nicht nur das Elektrizitätswerk von 1911 beheimatet heute eine Kunstgalerie. Bei einem Spaziergang durch das Örtchen kommen Sie immer wieder an Kunsthandwerkgeschäften vorbei, die Keramiken, Schmuck, Holz- und Glasarbeiten, Gemälde und Skulpturen zum Verkauf anbieten. Ein wunderbarer Aussichtspunkt ist der **L'aube Hill** am nördlichen Ortsrand, der über einen Weg durch ein kleines Waldstück erreicht wird, der am Friedhof *French Cemetery* vorbeiführt.

(090) WOMO-Stellplatz: Lake Forsyth frei
GPS: S 43°47'23" E 172°45'29"   max. **WOMOs:** 3
Ausstattung/Lage: Nichts / Auf einer Wiese zwischen dem SH75 (Christchurch Akaroa Road) und dem Lake Forsyth.
Zufahrt: 48 km hinter Christchurch am SH75 gelegen.
Beurteilung: Schöne, große Wiese, idyllisch am See gelegen.

Eine weitere Besonderheit gibt es in der Bucht von **Akaroa**. Dort tummeln sich rund 30 *Hector-Delfine*, eine seltene Art, die nur 1,20 bis 1,40 m groß wird. Für diese Meeresbewohner wurde ein Naturschutzgebiet vor der Küste eingerichtet, damit sie nicht von Fischernetzen verletzt werden. Während einer zweistündige Hafenrundfahrt mit **Black Cat Cruises** können Sie un-

terwegs auch einen Blick auf die kleinen Delfine werfen (Main Wharf, Tel. 03 304 7641, www.blackcat.co.nz, tgl. 13.30 Uhr).

Die nächsten Hauptattraktion **Lake Tekapo** liegt ca. 300 km von *Akaroa* entfernt. Wer es eilig hat, fährt über den SH1 und *Ashburton* nach *Geraldine* und hat bis *Lake Tekapo* 282 km zurückzulegen. Er nimmt dabei aber eine weniger reizvolle Strecke durch leicht hügeliges und landwirtschaftlich genutztes Land in Kauf. Tour10 führt Sie über eine 41 km längere Strecke, die kurz hinter *Darfield* auf den **SH72** trifft, der als **Inland Scenic Route** bezeichnet wird. In *Geraldine* vereinen sich beide Routen wieder.

Wenn Sie von *Akaroa* Ihre Reise nach *Lake Tekapo* antreten, empfehlen wir Ihnen dringend einen weiteren Umweg. Kurz hinter *Akaroa* zweigt rechts die **Summit Road** ab. Sie führt steil hoch in die Höhen der Akaroa umgebenden Hügelkette und folgt dieser in luftiger Höhe. Diese wirklich atemberaubende schmale Straße hält ständig phantastische Ausblicke zu beiden Seiten der Hügelkette bereit. Bei der *Hilltop Tavern* trifft die *Summit Road* wieder auf den SH75. Sie folgen diesem, fahren am Abzweig nach Teddington vorbei und biegen in Taitapu nach links ab. Nach 21 km erreichen Sie den SH1, in den Sie links einbiegen. Bereits 6 km später verlassen Sie in Norwood den SH1 wieder. Die Telegraph Road bringt Sie ins 20 km nördlich gelegene **Darfield**.

Darfield (1.500 Ew) ist der bedeutendste Ort zwischen *Christchurch* und der *West Coast*. Er wird oft auch „The township under the Nor'west arch" genannt. Dies bezieht sich auf ein Wetterphänomen, das auch *Canterbury Arch* genannt wird, bei dem sich ein Bogen aus Wolken am sonst klaren Himmel westlich des Ortes bildet. Dieser entsteht durch die Kondensation von Wasser, das in winzigen Tröpfchen an den Hängen der Südalpen nach oben getragen wird. Im Gebiet um *Dar-*

Rakaia River

field wird Ackerbau und Farmwirtschaft betrieben. Es wird als Ausgangspunkt zu Ausflügen an den *Waimakariri-River*, den *Rakaia River* und in die Südalpen genutzt und ist auch ein beliebter Startplatz für Heißluftballons. Durch Darfield verläuft der etwa 250 km lange **The Great Alpine Highway (SH73)**, dessen Route von Christchurch über den Arthur's Pass durch die Neuseeländischen Alpen zur Westküste an der *Tasmanischen See* führt.

(091) WOMO-Campingplatz-Tipp: Glentunnel HP
GPS: S 43°29'0" E 171°56'0" **WOMOs:** 54 mit Stromanschluss
Ausstattung/Lage: Standrad / Kleines Dorf, zentrumsnahe Lage direkt am Selwyn River mit Bademöglichkeit, Golfplatz nebenan.
Preise: Stellplatz mit Strom 16 NZD pro Person.
Kontakt: Homebush Road, Glentunnel, Tel. 03 318 2868
Zufahrt: Hinweischild am SH77. **Beurteilung:** Großzügiger, grüner Platz mit vielen Bäumen und guten Sanitäranlagen.

In *Darfield* stoppt der auf der Midland-Strecke verkehrende **TranzAlpine** von *Christchurch* nach *Greymouth*. Der TranzAlpine zählt zu den schönsten Reisezügen der Welt. Auf der Strecke von 223 km werden 5 Viadukte (darunter das *Staircase-Viadukt* mit 73 m Höhe) überquert sowie 16 Tunnel durchfahren. Der längste Tunnel ist der *Otira-Tunnel* unter dem 920 m hohen *Arthur's Pass* mit 8.550 m Länge. Der Zug startet morgens in *Christchurch* und benötigt für die Strecke 4,5 Stunden. Nach einem einstündigen Aufenthalt in *Greymouth* beginnt die Rückfahrt, so dass der Zug abends wieder in *Christchurch* ankommt.

Sie verlassen *Darfield* über den SH72, der Sie an Berghängen entlang nach Süden führt und erreichen nach 40 km die Brücke über die *Rakaia Gorge*. Der sonst in einem sehr breiten Bett verlaufende *Rakaia River* zwängt sich zwischen

Mount Hutt und der *Big Ben Range* durch eine relativ enge Schlucht. Dort werden Jetbootfahrten angeboten. Kurze Zeit später erreichen Sie die Abzweigung zum 1.600 bis 2.255 m hoch gelegenen *Mt. Hutt Skigebiet*, einem der schönsten von Neuseeland. Das *Mount Hutt Skigebiet* weist dank aufwendiger Kunstschneeanlagen von Juni bis Oktober gute Pistenverhältnisse auf und bietet einen fantastischen Ausblick bis zum Pazifik. Basis für dieses Skigebiet ist das über den SH77 zu erreichende **Methven**. Sie folgen dem SH72 bis zu dem kleinen Ort **Staveley**. An dem Hinweisschild *Sharplin Falls* biegen Sie rechts ab, folgen weiterhin den Hinweisschildern und erreichen nach insgesamt 4 km den Sharplins Parkplatz. Der letzte Teil der Strecke ist eine Schotterstraße. Vom Parkplatz aus wandern Sie auf einem wunderschönen oft steil verlaufenden Waldweg zu den **Sharplin Falls** (1 h hin und zurück).

Sharplin Falls

> **(092) WOMO-Stellplatz: Rakaia Gorge Camp**
> **GPS:** S 43°31'9" E 171°39'15"   **max. Womos:** >10
> **Ausstattung/Lage:** Wasser, Toilette, Dusche, Picknicktische, Dump Station / Am Rakaia River auf der Südseite der Rakaia Gorge Bridge.
> **Preise:** 7,50 NZD pro Person, Kinder unter 12 Jahren sind frei.
> **Zufahrt:** An der Inland Scenic Route, SH77, südlich der Rakaia Gorge Bridge.
> **Kontakt:** Rakaia Gorge Camp Society, Tel. 03 302 9353. In der Hauptsaison ist ein Camp-Manager vor Ort, sonst Selbstregistrierung.
> **Beurteilung:** Absoluter Geheimtipp mit atemberaubenden Bilck über die Rakaia Gorge, sehr ruhig und friedlich!

Zurück auf dem SH72 erreichen Sie nach 9 km den 2.500 Einwohner zählenden Ort *Mount Somers*, der vom Abbau von Kohle, Ton, Sand und Kalkstein aus den umliegenden Bergen lebt. Der Richtung Staveley gelegene gleichnamige Mount Somers erhebt sich aus der *Canterbury Ebene* zu einer stattlichen Höhe von 1687 m über dem Meer. Der Hochlandwanderweg **Mount Somers Walkway** liegt im Regenschatten der südlichen Alpen und kann bei oft schönem Wetter bewandert werden. Genauere Informationen erhalten Sie über die DOC

Broschüre *Mount Somers Conservation Area*. In Mount Somers zweigt eine 32 km lange Straße zum *Lake Clearwater* ab. Der 1 km x 5 km große *Lake Clearwater* liegt herrlich am Fuße der südlichen Alpen im oberen Bereich des *Rangiata Rivers* und bietet beste Gelegenheit zum Windsurfen, Mountain-Bike fahren und Wandern.

(093) WOMO-Stellplatz: Hinds River
GPS: S 43°48'33" E 171°25'51" max. **WOMOs:** 10
Ausstattung/Lage: Toilette / Großer Rastplatz am SH72.
Zufahrt: Der Platz liegt 11 km hinter Cavendish und 1,5 km vor Mayfleld, kurz vor dem Hinds River, rechts an der Straße.
Beurteilung: Von Büschen und Bäumen umgebener Platz am Ufer des Hinds River. Gut für eine Nacht. Überflutungsgefahr bei starken Regenfällen !!!

Der SH72 führt Sie weiter zum **Rangiata River**. Kurz nach Überqueren der Brücke über den *Rangiata River* biegt die Peel Forest Road ab, die Sie nach 12 km in den Ort **Peel Forest** bringt. Etwa 1,5 km entfernt ist der Eingang in das *Naturreservat Peel Forest*. In dem ausgedehnten Waldgebiet, einem der wenigen erhaltenen Mischwälder im Osten der Südinsel, gibt es lohnenswerte Wanderungen. In der entsprechenden DOC-Broschüre werden 13 Walks von 30 Minuten bis 6 Stunden Dauer angeboten. Als Basis kann Ihnen der wunderschön gelegene DOC Campingplatz dienen. Bei der Durchquerung des Steineiben-Waldes können neben einer reichen Vogelwelt auch Reste der frühen europäischen Besiedelung angetroffen werden. Wer will kann im *Rangiata River* sehr anspruchsvolle Wildwasserfahrten unternehmen. Die **Rangiata Gorge** liegt

(094) WOMO-Campingplatz-Tipp: Peel Forest Camp DOC
GPS: S 43°54'39" E 171°15'39" **WOMOs:** 24 mit Stromanschluss
Ausstattung/Lage: Toilette, Dusche, Küche, Waschmaschine, Trockner / Im Grünen, in der Nähe des Rangiata River.
Preise: Stellplatz mit Strom 15 NZD pro Person, Kinder 5 NZD, Kinder unter 5 Jahren sind frei
Zufahrt: Kurz nach überqueren der Brücke über den Rangiata River in Arundel rechts vom SH72 abbiegen. Die Peel Forest Road bringt Sie nach 12 km in den Ort Peel Forest. Dort im General Store Camping-Gebühr zahlen, noch 2 Km weiter fahren.

Hinweise:
Großzügiger, wunderschöner DOC Campingplatz. In dem ausgedehnten Waldgebiet des Peel Forest gibt es lohnenswerte Wanderungen von 30 Minuten bis zu 6 Stunden (DOC-Broschüre).

14 km nördlich des DOC Campingplatzes. 15 km hinter dem *Rangiata River* erreichen Sie **Geraldine** (2.500 Ew.), ein nettes aufstrebendes Städtchen mit alten Siedlerhäusern. Entlang der Hauptstraße gibt es Läden, kleine Bistros und wundervoll angelegte Vorgärten. Geraldine ist traditionell Zentrum eines landwirtschaftlich geprägten Gebietes, hat aber in den letzten Jahren auch den Ruf als Ort der Künstler und Handwerker erworben, die ihre Arbeiten in Kunsthandwerksläden, Galerien oder nahegelegenen Ateliers zum Kauf anbieten. Alleine das bezaubernde **Café Verde** (45C Talbot St, Tel. 03 693 9616), in dem sie in einem blühenden Garten sitzen, ist einen Stopp wert.

(095) WOMO-Campingplatz-Tipp: Geraldine Kiwi HP
GPS: S 44°5'40" E 171°14'37"   **WOMOs:** 73 mit Stromanschluss
Ausstattung/Lage: Spielplatz / Zentrumsnahe Lage (200 m).
Preise: Stellplatz mit Strom 16 NZD pro Person, Kinder 5 NZD.
Zufahrt: Vom Zentrum kommend biegt die Oxford Street direkt hinter dem Waipoua River links vom SH2 ab.   **Kontakt:** 39 Hislop St, Geraldine, Tel. 03 693 8147, www.geraldineholidaypark.co.nz
Beurteilung: Sehr schöne, ruhige Anlage.

Der SH79 bringt Sie durch sanft gerundete Hügelketten ins 46 km entfernte **Fairlie**. Auf dem Weg dorthin biegen Sie 5 km hinter *Geraldine* in die Te Moana Road ab und folgen der Beschilderung der Glasbläserei *Denise Belanger-Taylor*. Dort können Sie einen selbstgebauten Brennofen besichtigen, mit etwas Glück bei der Fertigung von Glasarbeiten zuschauen und die Endprodukte (Teller, Mosaike und Schmuckstücke) käuflich erwerben.
Fairlie ist mit seinen knapp 900 Einwohnern als Tor zum Mackenzie-Country bekannt. Seinen Namen verdankt es frühen Siedlern, die das Gebiet an Fairlie in Schottland erinnerte. Die ersten Siedler waren es auch, die die stattliche Allee am Ortseingang anlegten. Der Ort, der von den umliegenden Farmen als Versorgungs- und Wartungszentrum genutzt wird, präsentiert sich dem Besucher mit vielen farbenfrohen Blumenrabatten. In Fairlie gibt es das in der Mt. Cook Road gelegene *Fairlie Historical Museum* zu besichtigen, und auch die einzige Holunder Weinkellerei Neuseelands ist hier angesiedelt. Im **Fairlie Bakehouse** (74 Main St, Tel. 03 685 6063) warten vom mehrfach ausgezeichneten Chefkoch Franz Lieber zubereitete Spezialitäten auf Sie. Auf dem Weg nach Kimbell liegt die

Rolling Hill Country

historische Schafschurstation *Three Springs Sheep Station*.

Sie folgen dem SH8 durch die sanft gerundeten Hügelketten des **Rolling Hill Country** bis zum 21 km entfernten *Burkes Pass*, der in einer Höhe von 709 m zwischen den Bergketten *Rollesby Ranges* und *Two Thumbs Range* liegt. Er ist nach *Michael John Burke* benannt, der 1855 diesen Pass ins *Mackenzie Country* entdeckte. Das Landschaftsbild wandelt sich nun schlagartig von sattgrünen Weidelandschaften in trockene *Tussock Steppe*. Im von Trockenheit geprägten *Mackenzie Becken* grasen vorwiegend die robusten *Merino-Schafe*, die für ihre feine Wolle bekannt sind. Durch künstlich angelegte Stauseen hat das ansonsten karge und im Sommer von braungelbem Tussock Gras bestimmte Land einige grüne Oasen erhalten. Benannt wurde es nach dem Schotten *Mackenzie*, der 1855 mehr als 1000 gestohlene Schafe hierhin getrieben hatte.

Nach weiteren 21 km erreichen Sie **Lake Tekapo**, den mit einer Fläche von 83 km² größten Binnensee der Region *Canterbury*. Er befindet sich auf einer Höhe von über 700 m ü.d.M. und wird durch die aus Schmelzwasser von Gletschern gebildeten *Godley River* und *Cass River* gespeist. Die im See schwimmenden mikroskopisch kleinen Felspartikel reflektieren das Sonnenlicht und lassen den See in leuchtendem Türkis erstrahlen. Der See dient als Quelle für das kleine Wasserkraftwerk Waitaki. Für dieses Wasserkraftwerk wurde der Wasserspiegel des Sees um einige Meter angehoben. *Lake Tekapo* ist der höchstgelegene

Café kurz vor Fairlie

See im System des **Upper Waitaki Power Scheme**, in dem 25% des neuseeländischen Strombedarfs erzeugt wird.
Am Südufer des Sees, in direkter Nähe zum abfließenden Tekapo River, befin-

Church of the Good Shepherd

det sich der aufstrebende Ort **Lake Tekapo Village** (850 Ew). Hier befinden sich auch einige touristische Einrichtungen, die besonders in letzter Zeit den See zu einem immer bedeutenderen Tourismusziel machten. Kajak-, Segel- und Angeltouren können hier gebucht und Mountain Bikes angemietet werden. Die erste Kirche der Gegend, die Steinkapelle zum guten Hirten (englisch: *Church of the Good Shepherd*), wurde 1935 vom Architekten R. S. D. Harman aus Christchurch errichtet und gehört wegen ihrer exponierten Lage direkt am See zu den am meisten fotografierten Kirchen Neuseelands. Anstelle eines großen Altars verfügt die Kirche über ein weites Fenster, das den Blick des Kirchgängers über den *Lake Tekapo* bis zum *Mount Cook* schweifen lässt.

(096) WOMO-Campingplatz-Tipp: Lake Tekapo HP

GPS: S 44°0'5" E 170°28'18"   **WOMOs:** 80 mit Stromanschluss
Ausstattung/Lage: Spielplatz, Dusche (2 NZD!) / Direkt am See gelegen. **Preise:** Stellplatz mit Strom 36 NZD (2 Personen)
Zufahrt: Am Ortsausgang den Schildern folgen
Kontakt: Lakeside Drive, Lake Tekapo, Tel. 0800 853 853, www.laketekapo-accommodation.co.nz
Beurteilung: Anlage sehr eng, wenig Toiletten und Duschen, in keinem guten Zustand, Management unfreundlich. In die

Ortschaft Lake Tekapo 20 min zu Fuß. Thermalbad in der Nähe, 5 min zu Fuß.

Nur etwa 100 m entfernt wurde 1968 von Schaffarmern das *Collie Dog Monument* errichtet: Die Bronzeskulptur eines Hirtenhundes soll die herausragende Bedeutung der Hirtenhunde bei der schafwirtschaftlichen Erschließung des unwirtlichen *Mackanzie Beckens* würdigen. Auch dieses Denkmal gehört zu den meistfotografierten Motiven des Landes. Zum Gelingen der Fotos tragen ebenfalls die einzigartig guten Lichtverhältnisse am *Lake Tekapo* bei, der im Ruf steht, die klarste Luft

der Südhalbkugel zu haben. Um einen schönen Blick über die Umgebung des Sees zu bekommen, ist eine Wanderung zum **Mount John Lookout** zu empfehlen (10 km hin und zurück, 300 m Anstieg, 3 h). Wer einen Flug zum Mount Cook plant, sollte von Tekapo aus starten, das ist preisgünstiger als ein Flug vom *Glentanner Park Center*, das im oberen Bereich des Lake Pukaki liegt.

Weltweite Bekanntheit genießt die direkte Umgebung des Sees bei astronomisch Interessierten wegen des sehr dunklen Nachthimmels . Nicht zuletzt deswegen wurde auf dem etwas nördlich der Stadt gelegenen *Mount John* ein *astronomisches Observatorium der Universität Canterbury* errichtet. Das vor 50 Jahren errichtete Observatorium, das von den Amerikanern zunächst als Satellitenkontrollstation genutzt wurde, hat bereits ein wenig astronomische Geschichte geschrieben: 2008 entdeckte man dort den bis dato kleinsten bekannten extrasolaren Planeten. Den Astronomen des Observatoriums zuliebe begann 1965 die Verdunklung von *Tekapo*, die mittlerweile als regionale Besonderheit vermarktet wird. Das **Astro Café am Mount John Observatory** ist nicht nur wegen seiner Rundumsicht zu empfehlen. Wegen des fehlenden Lichtes aus künstlichen Quellen, hofft *Lake Tekapo* Village auf die Verleihung des UNESCO-Titels „Starlight Reserve". Richtung Südwesten erreichen Sie über SH8 nach 50 km **Lake Pukaki**. Auch dieser 80 km² große und zwi-

Blick auf Lake Tekapo vom Mount John

schen 518 und 532 m ü.d.M. liegende See entstand durch sich zurückziehende Gletscher, den *Tasman-Gletscher* und den *Hooker-Gletscher*. Der See fließt an seinem Südende in den *Pukaki River* und gehört zum oberen Teil des Wasserkraftprojektes am *Waitaki River*. Nahe dem Abfluss gibt es mehrere Dämme und Kanäle, die ihn mit dem Lake Tekapo und Lake Ruataniwha verbinden. Der Wasserspiegel wurde zweimal um insgesamt 37 m angehoben, wobei die Insel *Five Pound Note Island* überflutet wurde, die früher auf Neuseelands Fünf-Pfund-Banknote abgebildet war.

Flug zum Mt Cook

Am Abend zeigt sich im Westen ein blauer Fleck am Himmel, ein Hoffnungsschimmer. In der Nacht verziehen sich die Wolken ganz, und am nächsten Morgen ist alles reingewaschen und die Luft glasklar - ein kleines Wunder! Wer hätte das gedacht, nach dem es am Lake Tekapo bei unserer Ankunft unaufhörlich regnete und der Himmel aussah, als wäre er ein einziges Wolkenmeer. Sofort rufen wir den Flugplatz an, ja, es gibt noch zwei Plätze im ersten Flieger. 30 Minuten später sitzen wir in der Maschine. Die Bedingungen für diesen Flug auf der Rückseite des durchgezogenen Tiefs sind perfekt. Nach einer Zwischenlandung am Glentanner Airport schraubt unser Pilot Tom seine Maschine immer höher an der Bergkette des Mount Cook und des Mount Tasman hinauf, bis auf die Gipfelhöhe von 3754 m.

Traumhafte Sicht, immer näher kommt der Gipfel, dick verschneit mit einer 3 m hohen Neuschneeschicht, die in den Nächten zuvor gefallen war. Der Tasman Gletscher unter uns leuchtet weiß-blau, tiefe Schluchten durchfurchen ihn. Und immer wieder kurven wir ganz nah um die Gipfel. Bei dieser grandiosen Sicht, ein wunderschönes Gefühl! Wir erleben diese gigantische Bergwelt aus luftiger Nähe und fühlen uns wie Adler auf ihrem Weg zum heimischen Horst. Auf der Westseite der neuseeländischen Alpen liegt eine dichte Wolkendecke. Darunter erspähen wir zunächst den Fox Glacier und wenig  später den Franz-Joseph Glacier. Wir haben Glück und können unter den Wolken hinab bis zur Gletscherzunge schauen. Der Pilot tritt den Rückflug an und der herrliche Panoramaflug geht leider viel zu schnell zu Ende. Im Gleitflug überfliegen wir den Gletschersee des Tasman Glacier mit seinen großen Eisbergen und haben einen phantastischen Blick in den hinteren Teil des Lake Pukaki. Schließlich überfliegen wir noch den Murchison Gletscher und den Godley Gletscher und schweben danach über den Lake Tekapo, vorbei am Lake Alexandria und dem Mt John Observatorium, zurück zu Lake Tekapo Airport. Ein unvergesslicher Flug! Bei guter Wetterlage sollten Sie nicht lange zögern, fliegen Sie!

Bei schönem Wetter lohnt es sich, bei der Anfahrt zum Lake Pukaki einen kleinen Umweg über die asphaltierte *Tekapo-Pukaki Canal Road* zu machen. Hier können Sie eine **Lachsfarm** besichtigen und Lachs kaufen, der im Kanal gezüchtet wird. Die Lachse finden dort ideale Bedingungen vor: reichlich Nährstoffe und eine starke Strömung. Sie gehören zu den besten Zuchtlachsen der Welt. Am Südende des Sees liegt das **Lake Pukaki Visitor Centre** und ein Kilometer dahinter zweigt der SH80 Richtung **Aoraki Mount Cook Village** ab. Nachdem die kurvenreiche alte Straße im angehobenen See untergegangen ist, führt nun eine neue Schnellstraße durch das Tussock Grasland des Westufers. *Peters Lookout*, einen beliebten Aussichtspunkt, erreichen Sie nach 12 km. Nach weiteren 21 km liegt rechts der Straße das *Glentanner Park Centre*, wo Sie einen ersten Blick auf den *Tasman Gletscher* werfen können und ein neues komfortables *Visitor Centre* vorfinden. Die gebuchten Flüge können sofort in Angriff genommen werden, da der Hubschrauber-Landeplatz direkt vor der Haustür liegt und auch der *Mount Cook Airport* nur wenige Kilometer entfernt ist.

(097) WOMO-Stellplatz: Lake Alexandrina

GPS: S 43°56'12" E 170°27'38" **max. WOMOs:** 10
Ausstattung/Lage: Toilette / Am Lake Alexandrina, Naturschutzgebiet.
Preise: Kostenfrei, von der Kommunalbehörde betrieben.
Zufahrt: Von Lake Tekapo kommend rechts in die Godley Peaks Road einbiegen und dieser etwa 9 km bis zum Lake McGregor folgen. Dann links in die Lake Alexandrina Road einbiegen. Der beschriebene Platz liegt kurz vor der Brücke zu den Wochenendhäuschen.

Beurteilung:
Wunderschön gelegener einfacher Platz, sehr ruhig. Hier machen die Kiwis gerne in ihren Batches Urlaub und gehen fischen.

17 km trennen Sie nun noch von *Mount Cook Village*, 762 m hoch am Ende des *Hooker Valley* gelegen. Seine Majestät **Mount Cook**, oder **Aoraki** (Wolkendurchbrecher), wie ihn die Maori nennen, liegt nun direkt vor Ihnen. Bei einem Bergsturz verlor er 1991 10 m an Höhe, überragt aber mit 3754 m alle anderen Berge Neuseelands immer noch um mindestens 200 m. *Mount Cook* und die nordöstlich liegende Region, mit unglaublichen 22 Dreitausendern, wurde 1986 als **Aoraki Mount Cook Nationalpark** zum Weltkulturerbe der UNESCO erklärt. Im Visitor Centre können Sie sich in einer audiovisuellen Show über die alpine Region informieren

Tasman Gletschersee

(098) WOMO-Stellplatz: Lake Pukaki Hayman Rd
GPS: S 44°9'57" E 170°12'48" **max. WOMOs:** 5
Ausstattung/Lage: Nichts / Malerisch, direkt am Lake Pukaki, mit Blick auf den majestätischen Mount Cook.
Zufahrt: Vom SH8 rechts in die Hayman Rd abbiegen, nach 400 m links einen kleinen Weg zum See fahren.

(099) WOMO-Stellplatz: Lake Pukaki Dam
GPS: S 44°11'12" E 170°9'5" **max. WOMOs:** 10
Ausstattung/Lage: Toilette, eigenes Papier mitnehmen / Kurz vor dem Staudamm in einem Pinienhain, mit Blick auf den Mt Cook.
Zufahrt: 200 m vor dem Pukaki Damm rechts vom SH8 abbiegen und dem Weg bis zu einem großen Areal am See folgen.

Hängebrücke am Hooker Valley Track

und mit ausreichend Kartenmaterial für die beabsichtigten Wanderungen versehen. Zehn kurze, gut markierte Wanderungen werden in der DOC-Broschüre ausgewiesen. Jeweils zwei Stunden nehmen der *Red Tarns Track*, *Kea Point* und *Hooker Valley Track* in Anspruch. Dabei ist der *Hooker Valley Track* besonders beliebt, denn der Weg führt an einem Gletscherbach entlang, am malerischen *Muller Lake* vorbei, überquert zwei Hängebrücken und kann bis zum *Hooker Lake* erweitert werden, um dann drei Stunden hin und zurück in Anspruch zu nehmen. Erfahrene Alpinisten können bei einer der drei

(100) WOMO-Campingplatz-Tipp:
White Horse Hill, Aoraki/Mt. Cook National Park DOC

GPS: S 43°43'8" E 170°5'36"   **WOMOs:** 50

Ausstattung/Lage: Toilette, Gemeinschaftsküche / Inmitten beeindruckender alpiner Landschaft.

Preise: Stellplatz 6,10 NZD pro Person, Kinder 3 NZD.

Zufahrt: Am Ende des SH80, kurz vor Mt Cook Village, 2,5 km über eine Schotterstraße dem Schild Hooker Valley folgen.

Hinweise: Großzügiger DOC Platz. Ideal gelegen für verschiedene Wanderungen im Aoraki/Mt. Cook National Park.
Die nächste Dumping Station finden Sie in Twizel (65 km).
Twizel Public Dump Station, GPS: S 44°15'28" E 170°6'2".

Pass) noch tiefer in das Gebiet des Nationalparks vordringen. Passüberquerungen (*Mueller Pass, Copland Pass* und *Ball* Dominiert wird *Mount Cook Village* ganz eindeutig vom Komplex des Luxushotels *The Hermitage*, der bekanntesten Unterkunft Neuseelands. 2 km nördlich liegt ein Parkplatz und auf steinigem Untergrund der **White Horse Hill Campground (DOC)**, der im Sommer Toiletten und fließendes Wasser bereithält, das aber erst nach dreiminütigem Kochen getrunken werden sollte. Auf dem Rückweg biegen Sie kurz hinter *Mount Cook Village* links in die nicht asphaltierte *Tasman Valley Road* ab, der Sie etwa 7 km bis zu dem *Parkplatz Blue Lakes* folgen. Hier beginnt eine sehr schöne kurze Wanderung, die uns in 20 Minuten an den drei *Blue Lakes* vorbei zum **Tasman Glacier View** führt. Wer die

Eisberg im Tasman Gletschersee

100 m Steigung überwunden hat, wird mit einem tollen Blick auf den Tasman Gletschersee belohnt, in dem riesige Eisberge schwimmen. Deren wirkliche Größe kann man erst abschätzen, wenn eines der gelben Schlauchboote auf dem See unterwegs ist, das Touristen zu den Eisbergen bringt. Auf der Rückfahrt zum asphaltierten SH80 haben Sie einen phantastischen Blick in den hinteren Teil des Lake Pukaki.

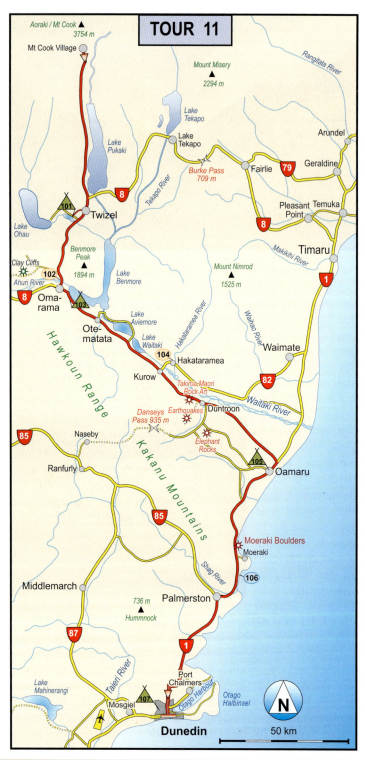

Tour 11: Vom Mt Cook ins schottische Dunedin

Mt Cook - Twizel - Omarama - Oamaru - Moeraki - Dunedin - 350 km

Stellplätze:	Ahuri River, Hakataramea River, Katiki
Camping:	Ruataniwha, Lake Benmore, Oamaru, Dunedin
Baden:	Lake Ruataniwha, Lake Ohau, Otematata, Oamaru
Wandern:	Lake Ohau, Otematata: Wildlife Reserve, Oamaru: Sebastopol Hill
Essen:	Duntroon: Flying Pig Café, Oamaru: Harbour St Bakkeri, Filadelfios, Dunedin: Scotia

In Tour 11 verlassen Sie die schneebedeckten Gipfel der **Southern Alps** und durchfahren das ausgedehnte Farmland des *Mackenzie-Beckens*. Das in der Bevölkerung als **Mackenzie Country** bezeichnete elliptisch geformte Becken befindet sich im geographischen Zentrum der Südinsel. In **Omarama** biegen Sie in das *Waitaki Valley* ein, das Sie vorbei an Staudämmen und geologisch interessanten Stellen bis zum Pazifik bringen wird. Dort erwartet Sie **Oamaru** mit europäischer Architektur und deutschem Sauerteigbrot. Danach führt Sie Tour 11 an der Küste entlang bis **Dunedin**. Unterwegs bestaunen Sie die riesigen Steinkugeln der **Moeraki Boulders**, die vom Meer aus der Uferböschung herausgespült wurden.

Ihre erste Station ist **Twizel**, das inmitten ausgedehnter, meist braungelber Weideflächen liegt, eingerahmt von alpiner Landschaft. Da die Bäume in der Umgebung weitestgehend fehlen, wirkt *Twizel* mit seinen vielen Bäumen wie eine Oase. *Twizel* wurde 1966 auf Farmland als Wohnsiedlung für die am Bau des Wasserkraftprojekt am Oberlauf des *Waitaki River* Beteiligten gebaut und erreichte auf dem Höhepunkt der Bauarbeiten stattliche 6.000 Einwohner. Nach Fertigstellung der Bauarbeiten 1983 sollte *Twizel* eigentlich wieder aufgegeben werden. Die Einwohner kämpften jedoch erfolgreich für den Fortbestand des heute 1.200 Einwohner zählenden Ortes. Ein altes Rohr erinnert heute am *Information Centre* an die

Lachsfarm in Twizel

Bauarbeiten zum Staudamm. Die Stadt wurde nach einem *skandinavischen Muster* entworfen, demzufolge Läden, Schule und ein Erholungspark das Stadtzentrum bilden und die Wohnungen darum herumgebaut werden. Die kleinsten Wohngebäude waren für Arbeiter bestimmt, etwas größere *Staff Houses* für Lehrer und Fachleute, die größten für Ingenieure und andere Einwohner mit hohem sozialen Status. Die meisten Häuser waren demontierbare Fertighäuser, um sie nach Projektende wieder abbauen zu können. Den Straßen und Wegen wurde ein kurviger Verlauf gegeben. *Twizel* ist heute Dienstleistungszentrum wie auch Touristenstadt. Der nahe gelegene **Lake Ruataniwha** lädt zum Segeln, Kanu fahren, Angeln, Wasserski fahren oder einfach nur zum Baden ein. Auf dem *Lake Ruataniwha* finden die jährlichen Ruderwettkämpfe für den Maadi Cup statt, einer von Schulen durchgeführten Regatta für Schüler unter 18 Jahren. Das nationale Ruder-Leistungszentrum ist hier angesiedelt. Direkt daneben liegt ein großer Camping-

> **(101) WOMO-Campingplatz-Tipp: Ruataniwha HP**
> **GPS:** S 44°16'21" E 170°4'6"   **WOMOs:** 150 mit Stromanschluss
> **Ausstattung/Lage:** Spielplatz / Am Lake Ruataniwha.
> **Preise:** Stellplatz mit Strom 18 NZD pro Person, Kinder 10 NZD, Kinder unter 2 Jahren sind frei
> **Zufahrt:** Den SH8 3 km Richtung Omarama fahren, dann rechts in den Max Smith Drive einbiegen. Nach 3 km links abbiegen.
> **Kontakt:** Lake Ruataniwha, Twizel, Tel. 03 435 0613,
> www.lakeruataniwha.co.nz/
> **Beurteilung:** Einfache, großzügige und ruhig gelegene Anlage. Jeder der gerne Wassersport treibt ist hier gut aufgehoben. Der Standard der Einrichtungen ist allerdings nicht sehr hoch.

platz, der überwiegend von Kiwis aufgesucht wird. Im Ort *Twizel* gibt es lediglich einen kleinen Campingplatz (122 McKenzie Dr, Tel. 03 435 0507) und eine öffentliche Entsorgungsstation (Twi-

zel Public Dump Station, GPS: S 44°32'45" E 170°5'11").
Twizel verfügt auch über eine große Startbasis für Heißluftballons. Das nahe *Ohau-Skigebiet* und die **Roundhill Ski Area** ziehen im Winter Besucher an.

Lake Ohau

Das Gebiet hat, wie schon im Beitrag für den *Lake Tekapo* beschrieben, einen der saubersten, lufttrockensten und dunkelsten Nachthimmel der Welt. Dies hat schon seit längerer Zeit Astronomen zur Beobachtung nach *Twizel* und in das *Mackenzie Becken* geführt. Ein Observatorium in *Twizel* ist im Bau. Bereits in Betrieb ist der *Ben Ohau Golfclub*, auf den man durch ungewöhnliche Schilder aufmerksam wird, die vor Golfbällen warnen, die über die Fahrbahn geflogen kommen könnten. Lohnenswert ist außerdem ein Besuch der *Kaki/ Black Stilt Visitor Hide*, das zum Schutz des vom Aussterben bedrohten Schwarzen Stelzenläufers (Kaki) errichtet wurde.
Tipp: Auf jeden Fall anhalten sollten Sie an der **Lachsfarm**, die kurz hinter dem Ort direkt am SH8 liegt. Man drückt Ihnen dort zur Begrüßung Fischfutter in die Hand und Sie können die in einem großen runden Becken ständig im Kreis schwimmenden Lachse füttern. Im Shop sollten Sie danach unbedingt frischen Lachs in allen möglichen Varianten kaufen. Er schmeckt ausgezeichnet und ist sehr zu empfehlen.

Auch ein kurzer Abstecher über eine schmale Versorgungsstraße zum an der Grenze zwischen den Regionen *Otago* und *Canterbury* gelegenen **Lake Ohau** ist sehr empfehlenswert. Mit einer Fläche von 54 km² ist er zwar etwas kleiner als seine ebenfalls in Nord-Süd-Richtung ausgerichteten Nachbarn *Lake Pukaki* und *Lake Tekapo*, aber nicht weniger geeignet zum Baden und Kanu fahren. Im nordwest-

Clay Cliffs

Clay Cliffs

lichen Bereich seiner Zuflüsse *Dobson River* und *Hopkins River* kann man wunderbare Wanderungen durch die Südbuchenwälder unternehmen, die in der DOC Broschüre genau beschrieben sind. Das *Ohau-Skigebiet* liegt nahe der Südwestküste des Sees. Die Zufahrt zum *Ort Lake Ohau* erfolgt etwa auf halber Strecke zwischen Twizel und *Omarama* vom SH8 aus.

---

(102) WOMO-Stellplatz: Ahuri River Campsite
GPS: S 44°27'58" E 169°59'11" max. WOMOs: >20
Ausstattung/Lage: Nichts / Am Ahuri River.
Zufahrt: 3 km vor Omarama, kurz vor der Brücke über den Ahuri River.
Beurteilung: Einfacher, großer Platz.

Sie fahren nun 31km durch eine karge, aber dennoch reizvolle Landschaft bis **Omarama** (Maori: *Ort des Lichtes*). Der kleine Ort ist vor allem für sein Segelfluggelände bekannt, auf dem 1995 die Weltmeisterschaft stattfand und das als Ausgangspunkt zahlreicher Weltrekorde diente. Der Flugpionier *Dick Georgeson* unternahm hier den ersten Segelflug auf der Südinsel und erreichte 1960 eine Höhe von 10.484 m. Segelflieger und Paragleiter werden jeden Sommer von der ausgezeichneten Thermik magisch angezogen. Vom Ort aus hat man einen wunderbaren Blick auf den 13 Kilometer entfernten *Benmore Peak*, der mit 1.932 m höchsten Erhebung der *Benmore Range*. Etwas nördlich der Siedlung verläuft der *Ahuriri River*, der sechs Kilometer östlich in den Stausee **Lake Benmore** mündet. In *Omarama* gibt es einen ordentlichen Campingplatz (Omarama Top 10 Holiday Park, 1 Omarama Avenue, Tel. 03 438 9624). Nur durch den weitverästelten *Ahuriri River* getrennt, liegt nordwestlich von *Omarama* die spektakuläre Felslandschaft der **Clay Cliffs** mit ihren Zinnen und Felsnadeln. Hier finden Sie eine bizarre Landschaft von kahlen Steintürmen und kantigen Felsrücken vor, die durch eine schmale Spalte im Fels betreten werden kann. Auf dem Gelände der *Clay Cliffs* geht es steil nach oben und zu ihrer Erkundung sind fast schon Kletterkünste erforderlich. Die *Clay Cliffs* sind ein instruktives Beispiel dafür, was Erosion durch Wasser formen kann, wenn sie geeignete Bedingungen vorfindet, hier Lehmklippen, die durch tektonische Aktivität freigelegt wurden. Sie erreichen die *Clay Cliffs*, indem Sie von *Twizel* kommend 3,5 km vor Omarama

Wasserkraftwerk am Lake Benmore

einer ausgeschilderten Nebenstraße folgen. Die letzten 4 der insgesamt 11 km führt sie über eine schrecklich schlechte Straße durch privates Gelände (Nutzungsgebühr 5 NZD pro Fahrzeug). Die Straße mit einem Wohnmobil zu befahren ist für den Camper eine Extrembelastung und den Fahrer eine absolute Zumutung. Wir müssen leider davon abraten.

Südlich von *Omarama* endet das *Mackenzie Becken* und das Gelände steigt stetig bis zum 32 km entfernten *Lindis Pass (965)* an. Sie aber wenden sich Richtung Osten und folgen dem SH83 durch das **Waitaki Valley**, bis er in *Oamaru*, an der Pazifikküste, endet. Das farbenfrohe *Tal des Waitaki* wurde durch das schon erwähnte Staudammprojekt nachhaltig verändert. Insgesamt neun Staudämme wurden gebaut. Nach 26 km erreichen Sie **Otematata**, ein Erholungs- und Freizeitparadies, in dem man schwimmen, wandern und Rad fahren kann. Es

---

(103) WOMO-Campingplatz-Tipp: Lake Benmore HP
GPS: S 44°31'19" E 170°3'11"   **WOMOs:** 14 mit Stromanschluss
Ausstattung/Lage:
Jeder Stellplatz hat eine eigene Toilette mit Dusche, Spielplatz / Vom Lake Benmore nur durch den SH83 getrennt.
Preise: Stellplatz mit Strom 20 NZD pro Person, Kinder 5 NZD, Kinder unter 5 Jahren sind frei.
Zufahrt: Am SH83, 7 km östlich von Omarama.
Kontakt: SH83, Tel. 03 438 9624, Email: benmoreview@xtra.co.nz
Beurteilung: Wunderschöne, ruhige und großzügige Anlage auf Gras.

---

existiert ein **Wildlife Reserve**, das von schönen Wanderwegen durchzogen wird. Über eine Nebenstraße erreichen Sie den 5 km entfernten, riesigen **Benmore Damm**, der besichtigt werden kann. Mit 12,5 Millionen Kubikmetern ist der größte Stausee

Abbruch an den Takiroa Felsen

Neuseelands. Nach weiteren 12 km erreichen Sie den nächsten Staudamm, den 1968 fertig gestellten **Aviemore Damm**.

Im weiteren Verlauf des SH83 liegt direkt an der Straße ein riesiger Kalksteinfelsen. Am oberen Rand der steilen Felswand befindet sich der Eingang zum Felsdach mit **Maori Zeichnungen**, die aus einem Gemisch aus Holzkohle und Tierfett angefertigt wurden. Leider wurden mehrere der besten Zeichnungen (zu ihrem Schutz) zusammen mit dem umgebenden Fels herausgemeißelt und in verschiedene Museen gebracht. Eine kleine Handvoll, meist rötlicher Zeichen, lässt noch ein klein wenig davon ahnen, was hier einstmals an eindrucksvollster Maori-Kunst vorhanden war. Im **Waitaki Valley** gab es über 20 Stellen mit historischen Felszeichnungen der Maori. Ein Teil fiel Baumaßnahmen zum Opfer, ein anderer Teil verschwand in den Fluten neu angelegter Stauseen. **Takiroa** ist eine der drei erhalten gebliebenen Stellen. Einige Kilometer weiter liegt, direkt an der Hauptstraße, die **Takiroa Maori Rock Art Site**.

Wenig später erreichen Sie den 1859 von schottischen Einwanderern gegründeten Ort **Duntroon** (120 Ew.) mit kleinen neogotischen Gebäuden, der anglikanischen Kirche *St. Martin's* und dem *Vanished World Heritage Center*, das die

Besonderheiten der Geologie des *Waitaki River Valleys* und einige Fossilienfunde zeigt. Zu letzteren gehört das versteinerte Skelett eines Wals, dessen Geschichte hier phantasiereich erzählt wird. Sicher wird Ihnen in Duntroon ein ganz in rosa gehaltenes Gebäude ins Auge fallen. Das **Flying Pig Café** (23 Campbell St, Tel. 03 431 2717) ist sehr geschmackvoll eingerichtet und bietet Ihnen außerordentlich leckere Muffins und belegte Brote mit Pfiff.

Zu den geologisch beachtlichen Stellen der Gegend gehören die bizarren **Elephant Rocks**. Sie haben sich im 25

Millionen Jahre alten Sandstein herausgebildet, der sich dort ablagerte und dann zu Kalkstein umwandelte. Ein Spaziergang durch die gewaltigen skurrilen Natursklupturen, zwischen denen Schafe friedlich grasen vor der

Elephant Rocks

Kulisse der Neuseeländischen Alpen, ist erhebend. Teile der Filmaufnahmen für „Die Chroniken von Narnia" wurden hier gedreht. Sie erreichen die Elephant Rocks über eine schmale kurvenreiche Straße Richtung *Danseys Pass*, die 5 km hinter *Duntroon* vom SH83 abzweigt. Auf dem Weg finden Sie auch die *Earth Quakes*, eine schroffe Felslandschaft inmitten sanft geschwungener Schafhügel. Sie sind auf einer tektonischer Bruchstelle der Erde senkrecht angehoben worden.

(104) WOMO-Stellplatz: Hakataramea River

GPS: S 44°43'28" E 170°29'19" **max. WOMOs:** >10 Plätze
Ausstattung/Lage: Nichts / Am Hakataramea River.
Zufahrt: In Kurow vom SH83 links in den SH82 abbiegen und den Waitaki River überqueren (2 Brücken). Am alten Hakataramea Hotel, kurz vor dem Hakataramea River, links in die Old Slip Road einbiegen, über einen Hügel fahren und rechts in eine kleine Straße einbiegen (fishing access road).
Hinweise: Vom Waimate District Council werden für self-contained Wohnmobile zwei Übernachtungen zugelassen. Wegen überhängender Äste ist dieser Platz für sehr hohe Wohnmobile nicht geeignet. Sie können auch den Hakataramea River überqueren, links in die McHenry's Road einbiegen und sich am Flussufer einen Platz suchen.

Sie folgen nun dem immer breiter werdenden Bett des *Waitaki River* und treffen nach 35 km auf den SH1 von **Timaru**, der drittgrößten Stadt der Südinsel nach **Dunedin**. Lohnend ist ein 10 km Abstecher Richtung Norden zum mächtigen **Mündungsdelta des Waitaki River**, das landschaftlich beeindruckt, an dem es aber auch bedeutende archäologische Funde gab. Die archaischen Moajäger hinterließen hier um das Jahr 1100 ihre Spuren.

In den 1850ern kamen immer mehr europäische Siedler in die Gegend, da-

Vom Mt Cook ins schottische Dunedin

Oamaru Opera House

runter auch *Hogh Robinson*, der 1853 am *Oamaru River* eine Hütte aus Grassode (ausgestochene, viereckige Stücke Grasnarbe) baute. Der Standort wurde 1859 zur Stadt erklärt. **Oamaru** wurde bald zum Zentrum für das landwirtschaftliche Hinterland und baute am nahen *Cape Wanbrow* einen wichtigen Handels- und Fischereihafen. Die Kalksteinfelsen der Umgebung eigneten sich sehr gut für die Weiterverarbeitung und so prägte der künstlerische Umgang der Handwerker mit dem Kalkstein das Stadtbild. Über die wirtschaftlichen Standbeine Landwirtschaft, Holzwirtschaft und Steinbrüche wurde *Oamaru* Ende des 19. Jahrhunderts zu einer der schönsten und finanzstärksten Städte Australasiens. Gut essen können Sie im **Filadelfios** (70 Thames St, Tel. 03 434 8884).

(105) WOMO-Campingplatz-Tipp: Oamaru Top 10 HP
GPS: S 45°5'49" E 170°57'19"   **WOMOs:** 50 mit Stromanschluss
Ausstattung/Lage: Spielplatz / Zentrumsnahe Lage.
Preise: Stellplatz mit Strom 21 NZD pro Person, Kinder 5 NZD.
Zufahrt: Den Schildern an der Hauptstraße folgen, mitten im Zentrum.
Kontakt: 30 Chelmer St, Oamaru, Tel. 0800 280 202,
www.oamarutop10.co.nz
Beurteilung: Mitten in der Stadt, günstige, angenehme Anlage, Touren zu den Pinguinen starten hier und können auch hier gebucht werden.

Heute können Sie das architektonische Erbe dieser Zeit im **Historic Precinct** genannten Stadtviertel bestaunen. Neben beachtenswerten Banken und Handelshäusern finden Sie hier die *Country Council Chambers* von 1882, das *Opera House* von 1906, das *Courthouse* von 1883 sowie die Kirchen *St. Luke's Anglican Church* von 1865 und die *St. Patrick's Basilika*. Daneben stechen die Hotels *Nothern Hotel* (1880), *Criterion Hotel* (1877) und das ehemalige *Queens Hotel* (1881, heute *Brydone Hotel*) ins Auge. Eine öffentliche Galerie, die

Moeraki Boulders

Forrester Art Galerie, wurde 1983 im neoklassizistischen Gebäude der *Bank of New South Wales* eröffnet. Auch andere Gebäude wurden restauriert. Ein Treuhandfond wurde eröffnet und die Restaurierungsarbeiten am historischen Hafenstadtteil vorangetrieben. In der **Harbour St Bakkeri** können Sie sich mit Sauerteigbrot eindecken.

Die Parks der heute ca. 12.000 Einwohner zählenden Stadt gehören zu den schönsten der Südhalbinsel. Im Südosten der Stadt liegt eine große Parkanlage, die zum Meer hin in die *Bushby Beach* übergeht. Dort, also noch im Stadtbereich, gibt es zwei Pinguin Kolonien. Wenn die **Zwergpinguine** abends an Land kommen und zu ihren Schlafplätzen wandern, können sie gut beobachtet werden. Im Bereich des Hafens gibt es insgesamt 3000 Exemplare dieser nicht bedrohten Pinguine. Ein lohnender Fußmarsch führt uns in 30 Minuten auf den **Sebastopol Hill**. Über weitere vorhandene Wanderrouten und alle Sehenswürdigkeiten der Umgebung kann sich der Besucher im sehr hübschen Visitor Centre am Ende der Thames Street ausführlich informieren.

Den kleinen 150 Einwohner zählenden Fischerort **Moeraki** erreichen Sie 39 km hinter *Oamaru* auf dem SH1 nach Dunedin. Zur Hauptattraktion des Ortes, den *Moeraki Boulders*, biegen Sie 2 km vor dem Ort am Hinweisschild „Boulders" ab und folgen der Stichstraße. Vom Parkplatz sind es dann noch gebührenpflichtige 5 Minuten zu dem Strandabschnitt, an dem große Gesteinskugeln mit einem Umfang von bis zu drei Metern im Sand liegen. Die **Moeraki Boulders** werden bei Flut vom Meer überspielt und können daher nur bei Ebbe bewundert werden. Es gibt viele verschiedene Formen am Strand, noch ganz unversehrte Steine oder schon fast vollständig

Dunedin, University of Otago

zerfallene. Wissenschaftler gehen davon aus, dass sich die *Moeraki Boulder* vor ungefähr 65 Millionen Jahren in einem 4 Millionen Jahre dauernden Prozess auf dem Meeresboden gebildet haben, bei dem sich durch Kristallisierung von Kalzium und Karbonaten um geladene Partikel in schlammigen Unterwassersedimenten die Steinkugeln formten. Vor ca. 15 Millionen Jahren sind sie aus dem Meer aufgetaucht.

Der Ort *Moeraki* selbst hat eine hübsche Maori Kirche. Von einem Lookout, an einem Monument zur Erinnerung an die ersten Siedler *Otagos*, können Sie den an einer sandigen Bucht an der Basis einer kleinen Halbinsel gelegenen Ort gut überschauen. Am nahe gelegenen **Katiki Point** finden wir das *Katiki Point Lighthouse*, einen inmitten eines Pinguin Naturschutzgebietes gelegenen Leuchtturm. Hier können Sie *Pinguine*, *Robben* und *Kormorane* beobachten. Im Beobachtungshäuschen sind sogar Ferngläser verfügbar (Spende erbeten). In der Nähe gibt es weitere Möglichkeiten Tiere zu beobachten, z.B. den wunderschönen, 15 km südlich Moeraki gelegenen **Shag Point**. Er liegt unweit des SH1 an der Mündung des *Shag River*. An der wilden meist stürmischen Felsenküste können Sie Seebären beobachten.

(106) WOMO-Badeplatz: Katiki (north end)
GPS: S 45°24'1" E 170°50'20" **max. WOMOs:** 5
Ausstattung/Lage: Nichts / Zwischen SH1 und Strand, Bäume.
Zufahrt: Etwa 6 km südlich Moeraki, wo der SH1 wieder auf die Küste trifft.
Beurteilung: Einfacher, kleiner Platz am Meer.

Bevor Sie Richtung Dunedin weiterfahren, sollten Sie einen 7 km Abstecher zur **Trotters Gorge** unternehmen. Auf Höhe des Abzweiges zum *Katiki Point Lighthouse* biegen Sie vom

Octagon, Municipal Chambers und St. Paul's Anglican Church (links)

SH1 ins Landesinnere in die *Horse Range Road* ein. Die Straße führt uns durch eine hügelige, landwirtschaftlich genutzte Landschaft, bis plötzlich eine karstige Schlucht mit markanten ausgewaschenen Kalkbergen auftaucht, die **Trotters Gorge**. Diese Schlucht wird sicherlich jeden Betrachter in ihren Bann ziehen. Von den höhergelegenen Teilen der Strecke haben Sie einen wunderbaren Ausblick bis zum Pazifik.

Zurück am SH1 verlassen Sie am Shag Point die Küste, passieren bald darauf **Palmerston**, 35 km dahinter **Waikouaiti** und erreichen nach weiteren 26 km **Waitati**. Der kleine, im Jahre 2006 immerhin 501 Einwohner zählende Ort, liegt schon innerhalb der Stadtgrenzen von Dunedin, dessen Stadtzentrums nur noch 19 km entfernt liegt. *Waitati* ist zum Treffpunkt für deutsche Immigranten nach Neuseeland geworden. Empfehlenswert ist ein Abstecher zum eindrucksvollen **Wattenmeer in Aramoana**. Ab *Waitati* folgen Sie 25 km der *Blueskin Road* bis zum schönen **Port Chalmers**. Über die *Aramoana Road*, die kurvenreich am **Otago Harbour** entlangführt, erreichen Sie nach 11 km Aramoana. Hier, in der Bereich der Öffnung des *Otago Harbour* in den Pazifik, liegt ein ausgedehntes Wattenmeer.

Von Aramoana Fahren Sie zurück nach *Port Chalmers* und über den SH88 das Stadtzentrum von **Dunedin**. Es liegt am Südende des Otago Harbour auf einer Sandbank, die die **Otago Peninsula** schließlich zur Halbinsel werden ließ. Dunedin ist eingefügt in das erodierte Lavabett eines alten Vulkans, der sich im Bereich von *Port Chalmers* befand. Der damalige Lavastrom formte vor etwa 10 Millionen Jahren den heutigen *Otago Harbour* aus. *Dunedin* (sprich „Dänieden") wurde von Schotten nach dem Grundriss *Edinburghs* errichtet und

Dunedin Bahnhof

bedeutet „Stadt auf dem Hügel". Auch heute noch werden in *Dunedin* **schottische Traditionen** gepflegt. So gibt es mehrere Dudelsack-Bands, Highland Tänze und Haggis, das traditionelle Essen der Schotten. In der mit 119.000 Einwohnern fünftgrößten Stadt Neuseelands können viele historische Gebäude besichtigt werden. Am bekanntesten ist der 1906 eröffnete **Bahnhof**, dessen Außenseite aus Kalkstein ein imposanter Anblick ist, doch richtig ins Staunen versetzt wird man erst durch das Interieur. Die in England hergestellten Mosaiksteinchen ergeben einen herrlichen Fußboden und die Wände der Bahnhofshalle sind mit farbigen Keramikfliesen versehen. Von hier starten u.a. täglich die Ausflüge mit der **Taieri Gorge Eisenbahn**.

Taieri Gorge Eisenbahn

Auch die älteste Universität Neuseelands, die 1869 gegründete **University of Otago**, befindet sich in Dunedin. Das Studienangebot umfasst nahezu sämtliche Studiengänge, einzig in Neuseeland kann hier Zahnmedizin, Theologie, Pharmazie und Vermessungswesen studiert werden. Dunedin beherbergt jährlich bis zu 23.000 Studenten aller Bildungseinrichtungen, was der zweitsüdlichsten Großstadt der

Schalterhalle der Dunedin Railway Station

Welt ein lebendiges Treiben und eine ausgesprochen aktive Kulturszene verschafft. *Dunedin* ist neben *Auckland*, *Wellington* und *Christchurch* eines der Popmusik-Zentren des Landes. *Dunedin* hat eine bemerkenswerte historische Architektur. Diese Stadt gilt als eine der am besten erhaltenen viktorianischen und edwardianischen Städte der südlichen Hemisphäre. So ist die **Dunedin Railway Station** aus massivem Stein im flämischen Renaissance-Stil und der Glockenturm der Universität sowie das Dominikanermünster in einem faszinierenden neugotischen Stil entworfen worden. Wer Interesse hat, die Grenzen der Leistungsfähigkeit seines Wohnmobiles auszutesten, kann dies in der Baldwin Street tun. Die laut Guinness-Buch der Rekorde steilste Straße der Welt weist eine maximale Steigung von 35% auf. Jedes Jahr im Februar sorgt das Baldwin Street Gutbuster Rennen mit rund 1000 zumeist jungen Wettbewerbern für ein großes lustiges Spektakel.

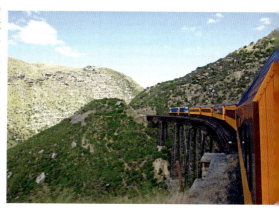

Eisenbahnbrücke über den Taieri River

In Dunedin, mit seinem das Stadtzentrum beherrschenden **Octagon**, kann man alle Einrichtungen einer modernen und blühenden Stadt antreffen und dennoch gibt es keine Verkehrsstaus und Park-

Otago Halbinsel

platzprobleme. Eine Vielzahl von Cafés, Restaurants und Bars mit einer faszinierenden Mischung aus Läden und Unterhaltungstreffpunkten sind bei den Besuchern besonders beliebt. Wir empfehlen Ihnen das Restaurant **Scotia** (199 Upper Stuart St, Tel. 03 477 7704), in dem das Angebot schottisch geprägt ist.

Die **Otago Peninsula** ist eine ca. 30 km lange und bis zu 12 km breite Halbinsel, die vollständig zum Stadtgebiet von Dunedin gehört. Das hügelige Weideland im Landesinneren und die wild zerklüftete Steilküste erinnern an Schottland, die Highcliff Road in der Mitte des Landstreifens offenbart in beide Richtungen spektakuläre Blicke auf den Pazifik. Albatrosse, Seelöwen, Gelbaugenpinguine, hier können sie ganz aus der Nähe beobachtet werden. Was aus der Ferne noch wie ein Felsblock am einsamen Strand gewirkt hat, kann sich bei genauerem Hinsehen als majestätischer Seelöwen-Koloss entpuppen. Es sind ungewöhnliche Begegnungen wie diese, die der Halbinsel den Ruf eingebracht haben, ein einzigartiges Tierparadies zu sein.

(107) WOMO-Campingplatz-Tipp: Aaron Lodge Top 10 HP
GPS: S 45°52'7" E 170°28'29"   **WOMOs:** 20 mit Stromanschluss
Ausstattung/Lage: Sehr großer, schöner Spielplatz, Swimmingpool, Spapool / 3 km vom Stadtzentrum, Bushaltestelle und Supermarkt nebenan.
Preise: Stellplatz mit Strom 46 NZD, 17 NZD pro weiterem Erwachsenen, 8 NZD pro weiterem Kind.
Zufahrt: Vom Zentrum aus (Oktagon) steil die Stuart St den Berg hinauf.
Kontakt: 162 Kaikorai Valley Rd, Dunedin, Tel. 0800 879 227, www.aaronlodgetop10.co.nz   **Beurteilung:** Platz ist ideal zum Entdecken von Dunedin, etwas eng. Sanitäranlagen sehr gut.

Ganz in ihrem Norden liegt einer der stärksten Anziehungspunkte, das Vogelschutzgebiet am **Taiaroa Head** mit der ein-

Larnach Castlle

zigen Festlandkolonie von **Königsalbatrosse**n. Die Giganten der Lüfte bringen es auf eine Flügel-Spannbreite von bis zu drei Metern und können bequem vom Besucherzentrum aus betrachtet werden. An den Sandbuchten im Nordwesten ist eine Kolonie der **Gelbaugenpinguine** anzutreffen. Aus Verstecken heraus können Touristen diese stark bedrohten Pinguine mit dem leuchtend gelben Streifen am Kopf beobachten, wie sie abends in der Dämmerung mit hoher Geschwindigkeit durch die Wellen an Land gesaust kommen und dann über den Strand zu den Dünen watscheln, wo sie vom hungrigen Nachwuchs schon lautstark erwartet werden.

Panoramablick von Larnach Castlel

Den wohl schönsten Panoramablick können Besucher vom Turm des **Larnach Castle** aus genießen, das auf einer Anhöhe auf der Halbinsel liegt. Das extravagante Schloss wurde 1871 für den Bankier und Politiker William Larnach gebaut und war das teuerste Bauprojekt Neuseelands. Wir wollen es bei dieser Schilderung bewenden lassen und verweisen auf die Visitor Information als Quelle für viele weitere Empfehlungen auf diesem wundervollen Stückchen Erde.

Tour 12: Durch die rauen Catlins im Southland

Dunedin - Balclutha - Catlins - Invercargill - 300 km

Stellplätze:	Brighton Coast, Tautuku Bay, Fortrose, Lignite Pit
Camping:	Balclutha, Kaka Point, Curio Bay, Invercargill
Baden:	Kaka Point
Wandern:	Kaka Point, Wattwanderung Pounawea, Jack's Blowhole, Purakaunui Falls, Matai Falls, Horseshoe Falls, Papatowai, Lake Wilkie, Tautuku Estuary Boardwalk, Cathedral Caves, McLean Falls, Stewart Island

Tour 12 führt Sie durch den südlichsten Teil Aotearoas. Das dünn besiedelte **Southland** hält für Sie einen der spektakulärsten Landstriche Neuseelands bereit. Sie fahren entlang der **Southern Scenic Route** und sehen gewaltige Wälder, wildes Buschland, fruchtbares Farmland, idyllische Wasserfälle, raue Küstenabschnitte und einsame Strände. Die Ursprünglichkeit der Südinsel können Sie in den **Catlins** in vollen Zügen genießen. Sie folgen der *Southern Scenic Route* bis **Invercargill**.

(108) WOMO-Stellplatz: Brighton Coast - Taieri Mouth
GPS: S 45°58'13" E 170°17'8"   **max. WOMOs:** 5
Ausstattung/Lage: Nichts / Neben der Straße, an der felsigen Küste.
Zufahrt: 22 km hinter Dunedins Stadtzentrum und 5 km hinter Brighton gelegen. Vom SH1 Richtung Kaikoari Vally/Green Island in die Main South Rd abbiegen. Diese geht zunächst in die Brighton Rd und hinter Brighton in die Taieri Mouth Road über.

Sie verlassen Dunedin über den SH1 und treffen nach 40 km auf **Milton**. Diese 1.900 Einwohner Gemeinde wartet mit einer Kuriosität der Marke „Schildbürger" auf. Die Hauptstraße des Ortes ist an einer Stelle um eine gesamte Straßenbreite seitlich versetzt. Offensichtlich haben die Vermesser der beiden Straßenbautrupps die Straße, jeweils von sich aus gesehen, rechts der Vermessungslinie ausgerichtet.

Die 25 km entfernte Kleinstadt **Balclutha** liegt mit ca. 4000 Einwohnern am *Clutha River* inmitten eines fruchtbaren Schafweidegebiet. *James McNeil* war 1852 der erste Siedler der Stadt. Er betrieb eine Fähre über den *Clutha*, die bis zur Eröffnung einer Brücke im Jahre 1868 von großer Bedeutung war.

Schafe am Clutha River

Clutha River

Heute ist *Balclutha* das landwirtschaftliche Versorgungszentrum von **South Otago** und landesweit bekanntes Zentrum für Schafzucht. Das *South Otago Museum* und die *Stirling-Käserei* können im Ort besichtigt werden. Vor der Weiterfahrt in die **Catlins** versorgen Sie sich im *Clutha Visitor Center* mit Informationsmaterial über diesen spektakulären Landstrich.

(109) WOMO-Campingplatz-Tipp: Balclutha Motor Camp

GPS: S 46°14'18" E 169°44'0"   **WOMOs:** 26 mit Stromanschluss

Ausstattung/Lage: Standard / An einem Park gelegen, direkt hinter dem Damm des Clutha River.
Preise: Stellplatz mit Strom 15 NZD pro Person.
Zufahrt: Die Charlotte Street ist eine Parallelstraße der Hauptstraße.
Kontakt: 56 Charlotte Street, Balclutha, Tel. 03 418 0388, www.balcluthamotorcamp.co.nz

Beurteilung: Einfacher Platz.

Sie folgen Hinweisschildern am Ortsausgang von *Balclutha* links in den *Owaka Highway* (SH92), der Sie unmittelbar in die einsame Hügel- und Küstenlandschaft der **Catlins** führt. Die *Southern Scenic Route* folgt kurvenreich dem Küstenverlauf und ist heute vollständig geteert. Die wilde und zerklüftete **Catlins Coast** ist wegen ihrer hohen Wellen unter Seeleuten berüchtigt, aber bei Big Wave Surfern beliebt, da sie hier viele Stellen zur Ausübung ihres gewagten Sports antreffen. Der

Rundweg durch Naturschutzgebiet am Kaka Point

(falsch geschriebene) Name Catlin geht auf den Walfänger Kapitän *Edward Cattlin* zurück. Nachdem der Walfang an Bedeutung verloren hatte, begann die Zeit der blühenden Holzwirtschaft. Die großflächig abgeholzten Steineiben wurden in zahlreichen Sägemühlen verarbeitet. Ein großer Teil des Holzes wurde nach *Dunedin* verschifft und dort überwiegend für den Häuserbau verwendet. Ab 1879 wurde das Holz auch über die neue Bahnlinie abtransportiert und erst in den 30er Jahren des 20. Jahrhunderts verlor die Holzindustrie ihre Bedeutung für die *Catlins*. Heute dominieren die Wirtschaftszweige Milchviehhaltung und Fischerei. Daneben gewinnt zunehmend der Ökotourismus an Bedeutung. Das dünn besiedelte Gebiet hat heute etwa 1200 Einwohner, von denen 400 in **Owaka** leben, dem größten Ort der *Catlins*. Das Gebiet der *Catlins* umfasst einen 90 km langen Küstenstreifens zwischen dem *Clutha River* im Nordosten und dem *Mataura River* im Westen. Im Nordwesten weichen die rauen, mit Buschwerk bedeckten Hügel einem hügeligen Weideland. Es bietet sich an 21 km hinter *Balclutha* am **Kaka Point** einen Stopp einzulegen. Die Ausstattung des Campingplatzes kann als spartanisch bezeichnet werden, dafür können Sie am bewachten goldenen Sandstrand der kleinen Feriensiedlung wunderbar schwimmen. Auch ein gut ausge-

(110) WOMO-Campingplatz: Kaka Point Camping Ground
GPS: S 46°23'9" E 169°46'32"   **WOMOs:** 32 mit Stromanschluss
Ausstattung/Lage: Standard, Spielplatz nebenan / Inmitten von Bäumen und Buschwerk, am Kaka Point Scenic Reserve.
Zufahrt: In Kaka Point von der Küstenstraße in die Tarata St abbiegen.
Kontakt: 30 Tarata St, Kaka Point, Otago, Tel. 03 412 8801,
www.kakapointcamping.co.nz   **Preise:** Stellplatz mit Strom 27 NZD.
Beurteilung: Einfacher, ruhiger und sauberer Platz. 400 m zum Strand.

Nugget Point Lighthouse

schilderter 2,5 km Rundweg durch ein schönes Naturschutzgebiet wartet hier auf Sie.

Deutlich spektakulärer ist die nächste Station, der in eindrucksvoller Landschaft gelegene **Nugget Point**. Dessen Parkplatz liegt 9 km hinter dem Kaka Point. Sie wandern über einen befestigten Pfad, der Sie an schroffen Felskanten vorbeiführt. Vereinzelte windschiefe Bäume zeugen von den dauerhaften Stürmen, die an diesem Küstenabschnitt toben. Sie folgen nun der bis auf 133 m ansteigenden Bergflanke und hinter einer Biegung entfaltet sich Ihnen ein zauberhafter Blick. Vor Ihnen liegt am Ende einer Felszunge auf einem kleinen Felsen ein weißer Leuchtturm. Das 1869 errichtete **Nugget Point Lighthouse** befindet sich 76 m über dem Wasser und ist heute noch in Betrieb. Sie erreichen es über einen zunächst leicht abschüssigen und dann ansteigenden Weg, zu dessen beiden Seiten der Hang steil zum Meer hin abfällt. Eine Gruppe von Felsen, die in der Verlängerung der Landzunge im Meer liegen, und in der Abendsonne golden schimmern gab dem Ort seinen Namen. Vom Weg aus können **Pelzrobben** und - zwischen Oktober und März - die selteneren **See-Elefanten** beobachtet werden (Fernglas nützlich). Ebenfalls vom Parkplatz aus erreicht man in 10 Minuten eine Beobachtungshütte für **Gelbaugenpinguine**. Die Tiere kommen nachmittags aus dem Meer und watscheln Richtung Steilhang, wobei sie immer wieder stehen bleiben. Sie müssen den gesamten steilen Hang hochklettern, um zu ihren Jungen zu gelangen. Wie sie das schaffen ist uns ein Rätsel. Ihr nächstes Ziel ist das bereits erwähnte **Owaka**. Am 5 km vor *Owaka* gelegenen Tunnel Hill haben Sie Gelegenheit einen historischen Eisenbahntunnel anzuschauen. In Owaka gibt es ein Museum und eine DOC Visitor Information. Der Campingplatz kann nicht empfohlen werden. Im 4 km entfernten **Pounawea** finden Sie einen einfachen, aber sehr schön an der Mündung des *Catlin River* am Meer gelegenen Platz.

Purakaunui Falls

Der nächste Weg führt Sie zu **Jack's Blowhole**, einem imposanten 55 m tiefen Loch, das über einen 200 m langen Tunnel mit dem Meer verbunden ist. Zunächst folgen Sie einer Straße am Wasser entlang zu Jack's Bay. Dann wandern Sie 30 Minuten über Farmland (1 NZD Spende erbeten), bis sich unvermittelt vor Ihnen ein 144 m langes und 68 m breites Loch auftut. Seine steil abfallenden Wände sind schön bewachsen und in 55 m Tiefe tost das Meer. Bitte seien Sie nicht frustriert, wenn das Blowhole seinem Namen keine Ehre macht. Eine Wasserfontäne ist nicht immer garantiert.

Kurz hinter *Owaka* wartet ein weiterer

Matai Falls

Spaziergang. Sie benötigten 20 Minuten, um über einen gut ausgezeichneten Pfad durch den Regenwald zum oberen Teil **Purakaunui Falls** zu gelangen. Die Kaskade mehrerer Wasserfälle des *Purakaunui River* hat zwar nur eine Fallhöhe von 20 m, ist aber dennoch wunderschön und viel fotografiert.

Den schönsten Blick auf die bezaubernden dreistufigen Wasserfälle hat man von deren Basis aus, zu der wir über den Weg absteigen können. Nur 5 km hinter der Abzweigung nach *Purakaunui* liegen die malerischen **Matai Falls**, die über eine leichte, 10-minütige

Horseshoe Falls

Durch die rauen Catlins im Southland   217

Tautuku Bay

Wanderung vom Parkplatz aus zu erreichen sind. Das Wasser fließt in Kaskaden über die moosbewachsenen Felsen. Oberhalb der *Matai Falls* liegen noch die **Horseshoe Falls**.

8 km hinter den *Matai Falls* überqueren Sie den *Tahakopa River* und erreichen die kleine Siedlung **Papatowai**. Hier können Sie in einem Gemischtwarenladen Ihre Vorräte auffrischen und einige Waldspaziergänge unternehmen. Nur 2,5 km hinter *Papatowai* finden Sie, unweit des SH92, den mitten im Wald liegenden **Lake Wilkie**. Der kleine Rundwanderweg um den wunderschönen Moorsee wird auch Sie mit wundervollen Spiegelbildern in der glatten Oberfläche des Sees verzücken. Mehrere Schilder erläutern das Fortschreiten der Verlandung und die dabei aufeinander folgenden Pflanzen, vom Sphagnum-Moos bis zum ausgewachsenen Wald. Eine kleine Brücke führt an das Seeufer, wo Sie winzige Frösche von nur 1,5 - 2 cm Größe entdecken können. Nur 100 m hinter der Ausfahrt auf den SH92 erreichen Sie den **Florence Hill Outlook**, der uns einen wunderbaren Blick auf die bezaubernde *Tautuku Beach* liefert. Der **Tautuku Estuary Boardwalk** führt durch Feuchtgebiete im Mündungsbereich des *Tahakopa River*, der hier in einen Meeresarm übergeht (30 Minuten hin und zurück). Eine besonders beliebte Attraktion sind die **Cathedral Caves**, die nur zwei Stunden

Lake Wlikie

vor und nach der Ebbe zu begehen sind. Die geeigneten Zeiten sind am Eingang einzusehen (Eintritt 3 NZD). Streng genommen bestehen die *Cathedral Caves* aus einem System von bis zu 15 Höhlen, von denen aber meist nur zwei besichtigt werden. Diese beiden miteinander verbundenen Höhlen sind am leichtesten zugänglich und besitzen ca. 30 m hohe eindrucksvolle Grotten.

---

(111) WOMO-Badeplatz: Tautuku Bay
GPS: S 46°34'33" E 169°27'12" **max. WOMOs:** 5
Ausstattung/Lage: Nichts / Nahe der Küste mit einem langen weißen Sandstrand und dem Mündungsbereich eines Flusses.
Zufahrt: Nahe dem Florence Hill Lookout, 3 km hinter dem Ort Papatowai und 1 km vor Lake Wilkie links abbiegen. Eine enge Schotterstraße bringt Sie nach ca. 400 m zu zwei Bereichen mit Stellplätzen.

Zurück auf der Hauptstraße, zweigt bereits nach einem Kilometer die *Rewcastle Road* zum drei Kilometer entfernten Parkplatz der **McLean Falls** ab. Über einen Waldweg, durch dichten Regenwald, treffen Sie nach ca. 15 Minuten Fußmarsch auf die insgesamt 100 m hohen Wasserfälle, die sich aus fünf Stufen zusammensetzen. Am Spätnachmittag wird die 4. Stufe, mit 30 m Fallhöhe zugleich die größte, vom Sonnenlicht beschienen. Dies miterlebt zu haben, macht die ohnehin sehr beeindruckenden *McLean Falls* zum unvergesslichen Erlebnis.

Sie fahren auf dem SH92 Richtung Invercargill und biegen, etwa 30 km hinter Papatowai, links in die *Niagara Waikawa Road* ein. Diese folgt dem *Waikawa River* und bringt Sie nach 8 km in das Fischerdörfchen **Waikawa**, am wunderschönen *Waikawa Hafen* gelegen. Hier gibt es neben einem kleinen Coffee-Shop eine alte Kirche und ein aus zwei alten Schulhäusern entstandenes Museum. Im *Dolphin Information Center* wird man aus-

führlich über eine Schule von etwa 20 **Hector Delphinen** informiert, die von November bis April in der nahe gelegenen **Porpoise Bay** ihre Jungen großziehen. Die kleinen Delphine können oft vom Ufer aus beim Spiel in der Brandung beobachtet werden. Wem das nicht genügt, kann ab **Waikawa** zu *Dolphin Watching* Boots-Touren starten. Der langgezogene Sandstrand der *Porpoise Bay* liegt am Ausgang des *Waikawa Harbour* und ist nur durch eine Landnase von der nächsten Attraktion, der **Curio Bay**, getrennt. Auf diesem Landvorsprung liegt ein Campingplatz, der „Curio Bay Camping Ground", von dem aus man beide Buchten überblicken kann. Die *Curio Bay* hat eine besondere Attraktion zu bieten, den **Fossil Forest**. Von einem Aussichtspunkt unweit des Camping Platzes kann der versteinerte Wald mit versteinerten Baumstümpfen und umgekippten Stämmen bei Ebbe beobachtet werden.

(112) WOMO-Campingplatz-Tipp: Curio Bay
GPS: S 46°39'38" E 169°6'11" **WOMOs:** 40
Ausstattung/Lage: Toilette, Dusche, Küche / Durch Schilf und hohe Gräser geschützte Lage auf einem Cliff zwischen Curio Bay und Porpoise Bay.
Preise: Stellplatz mit Strom 10 NZD pro Person.
Zufahrt: Die Curio Bay ist auf der Southern Scenic Route zwischen Fortrose und Papatowai ausgeschildert (13 km Schotterstraße).
Kontakt: Curio Bay, Tel. 03 230 4331,
www.curiobay.org/curio-bay-camping-ground.html
Beurteilung: Sehr einfache Ausstattung, aber traumhaft gelegen. Kleiner Shop mit Basislebensmitteln. Wer Glück hat sieht die seltenen Hector-Delphine, Gelbaugen Pinguine oder Seelöwen. Auch gibt es einen versteinerten Wald zu besichtigen (siehe Text).

Der **Slope Point** ist mit seinen windzerzausten Bäumen der südlichste Punkt der Südinsel, liegt 16 km südwestlich von der *Curio Bay* und ist nur über eine Schotterstraße zu erreichen. Weitere 22 km westlich liegt der **Waipapa Point** an einem Felsenkap, 10 km südöstlich der Mündung des *Matau-*

ra River am äußersten südwestlichen Ende der Catlins. Der schöne Strand lädt zum Spaziergang und zu Sturmbeobachtungen am Meer ein. Am 28./29. April 1881 kam es hier zum schwersten zivilen Schiffsunglück Neuseelands, bei dem 131 Menschen an Bord der SS Tararua ihr Leben verloren, als diese auf das 13 km ins Meer hinausreichende **Otara Reef** auflief. Als Reaktion auf das Unglück wurde 1884 ein hölzerner Leuchtturm gebaut, der 1976 automatisiert wurde und noch heute in Betrieb ist. Die Waipapa Lighthouse Road führt von der etwa 5 km nordöstlich gelegenen Ansiedlung Otara zum Leuchtturm. Zurück auf dem SH92 verlassen wir kurz hinter **Fortrose**, nach Überquerung des Mataura River, die Catlins und erreichen nach 60 km Invercargill.

(113) WOMO-Stellplatz: Fortrose Foreshore
GPS: S 46°35'9" E 168°48'9" **max. WOMOs:** 5
Ausstattung/Lage: Nichts / Direkt an der Steilküste mit weißen Sandstrand und nahe dem Mündungsbereich des Mataura River.
Zufahrt: In Fortrose vom SH92 links in die Neva St und nach 800 m rechts in die Boat Harbour Rd einbiegen. Dieser 1 km vorbei am Golfclub bis zu ihrem Ende folgen.

Mit rund 50.000 Einwohnern ist das großzügig angelegte **Invercargill** die südlichste Stadt Neuseelands. Die Stadt wurde schachbrettartig und mit sehr breiten Straßen (zum Teil 4 Spuren in jede Richtung) errichtet und weist im Kern viktorianische Architektur auf. Ein großer Anteil der Einwohner Invercargills ist schottischer Abstammung, was heute noch an vielen keltisch klingenden Ortsbezeichnungen zu erkennen ist. Einige Stadtteile sind nach Flüssen Schottlands benannt. Neben Dunedin gilt Invercargill als die am stärksten schottisch geprägte Stadt Neuseelands. Die Stadtgründung geht auf das Jahr 1856 zurück, als in der Gegend um **Bluff** ein Hafen erbaut wurde. Die

in der Folge nördlich davon entstandene Siedlung erhielt den Namen *Inver-cargill*. Der erste Namensbestandteil, *„Inver"* entstammt der schottischen Bezeichnung für *Flussmündung*, und der zweite, *„Cargill"*, geht auf den damaligen Gouverneur von Otago, *William Cargill*, zurück.

Als größte Stadt des Southlands ist **Invercargill** das Handelszentrum der Region und Reisende finden hier alle Artikel des täglichen Bedarfs. Der Wohlstand der Stadt gründet sich ganz wesentlich auf die Schlachthöfe, die ein Viertel der nationalen Produktion an Lammfleisch erzeugen. Das stets feuchte Klima lässt die Schafweiden das gesamte Jahr über üppig

---

(114) WOMO-Stellplatz: Lignite Pit Scenic Stop
GPS: S 46°27'59" E 168°39'28"   **WOMOs:** 3 mit Stromanschluss
Ausstattung/Lage:
Toilette, Wasser, Spielplatz / An einem Baggersee mit Park.
Preise: Stellplatz mit Strom 10 NZD pro Person.
Zufahrt: 27 km vor Invercargill links am SH92, nur kleines Schild! **Kontakt:** 15 Ashers Rd, Kapuka, Tel. 03 239 5040, www.lignitepit.co.nz
Beurteilung: Der Platz liegt an einem kleinen See mit schönem Garten. Gutes Café mit Blick auf den See. Moderne, saubere Sanitäranlagen.

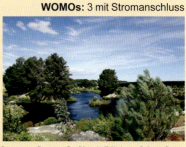

---

sprießen, was wiederum die Schafe fett macht. Ein anderes wirtschaftliches Standbein ist die Leichtmetallindustrie. Das Erscheinungsbild von *Invercargill* ist durch weitläufige Grünflächen geprägt. Besonders sehenswert ist der fast in der Stadtmitte gelegene, ca. 80 Hektar große **Queens Park**, eine großzügige Grünanlage mit einem Hirschgehege, Gewächshäusern, einem Rosengarten und einem kleinen Rhododendron-Park. Im bereits 1869 angelegten *Queens Park* finden Sie darüber hinaus Skulpturen-Gruppen, ein Café, einen 18 Loch- Golfplatz, mehrere Sportplätze und ein Wassersportzentrum. Am Südeingang des Parks liegt die eindrucksvolle *Southland Museum and Art Gallery,* in Form einer weißen Pyramide *gebaut.* Berühmt ist das Museum wegen seines preisgekrönten *Tuatara-Brut-Programmes* und seiner Antarktis-Abteilung. Neben Exponaten zur regionalen Geschichte werden bemerkenswerte Maori Kunstwerke gezeigt. Im gleichen Gebäude ist auch die Touristeninformation untergebracht. Einen sehr guten Überblick über die Stadt hat man von dem 1889 aus Backstein errichteten und südöstlich vom Queens Park gelegenen 40 m hohen Wasserturm. In der Stadt sind auch einige gute Restaurants anzutreffen, die vor allem für ihre frischen Austern und Fischspezialitäten bekannt sind. Die **Bluff-Auster** ist eine gefragte Delikatesse und hat den Ruf, die beste Austernart weltweit zu sein. Eine halbe Stunde Fahrt südlich von Invercargill befindet sich der Fischereihafen **Bluff**, in dem die Austern in der Zeit von April bis August absolut fangfrisch genossen werden können. Jedes Jahr im April oder Mai feiert der ganze Ort das *„Bluff Oyster and Southland Seafood Festival"*, ein Event rund um die Auster, gutes Essen und leckeren Wein. Von *Bluff* aus hat man die Möglichkeit, mit einer Fähre nach **Steward-Island** überzusetzen. Die Überfahrt durch die 30 Kilometer breite **Foveaux Strait** dauert nur eine Stunde und eignet sich damit auch für einen Tagesausflug. *Stewards-Island* ist ein Paradies für Wander- und Naturfreunde, ein Ort der Stille und Schönheit. Auf Stewart Island lassen sich die neuseeländische Tier- und Vogelwelt und der urwüchsige Urwald vortrefflich kennen lernen. Eine vom australischen *Great Barrier Reef* kommende warme Meeresströmung sorgt in den flachen küstennahen Gewässern für auffallend klares, warmes Wasser und eine artenreiche Unterwasser-Fauna.

Panoramablick vom Bluff Hill

(115) WOMO-Campingplatz-Tipp: Invercargill Top10 HP
GPS: S 46°21'51" E 168°21'22"
WOMOs: 35 mit Strom, davon 12 auf Beton und 23 auf Gras.
Ausstattung/Lage: Spielplatz / 5 km nördlich des Stadtzentrums.
Preise: Stellplatz mit Strom für eine Person 28 NZD, für zwei Personen 38 NZD und für drei Personen 57 NZD.
Zufahrt: Die McIvor Road zweigt 5 km nördlich von Invercargills i-Site am Queens Park rechts vom SH6 ab.
Kontakt: 77 McIvor Road, Invercargill, Tel. 0800 486 873, www.invercargilltop10.co.nz
Beurteilung: Kleiner und außergewöhnlich ordentlicher Campingplatz, mit sehr komfortablen und bemerkenswert sauberen Sanitäranlagen. In Stoßzeiten kommt es dort allerdings zu Wartezeiten. Der Platz liegt in der Nähe eines Parks und ist von Monterey-Zypressen umsäumt. Die einzelnen Stellplätze liegen, gut voneinander abgegrenzt, unter schattenspendenden Bäumen.

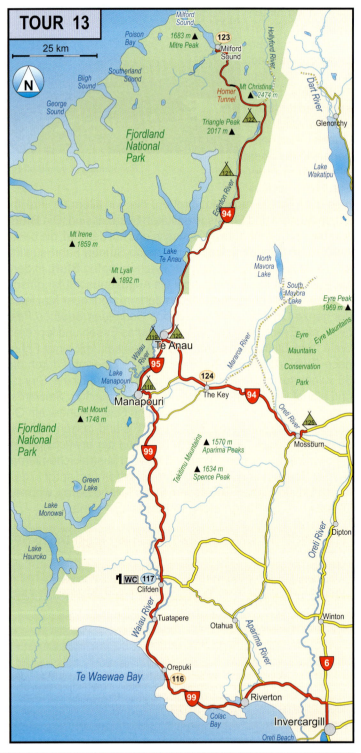

Tour 13: In die überfluteten Täler des Fjordlands

Invercargill - Riverton - Manapouri - Doubtful Sound - Te Anau - Milford Sound - Mossburn - 480 km

Stellplätze:	Gemstone Beach, Clifden Swing Bridge, Milford Sound, Mararoa River Bridge
Camping:	Manapouri, Te Anau Lakeview, Te Anau Great Lakes, Lake Gunn DOC, Deer Flat DOC, Mossburn
Baden:	Oreti Beach, Monkey Island Beach
Wandern:	Hilltop Lookout, Clifden Caves, Lake Te Anau Control Gates, Fjordland National Park: Day Walks, Key Summit, Humboldt Falls, Lake Marian
Essen:	Riverton: Mrs. Clarks Café, Tuatapere: Yesteryears-Café, Te Anau: Olive Tree Café & Restaurant, La Toscana, Mitre Peak Lodge, Blue Duck Café

In Tour 13 folgen Sie zunächst der **Southern Scenic Route**, die Sie von den Southlands in die Fjordlands führt und in **Te Anau** endet. Sie besuchen, von **Manapouri** aus, den **Doubtful Sound** und setzen Ihre Reise über *Te Anau* hinaus fort. Durch den *Homer Tunnel* erreichen Sie, 120 km hinter Te Anau, den weltberühmten **Milford Sound**, Ausgangspunkt für den legendären *Milford Track*. Diese Tour bietet für Wanderfreunde viele wunderschöne Gelegenheiten ihrer Leidenschaft nachzugehen.

Wer noch einen schönen Strand besuchen möchte, bevor er sich in die Fjordlands begibt, hat dazu am bezaubernden Sandstrand von **Oreti Beach** Gelegenheit. Um an diesen, auch bei Wellensurfern sehr beliebten Strand zu gelangen, verlassen Sie das Zentrum **Invercargills** Richtung Südwesten, fahren am Airport vorbei, überqueren den *Oreti River* und erreichen nach 10 km *Oreti Beach*. Wer sich von Nordsee Wassertemperaturen nicht abschrecken lässt, kann ein erfrischendes Bad nehmen. Allerdings könnte den unerschrockenen Schwimmer eine Nachricht vom 2. Februar 2010 doch noch von seinem Vorsatz abbringen: „Lydia Ward, eine 14 Jahre alte Neuseeländerin ist an der Oreti Beach, hüfttief im Wasser stehend, von einem Hai gebissen worden und hat das Tier nach eigenen Worten mit ihrem Bodyboard, einem verkürzten Surfbrett, in die Flucht geschlagen". Der schöne Strand ist, wie viele Strände in Neuseeland, mit dem Auto befahrbar. Er erstreckt sich über 30 km bis zu unserer nächsten Station Riverton.

Sie verlassen *Invercargill* Richtung Nordwesten über den SH6 und biegen nach 8 km links in den SH99 ab. Nach 30 km erreichen Sie die 1.600 Einwohner Gemeinde **Riverton**, eine der ältesten Siedlungen Neuseelands. Schon seit 1820 wurde der Standort von Walfängern und Robbenjägern genutzt und

Blick vom Hilltop Lookout auf Riverton

1836 formell von Kapitän *John Howell* als Siedlung gegründet. Sein noch heute erhaltenes Haus ist das älteste Gebäude der Südinsel. Die Existenzgrundlage von Riverton war traditionell der Fischfang. Mit dem allmählichen Rückgang der Fischerei gewann zunehmend die Landwirtschaft und Milchviehhaltung an Bedeutung.

Der P*ourakino River* und der *Aparima River* münden beide kurz vor Riverton in einen Meeresarm, um den Riverton angesiedelt ist. Einen beeindruckenden Blick über die Szenerie hat man vom **Hilltop Lookout**, der über einen 10 minütigen Fußmarsch vom Parkplatz am Ende der Richard St zu erreichen ist **(Mores Scenic Reserve).** In Riverton gibt es mehrere Restaurants, Imbissstuben und Tearooms. In vielen Läden werden *Abalone Paua Muscheln* feilgeboten. Diese Meeresschnecken gelten in verschiedenen Ländern des Pazifik Raumes als Delikatesse und werden auch „Opale des Meeres" genannt. Besuchenswert ist das in der Palmerston Street gelegene *Maori Craft Studio*. Nebenan können Sie im grell angemalten **Mrs. Clarks Café** (108 Palmerston St, Tel. 03 234 8600) einen leckeren Kaffee in schicker Umgebung trinken.

(116) WOMO-Stellplatz: Orepuki, Gemstone Beach
GPS: S 46°17'8" E 167°43'59" **max. WOMOs:** 1
Ausstattung/Lage: Keine / Direkt am Meer, kleine Kuhle für das Womo.
Zufahrt: Direkt am Ortseingang von Orepuki links in die Dudley Street zum Meer abbiegen, nach 300 m links in die Grandview Terrace.
Beurteilung: Sehr exklusiver Platz, leider nur für ein Womo! An diesem Strand können Sie sehr schöne Halbedelsteine finden. Genau hinschauen!!

Nach 11 km erreichen Sie die idyllische *Colac Bay* mit dem Wakapatu Campingplatz und nach weiteren 20 km den historischen Goldgräberort **Orepuki**. Hier können Sie sich eine Weile

Colac Bay

die hereinrollenden Brecher an der *Te Waewae Bay* anschauen, in denen gelegentlich auch Hector Delfine zu sehen sind. Nach einem Bad an der **Monkey Island Beach** begeben Sie sich wieder auf den SH99, der zunächst in Strandnähe verläuft. Etwa 11 km hinter Orepuki, kurz vor der Mündung des *Waiau River* in die *Te Waewae Bay*, biegt der SH99 rechts Richtung Norden ab. Nach 8 km erreichen Sie die kleine Landgemeinde **Tuatapere** (600 Ew.), durch die der Waiau River fließt. Der verschlafene Ort versucht sich als *Würstchen-Hauptstadt* zu vermarkten. Die wichtigsten Wirtschaftszweige sind jedoch Landwirtschaft und Forstwirtschaft. Tuatapere hat ein *Holzfällermuseum* und ist Ausgangspunkt für den viertägigen **Hump Ridge Track,** der im Westen des Blue Cliffs Beach Parkplatzes startet und nach 53 km dort auch endet. Der Blue Cliffs Beach Parkplatz kann von Tuatapere aus über die Papatotara Raod erreicht werden und eignet sich auch zum Besuch der nahe gelegenen Blue Cliffs oder zur Delfinbeobachtung in der Blue Cliffs Bay. Verweilen Sie noch etwas

in Tuataperes heimeligen **Yesteryears-Café**, wo Sie Helens Carrot Cakes genießen und sich im angegliederten Museum umschauen können. Sie überqueren den *Waiau River* und erreichen nach 13 km das landschaftlich sehr schön gelegene **Clifden**. Die *Clifden Caves* laden zu einer Höhlen-Erkundung auf eigene Faust ein. Man kann sich die gespenstischen Höhlen ohne Risiko anschauen. Vorsicht ist allerdings bei starken

Regenfällen geboten, auch eine Taschenlampe sollte man dabei haben und die Hinweisschilder beachten. Wer körperlich fit ist kann noch weiter in die Höhle vordringen. Schön anzuschauen ist auch die **Clifden Swing Bridge**, eine alte Brücke von 1902 mit einem ganz eigenen Charme. Direkt an der Brücke liegt ein Picknickplatz mit Plumpsklo, an dem freie Übernachtungen erlaubt sind. Um zu dem Platz zu gelangen überqueren den *Waiau River* über eine neue Brücke und biegen dann links ab. Am nächsten Tag setzen Sie Ihre Reise gen Norden fort und erreichen nach 63 zügig gefahrenen Kilometern Manapouri.

(117) WOMO-Badeplatz: Clifden Swing Bridge

GPS: S 46°1'43" E 167°42'54" **max. WOMOs:** 10

Ausstattung/Lage: Wasser, Toilette / Malerisch gelegen, direkt am Waiau River, an der alten Suspension Bridge, Badmöglichkeit.

Zufahrt: Etwa 300 m hinter der Brücke über den Waiau River links vom SH99 in die Bates Rd abbiegen. Der Platz liegt nach 300 m rechts.

Beurteilung: Sehr schöner Platz, in der Hochsaison kein Geheimtipp mehr. Nicht zu spät ankommen.

Der 400 Einwohner Ort **Manapouri** liegt idyllisch am östlichen Ufer des *Lake Manapouri* an dessen Abfluss in den *Waiau River*. Der Ort profitiert von den steigenden Besucherzahlen und verfügt über eine Post, ein Café und einen kleinen Laden für die wichtigsten Einkäufe. Neben mehreren Motels und Pensionen gibt es auch zwei Campingplätze. Man kann sich Kajaks für

Ausflüge auf dem See mieten oder Wanderungen unternehmen. Ausflugsboote starten von *Pearl Harbour*, einem schmalen Seitenarm des Sees, an dessen Ende sich ein Stauwerk befindet, über das das Niveau des *Lake Manapouri* reguliert wird.

Der 178 m über dem Meer gelegene **Lake Manapouri** hat mehrere Inseln und in seinem westlichen Teil drei ausgeprägte Wasserarme. Sein Name bedeutet so viel wie „trauriges-" oder „ängstliches Herz". Seine sanften Ufer sind reich bewaldet, ebenso wie die Gipfel der im Hintergrund zu sehenden *Kepler Mountains*. Er wird oft als schönster Alpensee Neuseelands bezeichnet. In den 1960er-Jahren wurde die **„Manapouri Power Station",** das

mit 850-MW Leistung größte Wasserkraftwerk des Landes am westlichen Ende des *Lake Manapouri* errichtet. Das Kraftwerk, dessen Großteil sich unter der Erde befindet, nutzt die Höhendifferenz von 178 m zum Meeresspiegel zur Energiegewinnung. Die sieben Energie erzeugenden Turbinen geben ihr Wasser über zwei 10 km lange Tunnelröhren in den *Doubtful Sound* ab. Wegen der massiven Eingriffe in die Natur, der *Waiau River* führte vorübergehend nur noch etwa 3% des früheren Wassers, war der Bau des Kraftwerkes sehr umstritten. Schlimmere Umweltsünden konnten über massive Proteste, die als Beginn der grünen Bewegung in Neuseeland gelten, verhindert werden. Das Manapouri-Kraftwerk gilt als die Geburtsstätte des neuseeländischen Umweltbewusstseins. Der **Doubtful Sound** ist mit 40 km Länge der zweitgrößte der Fjorde des 1,2 Millionen Hektar großen **Fjordland-Nationalparks**. Seine Seitenarme sind stark verzweigt und an der

Blick vom Wilmot Pass

In die überfluteten Täler des Fjordlands 229

Ausflugsboot auf dem Doubtful Sound

tiefsten Stelle ist er 430 m tief. Die höchsten Gipfel, die ihn umgeben, erreichen immerhin 1700 m. Die steilen Bergflanken links und rechts der Wasserarme sind dicht von Regenwald bewachsen. Zu den Schönheiten des Fjordes gehören auch seine zahlreichen Wasserfälle, von denen die *Helena Falls* und die *Browne Falls* mit einer Fallhöhe von 600 m am beeindruckendsten sind. Da die *Fjordlands* zu den regenreichsten Gebiete der Erde zählen, hier fallen jährlich ca. 9 m Niederschlag, erhalten

die Wasserfälle permanent neue Nahrung, sodass sich an den Steilhängen immer wieder neue Fälle bilden. Bedingt durch die starken Regenfälle liegt eine mehrere Meter dicke Süßwasserschicht auf dem schwereren Salzwasser. Da sich beide Wasserschichten nicht mischen und das Licht durch ausgewaschene Pflanzenreste in der Süßwasserschicht stark absorbiert wird, befindet sich bereits wenige Meter unter der Wasseroberfläche eine reichhaltige Fauna, die sonst nur in wesentlich größerer Wassertiefe anzutreffen ist. Dazu zählen diverse Seesterne und Anemonen sowie Schwarze Korallen. Neben einer Kolonie Großer Tümmler leben im Fjord *Dickschnabelpinguine* und *Robben,* die sich von den Ausflugsbooten aus sehr gut beobachten lassen. Am Ausgang des Fjordes zur offenen tasmanischen See kann man zahlreiche *Pelzrobben* entdecken, die auf den Felsen lagern. Sei-

nen ungewöhnlichen Namen verdankt der Fjord **James Cook**. Er erreichte 1770 mit seinem Schiff Endeavour die Einmündung des Fjords, hatte aber seine Zweifel, in dem engen Fjord mit seinen besonderen Winden wenden zu können. Erforscht wurde der Doubtful Sound 23 Jahre später von einer spanischen Erdumsegelungsexpedition unter dem Kommando von Allesandro Malaspina. Er schickte ein großes Beiboot mit dem Hydrographen Don Felipe Bauza voraus. Ihm hat der Doubtful Sound die vielen spanischen Ortsbezeichnungen zu verdanken.

Der Ausflug zum **Doubtful Sound** erfolgt über eine kombinierte Bus- und Schiffstour von *Manapouri* aus. Zunächst überquert man den gleichnamigen See, bevor man mit dem Bus über den 670 m hoch gelegenen **Wilmot Pass** auf die andere Seite der Berge gefahren wird. Dort, am *Deep Grove*, schließt sich die etwa

dreistündige Bootstour durch den Fjord an. Auch ein Besuch des ferngesteuerten Wasserkraftwerkes am *Lake Manapouri* können Sie mit buchen. Die Straße über die Berge sowie die Pier im Fjord sind für den Bau und Betrieb dieses Kraftwerks angelegt worden

Weiter geht es über den SH95 nach **Te Anau**, einem 22 km entfernten Ort mit 2.000 Einwohnern. *Te Anau* ist das Einfallstor

---

(118) WOMO-Campingplatz-Tipp: Manapouri HP
GPS: S 45°33'32" E 167°37'11"   **WOMOs:** 34 mit Stromanschluss.
Ausstattung/Lage: Spielplatz / Am Lake Manapouri gelegen, die Strasse liegt dazwischen, in 20 min kann man zur Anlegestelle der Schiffe zum Doubtful Sound laufen. Auf Wunsch werden Sie für die Touren am Campingplatz abgeholt.   **Preise:** Stellplatz mit Strom 17,50 NZD pro Person.
Zufahrt: An der Straße nach Te Anau gelegen
Kontakt: 86 Cathedral Drive, Manapouri, Tel 03 249 6624
www.manapourimotels.co.nz   **Hinweise:** Etwas vergammelter Platz, aber schön in einem Tannenwäldchen gelegen, für eine Nacht akzeptabel.

In die überfluteten Täler des Fjordlands

zum legendären *Milford Sound* und Ausgangspunkt von drei der beliebtesten Wanderungen Neuseelands, dem *Milford Track*, dem *Routeburn Track* und dem *Kepler Track*. Auch direkt von *Te Anau* starten schöne Wanderungen. *Te Anau* liegt am südöstlichen Ende des mit 344 km² zweitgrößten neuseeländischen Sees, des *Lake Te Anau*, dessen Hauptteil etwa 65 km in Nord-Süd-Richtung verläuft. Der für seinen Fischreichtum bekannte See wird durch mehrere Zuflüsse mit Frischwasser versorgt. Der Abfluss des Lake Te Anau erfolgt über den Waiau River, am südlichsten Ende des Sees, der nach nur 15 km in den Lake Manapouri mündet. An der Nordküste des *Lake Te Anau* befindet sich der Startpunkt des *Milford Track*. Während die Ostküste des Sees nur leicht hügelig ist, ragen am Westufer die *Kepler-* und *Murchison Mountains* bis zu 1.400 m in die Höhe. Die nähere Umgebung des Sees bildet den Lebensraum für zahlreiche geschützte und teilweise vom Aussterben bedrohte Tiere.

(119) WOMO-Campingplatz-Tipp: Te Anau Lakeview HP
GPS: S 45°25'31" E 167°43'8"   **WOMOs**: 125 mit Stromanschluss
Ausstattung/Lage: Spielplatz, Sauna, Spapool / Nur durch die Straße vom Lake Te Anau getrennt. **Preise:** Stellplatz mit Strom 18 NZD pro Person.
Zufahrt: An der Zufahrtstrasse von Manapouri nach Te Anau gelegen.
Kontakt: 77 Manapouri - Te Anau Rd, Te Anau, Tel. 0800 483 262, www.teanauholidaypark.co.nz
Beurteilung: Empfehlenswerter Platz, vor allem in der Hochsaison wenn der Top 10 CP in der Stadtmitte voll ist (Dieser liegt zwar ideal, ist aber sehr eng!). 20 min zu Fuß bis Stadtzentrum, am See entlang.

Das Visitor Centre des DOC, das „Fjordland National Park Visitor Centre", befindet sich in einem geschmackvollen neuen Gebäude am Seeufer. Hier erhält man nicht nur fachkundige Auskunft über Ausflüge und Wanderungen im Park, sondern kann auch ein Museum besuchen und ein 20-minütiges Video über die geologischen und historischen Gegebenheiten des Nationalpark sehen (3 NZD). Gegenüber dem Visitor Center liegt das *Underground Trout Aquarium*. Wandert man ca. 1 km am Seeufer entlang stadtauswärts, so kommt man zum ebenfalls vom DOC betriebenen „Te Anau Wildlife Center". Die eigentlich der Forschung dienenden großen Freigehege sind frei zugänglich und neben einem *Kea* können mit etwas Geduld *Takahe, Sittiche, Kuckuckskauze* und andere Waldvögel beobachtet werden. Wenn wir dem Uferweg weitere 45 Minuten folgen, können Sie sich die „Lake Te Anau Control Gates" anschauen. Hier wird der oben angesprochene Abfluss in den *Waiau River* und damit der Wasserstand des *Lake Te Anau* über ein Wehr automatisch gesteuert kontrolliert. Über das Wehr gelangt man auf die Westseite des Sees zum Startpunkt des *Kepler Tracks*.

---

(120) WOMO-Campingplatz-Tipp: Te Anau Great Lakes HP
GPS: S 45°24'50" E 167°43'8" **WOMOs**: 50 mit Stromanschluss, 30 ohne.
Ausstattung/Lage: Spielplatz / Zentrumsnahe Lage.
Preise: Stellplatz mit Strom 17,5 NZD pro Person, 12 NZD pro Kind.
Zufahrt: Gut ausgeschildert. Bis in das Zentrum von Te Anau fahren. Der CP liegt an der Kreuzung von Luxmore Drive und Milford Road.
Kontakt: 15 Luxmore Drive, Te Anau, Tel. 03 249 8538, 800 249 555, www:teanaugreatlakes.co.nz
Beurteilung: Große Stellplätze auf Gras. Sehr schöne Anlage, gute Sanitäranlagen, sehr zu empfehlen.

Im touristischen Zentrum Te Anau's befinden sich viele Geschäfte, Restaurants, Cafés, Kunstgewerbeläden und auch eine Shopping Mall. Im **Olive Tree Café & Restaurant** *(*52 Town Centre, Tel. 03 249 8496*)* können Sie Ihren Kaffee im großzügigen Freiluftbereich trinken und im beliebten Italiener **La Toscana** *(*108 Town Centre, Tel. 03 249 7756*)* gut und preiswert essen. Um die Ecke befindet sich das Fjordland Cinema (7 The Lane, Tel. 03 249 8812), in dem Sie den sehr eindrucksvollen  Dokumentarfilm Ata Whenua sehen können. Diese halbstündige Einstimmung auf die Fjordlands sollten Sie keinesfalls verpassen. Läuft man vom Zentrum über die treffend Town Center genannte Straße, stößt man direkt auf das am Seeufer gelegene **Visitor Center Te Anau's** und das im gleichen Gebäude untergebrachte **Real Journeys Visitor Centre**, das Buchungsbüro eines der großen Tourenanbieters. Hier herrscht immer

Gedränge. Eine der buchbaren Aktivitäten ist der Besuch der **"Te Anau Glowworm Caves"**. Die Glühwürmchen-Höhlen befinden sich am Westufer des Lake Te Anau und sind Teil eines 6,7 km langen und ca. 12000 Jahre alten Kalksteinlabyrinths, das von einem quirligen Flüsschen durchflossen wird. Der Besucher wird mit einem Boot über den See zum Ausgangspunkt einer geführten Tour gebracht. Am Ende eines teilweise sehr niedrig verlaufenden Weges durch die Höhle steigt er in ein Boot, das ihn in eine stille und nur von den Glühwürmchen

---

(121) WOMO-Campingplatz-Tipp: Deer Flat Campsite DOC
GPS: S 45°0'7" E 168°0'34"   **WOMOs:** 20
Ausstattung/Lage: Toiletten, Flusswasser / Am Eglinton River, von weitem Grasland und einem kleinen Buchenwäldchen umgeben.
Preise: 5 NZD pro Erwachsenem, 2,50 NZD pro Kind.
Zufahrt: Vom SH94 (Milford Road) 62 km nach Te Anau links abbiegen
Beurteilung: Sehr idyllische Stellplätze! Genügend Platz auch für große Wohnmobile, Picknicktische und eine gute Badegelegenheit im Fluss bei dem kleinen Hügel in der Mitte des Campingplatzes.

---

beleuchtete Grotte bringt. Viele weitere verschiedenartige Aktivitäten, wie Kajaktouren, Ausritte, Jagd- und Angelausflüge, Rundflüge oder Exkursionen in den Nationalpark werden angeboten. Für den Aktivurlauber wird mit Sicherheit ein interessantes Angebot dabei sein.

Aber die Hauptattraktion ist und bleibt der weltberühmte **Milford Sound**, der mit dem Auto nur über Te Anau zu erreichen ist. Die Straße wurde 1952 fertiggestellt. Statt die 120 km hin und wieder zurück mit dem eigenen Gefährt zu fahren, können Sie sich einer Bustour anschließen. Dann können Sie sich während der Fahrt ganz von der beeindruckenden Natur mit Wasserfällen und dichtem Regenwald einfangen

Spiegelbild in den Mirror Lakes

lassen. Andererseits gibt es auch viele gute Gründe, die Strecke, die als eine der schönsten Bergstraßen der Welt gilt, mit dem eigenen Wohnmobil zu fahren. Sie sind Ihr eigener Herr und können an vielen einladenden Stellen für ein Foto stoppen oder auch Wanderungen unternehmen. Die Broschüre **„Milford Road"** erhalten Sie für 1 NZD im Visitor-Center. Ein anderer Grund selbst zu fahren, liegt in den landschaftlich wunderschön gelegenen DOC Campingplätzen, die in der erstaunlichen Anzahl von zehn Plätzen auf dem Weg zum *Milford Sound* anzutreffen sind!

Wir empfehlen Ihnen, mit dem Wohnmobil zum Milford Sound zu fahren. Tanken Sie Ihr Gefährt in *Te Anau* voll, denn zwischen *Te Anau* und dem Fjord gibt es keine Tankstelle und der Sprit am *Milford Sound* ist der teuerste in ganz Neuseeland. Besorgen Sie sich außerdem die Broschüre **Fjordland National Park Day Walks** (1 NZD), um für die anstehenden Wanderungen gerüstet zu sein. Der Streckenverlauf der *Milford Road* führt Sie für 30 km sehr reizvoll am Ufer des *Lake Te Anau* entlang, um dann ins **Eglinton Valley** einzumünden.

(122) WOMO-Campingplatz-Tipp: Lake Gunn DOC

GPS: S 44°51'23" E 168°6'8"
WOMOs: 10
Ausstattung/Lage: Toiletten, Flusswasser / Direkt am Nordende von Lake Gunn gelegen, nur von Wasser und dichtem Wald umgeben.
Preise: 5 NZD pro Erwachsenem, 2,50 NZD pro Kind.
Zufahrt: Vom SH94 (Milford Rd) 78 km nach Te Anau links abbiegen. **Beurteilung:** Kleiner, ausgesprochen idyllischer Campingplatz. Für sehr große Wohnmobile nicht geeignet.

Die *Milford Road* führt nun im raschen Wechsel durch offene Tussock-Ebenen und Südbuchenwälder, um sich im weiteren Verlauf bezaubernd durch steiles, dicht bewaldetes Bergland zu winden. 56 km nördlich *Te Anau* passieren Sie die **Mirror Lakes**, die bei sonnigem Wetter ihrem Namen Ehre machen und die gegenüber liegenden schneebedeckten Berge wun-

In die überfluteten Täler des Fjordlands 235

dervoll spiegeln. Nach den *Mirror Lakes* steigt die Straße zu dem Pass **The Divide** an, der mit 532 m der am niedrigsten gelegene Ost-West-Pass der Neuseeländischen Alpen ist. Eine lohnenswerte Wanderung führt vom **Pass-Parkplatz zum Key Summit**, der ein schönen Blick über mehrere Täler bietet (etwa 2-3 Stunden hin und zurück, 400 Höhenmeter). Auf der anderen Seite des Passes führt die Straße ins Tal zum *Hollyford River* und folgt dem Fluss flussaufwärts. 31 km hinter den *Mirror Lakes* zweigt nach rechts die inzwischen geteerte „Lower Hollyford Road" ab, die als Stichstraße 15 Kilometer ins *Hollyford Valley* hineinführt. Am Ende der Straße befindet sich der Ausgangspunkt zum 60 km langen *Hollyford Track* an die Westküste. In 30 Minuten hin und zurück gelangt man zu den 3-stufigen **Humboldt Falls**, die insgesamt 200 Meter hoch sind. Auf halber Strecke liegt die kleine Siedlung **Gunns Rest**, in der sich ein Laden, ein kleines Museum und ein paar Hütten zum Übernachten finden. Zu Beginn der Stichstraße gibt es die Möglichkeit zu einer Wanderung (2-3 Stunden, 400 Höhenmeter), die steil hinauf zum schönen **Bergsee Lake Marian** führt.

Sie folgen dem SH94, der ab hier *Milford Sound Highway* heißt, und erreichen nach weiteren 13 km den **Homer Tunnel**. Hinter dem Tunnel führt die Straße mit einem Gefälle von 1:10 steil bergab zum *Cleddau River*. An dieser Stelle

Straße zum Milford Sound

Der **Homer Tunnel**

Der Homer Tunnel verbindet das Hollyford- mit dem Claddau Valley. William H. Homer entdeckte 1889 den nach ihm benannten Pass und schlug vor, hier einen Tunnel zu bauen, um den Zugang zum Gebiet um den Milford Sound zu verbessern. Mit dem Bau des ebenfalls nach ihm benannten Tunnels wurde 1935 während der Wirtschaftskrise als Arbeitsbeschaffungsmaßnahme begonnen. Der Bau des Tunnels verlief unter extrem schwierigen Bedingungen und musste wegen Muren- und Lawinenabgängen immer wieder unterbrochen werden. Insgesamt verloren drei Arbeiter durch Lawinen ihr Leben. Außerdem ließen Risse im Felsen Schmelzwasser eindringen und machten Pumpen erforderlich, über die 40.000 Liter Wasser pro Stunde abgepumpt wurden. Während des zweiten Weltkrieges ruhten die Arbeiten, so dass der 921 m lange Tunnel erst 1953 in Betrieb genommen wurde. Der Tunnel besaß ursprünglich nur einen einzigen geschotterten Fahrstreifen, in der Zwischenzeit wurde er jedoch etwas erweitert und 1992 geteert, kann aber von Bussen und Wohnmobilen nur unter größter Vorsicht zweispurig befahren werden. Daher wird zwischen 9 und 18 Uhr die Durchfahrt durch den Tunnel über eine Ampelanlage geregelt. Dabei wird der vorherrschenden Verkehrsrichtung Rechnung getragen, was für den antizyklisch Reisenden bis zu 15 Minuten Wartezeit an der Ampel bedeuten kann.

Außerhalb der genannten Kernzeiten wird der Tunnel mit Gegenverkehr befahren. Größere Fahrzeuge können sich an zwei „passing Bays" ausweichen. Die Durchfahrt durch den Tunnel ist bis heute ein kleines, leicht gruseliges Unterfangen geblieben. Er ist erst seit kurzer Zeit beleuchtet und die Tunnelwände bestehen aus unbekleidetem Granit. Das Ostportal befindet sich in 921 m Höhe, während Sie das westliche Ende bei 792 m Höhe verlassen. Das bedeutet ein Gefälle von etwa 1:8. Direkt am Tunnelausgang des Westportals geht es scharf in eine Rechtskurve, in der es immer wieder zu Unfällen kommt, daher ist hier besondere Vorsicht geboten. Bis heute ist der Tunnel im neuseeländischen Winter wegen Lawinengefahr oder auch Lawinenabgängen häufig gesperrt. Zwischen Mai und November ist das Mitführen von Schneeketten Pflicht (in Te Anau erhältlich).

sei der technische Hinweis erlaubt, hier in einen niedrigen Gang zu schalten, um einer Überhitzung der Bremsen entgegenzu-

Milford Sound mit Mitre Peak

wirken. Vom Parkplatz „*The Chasm*" erreichen Sie in wenigen Minuten seine reißenden Stromschnellen. Im weiteren Verlauf windet sich die Straße in Serpentinen zum Fjord hinunter, den sie 17 km hinter dem *Homer Tunnel* erreicht. Die Straße endet auf einem großen Parkplatz und das Panorama des Fjords mit dem beherrschenden **Mitre Peak (1.695 m)** nimmt den Besucher sofort gefangen. Die Popularität des *Milford Sound* kann man an den Kolonnen von Reisebussen, die täglich den weiten Weg bis an den Fjord suchen, erkennen. Wer vor 10 Uhr morgens am Fjord erscheint, kann durchaus noch mit relativ leeren Booten die Natur genießen, danach sind viele der Ausflugsboote ausgebucht. Es ist also empfehlenswert, auf einem der beschriebenen DOC Campingplätze zu nächtigen und am nächsten Morgen

Ausflugsboot auf dem Milford Sound

nicht zu spät aufzubrechen. So bewegt man sich vor der Welle der Reisebusse, kann sich an der bezaubernden Natur erfreuen und dabei doch dem größten Rummel aus dem Wege gehen. Vom Parkplatz führt ein sehr schöner Weg am Ufer des Fjords entlang zum Bootsanleger, an dem auch das Visitor Center untergebracht ist. Eine Ausflugsfahrt mit dem Boot in den *Milford Sound* sollten Sie sich keinesfalls ent-

Stirling Falls

gehen lassen. Die spektakuläre Schönheit und Erhabenheit des Fjordes kann hier am eindrucksvollsten erlebt werden. Als *Rudyard Kipling* vor 1900 die Gegend besuchte, nannte er den *Milford Sound* das „Achte Weltwunder der Erde". Die 3stündige Fahrt führt uns bis zur *Tasmanischen See* mit Zwischenstopps an interessanten Punkten. Bis zum *Dale Point* sind 12 km zurückzulegen, bis zum Leuchtturm am *St Anne Point* 16 km. Beeindruckend wird der Fjord von über 1000 Meter hohen Felswänden umschlossen, von denen mehrere Wasserfälle ins Meer hinabstürzen.

Der markanteste Berg ist der **Mitre Peak (Bischofsmütze)**, der fast senkrecht bis zur Wasseroberfläche abfällt. In der Nähe der *Fairy Falls* hat sich eine *Robbenkolonie* angesiedelt und mit etwas Glück kann man die eine oder andere Robbe beim Schläfchen auf einem Felsen beobachten. An

Anleger der Ausflugsboote

die 155 m hohen *Stirling Falls* manövrieren die Kapitäne ihre Ausflugsboote gerne so weit heran, bis das Wasser auf das Deck prasselt. Auf dem Rückweg können Sie an der *Harrison Cove* aussteigen und das Unterwasser Observatorium **Milford Deep Underwater Observatory** besichtigen. Man steigt 10 m unter die Wasseroberfläche hinab und kann von einer Aussichtsplattform aus durch Scheiben die erstaunliche Flora und

Blue Duck Café und Mitre Peak Lodge

Fauna der Unterwasserwelt beobachten. Auf dem Rückweg zum Bootsanleger können Sie eine beliebige Fähre wählen und werden auch von den Booten anderer Anbieter mitgenommen. Es werden diverse Bootstouren angeboten, wobei der Veranstalter **Real Journeys** auch die Übernachtung an Bord, an einem geschützten Ankerplatz im Fjord, anbietet, sicher ein ganz besonderes Erlebnis. Am *Milford Sound* bieten sich mehrere Wanderungen an. Ein Spazierweg vom Bootsterminal führt in nur 5 Minuten zu den 160 m hohen *Lady Bowen Falls*. Am Ende des Weges haben Sie einen schönen Blick auf dem *Milford Sound* und den *Mitre Peak* aus einer etwas anderen Perspektive direkt vom Wasser. Das Grab des ersten Siedlers, des Schotten *Donald Sutherland*, befindet sich hinter dem Hotel zwischen den Unterkünften der Angestellten. *Donald Sutherland* ließ sich 1877 am Fjord nieder und errichtete das erste Hotel am Ort. Bereits 1823 gelangte der europäische Entdecker *John Grono* an diesen Fjord und benannte ihn nach

(123) WOMO-Stellplatz: Milford Sound

GPS: S 44°40'21" E 167°55'40"   **max. WOMOs:** 20
Ausstattung/Lage: Nichts / Auf dem Milford Sound Parkplatz, direkt neben der *Mitre Peak Lodge* und dem *Blue Duck Café*.

Beurteilung: Wenn am Nachmittag die Busse und PKW der Tagesgäste verschwunden sind, haben die Wohnmobile den Platz für sich alleine, mit tollem Blick auf den Milford Sound und Mitre Peak.

dem südwalisischen Milford Haven. Die Maori, denen der Fjord schon lange vorher bekannt war, nannten ihn *Piopiotahi („einsame Drossel")*. Direkt am Parkplatz befindet sich die **Mitre Peak Lodge** mit dem **Blue Duck Café**. Hier wird

Rückfahrt vom Milford Sound nach Te Anau

vom Frühstück bis zum Abendessen eine gute Küche angeboten, in Anbetracht der Monopolstellung zu einem vernünftigen Preis-Leistungsverhältnis. Tour 13 endet in **Mossburn**. Vom *Milford Sound* fahren Sie die herrliche *Milford Road* zurück nach *Te Anau* und biegen dort links

(124) WOMO-Stellplatz: Mararoa River Bridge
GPS: S 45°32'28" E 167°53'9"   **max. WOMOs:** 20
Ausstattung/Lage: Keine / Direkt am Ufer des geflochten dahin fließenden Mararoa River gelegen.
Zufahrt: Von Te Anau auf dem SH94 kommend etwa 100 m vor der Brücke über den Mararoa River abbiegen.
Hinweise: Hier finden sich an vielen verschiedenen Stellen reizvolle Übernachtungsplätze. Sie dürfen nur für eine Nacht bleiben.

in den SH94 ab. Dieser Highway bringt Sie nach 60 km bis Mossburn, wobei an Attraktionen am Wegesrand nur die **Red Tussock Conservation Area** zu erwähnen ist.

(125) WOMO-Campingplatz-Tipp: Mossburn Country Park
GPS: S 45°39'16" E 168°16'11"   **WOMOs:** 35 mit Stromanschluss
Ausstattung/Lage: Standard / Mitten auf dem Land mit Alpakas und anderen Farmtieren.
Preise: Stellplatz mit Strom 30 NZD. Für jede weitere Person 12 NZD, für jedes weitere Kind 7,50 NZD. Kinder unter 2 Jahren sind frei.
Zufahrt: Kurz hinter Mossburn links in die Mossburn Five Rivers Road abbiegen. Der Platz liegt 2 km nach überqueren des Oreti River links.
Kontakt: 333 Mossburn Five Rivers Rd, Tel. 03 248 6444, www.mossburncountrypark.co.nz **Beurteilung:** Sie fühlen sich auf diesem großen und freundlichen Campingplatz wie auf einer Farm. Alpakas, Ziegen und Schafe können gefüttert werden, ideal für Kinder. Gute Sanitäranlagen.

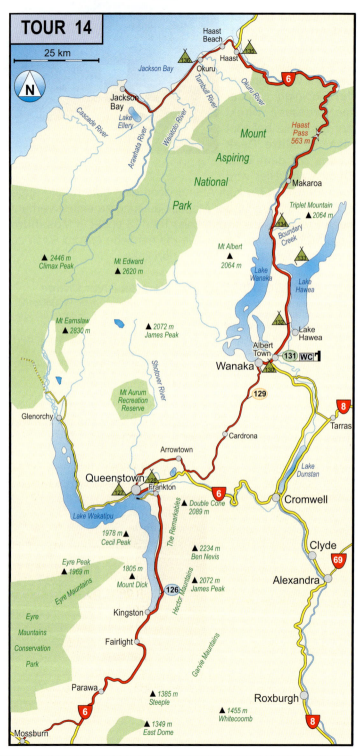

Tour 14: Adrenalin pur in Queenstown

Mossburn - Lake Wakatipu - Queenstown - Wanaka
Lake Hawea - Haast Pass - Haast - 320 km

Stellplätze:	Lake Wakatipu, Cardrona River, Albert Town Camp
Camping:	Queenstown: Lakeview, Top 10, Wanaka: Lakeview, Lake Hawea, Kidds Bush DOC, Boundary Creek DOC, Haast: Lodge, Haast Beach: Okuru
Baden:	Lake Wakatipu, Lake Wanaka, Lake Hawea
Wandern:	Queenstown, Wanaka, Waterfall Creek Walk, Kids Bush Recreation Reserve Nature Walk, Haast Highway, Okuru Hapuka Estuary, Wharekai Te Kau Walk, Smoothwater
Essen:	Queenstown: Cow, Skyline Restaurant, Wanaka: Missy's Kitchen, Jackson Bay: The Craypot

Tour 14 wird Sie 320 km nach Norden bis zur *Tasmanischen See* führen. Zunächst folgen Sie dem SH6 bis zum **Lake Wakatipu**, der die Form eines riesigen S hat, das sich über eine Länge von 84 km in die Landschaft krümmt. Eingerahmt von Bergketten liegt malerisch an seinen Ufern das pulsierende **Queenstown**, die Hauptstadt des zur *Region Otago* gehörenden *Lakes-Districts*. Sie verlassen dieses Zentrum des Abenteuertourismus gen Norden über die zunächst extrem steil aufsteigende und wildromantische *Cardrona Road* (SH89), die Sie nach **Wanaka** bringt. Der SH6 schlängelt sich danach zwischen dem *Lake Wanaka* und dem *Lake Hawea* hindurch in den *Mt. Aspiring National Park*. Weiter Richtung Norden überqueren Sie den *Haast Pass* und fahren durch tiefgrüne Regenwälder 60 km hinab zur tasmanischen See. Die Straße nach **Haast** ist sehr abwechslungsreich und landschaftlich ungemein reizvoll.

Mit einer Länge von 84 km ist **Lake Wakatipu** der längste See des Landes. Er befindet sich in einer Höhe von 310 m ü.d.M. und führt an seiner tiefsten Stelle 380 m weit hinab bis unter den Meeresspiegel. Die auffälligste Eigenschaft des *Lake Wakatipu* ist seine lange, schlanke S-Form. An seinem nördlichen Ende fließt der *Dart River* in den See, der zunächst etwa 30 km nach Süden führt, um dann Richtung Nordosten zu verlaufen. Nach weiteren 20 km wendet er sich wieder Richtung Süden, um nach 30 Kilometern bei *Kingston* ohne Abfluss zu enden. Der See mündet stattdessen 10 km östlich von *Queenstown* bei *Frankton* in den *Kawarau River*. Ein ins Auge springenden Charakteristikum des Sees ist der Wechsel seiner Farbe. Während Sie ihn in *Kingston* zunächst in einem klaren Blau erleben, wechselt er bis nach *Glenorchy* seine Farbe immer weiter in ein Türkis, wie Sie es vom *Lake Pukaki*

kennen. Der **Lake Wakatipu** weist eine weitere Besonderheit auf. Sein Wasserspiegel hebt und senkt sich im schnellen 5-Minuten Rhythmus um ca. 12 cm. Während die Maori-Mythologie als Ursache dieser Oszillation den Herzschlag eines auf dem Seegrund schlafenden Riesen sieht, führt die westliche Wissenschaft das Phänomen, vergleichsweise langweilig, auf den Wechsel des Atmosphärendrucks zurück, der wiederum aus dem Wechsel von kalten und heißen Luftbewegungen über dem See resultieren soll.

70 km hinter *Mossburn* erreichen Sie die hübsch am Südende des *Lake Wakatipu* gelegene Gemeinde **Kingston**. Bis vor einigen Jahren verkehrte hier eine Touristeneisenbahn. Der seit 1878 verkehrende *Kingston Flyer*, eine ehemalige königliche Zuglokomotive, wurde 1927 in *Dunedin* gebaut und verkehrte vor seiner ersten Stilllegung zwischen *Kingston* und *Gore*. 1982 wurde der Zug restauriert und unter privater Führung wieder in Betrieb genommen, wofür sich u.a. der Regisseur *Peter Jackson* einsetzte. 2010 wurde die touristische Nutzung der stets auf Hochglanz polierten Dampflokomotive eingestellt, es gibt aber Bestrebungen diese wieder aufzunehmen. Sie verlassen **Kingston** nach Norden und erreichen nach etwa 7 km einen in einem Wäldchen direkt am See gelegenen Picknickplatz. Hier können Sie für ein Picknick oder ein Bad verweilen und auch die Nacht verbringen, ein herrlicher freier Stellplatz! Sie folgen weiterhin dem SH6, der sich reizvoll zwischen dem See und

der Bergkette der *Remarkables* hindurchwindet, und erreichen 47 km hinter Kingston das Touristenzentrum Queenstown.

(126) WOMO-Badeplatz: Lake Wakatipu
GPS: S 45°17'44" E 168°45'33" **max. WOMOs:** >10
Ausstattung/Lage: Nichts / In einem Wäldchen direkt am See.
Zufahrt: Am SH6 nach Queenstown, 6 km hinter Kingston.
Beurteilung: Romantischer, bildschöner Stellplatz direkt am See.

Die heute etwa 13.000 Einwohner zählende Gemeinde **Queenstown** liegt an einem der beiden Knicke des s-förmigen *Lake Wakatipu*, des zweitgrößten Sees der Südinsel. Die ersten Menschen, die die seltene Schönheit der Lage entdeckten, waren Maori, die hier jagten und nach Jade suchten. Heute ist *Queenstown* nicht nur für seine herrliche Landschaft weltweit bekannt, sondern auch, vor allem bei jungen Leuten, für die unglaublich variantenreichen Möglichkeiten, ein adrenalinförderndes Abenteuer zu erleben. Wie keine andere Stadt Neuseelands zieht *Queenstown* vergnügungs- und abenteuerlustige Besucher an, jährlich etwa 1,5 Millionen. Die *Outdoor-City* bietet dem Besucher etwas zu jeder Jahreszeit. Die langen, oftmals heißen Sommertage sind ein Traum für Mountainbiker und Wanderer und der Herbst taucht die Bäume in rote und goldene Farben, lässt die Berge wie im Feuer erscheinen und begeistert Fotografen und Golfer gleichermaßen. Im kalten Winter lassen die umliegenden schneebedeckten Berge das Herz von Skifahrern und Snowboardern höher hüpfen und der Frühling bringt wieder frisches Grün in die Landschaft, eine Zeit zum Verweilen und Genießen. *Queenstown* hat seinen Weltruf als Abenteuerstadt nicht ohne Grund, die Vielzahl der angebotenen Erlebnistouren zu Wasser, Land oder in der Luft ist einmalig: Whitewater Rafting, Jetboating oder Wildwasserfahrt durch Canyons, Bungee Jumping und Tandem-Gliding, Swin-

Blick auf Queenstown vom Bob's Peak

ging, Helikopterflug, Ski- oder Skateboard fahren im Winter, lange Wanderungen im Paradise-Valley oder Geländefahrten per Jeep. Wir wollen in diesem Buch nicht näher auf die einzelnen Aktivitäten eingehen und verweisen auf die unzähligen Buchungsbüros und das *DOC Visitor Centre*, 38 Shotover Sreet. Trotz des Urlauberansturmes hat der malerisch zwischen dem romantischen, azurblauen See und den zerklüfteten Bergen gelegene Ort einiges von seinem ursprünglichen Charakter behalten. In der verhältnismäßig kleinen Innenstadt befinden sich unzählige Bars und Cafés.

(127) WOMO-Campingplatz-Tipp: Queenstown Lakeview

GPS: S 45°1'49" E 168°39'26"   **WOMOs:** 150 mit Stromanschluss
Ausstattung/Lage: Spielplatz / Sehr zentrumsnahe Lage.
Preise: Stellplatz mit Strom 20 NZD pro Person.
Zufahrt: Gut ausgeschildert. Vom Zentrum aus die Brecon Street Richtung Gondola fahren und links in die Cemetery Rd abbiegen.
Kontakt: 4 Cemetery Road, Queenstown, Tel. 0800 482 735, www.holidaypark.net.nz
Beurteilung: Zentral gelegene große Anlage, 500 m bis zum See, gute Sanitäranlagen, sehr eng, dicht auf dicht gepackt.

Um sich einen Überblick über Stadt und Umgebung zu verschaffen, fahren Sie zunächst einmal mit der *Gondelbahn (Skyline Gondola)* zu der Bergstation auf dem *Bob's Peak (762 m)*. Genießen Sie dort angekommen den herrlichen Blick auf die umliegenden Berggipfel, zu denen die *Remarkables*, der *Crown Peak* und der *Coronet Peak* gehören. In der Bergstation gibt es eine Cafeteria und ein **Skyline Restaurant** (Tel. 03 442 7860), in dem Sie ein empfehlenswertes Dinner mit tollem Blick hinab auf den See einnehmen können. In der Bergstation finden Sie auch Souvenirshops und ein Theater, in dem der sehenswerte High-Tech-Film *Kiwi Magic* zu sehen ist. Zurück

in der Talstation besuchen Sie den *Kiwi & Birdlife Park* und den alten Friedhof, in dem einige der Pioniere der Stadt begraben sind. Danach promenieren Sie entlang der Uferstraße *Lake Esplanade* bis zur Steamer Wharf, wo zahlreiche Kneipen Bars und Restaurants auf Sie warten. Ein traditionsreiches Restaurant mit behaglicher Atmosphäre ist das **Cow** (Cow Lane, Tel. 03 442 8588). Zurück am Anleger *Steamer Wharf* schauen Sie sich die **TSS Earnslaw** an. Dieses 51 m lange, elegante und immer noch auf Hochglanz polierte Dampfschiff hatte 1912 seine Jungfernfahrt und ist der einzige Überlebende einer Flotte von fast drei Dutzend Schiffen, die vor 150 Jahren Passagiere

(128) WOMO-Campingplatz-Tipp: Queenstown Top 10 Creeksyde

GPS: S 45°1'33" E 168°39'37"
WOMOs:
65 mit Stromanschluss
Ausstattung/Lage:
Spielplatz / Schattenspendende Bäume, 20 min zu Fuß bis Stadtzentrum.
Preise: Stellplatz mit Strom 48 NZD, 17 NZD pro weiterem Erwachsenem, 15 NZD pro weiterem Kind.
Zufahrt:
Im Zentrum ausgeschildert.
Kontakt: 54 Robins Road, Queenstown, Tel. 0800 786 222, www.camp.co.nz
Beurteilung: Empfehlenswerter Platz, leider sehr eng!

und Fracht (1.500 Schafe fanden Platz) über den See transportierten. Mehrfach am Tage legt die *TSS Earnslaw* zu einer Ausflugsfahrt über den See zur *Walter Peak High Country Farm* ab, wo dem Interessierten *High Country Schafzucht* demonstriert wird. Von der Anlegestelle der *TSS (twin stew steamer) Earnslaw* folgen Sie dem Seeufer und gelangen bald zu einem weiteren Komplex von Bootsrampen. An der zweiten Pier, in der Verlängerung der Mall gelegen, befindet sich *Underwater World*, eine unterseeische Galerie mit Aussichtsfenstern zum See.

Da die Neuseeländischen Alpen als Schutzwall gegen die kühlen Westwinde wirken, liegt die durchschnittliche Höchsttemperatur in *Queenstown* im Sommer um zwei Grad höher als

Nordende des Lake Wakatipu

die der deutlich nördlicher gelegenen Hauptstadt *Wellington*. Auch der Niederschlag fällt mit insgesamt 840 mm Regen im Jahr dank des Regenschattens der Süd-Alpen eher moderat aus. Im Ergebnis gilt das Hinterland *Queenstowns* als eines der besten Weinbaustandorte Neuseelands. Geführte Weintouren, die vornehmlich Weingüter im nahe gelegenen *Gibbston Valley* besuchen, werden in *Queenstown* angeboten. Falls Sie über genügend Zeit verfügen, sollten Sie einen reizvollen Abstecher in das 46 km entfernte **Glenorchy** unternehmen, das friedvoll am Nordende des *Lake Wakatipu* liegt. Sie erreichen dieses selbsternannte „*Tor zum Paradies*" über eine Straße, die dem Verlauf des Seeufers folgt und immer wieder tolle Ausblicke auf See und Bergwelt gewährt. Vor dem Ortseingang liegt die *Blanket Bay Lodge*, eine 4-Sterne-Unterkunft für hohe Ansprüche und starken Geldbeutel. *Glenorchy* ist der östliche Ausgangspunkt für einige Fjordland Tracks. Es besteht im wesentlichen aus dem *Glenorchy Information Center*, dessen Funktion sich nicht in einer Touristeninformation erschöpft. Es ist Dorfladen und Souvenirshop, Rezeption für den *Glenorchy Holiday Park & Camping Ground* und selbstverständlich können auch alle Touren hier gebucht werden. Zu letzteren gehören

Trips mit Jetboats und Funyaks, aufblasbaren Kanadiern, auf dem **Dart River**, einem wilden und ursprünglichen Gletscherfluss. Das besondere Alpenpanorama macht Glenorchy zum begehrten Filmset. Einige Szenen aus *Herr der* Ringe wurden hier gedreht. *Nomad Safaris* bie-

Straße am Dart River

tet Jeep Touren zu den Drehorten an.

Die ehemalige Goldgräberstadt **Arrowtown** liegt mit ihren 2.150 Einwohnern im Tal des *Arrow River*, zu Füßen der *Crown Range*. Das malerische Städtchen, mehr als 60 Gebäude aus dem 19. Jahrhundert wurden liebevoll renoviert, hat seinen ursprünglichen Charakter erhalten. Sie erreichen den kleinen Ort am Westufer des *Arrow River* über den SH6, dem Sie 25 km in nördlicher Richtung folgen.

Nachdem 1862 ein Schafscherer Gold im *Arrow River* gefunden hatte, verbreitete sich diese Nachricht in Windeseile. Innerhalb weniger Wochen wuchs die Einwohnerzahl auf 1.500 und stieg während des Höhepunkts des Goldfiebers weiter bis auf über 7.000 an. Insgesamt wurde damals in 80 Goldfeldern, teilweise im eiskalten Wasser der Flüsse, nach dem begehrten Edelmetall geschürft. Die Goldvorkommen waren schnell erschöpft und die Schürfstellen wurden innerhalb nur eines Jahrzehnts wieder aufgegeben. Wer will kann heutzutage am *Arrow River* mit ausgeliehenen Pfannen selbst sein Glück beim Goldwaschen versuchen und die mühselige Arbeit des Schürfens in Angriff nehmen. Heute ist *Arrowtown* ein lebendiger Ort, in dem die liebevoll renovierten und teils pittoresken Fassaden das Bild einer längst vergangenen Zeit nachzeichnen. In dem stimmungsvollen Ort mit Wild-West Atmosphäre kann man gut bummeln und einkaufen. Das *Lake District Museum* informiert umfangreich über die Goldgewinnung in der Region. Hier erhält man die Broschüre *Historic Arrowtown*, die verschiedene Spazierwege beschreibt.

Am westlichen Ostrand befindet sich am Fluss das *Chinese Settlement* ein Camp chinesischer Arbeitskräfte, die um 1870 in die Gegend kamen. Auch sie suchten in den Schluchten von *Arrow River* und *Shotover River* nach Gold. Ihre kleinen Stein-

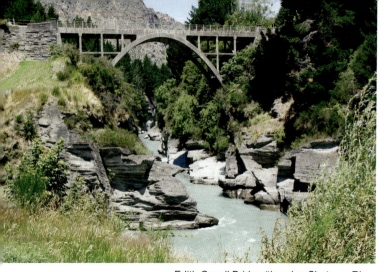

Edith Cavell Bridge über den Shotover River

und Lehmziegelhütten sind inzwischen restauriert.

Wem *Arrowtown* noch nicht genügend Goldgräberstimmung vermittelt, der kann sich einer Geländewagen-Tour nach *Macetown* anschließen. Diese 15 km nördlich *Arrowtown* gelegene, eindrucksvolle Geisterstadt ist alternativ über einen Fußmarsch, eine Mountainbike-Tour oder einen Ausritt zu erreichen, deren Routen sämtlich flussaufwärts dem *Arrow River* folgen.

Wenn Ihr Wohnmobil nicht gar zu groß ist, sollten Sie als Route nach **Wanaka** die *Crown Range Road* über Cardrona wählen, die im späteren Verlauf *Cardrona Valley Road* heißt. Sie war lange von den Vermietern von Mietwagen nicht freigegeben, ist heute aber durchgehend asphaltiert und darf auch von Mietwagen befahren werden. Sie windet sich zunächst als extrem steile Serpentinenstraße in vielen engen Haarnadelkurven über die *Crown Terraces*, bevor sie die Passhöhe von 1076 m erreicht. Es bieten sich immer wieder atemberaubende Ausblicke hinab auf das Tal des *Kawarau River* und den *Lake Hayes*. Im weiteren Streckenverlauf führt die Straße durch das schmale und ausgesprochen pittoreske **Cardrona Valley**.

Die das Tal umgebenden steilwandigen Hügel sind von kugelförmigen und meist braunen Grasbüscheln übersät (Tussockgras). Auf halber Strecke nach *Wanaka* passieren Sie das liebevoll restaurierte *Cardrona Hotel*, in dessen historischem

Schankraum schon zu Goldgräberzeiten gezecht wurde. Der beschauliche Ort **Wanaka** (5.000 Ew) bietet alles, was einen schönen Ort auszeichnet. Viele kleine Läden, einen großen Supermarkt, viele unterschiedliche Restaurants und Cafés, ein winziges Kino und natürlich die wunderschöne Lage am See zwischen den Ausläufern des *Mt. Aspiring National Parks*.

> **(129) WOMO-Stellplatz: Cardrona River**
> **GPS:** S 44°47'29" E 169°4'41"   max. WOMOs: 5
> **Ausstattung/Lage:** Nichts / Der Platz liegt, durch Bäume von der Straße abgegrenzt, direkt am Cardrona River.
> **Zufahrt:** Vom SH89 (Cardrona Valley Rd) 12 km vor Wanaka rechts abbiegen.
> **Beurteilung:** Einfacher Platz, im reizvollen Cardrona Valley gelegen.

Das mehrfach prämierte edle Restaurant **Missy's Kitchen** (Ecke Ardmore St / Lakeside Dr, Tel. 03 443 5099) liegt sehr schön mit Blick zum See und den dahinter thronenden Bergen. In den letzten Jahren hat sich *Wanaka* stark entwickelt und ist damit deutlich in Konkurrenz zu *Queenstown* getreten. Die Fläche unterhalb von *Mt. Iron*, *Wanakas* kleinem Hausberg, war im Jahr 2000 noch Weidefläche für Schafe und ist heute weitestgehend bebaut. Der Spazierweg hinauf auf den Gipfel des **Mt. Iron (549 m)** ist auch bei Einheimischen sehr beliebt und bietet einen herrlichen Panoramablick auf Wanaka, sowie *Lake Wanaka* und *Lake Hawea*. Der Ausgangspunkt der Wanderung liegt 1,5 km östlich von *Wanaka* am SH84. Sie führt zunächst durch Weideland und später durch die vogelreichen Wälder des *Mount Iron Scenic Reserve* (4 km hin und zurück, 1-2 h, 240 Hm). In der DOC-Broschüre *Wanaka Walks and Trails* (1 NZD) sind weitere schöne Wanderungen beschrieben, z.B. der **Diamond Lake-Rocky Mountain Track** (7 km, 2,5 h, 400 Hm) und der **Waterfall Creek Walk** (3 km, 35 min).

Die an der Südspitze des *Lake Wanakas* gelegene kleine Stadt bietet dem Besucher eine gute Mischung aus Abenteuer, Sport und Entspannung. Bei schönem Wetter laden im Sommer viele Stellen am See zum Pick-

nick ein und im Winter ist Wanaka beliebte Basis für die Skigebiete *Cardrona* und *Treble Cone*. Angeboten werden in der selbsternannten Abenteuerdestination neben mehreren Wildwassertouren, Jetboat Fahrten auf dem *Wanaka River* und Kreuzfahrten, Angeltouren und Wasserski auf dem See. Auch Sightseeingflüge, Gleitschirmfliegen und Fallschirmspringen werden angeboten. Wer das Wandern liebt, hat dazu im nahen *Mount Aspiring Nationalpark* oder an der *Glendhu Bay* in allen Schwierigkeitsstufen Gelegenheit.

---

(130) WOMO-Campingplatz-Tipp: Wanaka Lakeview HP
GPS: S 44°42'3" E 169°7'41" **WOMOs:** 70 mit Stromanschluss
Ausstattung/Lage: Entsorgung außerhalb des Platzes, Spielplatz / 20 min zur Stadtmitte, 5 min über die Straße an den See zum Schwimmen!
Preise: Stellplatz mit Strom 17 NZD pro Person.
Zufahrt: Von Queenstown kommend kurz vor dem See links.
Kontakt: 212 Brownston Street, Wanaka, Tel. 03 443 7883, www.wanakalakeview.co.nz **Beurteilung:** Nicht sehr schön aber für eine Nacht ok.

Bereits am Ortseingang bietet der Vergnügungspark *Great Maze* einen hölzernen Irrgarten, mehrere Geduldsspiele, eine Hologramm-Halle und das Holzhaus *Tilted House*, dessen Fußboden 15 Grad gegen die Horizontale geneigt ist. Historisch interessierte Besucher finden im *New Zealand Fighter Pilots Museum* die größte Sammlung von Kampfflugzeugen in der südlichen Hemisphäre und am Wanaka Airport ein Transport- und Spielzeugmuseum. Schließlich kann der Interessierte noch die preisgekrönte Brauerei *Wanaka Beer Works* besichtigen, in der man drei Biersorten für 4 NZD probieren kann. Wer Wein bevorzugt hat im 3 km westlich gelegenen Weingut *Rippon Vineyard* Gelegenheit, vom Pinot Noir über Sauvignon Blanc bis zum Riesling zehn verschiedene Weinsorten kostenlos zu probieren. Das Wohnmobil lässt man dann allerdings besser für eine Nacht auf dem Parkplatz des Weingutes stehen. Oder Sie wandern von *Wanaka* über den **Waterfall Creek Walk** (siehe oben) zum Weingut. Das schön an der Uferpromenade des Lake Wanaka gelegene Tourist Office ist von 8.30 - 17.30 Uhr geöffnet. Nur wenige Kilometer östlich vom Lake Wanaka liegt der *Lake Hawea*, mit einer Fläche von 141 km² der kleinste und nördlichste der fünf großen Gletscherseen Neuseelands. An der engsten Stelle („The Neck") sind beide Gewässer nur etwa 1000 Meter voneinander entfernt.

(131) WOMO-Wanderparkplatz: Albert Town Camp
GPS: S 44°40'45" E 169°11'26" **max. WOMOs:** 10
Ausstattung/Lage: Toilette, Wasser / Schön in einer Flussschleife gelegen.
Preise: Stellplatz mit Strom 7 NZD pro Person, Kinder 3,5 NZD, Kinder unter 5 Jahren sind frei.
Zufahrt: Direkt hinter der Brücke über den Clutha River am SH6.
Kontakt: Queenstown Lakes District Council, Tel. 03 443 0024
Beurteilung: Einfacher Platz, sehr schön am Clutha River gelegen. Ausgangspunkt verschiedener Wanderungen.

Am Südufer des *Lake Hawea* wurde im Jahr 1958 ein 30 m hoher Damm gebaut und damit der Wasserspiegel um 20 Meter angehoben. Das angestaute Wasser wird, im Bereich zwischen 10 und 200 m³ pro Sekunde, kontrolliert abgegeben und dient im 100 km entfernten *Roxburgh Wasserkraftwerk* als zusätzliche Ressource zur Stromgewinnung. Allerdings verlor der See durch dieses Bauwerk einiges von seinem Reiz, denn die ursprünglichen Badestrände gingen verloren. Am Staudamm, dort wo der See in den *Hawea River* abfließt, befindet

(132) WOMO-Campingplatz-Tipp: Lake Hawea HP
GPS: S 44°36'25" E 169°14'44" **WOMOs:** 98 mit Stromanschluss.
Ausstattung/Lage: Spielplatz / Am Lake Hawea.
Preise: Stellplatz mit Strom 16 NZD pro Person, Kinder 8 NZD, Kinder unter 5 Jahren sind frei. **Zufahrt:** Vom SH6 Richtung Norden kurz nach Hawea rechts abbiegen. **Kontakt:** State Highway 6, Lake Hawea Tel. 03 443 1767 www.haweaholidaypark.co.nz **Beurteilung:** Schöner, weitläufiger Platz in einem Wäldchen am Lake Hawea.

sich die einzige größere Siedlung am See, der etwa 300 Einwohner zählende Ort **Hawea**. Kurz hinter der Abzweigung nach Hawea liegt zwischen dem SH6 und dem See der Campingplatz *Lake Hawea Holiday Park*. Im nördlichen Bereich des Sees fließt, neben vielen kleinen Zuflüssen, der *Hunter River* in den *Lake Hawea*. Der See ist nicht so beliebt wie sein größerer Nachbar, eignet sich aber hervorragend für verschiedene Arten von Wassersport und lädt wegen seines Fischreichtums zum Angeln von Forellen und Lachsen ein. Am nördlichen Ende des Sees, an der engsten Stelle zwischen den beiden Seen, zweigt eine Schotterstraße nach rechts ab (Meads Road), die Sie nach 6 km zu einem charmant am See gelegenen DOC Campingplatz bringt. Hier beginnt der gut ausgeschilderter Rundweg **Nature Walk**, der über eine Anhöhe durch den Wald führt und etwa 35 Minuten in Anspruch nimmt.

(133) WOMO-Campingplatz-Tipp:
Kidds Bush Reserve Campsite DOC

GPS: S 44°26'28" E 169°15'42"   **WOMOs:** 40 Stellplätze
Ausstattung/Lage: Toiletten, Trinkwasser / Malerisch am Lake Hawea.
Parkgebühr: 6,10 NZD pro Person   **Zufahrt:** Am Kopfende des Lake Hawea rechts in die Meads Rd einbiegen und 6 km der Schotterstraße folgen.
Beurteilung: Sehr idyllische Stellplätze auf einer Wiese am See!

Der *Haast Pass* ist mit nur 563 m ü.d.M. die am tiefsten gelegene Passstraße über die Südalpen. Er ist nach dem deutschen Geologen *Julius von Haast* benannt, welcher ihn als erster Europäer nach dem Goldsucher *Charles Cameron* (1863) bezwang. Die Straße über den *Haast Pass* ist der südlichste Zugang zur *West Coast* und wurde erst 1965 für den öffentlichen Verkehr freigegeben. Die Streckenführung folgt einem bereits von den **Ngai Tahu** genutzten Pfad an die Westküste, den diese zum Handel mit Jade benutzten. Unser Weg zum *Haast Pass* führt uns durch eine vielfältige Szonorie: Regenwald, Feuchtgebiete, Seen, Gletscherflüsse und Stromschnellen.

(134) WOMO-Campingplatz-Tipp: Boundary Creek DOC

GPS: S 44°21'7" E 169°10'9"   **WOMOs:** 40
Ausstattung/Lage: Toiletten, Trinkwasser, Picknicktische / Malerisch auf einer Landnase am oberen Ende des Lake Wanaka gelegen.
Preise: 6,10 NZD pro Person   **Zufahrt:** Von Wanaka aus den SH6 Richtung Norden fahren. Der Platz liegt 9 km nachdem der SH6 wieder auf den Lake Wanaka getroffen ist auf der rechten Seite zum See hin.
Beurteilung: Sehr idyllische Plätze!

Zunächst erreichen Sie, 45 km hinter *Wanaka*, den an der Südostseite des *Mount Aspiring National Park* gelegenen kleinen Ort **Makarora,** mit Motor Camp und DOC i-Site ausgestattet. Hier sollten Sie die Broschüre **Walks along the Haast Highway** erstehen, die eine Vielzahl gut markierter kurzer Wanderungen entlang der Straße nach Haast beschreibt. Wir wollen den **Blue Pools Walk** hervorheben, der mit sensationellem Blick auf die Berge zu einer Serie von Wasserbecken führt, die über die Jahrhunderte hier aus den Steinen gewaschen wurden. In ihrem kristallklaren Wasser tummeln sich unzählige Forellen. Die Region um *Makarora* ist mit ihrem dichten Südbuchenbestand und alpiner Vegetation von fesselnder Schönheit und lädt zum Verweilen ein. Für unternehmungslustige Reisende werden hier Rundflüge und Jetboat-Fahrten auf dem *Makarora River* angeboten. Ein besonderer Leckerbissen für adrenalinhungrige ist das sogenannte *Siberia Experience*, das einen 30 minütigen Flug mit dem Kleinflugzeug, danach 3 h Bushwalk und eine abschließende Jetbootfahrt umfasst (225 NZD). In Makarora gibt es die letzte Tankstelle vor der Westküste.

Sie überqueren 17 km hinter *Makarora* den *Haast Pass* und lassen damit endgültig die trockene, sanft gewellte Tussock-Landschaft von *Central Otago* hinter sich und tauchen in die tiefgrünen Regenwälder der regenreichen Westküste ein. Zunächst folgt die Straße in vielen engen Kurven dem *Haast River* in die Ebene hinab, in der das Flussbett dann wesentlich breiter

---

**(135) WOMO-Campingplatz-Tipp:
Haast Lodge & Motor Park**

GPS: S 43°52`55" E 169°2'40" **WOMOs:** 24 mit Stromanschluss
Ausstattung/Lage: Standard / Südlich Haast Zentrum.
Preise: Stellplatz mit Strom 17.50 NZD pro Person, Kinder 5 NZD, Kinder unter 5 Jahren sind frei. **Zufahrt:** Die Marks Rd zweigt vom SH6 links ab.
Kontakt: Marks Rd; Haast, Tel. 0800 500 703, www.aspiringcourtmotel.com
Beurteilung: Einfacher Platz, einer Lodge angeschlossen.

---

verläuft. Die Fahrt vom *Haast Pass* nach **Haast** ist sehr abwechslungsreich und ungemein reizvoll. Etwa 60 km hinter dem Haast Pass erreichen Sie die abgeschiedenen und ruhig gelegenen Siedlungen **Haast Township, Haast Junction** und, an der tasmanischen See gelegen, **Haast Beach**. Umgeben von ausgedehnten Regenwäldern und unberührt gebliebenen Stränden zieht Haast vor allem naturbegeisterte Reisende an.

Haast River

Sie sollten Ihre Vorräte möglichst noch in Wanaka ergänzt haben, denn der kleine Supermarkt in *Haast Township* bietet nur sehr begrenzte Einkaufsmöglichkeiten. Immerhin können Sie in *Haast* tanken, freilich etwa 15 Cent pro Liter teurer als in *Wanaka*. Die Region um *Haast* wurde bereits in den 1870er Jahren von Europäern besiedelt, aber erst spät über befestigte Straßen mit dem Rest des Landes verbunden. Die Straße über den *Haast Pass* wurde 1960 freigegeben und 1965 bis nach *Fox Glacier* ausgebaut. Der durch *Haast* führende SH6 ist erst seit 1995 in seiner gesamten Länge geteert. Die wichtigsten Wirtschaftszweige der Region sind Landwirtschaft, Fischerei und Tourismus. Sehr empfehlenswert ist eine 90 minütige Jetboot-Fahrt den *Haast River* aufwärts, die Ihnen einen wunderbaren Einblick in die prächtige Natur dieses Flusslaufes

(136) WOMO-Campingplatz-Tipp: Haast Beach HP
GPS: S 43°54'30" E 168°54'1" **WOMOs:** 50 mit Stromanschluss
Ausstattung/Lage: Standard / Zwischen dem Hapuka River und dem Turnbull River. **Preise:** Stellplatz mit Strom 32 NZD.
Zufahrt: Vom SH6 links Richtung Jackson Bay abbiegen. Nach 14 km liegt der Platz kurz hinter dem Örtchen Okuru auf der rechten Seite.
Kontakt: Haast Beach / Jackson Bay Rd, Okuru, Tel. 0800 843 226, www.haastbeachholidaypark.co.nz
Beurteilung: Einfacher, aber großzügig angelegter Platz. Kein direkter Zugang zum Strand. Empfehlenswert: *Hapuka Estuary Nature Walk*

gibt (**Haast River Safari**, www.haastriver.co.nz, Tel. 0800 865 382). Sie startet direkt unterhalb der *Haast River Bridge*, auf der von *Haast* abgewandten Seite der Brücke. Falls Sie über genügend Reisezeit verfügen, können Sie das Gefühl für Einsamkeit noch etwas weiter auf die Spitze treiben und links in

die Küstenstraße *Haas Jackson Bay Road* einbiegen, die Sie nach etwa 50 km ins südwestlich gelegene **Jackson Bay** bringen wird. Die Straße verläuft nahe der Küste direkt hinter den Dünen durch eine dicht bewaldete Schwemmlandebene.

Aus dem undurchdringlichen Unterholz ragen immer wieder 20 bis 30 m hohe Baumriesen hervor. Der Bewuchs ist geprägt von großen Farnen sowie vielen Flechten und Moosen. 10 km hinter Hast Beach erreichen Sie die ehemalige Maori Siedlung **Okuru,** in der es auch einen Zugang zum Meer

Anleger in Jackson Bay

gibt. Der etwas weiter südlich gelegene einfachen Campingplatz ist zwar vom Meer nicht weit entfernt, verfügt aber über keinen Zugang zum Strand. Die Okuru etwa 4 km vorgelagerte Inselgruppe Open Bay Islands wurde zum Schutzgebiet für Pelzrobben und Dickschnabelpinguinen erklärt. In Okuru lädt der 20-minütige Rundgang **Hapuka Estuary Walk** zu einem kleinen Spaziergang ein, der über eine Brackwasser-Lagune (Plankenweg) und durch einen Kowhai-Wald führt. Er beginnt an einem kleinen Parkplatz, der vom Campingplatz aus gesehen etwa 100 m hinter der Straße liegt. Die geteerte Küstenstraße endet nach weiteren 35 km in **Jackson Bay**. Dieser Ort war ursprünglich eine Walfangstation und sollte später zu einer Hafenstadt für die südliche West Coast ausgebaut werden. Der Versuch Getreide anzubauen scheiterte an den dauerhaften Regenfällen und nur einige Unentwegte, die ihren Lebensunterhalt mit Hummer und Fischfang verdienen, sind geblieben. Sie können mit ihren Fischerbooten heute eine Pier nutzen, die für eine US-Basis gedacht war, deren Bau aber aufgegeben wurde. Im Schutze eines Landvorsprunges, Jackson Head, tummelt sich eine große Kolonie Pelzrobben und Dickschnabelpinguine haben hier ihre Brutplätze. Hinter Jacksons Head führt der **Wharekai Te Kau Walk** zum entsprechenden Strandabschnitt (40 Minuten hin und zurück). Der **Smoothwater Track** (3 h hin und zurück) führt zum gleich-

namigen Fluss und hält für den Wanderer immer wieder wundervolle Ausblicke zur Küste bereit. Stärken kann man sich nach getaner Wanderung gleich neben der Pier in der urigen Kneipe **The Craypot**, die neben „Fish & Chips" auch andere Speisen bereithält.

Tour 15: Die Gletscher der West Coast

Haast - Fox-Gletscher - Franz-Joseph-Gletscher - Okarito - Harihari - Ross - 400 km

Stellplätze:	Gillespies Beach, Okarito, Wanganui River Mouth
Camping:	Lake Paringa DOC, Fox, Franz Josef, Lake Mapourika DOC
Baden:	Lake Paringa, Lake Mapourika, Lake Ianthe
Wandern:	Kahikatea Swamp Forest, Mataketake Dune Lake, Monro Beach Fox River, Chalet Lookout, Lake Matheson, Peak View Point, Gillespies Beach, Franz-Josef-Gletscher, Okariko Trig, Three Mile Lagoon, Harihari Coastal Walk, Ross: Water Race Walkway
Essen:	Café Lake Matheson

Vor Ihnen liegen nun zwei außergewöhnlich schöne, naturbetonte Touren entlang der Westküste der Südinsel. In Tour 15 besuchen Sie zwei bis ins Tal hinab reichende Gletscher und eine friedvolle Lagune, in der seltene Wattvögel nach Nahrung suchen. Sie endet nach 250 km in der Goldgräbersiedlung **Ross**. Sie durchfahren einen schmalen Landstreifen zwischen der Bergkette der südlichen Alpen und der Tasmansee, der selten mehr als 30 km breit ist und von den Neuseeländern **West Coast** genannt wird.

Die wilde und ursprüngliche **Westküste** umfasst ein 23.000 km² großes Gebiet, in dem nur rund 33.000 Menschen leben und ist damit die am dünnsten besiedelte Region Neuseelands. Sie erstreckt sich über eine Entfernung von 600 km vom **Kahurangi Point** (ca. 120 km nördlich *Westport*) im Norden bis zum **Awarua Point** im Süden (ca. 60 km südlich *Jackson Bay*). Da es nur drei Pässe über die Südalpen gibt, ist die **West Coast** vom übrigen Land recht isoliert. Ihre Einwohner werden von den Kiwis als **Coasters** bezeichnet und stehen im Ruf sehr besonders zu sein, skurril und trinkfest. Neuseelands Ex-Premierministerin *Helen Clark* rutschte für die *Coasters* der Begriff *Ferals (Verwilderte)* heraus. Das wird von den *Coasters* durchaus als Kompliment verstanden, sieht man sich selbst doch als ungezähmt und freiheitsliebend. Dieser Ruf wird von den *Coasters* mit Veran-

staltungen wie dem Wildfood Festival in *Hokitika* gepflegt, in dem man von rohem Seeigel über Mövenleberpastete und getrockneten Würmern in Trüffeln bis zu Opossum mit Stechginsterwein alles (Ekelhafte) geboten bekommt. Im benachbarten Okarito wohnt *Keri Hulme*, Neuseelands exzentrischste Schriftstellerin, die mit *Unter dem Tagmond* den *Booker-Preis* gewann. Vor ihrem achteckigen selbstgebauten Holzhaus prangt ein Schild mit der Aufschrift „piss off".

Ebenso ungezähmt wie die Menschen ist die Landschaft. Statt sanfter Wellen schlägt eine wütende Brandung auf die langen Strände, zum Baden ist es meist zu gefährlich. Das Baden ist auch an geschützteren Küstenabschnitten wegen der allgegenwärtigen **Sandflies** kaum möglich, die sich sofort in großen Schwärmen auf jeden potentiellen Blutlieferanten stürzen. Da die regenbringenden Winde von Westen kommen, wird der schmale westliche Küstenstreifen jährlich mit 7 bis 9 Metern Niederschlag beglückt. Auf den Berggipfeln gibt es sogar bis zu 15 m Niederschlag und die Gletscher werden mit reichlich Nachschub versorgt, was dazu führt, dass die bekanntesten, der *Fox-* und der *Franz-Josef Gletscher*, bis auf eine Höhe von etwa 200 m ins Tal und damit nahe an die Westküste hinabreichen. Wer nun seine Reisepläne überdenkt, dem sei gesagt, die Sonne scheint an der West Coast oft und lange, wenn es jedoch regnet, dann wie aus Kübeln.

Die Westküste ist geprägt von schroffen, gischtbespritzten Felsformationen. An einigen Stellen ist die Küstenstraße in Gefahr weggewaschen zu werden. Bei starken Regenfällen, und die sind hier die Regel, stürzen Wasserfälle direkt neben der Küstenstraße herab und werden unter der Straße hindurch ins Meer geleitet. Unmittelbarer als hier kann man die Elemente der Natur in Neuseeland nicht erleben. Dieses Aufeinandertreffen von wilder Strandlandschaft, reißenden Flüssen, unzähligen Wasserfällen, friedlichen Seen, üppigem Regenwald, riesigen Gletschern und schneebedeckten Bergen auf engstem Raum ist einzigartig. In Tour 15 werden Sie den wildesten und am

dünnsten besiedelten Teil der Westküste erleben. Freuen Sie sich auf eine wunderschöne Landschaft.

Sie verlassen **Haast** über die längste einspurige Brücke Neuseelands, die 700 m lange *Haast River Bridge*. Der SH6 verbleibt für die nächsten 28 km in Küstennähe. Sie werden die wilde Tasmanische See aber erst in *Ship Creek* wieder zu Gesicht bekommen, denn rechts und links der Straße zeigt sich ein wundervoll dichter Bewuchs. Besonders im ersten Abschnitt hinter Haas ist das Grün unglaublich schön modelliert. Wie von einem Landschaftgärtner geschaffen wird das dichte Buschwerk langsam höher und geht schließlich in Wald über, auch bei Regen ein sehr nachhaltiges Naturerlebnis. Nach 18 km erreichen Sie **Ship Creek**, wo Sie sich von einem in unmittelbarer Nähe zum Parkplatz gelegenen Aussichtspunkt einen Überblick über den einsamen wilden Strand, die Dünen und den umsäumenden Wald verschaffen können. Informationsschilder weisen auf zwei kurze Wanderungen hin. Der **Kahikatea Swamp Forest Walk** (20 Minuten) folgt dem Flüsschen *Ship Creek* flussaufwärts durch Sumpfland und Kahikatea-Wald zu einem Aussichtspunkt. Der **Mataketake Dune Lake Walk** verläuft in Strandnähe zum *Lake Mataketake* (30 Minuten).

Der SH6 steigt nun bald an und erreicht nach 9 km **Knights Point**. Von dieser Klippe bietet sich Ihnen ein wunderschöner Blick auf die zerklüftete Küstenlandschaft. Eine Tafel erinnert daran, dass hier 1965 die Straßenverbindung zwischen nördlicher und südlicher Westküste geschlossen wurde.

Die Straße biegt nun ins Landesinnere ab und erreicht nach 7 km den fischreichen (Forellen, Lachse, Whitebait) *Lake Moeraki*, der Brutplatz der *Kotuku (White Heron, Silberreiher)* ist. Noch bevor Sie den See sehen können, führt Sie ein Hinweisschild an der Straße zu einem Parkplatz. Dort, am Westende des Sees startet der **Monro Beach Walk** (5 km, 1,5 h, hin und zurück), der

Blick vom Knights Point

Die Gletscher der West Coast

Sie durch einen wunderbaren Wald mit uralten *Kahikatea Baumriesen* an einen Strand führt, an dem Sie *Dickschnabelpinguine* beobachten können. Die seltenen Pinguine nisten hier zwischen Juli und Dezember und kommen im Februar zur Mauser an Land. Nach weiteren 16 km erreichen Sie das einsame Ufer des ebenfalls sehr fischreichen *Lake Paringa*. Am See befindet sich ein ausgesprochen reizend gelegener DOC-Campground. Auch wenn Sie nicht vorhaben, hier zu übernachten, sollten Sie sich diesen idyllischen Ort anschauen.

(137) WOMO-Campingplatz-Tipp: Lake Paringa Jamie Creek DOC

GPS: S 43°43'19" E 169°24'43"
WOMOs: 12
Ausstattung/Lage: Toilette, Picknicktisch / Direkt am Lake Paringa, durch ein Waldstück vom Highway getrennt.
Preise: 6,10 NZD pro Person
Zufahrt: Am SH6 ausgeschildert.
Beurteilung: Wunderschöner, romantischer Platz mit Bademöglichkeit.

Der SH6 überquert 7 km hinter dem *Lake Paringa* den *Paringa River*. Sie haben hier die Gelegenheit eine nahe Lachsfarm zu besuchen, die auch über ein Café mit selbstgemachtem Kuchen verfügt. Nach weiteren 18 km trifft der SH6 an der **Bruce Bay** wieder auf die Küste. Der mit Treibholz übersäte Strand mit seinen vielen rund geschliffenen wundervollen Steinen lädt zum Verweilen ein. Zum Schutz des Highways vor der oft wilden *Tasmanischen See* wurden am zum Meer hin gelegenen Straßenseite große Felsbrocken aufgehäuft. Bald darauf verlassen Sie wieder die Küste, passieren den *Karangarua State Forest* und den *Karangarua River* und erreichen nach 46 km Fox. In der 300 Seelen Gemeinde **Fox Glacier Township** angekommen ist es ratsam sich zunächst im Visitor Center mit Wanderkarten zu versorgen. Der Ort wird ganz vom nahen **Fox Glacier** beherrscht, zu dessen Erkundung er ein idealer Ausgangspunkt

Fox-Gletscher

ist. Die Eismassen des *Fox-Gletscher* werden von den Gipfelregionen des *Mount Tasman (3.497 m)*, des *Mount Haidinger (3.065 m)* und der *Bismark Peaks* gespeist und fließen über eine Länge von 14 km hinab bis auf 200 m ü.d.M.. Wie überall auf der Welt zieht sich die Gletscherzunge immer weiter zurück. Noch im 19. Jh. hat sie bis zum heutigen SH6 gereicht und vor 15.000 Jahren soll sie gar ins Meer gekalbt haben. Um sich den *Fox-Gletscher* aus der Nähe anzuschauen, fahren Sie die am *Fox River* abbiegende Stichstraße (Glacier Road) 4 km flussauf bis zum Parkplatz. Von hier aus benötigen Sie nur noch 30 Minuten zum Gletscher, wobei Sie einige kleinere Bäche überqueren müssen. Der markierte Weg führt durch instabiles Terrain, was gelegentliche Sperrungen oder Umleitungen zur Folge hat. Eine Alternative ist der **River Walk** (2 km, 30 Min.), der unterhalb des Parkplatzes an einer historischen Hängebrücke beginnt und den *Glacier Valley Viewpoint*

(138) WOMO-Campingplatz-Tipp: Fox Glacier HP
GPS: S 43°27'50" E 170°0'30"   **WOMOs:** 54 mit Stromanschluss
Ausstattung/Lage: Spielplatz / Richtung Lake Matheson.
Preise: Stellplatz mit Strom 19,50 NZD pro Person
Zufahrt: In Fox Glacier die Cook Flat Road nach Gillespie Beach / Lake Matheson nehmen und nach 1 km links in die Kerr Road abbiegen.
Kontakt: Kerr Rd, Fox Glacier, Tel. 03 751 0821, 0800 154 366, www.foxglacierholidaypark.co.nz   **Beurteilung:** Ein sehr schöner, gepflegter Platz.

Lake Matheson

zum Ziel hat. Hier startet der **Chalet Lookout Walk** (4 km, 75 Min.), der großartige Blicke auf den Gletscher bereithält. Wer der Gletscher hautnah erleben möchte, kann sich einer professionell geführten Gletschertour zu Fuß oder mit dem Hubschrauber anschließen. Der 3 km östlich von Fox gelegene **Lake Matheson** ist berühmt für die nahezu perfekten Spiegelbilder, die seine Wasseroberfläche werfen. Sein Wasser ist von den organischen Rückständen des umliegenden Waldes dunkelbraun gefärbt und bildet dadurch an windstillen Tagen eine perfekte Reflektionsfläche. Die umliegenden Berge, unter ihnen an prominentester Stelle *Mount Cook* und *Mount Tasman*, sind dafür ein fantastisches Motiv. Ein gut ausgeschilderter Pfad führt durch einen uralten Wald mit großen *Rimu* und *Kahikatea Bäumen* um den See. Auf der Strecke liegt auch eine Aussichtsplattform, die ein Stück weit in den See hinausragt. Aber auch von vielen anderen Stellen aus hat man einen wundervollen Blick auf den See. Die etwa 1,5-stündige Wanderung sollten Sie möglichst früh morgens oder am späten Nachmittag unternehmen, dann ist die Oberfläche des Sees absolut glatt und liefert die schönsten Spiegelungen. Am Ende des Rundganges wartet das ausgezeichnete **Café Lake Matheson** auf den Wanderer.

Hier hat man einen fantastischen Ausblick und bekommt sehr gutes Essen serviert. Nicht nur deswegen sollten Sie sich den *Lake Matheson* keinesfalls entgehen lassen. Sie folgen weiterhin der Stichstraße zum Meer (Cook Flat Road) und erreichen nach 7 km eine Stelle, von der aus Sie in 10 Minuten zum **Peak View Point** hinaufsteigen können. Der Aussichtspunkt ermöglicht Ihnen einen Blick auf den *Fox Gletscher* in voller Länge und Schönheit und die ihn speisende Bergwelt. Auf der Weiterfahrt zur **Gillespies Beach** haben Sie 11 km nicht geteerte Straße vor sich. Am Strand der ehemaligen Goldgräbersiedlung werden Sie staunen über unzählige vom Meer angespülte Baumstümpfe, Äste in jeder Gestalt und Größe, Wurzelwerk und vereinzelt auch über vollständige Baumriesen. Das Treibgut bildet, zusammen mit den geschliffenen Steinen unterschiedlichster Größe, eine bizarre Landschaft, ein Festschmaus für Fotografen. Von Gillespies Beach aus bietet sich Ihnen ein traumhafter Blick ins Hinterland mit den Gipfeln der Südalpen, den riesenhaften Gletschern und verwunschenen Wäldern.

Franz-Joseph-Gletscher

Vom in den Dünen gelegenen ausgeschilderten Parkplatz starten verschiedene Wanderungen, von denen die längste in knapp zwei Stunden zu einer *Robbenkolonie* an der *Galway Beach* führt. Sie können an diesem wundervollen Strand in der *DOC Gillespies Beach Campsite* übernachten, die allerdings nur 6 Stellplätze bereithält.

(139) WOMO-Stellplatz: Gillespies Beach

GPS: S 43°24'53" E 169°49'15" **max. WOMOs:** 6
Ausstattung/Lage: Toiletten / In einem Wäldchen, nahe der Küste. In der Nähe befindet sich eine alte Goldgräber Siedlung.
Preise: Frei, DOC Basis Campingplatz.
Zufahrt: In Fox Glacier Township in die Cook Flat Road und später in die Gillespies Beach Road abbiegen. Die letzen 11 km der 20 km langen, engen und windungsreichen Straße sind unbefestigt.
Beurteilung: Wundervoll wilder Strand. Verschiedene Wanderungen starten vom nahen Parkplatz, von denen die längste in knapp zwei Stunden zu einer Robbenkolonie an der Galway Beach führt.

Nur 23 km hinter *Fox Glacier Township* bringt Sie der SH6 über einige Anhöhen nach **Franz Joseph Village**. Der **Franz-Josef-Gletscher** wurde 1865 von dem deutschen Entdecker *Julius von Haast* nach Franz Josef I. von Österreich benannt. Wie sein südlicher Nachbar, der *Fox-Gletscher*, wird er aus den Gipfelregionen der Südalpen gespeist, seine Abflüsse fließen über den *Waiho River* in die *Tasmanische See*. Die Balance zwischen Abschmelzmenge und Nachschubmenge aus den

Akkumulationsgebieten bestimmt, ob ein Gletscher wächst oder schrumpft. Wie praktisch bei allen Gletschern der Erde fällt die Bilanz beim *Franz-Joseph-Gletscher* generell negativ aus, d.h. seine Gletscherzunge verschiebt sich in immer größere Höhen. Interessanterweise kommt es beim *Franz-Joseph-Gletscher* aber immer wieder zu Phasen des Wachstums, in denen der 13 km lange Gletscher an Länge zunimmt. Auch seine Fließgeschwindigkeit ist beeindruckend. Bei einer Durchschnittsgeschwindigkeit von 5 m pro Tag erreicht er bisweilen Spitzengeschwindigkeiten von bis zu 8 m pro Tag. Ein Kleinflugzeug, das nach einer Notlandung in eine Gletscherspalte gerutscht war, tauchte fünf Jahre später vier Kilometer unterhalb der Unglücksstelle wieder auf.

---

(140) WOMO-Campingplatz-Tipp:
Franz Josef Rainforest Holiday Park

GPS: S 43°23'8" E 170°11'1" **WOMOs:** 57 mit Stromanschluss
Ausstattung/Lage: Kramladen, Spielplatz, Sauna, Spa-Pool / Zentrumsnahe Lage in idyllisch schönem Regenwald.
Preise: Stellplatz mit Strom 19,50 NZD pro Person.
Zufahrt: Vom Zentrum aus bergaufwärts fahren, der 1. Platz.
Kontakt: 6 Cron Street, Franz Josef, Tel. 03 752 0220, 0800 873 346, www.rainforestholidaypark.co.nz   **Beurteilung:** Solch ein schöner Platz findet sich kaum ein zweites Mal. Die Camper stehen idyllisch unter hohen Bäumen, Baumfarnen und Busch. Unbedingt zu empfehlen!

Um zur Gletscherzunge zu gelangen biegen Sie an der Brücke über den *Waiho River* in die *Franz Joseph Glacier Road* ab, die Sie nach 4 km zu einem großen Parkplatz bringt. Der hier startende Pfad führt Sie bis zum Gletschertor, aus dem der *Waiho River* entspringt (6 km, 1,5 h, hin und zurück). Da dieser Weg oft wegen Unpassierbarkeit gesperrt ist, bietet sich alternativ ein 10 minütiger Fußmarsch zum *Sentimental Rock* an, der einen spektakulären Ausblick auf den Gletscher erlaubt. Ebenfalls zu empfehlen ist der **Douglas Walk**, ein schöner Rundweg, der an dem See *Peter's Pool* vorbeiführt. In der 300 Einwohner Gemeinde Franz-Joseph-Village erhalten wir die DOC-Broschüre *The Glacier Region*, die neben den genannten auch noch andere Wanderungen beschreibt, darunter den anspruchsvollen **Axel Knob Track** (12 km, 8 h, hin und zurück, 1000 Hm) und den spektakulären **Roberts Point**

(141) WOMO-Campingplatz-Tipp: Lake Mapourika DOC

GPS: S 43°17'47"
E 170°13'28"
WOMOs: 10-15
Ausstattung/Lage: Toilette, Wasser / Direkt am See. Durch ein Wäldchen vom SH6 getrennt.
Preise: Stellplatz 6,10 NZD pro Person.
Zufahrt: Am McDonalds Creek vom SH6 abbiegen, Schild beachten.
Beurteilung: Sehr schöner, idyllischer Platz direkt am See, Tisch und Bänke für ein Picknick.

Track (9 km, 5 h, hin und zurück, 600 Hm).

9 km hinter *Franz Joseph Village* passieren Sie den wunderschönen **Lake Mapourika**, dessen Ufer dicht bewachsen sind. Nach weiteren 8 km biegen Sie links in eine Stichstrasse (*Forks Okarito Road*) zum Meer ein, die Sie nach 13 km nach **Okarito** bringt. Bevor Sie den kleinen Ort erreichen, gelangen Sie zu einem Ausläufer der **Okarito Lagune.** Das Haff der **Okarito Lagune** ist mit einer Fläche von 30 km² das größte unberührte Feuchtgebiet Neuseelands. Viele kleine Flüsse fließen in die Lagune, darunter auch der Abfluss des *Lake Mapourika*. In ihr leben viele Wattvögel, darunter ist besonders der extrem seltene *Kotuku (White Heron, Silberreiher)* hervorzuheben. Man sieht die prachtvollen Vögel in großer Zahl auf der Suche nach Fischen durch die flache Lagune staken. Die Beobachtung ihrer Nistplätze in der benachbarten **Waitangi Roto Nature Reserve** ist jedoch schwierig, da sie in den Schilfgebieten der Lagune liegen. Mit ihrer friedvollen Schönheit zieht die Lagune den Betrachter sofort in ihren Bann und weckt den Wunsch, sie auf dem Wasser zu erkunden.

Am südlichen Ende der Lagune liegt die verschlafene kleine Siedlung **Okarito** mit etwa 30 permanenten Bewohnern, darunter die preisgekrönte Schriftstellerin *Keri Hulme* und der Landschaftsfotograf *Andris Apse*. Kaum Vorstellbar, dass hier um 1866, in einer nur 18 Monate dauernden Phase des Goldrausches, 50 Läden, Hotels und Bars entstanden und *Okarito* den Ruf einer verruchten Hafenstadt einbrachten. Davon ist heute kaum etwas zu bemerken. An die stürmische Vergangenheit erinnert lediglich die *Okarito Wharf*, ein rekonstruierter Anleger, und **Donovan's Store**, der als Jugendherberge dient.

So klein und beschaulich *Okarito* auch ist, hat es doch einige Aktivitäten zu bieten. Zuallererst sind hier die begleiteten Kajaktouren zu nennen, die Sie bei Flut durch das Flachwasser der Lagune führen. Sie können bei Ihrer Kajaktour neben dem

Die Okarito Lagune

Silberreiher Schwärme von schwarzen Schwänen, Kormoranen und Königslöfflern beobachten. An den Ausläufern der Lagune wachsen *Kahikatea*- und *Rimu-Bäume* und das undurchdringliche Dickicht des *Okarito Forest* ist Lebensraum für viele weitere Vogelarten (**Okarito Nature Tours**, Okarito, Tel. 03 753 4014, www.okarito.co.nz).

---

(142) WOMO-Stellplatz: Okarito Campground
GPS: S 43°13'22" E 170°9'46" max. WOMOs: 30
Ausstattung/Lage: Kein Strom, Toilette, Dusche (1 NZD), Unterstand mit Kühlschrank und Essecke / Nahe der Beach und der Okarito Lagune.
Preise: Stellplatz 10 NZD pro Erwachsenem, Kinder frei.
Zufahrt: Vom SH6 13 km über die Forks Okarito Rd nach Okarito, dort ist der Platz ausgeschildert. **Kontakt:** 1 Russell St, Okarito, Okarito Community Association, www.okarito.net/page/accommodation.html
Beurteilung: Sehr einfacher, rustikaler Platz mit Bäumen.
Hinweis: Keine Reservierung erforderlich.

Neben lohnenden Spaziergängen am wild-romantischen Strand gibt es zwei ausgezeichnete Wanderwege. Zunächst bietet sich der **Okarito Trig Walk** an, der auf den 170 m hohen Hügel *Okarito Trig* führt, wo sich an regenlosen Tagen eine grandiose Aussicht auf die schimmernden Eisgipfel der südlichen Alpen, die blaue und oft wilde tasmanische See, den dichten grünen Regenwald und die dunkelgrün eingefasste Lagune bietet (90 Minuten, hin und zurück).

Daneben gibt es die Wanderung zur südlich gelegenen **Three Mile Lagoon**, die deutlich kleiner als ihre nördliche Schwester ist. Bei Ebbe, jeweils in der Zeitspanne 2h vor bis 2 h nach Niedrigwasser, kann man direkt am Strand zur Lagune laufen. Eine Gezeitentabelle ist am Startpunkt der Wanderung einzusehen. Zu anderen Zeiten folgt der Wanderweg einer historischen Packstrasse und klettert zum Kohuamarua Bluff mit eindrucksvollem Ausblick hinauf, führt dann durch Pinienwald, bevor er zum Meeresarm hinunterführt. Es bietet sich an, beide Wanderungen zu kombinieren, falls es die Gezeiten zulassen. Man ist dann insgesamt 3 h unterwegs. In *Okarito* gibt es keine Einkaufsmöglichkeit und kein Restaurant, dafür einen einfachen Campingplatz.

Zurück auf dem SH6 biegen Sie links ab, passieren bald darauf den *Lake Wahapo* und erreichen 24 km hinter Oka-

rito die am Westufer des gleichnamigen Flusses gelegene 400 Seelen Gemeinde *Whataroa*. Von hier aus starten Touren zur oben bereits erwähnten Brutkolonie des Silberreihers, dessen gesamter neuseeländischer Bestand von etwa 200 Exemplaren sich in der Zeit von November bis Februar im nördlichen Ende der *Okarito Lagune* zum Brüten einfindet. Die einzige vom DOC autorisierte Tour ist die von **White Heron Sanctury Tours** (SH6, Tel. 0800 523 456, www.whiteherontours.co.nz). Sieben mal täglich startet eine 2,5 stündige Tour, die mit einer kurzen Busfahrt beginnt. Ein Jetboot bringt die Tourteilnehmer auf dem *Whataroa River* zu einem Beobachtungsplatz, von dem aus die brütenden Silberreiher 30 Minuten lang beobachtet werden können.

25 km hinter **Whataroa** erreichen Sie **Harihari**. Die kleine ländliche Siedlung tauchte am 8. Januar 1931 in den Schlagzeilen auf, als der australische Flieger *Guy Menzies* im nahe gelegenen *La-Fontaine-Sumpf* eine Bruchlandung hinlegte, wobei sich das Flugzeug überschlug. Pikantes Detail: nachdem er die Anschnallgurte geöffnet hatte, landete er kopfüber im Sumpf. Die positive Nachricht: *Menzies* hatte im Alleinflug die Strecke von *Sydney* über die *Tasmansee*, mit 11 h 45 m, in Rekordzeit zurückgelegt. Am 7. Januar 2006 feierte man mit 400 Gästen das 75-jährige Jubiläum dieses Ereignisses. Lohnenswert ist ein Abstecher zur 20 km entfernten Küste, wobei die letzten 8 km nicht befestigt sind. Sie biegen kurz vor *Harihari* links in die Wanganui Flats Road ein und 8 km später, ebenfalls links, in den La Fontaine Drive. Am Ende der unbefestigten Straße erreichen Sie einen Parkplatz. Hier beginnt der wunderschöne 2,5 stündige **Harihari Coastal Walk**. Der Rundwanderweg folgt zunächst dem

Mündungsbereich des Wanganui River

Mount One One (Doughboy)

dicht bewachsenen Flussufer des *Wanganui River* durch einen schönen Kahikatea-Wald. Ab und zu gibt eine Lücke im Bewuchs den Blick auf den Fluss frei. An einigen Stellen sehen Sie Gestelle, die bei Bedarf in den Fluss abgelassen werden und dem Withebait Fang dienen. Besonders bezaubernd ist der Mündungsbereich des *Wanganui River*, in dem zahlreiche Vögel beobachtet werden können. Ein Schild informiert den Wanderer darüber, dass der nächste Wanderabschnitt, der entlang der Lagune zum Strand führt, im Zeitraum 2 h vor bis 2 h nach der Flut nicht begangen werden sollte. Auch eine Gezeitentabelle ist angebracht. Am Strand angelangt, besteigen Sie eine 56 m hohe Felsnase, die in den Mündungsbereich des *Wanganui River* hinein reicht, den *Mount One One,* auch *Doughboy* genannt, von dem aus Sie einen atemberaubenden Blick auf die Küstenregion mit dem Mündungsbereich des *Wanganui River* und die Südalpen haben. Der Wanderweg verläuft nun entlang der wildromantischen Küste mit starker Brandung und viel angespültem Treibgut. Bereits nach 1,5 km erreichen wir den Mündungsbereich eines weiteren Flusses, des *Poerua River*.

(143) WOMO-Wanderparkplatz: Wanganui River Mouth
GPS: S 43°24'53" E 169°49'13" max. WOMOs: 5
Ausstattung/Lage: Nichts / Am Ende der Straße zur Mündung des Wanganui River. **Zufahrt:** Sie biegen am SH6 kurz vor Harihari links in die Wanganui Flats Rd ein und 8 km später, ebenfalls links, in den La Fontaine Drive. Am Ende der auf den letzten 8 km unbefestigten Straße liegt der Platz.
Beurteilung: Ruhiger, grüner Platz für die Nacht. Hier beginnt der wunderschöne 2,5 stündige *Harihari Coastal Walk* (siehe Text).

Nun verläuft der Track durch üppiges Grün landeinwärts vorbei an einigen wenigen Häuschen, die vermutlich Menschen als Unterkunft dienen, die am Wochenende zum Fischen kommen. Im letzen Abschnitt des Weges folgen Sie einem alten Handelspfad durch den leicht hügeligen *Wanganui Forest*, der Sie zum Ausgangspunkt dieser wirklich bezaubernden Wanderung zurückbringt. Der Parkplatz eignet sich gut für eine freie Übernachtung. Sie fahren zurück zum SH6, in den Sie nach links einbiegen. Er bringt Sie nach 17 km zum idyllischen **Lake Ianthe**, einem beliebten See zum Fischen und Schwimmen. Am See

befindet sich ein DOC-Campground mit 12 Plätzen (6 NZD pro Camper, 1,50 NZD pro Person). Nach 7 km wird eine riesige Sandfliege am Straßenrand Ihre Aufmerksamkeit erregen. Sie haben das touristische **Pukekura** erreicht, das eigentlich nur aus dem *Bushman's Center* und dem *Puke Pub* besteht. Zu Ersterem gehört ein Museum, das in einer rustikalen Blockhütte untergebracht ist. Es informiert auf unbekümmerte Art und Weise über die Jagd, Waldwirtschaft und Holzverarbeitung und alles andere, das ein *Coaster* zum überleben braucht. Im Restaurant *Puke Pub* wird für die West Coast typisches Wild Food angeboten, vom Wildschwein über Gämsen bis zum Possum.

23 km hinter *Pukekura* liegt die ehemalige Goldgräbersiedlung **Ross,** die zu ihrer Blütezeit 3.000 Einwohner hatte. Im Jahre 1909 stieß man auf einen 3,1 kg schweren Goldklumpen, den größten, der je in Neuseeland gefunden wurde. Auch heute noch wird in der *Birchfields Ross Mine* in *Ross* Gold gefördert. *Ross* liegt auf einem der ergiebigsten Seifengoldfeldern Aoateroas (als **Seifengold** bezeichnet man Gold, das in Flüssen in Form von kleinen Plättchen vorkommt). In der i-Site können Sie sich eine Multimedia-Show anschauen, die über die kurze Phase des Goldrausches und die nachfolgende Zeit

der Holzfäller und Farmer informiert. Wer Lust hat selbst nach Gold zu schürfen, kann sich in der i-Site Goldgräberutensilien ausleihen (tgl. 9-16 Uhr, Tel. 03 755 4077). An der i-Site beginnt und endet auch ein beliebter Rundwanderweg in die goldene Vergangenheit, der einstündige **Water Race Walkway**. Er führt an Relikten aus der Goldgräberzeit und am alten Friedhof vorbei. Das 1866 errichtete *Empire Hotel* in der Aylmer Street bietet Wohnmobilen einige Stellplätze.

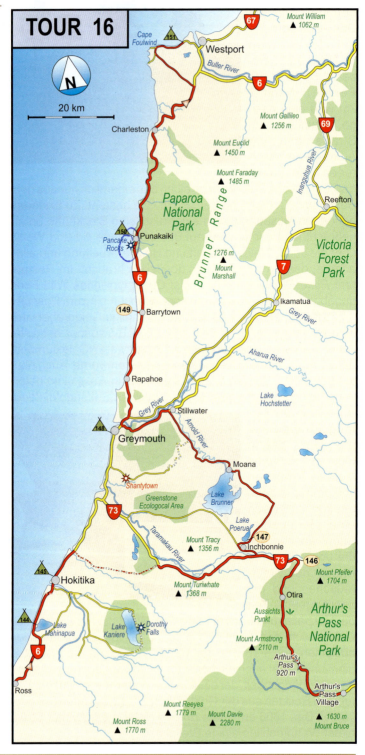

Tour 16: Versteinerte Pfannkuchen

Hokitika - Arthur's Pass - Greymouth - Punakaiki - Westport - 410 km

Camping:	Lake Mahinapua DOC, Hokitika Shining Star, Greymouth Punakaiki, Westport
Stellplätze:	Otira, Lake Poerua, Barrytown
Baden:	Lake Mahinapua, Rapahoe Beach
Wandern:	Lake Mahinapua: Jum Michel Walk, Hokitika, Arthur's Pass Village: Devil's Punch Bowl, Bridal Veil Nature Walk, Brunner Mine, Point Elisabeth Track, Dolomite Point Walk, Punakaiki: Cavern Track, Truman Track, Ballroom Overhang, Cape Foulwind Walkway
Essen:	Hokitika: Stumpers Bar and Café, Café de Paris, Barrytown: Rata Café, Cape Foulwind: The Bayhouse

Tour 16 bringt Sie von der Goldgräbersiedlung *Ross* bis nach Westport, wo der wilde *Buller River* in die Tasmansee mündet. Hinter **Hokitika**, etwa auf halber Strecke, bietet sich ein Abstecher zum **Arthur's Pass** an, dem mit 924 m höchsten Pass über die Südalpen. Tour 16 führt Sie vorbei am malerischen *Lake Poerua* und dem deutlich größeren *Lake Brunner* zurück zur Küste, wobei Sie im letzten Streckenabschnitt dem *Grey River* folgen. Dieser mündet in **Greymouth**, der größten Stadt der West Coast, in die Tasmansee. In Greymouth ist die Endstation des aus Christchurch kommenden *TranzAlpine* (siehe Tour 9). Über **Punakaiki** mit der Attraktion **Pancake Rocks** erreichen Sie **Westport**, das Ziel von Tour 16.

(144) WOMO-Campingplatz: Lake Mahinapua DOC

GPS: S 42°47'42" E 170°54'4" **WOMOs:** 100
Ausstattung/Lage: Toilette, Wasser / Am See, von Wald umgeben. **Preise:** Stellplatz 6,10 NZD pro Person.
Zufahrt: 10 km südlich Hokitika in die Shanghai Road einbiegen. **Beurteilung:** Sehr schöner, großzügiger Platz auf ausgedehnten Wiesen, direkt am See, Badesteg. Sonntags können Sie bei dem benachbarten Verein segeln.

Nördlich *Ross* fließen in kurzem Abstand der *Totara River* und eine Reihe kleiner Flüsschen in die Tasmansee. Um dem Mündungsbereich dieser Flüsse und einem kleinen Vorgebirge auszuweichen, verläuft der SH6 für die nächsten 11 km ca. 3 km

von der Küste entfernt. Vor dem **Lake Mahinapua** wendet er sich bis *Hokitika* wieder der Küste zu. Der flache *Lake Mahinapua* liegt nur etwa 500 m von der Küste entfernt. Er war früher eine Lagune, wurde dann aber durch die Ansammlung von Dünen vom Meer abgetrennt und ist heute von dichtem Regenwald umsäumt. 1907 wurde das *Lake Mahinapua Scenic Reserve* ins Leben gerufen, um den Bereich um den See mit seinen Graureihern, schwarzen Schwänen und Wildenten zu schützen. Sie können das *Lake Mahinapua Scenic Reserve* mit einigen Walks erkunden (DOC-Broschüre). Der empfehlenswerte *Jum Michel Walk* (30 min) taucht in den Wald ein und führt durch dichtes und faszinierendes Buschwerk, vorbei an hohen Farnen und Bäumen, die fast schon gespenstisch mit Flechten, Moosen und feinblättrigen Kletterpflanzen bewachsen sind. Auch Bootstouren werden angeboten (Paddle Boat Cruises, Tel. 03 755 7239). Am See befindet sich ein empfehlenswerter **DOC-Campground** mit stattlichen 100 Plätzen (6 NZD pro Camper, 1,50 NZD pro Person).

Die Geschichte der 3.100 Seelen Gemeinde **Hokitika** begann 1864 als Goldgräbersiedlung. „Hok", wie die Stadt heute von ihren Bewohnern genannt wird, wuchs bis 1867 auf

4.000 Einwohner, danach auf über 6.000 Einwohner und war bald das Zentrum des Goldrausches in Westland. Der Hafen an der Mündung des *Hokitika River* gewann schnell an Bedeutung, da der größte Teil der erstaunlichen monatlichen

Gold-Fördermenge von über einer Tonne hier verschifft wurde, meist nach Melbourne. 1873 wurde *Hokitika* Hauptstadt der neu geschaffenen *Provinz Westland*, allerdings nur für drei Jahre, denn bereits 1876 erfolgte eine Änderung der Verwaltungsgliederung. Neben diesem Bedeutungsverlust setzten nachlassende Goldfunde und immer aufwändigere und damit weniger wirtschaftliche Verfahren zur Goldgewinnung der jungen Gemeinde zu. Nach dem Niedergang der Goldindustrie wurden zunächst Milchwirtschaft, Holzindustrie, Abbau von Kohle und die Verarbeitung von Jade zu Tragpfeilern der Wirtschaft. Nachdem auch diese Wirtschaftszweige eine stetig nachlassende Bedeutung hinnehmen mussten, kam es zu einem starken Bevölkerungsrückgang. Einzig die Milchwirtschaft blieb einträglich und *Westland Milk Products* hat heute eine Monopolstellung in der nördlichen Westküste inne. Die negative Wirtschaftsentwicklung wurde in den letzten Jahren hauptsächlich durch steigende Touristenzahlen aufgefangen. *Hokitika* ist zu einem wichtigen Stopp für Touristen in der Westküsten-Region geworden und vor allem bei Ökotouristen sehr beliebt.

(145) WOMO-Campingplatz-Tipp: Hokitika Shining Star
GPS: S 42°42'28" E 170°58'26"   **WOMOs:** 28 mit Stromanschluss
Ausstattung/Lage: Spielplatz / 1,4 km vom Stadtzentrum entfernt, mit Zugang zur Beach.   **Preise:** Stellplatz mit Strom 17,50 NZD pro Person.
Zufahrt: Vom Stadtzentrum Richtung Greymouth fahren, links in den Richards Drive einbiegen, Schilder beachten.
Kontakt: 16 Richards Drive, Hokitika, Tel. 03 755 8921, 0800 744 646, www.shiningstar.co.nz   **Beurteilung:** Sehr schöne, kleine Anlage mit hübschen, bepflanzten Stellplätzen. Sanitäranlagen sehr gut.

Wenn Sie im Stadtzentrum von *Hokitika* ankommen, fällt Ihnen sofort der 1903 zur Feier der Krönung von Edward VII. eingeweihte, markante **Glockenturm** ins Auge, der auf kaum einer Aufnahme von *Hokitika* fehlt. Ganz in der Nähe finden Sie das 1908 im neoklassizistischen Stil erbaute *Carnegie Building*. Hier ist das **West Coast Historic Museum** untergebracht. In Letzterem werden Sie über das Leben der Pioniere, Maori Artefakte und Jade Schmuck informiert. Eine sehenswerte 20-minütige audiovisuelle Vorführung startet alle 30 Minuten. In der ganz in der Nähe des Glockenturmes befindlichen i-Site erhalten Sie die Broschüre **Hokitika Historic Walk**, die Sie zu den schönsten Bauten aus dem 19. und frühen 20. Jahrhundert, den Hafenanlagen um den *Gibson Quay* und einigen Denkmälern führt. Darunter die Statue von *Richard Seddon*, der von 1893 bis 1906 Premierminister Neuseelands war. Ein weiteres Denkmal am Anlegeplatz am Flussufer erinnert an die zahlreichen Boote, denen die Sandbank im Mündungsbereich des *Hokitika River* zum Verhängnis wurden. Am Ende der Landzunge befindet sich der *Signal Station Lookout*.

Glockenturm in Hokitika

Zu den weiteren Sehenswürdigkeiten *Hokitikas* zählen das *National Kiwi Center* in der Sewell Street, eine Glühwürmchenhöhle am Nordrand und das kleine Aquarium *Westland Water World*, das die in den Flüssen und im Meer der *West Coast* lebenden Fische zeigt. Eine der Hauptattraktionen von Hokitika sind freilich die zahlreichen Kunsthandwerker-Shops und Galerien, in denen kunstvolle Jade- und Glasarbeiten feilgeboten werden. Darunter befinden sich auch Geschäfte, in denen man den Künstlern bei der Arbeit zuschauen kann. Erwähnung finden muss natürlich auch das weithin bekannte und beliebte **Hokitika Wildfood Festival**. Alljährlich am zweiten Wochenende im März strömen ca. 18.000 Menschen in die Stadt, um eine Reihe von Schrecklichkeiten zu essen. Darunter sind Kuheuter-Spießchen, Possum-Balls (deftige Hackbällchen aus dem Fleisch des Opossums), und Huhu Grubs (gegrillte Larven des Huhu-Käfers) noch die harmlosesten „Leckereien" (siehe Einleitung zu Tour 15). Im Lokal **Stumpers Bar and Café** (2 Weld St, Tel. 0800 788 673) können Sie in Kaffeehaus Atmosphäre wesentlich verträglichere Kost zu sich nehmen und im gegenüber der i-Site gelegenen **Café de Paris** (19 Tancred St, Tel. 03 755 8933) gediegen französisch essen.

Ihr nächstes Ziel ist der **Arthur's Pass**, über den die kürzeste Verbindung zwischen Ost- und Westküste verläuft, und der mit 924 m die höchste der drei Passstraßen ist, die die Südalpen überqueren. Die 250 km lange Strecke von *Greymouth* nach *Christchurch* über den *Arthur's Pass*, der *Great Alpine Highway*, ist bei Neuseeländern sehr beliebt und landschaftlich wunderschön. Der an der Grenze zwischen Westland und Canterbury gelegene Pass liegt auf einem Sattel zwischen den Tälern des *Otira River* auf der Westseite und des *Bealy River* auf der Ostseite. Die Maoris kannten den höchsten Pass über die Südalpen schon lange, bevor sein Namensgeber *Arthur*

Dudley Dobson ihn entdeckte.

Sie verlassen *Hokitika* Richtung Norden über SH6. Nach 7 km überqueren Sie den *Arahura River* und biegen direkt dahinter rechts in die Old Christchurch Road ein. Die-

ser alten Verbindungsstraße, die teilweise unbefestigt ist und zunächst am *Arahura River* entlangführt, folgen Sie für 22 km, bevor Sie auf den SH73 stoßen, der die Westküste und Christchurch miteinander verbindet. SH73 verläuft für die nächsten 37 km im Tal des *Taramakau River*, bevor er sich in steilen Serpentinen die Südalpen hochwindet. Das Gebiet um den Arthur's Pass ist sehr regenreich und Sie dürfen sich nicht wundern, wenn die Berge, die Sie mit Ihrem Wohnmobil erklimmen wollen, wolkenverhangen sind. Die Strecke durch die enge **Otira Gorge** wird immer steiler und es wird verständlich, warum

---

(146) WOMO-Stellplatz: Otira - Aitkens Rest Area
GPS: S 42°45'59" E 171°37'24"   max. **WOMOs:** 6
Ausstattung/Lage: Nichts / Rastplatz am SH73, nahe der Stelle an der der Otira River in den Taramakau River mündet (Hochwasser möglich!).
Zufahrt: Links am S73, 10 km bevor dieser Otira erreicht.
Beurteilung: Einfacher Platz, gut für eine Nacht.

---

warum manche Vermieter vom *Arthur's Pass* abraten. Bis 1990 war dieser steile Anstieg berüchtigt wegen häufiger Lawinen und Erdrutsche, doch dann erfolgten umfangreiche Ausbauarbeiten, die die Lage entschärft haben. Wichtigstes Ergebnis dieser Baumaßnahmen war der 1999 nahe der Siedlung **Otira** fertig gestellte eindrucksvolle **Otira-Viadukt**, der das Tal auf einer Länge von 440 m überspannt. Die Enge des Tales zwang die Baumeister, die Brücke mit einer außergewöhnlich hohen Steigung von 12-16% zu errichten. Sie lassen sich davon nicht schrecken und führen Ihr Motorhome immer weiter die Südalpen hinauf. Es ist erstaunlich, dass es zu Beginn des 20. Jahrhunderts gelungen ist, eine Eisenbahnlinie durch die Südalpen zu bauen. Über 40 Jahre waren die Ingenieure mit deren Bau beschäftigt, alleine für den 8,5 km langen **Otira-Tunnel** benötigten sie 15 Jahre. Im Jahr 1923 konnte die Trasse von *Christchurch* nach *Greymouth* schließlich in Betrieb genommen werden. Heute wird auf der Strecke zwar noch Kohle transportiert, aber ohne den touristischen **TranzAlpine** würde sie wohl stillgelegt. Etwa 10 km hinter dem *Otira-Viadukt* erreichen Sie schließlich

die Passhöhe, gekennzeichnet durch das **Arthur Dudley Dobson Memorial**. Häufig trifft man hier auf den "berühmtesten" Bergbewohner, den spitzbübischen Kea. Dieser berühmt berüchtigte Bergpapagei zeichnet sich durch Neugierde, Frechheit und einen Hang zur Kleptomanie aus. Lassen Sie in der Nähe eines Keas nie etwas unbeobachtet, Ihre Habseligkeiten könnten sonst leicht im Schnabel eines Keas davonfliegen.

Sie fahren noch 5 km über den Pass hinaus in die 740 m hoch gelegene Siedlung **Arthur's Pass Village** (Historic Walk 1h). Die reizvoll am *Bealy River* gelegene 40 Einwohner Gemeinde ist ein beliebter Ausgangspunkt für Ausflüge in den *Arthur's Pass National Park*. Der Nationalpark mit schneebedeckten Gipfeln, Gletschern und Geröllfeldern erstreckt sich über die Ost- und die Westseite und weist zwei völlig unterschiedliche Landschaftsbilder auf. Während das östliche Gebiet von breiten Flussbetten und ausgedehnten

---

(147) WOMO-Stellplatz: Lake Poerua
GPS: S 42°42'52" E 171°29'24"   max. WOMOs: 3
Ausstattung/Lage: Nichts / Rastplatz am See, der auch von Forellenfischern genutzt wird.
Zufahrt: Von Arthur's Pass kommend biegen Sie kurz hinter der Ortschaft Jacksons rechts vom SH73 ab, Richtung Lake Brunner. Wenig später erneut rechts in die Lake Brunner Road abbiegen. Nach 2 km liegen Platz und See auf der linken Seite.
Beurteilung: Malerische Übernachtungsstelle am friedvollen Lake Poerua.

Wäldern bestimmt wird, ist die westliche Seite des Parks von häufigen Regenfällen und von Flüssen, die durch dichten Regenwald fließen, geprägt. Höchste Erhebung des Nationalparks ist *Mount Murchison* mit 2.400 m. Im DOC Visitor Centre erhalten sie die DOC-Broschüre *Walks in Arthur's Pass National Park* (1 NZD). Zwei leichte Touren bieten sich an. Zum einen der **Devil's Punch Bowl** (2 km, 1 h, hin und zurück, 100 Hm), der uns zum Fuß eines 131 m hohen Wasserfalles führt und zum anderen der **Bridal Veil Nature Walk** (2,5 km, 1,5 h, hin und zurück, 50 Hm), ein durch Südbuchenwald führender Naturlehrpfad.

Sie verlassen das alpine Traumland des *Arthur's Pass National Park*, um an die Westküste zurückzukehren. Sie folgen dem Verlauf des *Taramakau River* und biegen etwa 33 km hinter Arthur's Pass und kurz hinter der Ortschaft Jacksons rechts vom SH73 ab, Richtung *Lake Brunner*. Nach 9 km passieren Sie **Lake Poerua** und wir empfehlen Ihnen an diesem malerischen und friedvollen See eine Rast einzulegen.  Die Berge spiegeln sich im Wasser und es gibt neben einigen Kühen unzählige Libellen in schillernden Farben, die schwirrend durch die Luft sausen. Man hört nichts, außer diesen Geräuschen der Natur.

Etwa 20 km später passieren Sie **Lake Brunner**, der mit 40 km² der größte See der nordwestlichen Südinsel ist. *Lake Brunner* ist aus einer Gletschermulde entstanden, die sich mit Wasser gefüllt hat. Heute tummeln sich im Lake Brunner viele Forellen. Den kleinen, bei den Kiwis beliebten Urlaubsort *Moana* (die Maori nennen den See *Moana Kotuku*) lassen Sie links liegen und folgen dem *Arnold River* Richtung Westküste. 22 km nachdem Sie *Lake Brunner* verlassen haben, treffen Sie auf den SH7, der die Ostküste über den nördlichsten der drei Pässe über die Südalpen, den 864 m hoch gelegenen **Lewis Pass**, mit der Westküste verbindet. Der *Arnold River* entsteht aus dem Abfluss des *Lake Brunner* und mündet direkt hinter dem SH7 in den *Grey River*, hat also ein sehr kurzes Leben. Der Fluss wird zum Wildwasserkajakfahren und Forellenangeln genutzt. Seine Wasserkraft wird im nahe der Mündung in den *Grey River* gelegenen Kraftwerk *Arnold Po-*

Brunner Coalfield

Blick auf Greymouth

wer Station zur Energiegewinnung genutzt. Sie verlassen den Mündungsbereich des *Arnold River* und biegen links in den SH7 ein. Die Straße verläuft entlang dem *Grey River*, der seinem Namen alle Ehre macht, und bringt Sie nach 15 km an die Westküste nach *Greymout*h. Um keine Missverständnisse aufkommen zu lassen sei angemerkt, der Fluss ist nicht nach seiner Farbe, sondern nach dem prominenten neuseeländischen Politiker *Sir George Edward Grey* benannt.

(148) WOMO-Campingplatz-Tipp:
Greymouth Seaside Top 10 Holiday Park

GPS: S 42°28'1" E 171°11'14"   **WOMOs:** 66 mit Stromanschluss
Ausstattung/Lage: Spielplatz / Etwa 4 km südlich des Stadtzentrums, am Strand, neben dem Flughafen.
Preise: Stellplatz mit Strom 20 NZD pro Person.
Zufahrt: Von Hokitika kommend vor Greymouth links abbiegen, beschildert.

Kontakt: 2 Chesterfield St, Greymouth, Tel. 0800 867 104, www.top10greymouth.co.nz
Beurteilung: Großzügige, schöne Anlage mit breiten Stellplätzen, direkt hinter den Dünen zum Stand. Der nahe Flughafen hat wenige Flugbewegungen. Es ist spannend den Anflug zu beobachten.

Mit rund 13.000 Einwohnern ist **Greymouth** die größte Stadt der *West Coast*. Ihre Größe verdankt die Stadt neben den Goldminen dem Kohlebergbau. Nachdem Thomas Brunner 1846 im *Grey Valley* Kohlevorkommen entdeckt hatte, entstanden bis zu 130 Gruben, von denen heute nur noch zwei aktiv sind. Im Jahre 1896 ereignete sich im **Brunner Coalfield** ein schweres Grubenunglück, bei dem 65 Bergleute ihr Leben verloren. Wer die denkmalgeschützte Ruine der *Brunner Mine Industrial Site* besuchen möchte (kostenlos), parkt - vom *Lake Brunner* kommend - 2 km hinter der Einbiegung auf den SH7. Der Schornstein der *Brunner Mine* ist nicht zu übersehen. Auf einer alten Brücke können Sie den *Grey River* überqueren. Es gibt hier einen sehr informativen Rundgang mit Erklärungstafeln, eine Kokerei und eine Ziegelei.

Rund um *Greymouth* wird immer noch Gold abgebaut, dies ist aber kein bedeutender Wirtschaftsfaktor mehr. Den Stadtsäckel füllen heute vor allem Fischfang, Bergbau, Forstwirtschaft und Tourismus. In den letzten Jahren versucht Greymouth sich als Stadt des Ökotourismus zu etablieren. Bekannt ist Greymouth auch für seine Jade-Galerien. Wer sich für aus Jade, Gold oder Silber gefertigte Kunstgegenstände interessiert, sollte in die *Jade Boulder Gallery* (Ecke Guiness-/Tainui St, tgl. 8-18 Uhr geöffnet) gehen. In der *Monteith's Brewing Company* (Ecke Trumman-/Herbert St, Tel. 03 768 4149) wird seit 1868 Bier gebraut. Sie können an Führungen teilnehmen und anschließend Kostproben der einzelnen Biere nehmen (15 NZD).

Sehr markant im Stadtbild ist die **große Mauer am Grey River**. Sie wurde Anfang der 1990-iger Jahre als Flutmauer gebaut, weil das jährliche Hochwasser des *Grey River* immer wieder zu Überschwemmungen führte. Bisher hat die „Great Wall" ihren Zweck erfüllt und lädt darüber hinaus zu einem Spaziergang ein, mit schönem Blick über die Stadt. Direkt unterhalb des *Clock Tower* haben Sie Gelegenheit, im neoklassizistischen Bau der *Left Bank Art Gallery* Ausstellungen von Jade Kollektionen anzuschauen. Danach können Sie durch die Grünanlagen des *Victoria Park* und des *Anzac Park* flanieren. Über kurze Wanderungen informiert Sie die i-Site (Ecke Herbert-/ Mackay St., Tel. 03 768 5101).

(149) WOMO-Stellplatz: Barrytown frei
GPS: S 42°14'42" E 171°18'34" **max. WOMOs:** 3 **Ausstattung/Lage:** Nichts / Direkt am wilden Strand. **Zufahrt:** Sie biegen am SH6 in Barrytown zum Strand ab und folgen der Cargills Road 1.5 km bis zum Strand.

Nördlich *Greymouth* verlässt der SH6 für 11 km die Küste, um im kleinen Ort **Rapahoe** wieder an diese zurückzukehren. Bis zur nächsten bedeutenden Station, den 46 km entfernten *Pancake Rocks* in *Punakaiki*, wird der SH6 direkt an klippenreichen, schroffen und spektakulären Küste entlangführen. Wenn Sie Lust haben, mal wieder ein Bad im Meer zu nehmen, haben Sie in **Rapahoe Beach** die Gelegenheit, dies gefahrlos zu tun. Hier gibt es eine der wenigen sicheren Badebuchten an der sonst so wilden Westküste. In diesem kleinen, friedvollen Paradies können Sie einige schöne Walks unternehmen, sich

Pancake Rocks mit Blowhole

Robben Kolonien anschauen und mit etwas Glück auch Delfine vor der Beach im Wasser spielen sehen. An der Brücke an der Mündung des *Seven Mile Creek* startet der **Point Elisabeth Track** (5 km, 3 h, einfach, 100 Hm), der am nördlichen Ende der Cobden North Beach Rd, 6km nördlich von Greymouth endet. Unterwegs zweigt ein Pfad zum *Point Elisabeth Lookout* mit Picknicktisch und Panoramablick ab (4 km, 2 h, hin und zurück). Das **Rapahoe Beach Motor Camp** lädt dazu ein, an diesem friedvollen Platz eine Nacht zu verbringen.

Ihre nächste Station ist die 19 km hinter Rapahoe liegende ehemalige Goldgräberstadt **Barrytown**. Wer bei schönster Aussicht auf das wilde Meer ein Mahl zu sich nehmen möchte, kann dies 2 km vor Barrytown im **Rata Café** tun. Nach kurzer Rast setzen Sie Ihre Fahrt entlang der wildromantischen Küste fort und erreichen nach 18 km, kurz vor dem Ort **Punakaiki**, die berühmten **Pancake Rocks**. Das an der Straße liegende Visitor Centre des *Paparoa Nationalparks* ist nicht zu übersehen. Der gegenüber liegende **Dolomite Point Walk** führt Sie in 10 Minuten zu den „Pfannkuchenfelsen". Sie haben ihren Namen bekommen, weil die im Meerwasser stehenden bizarren Kalksteinformationen wie riesige Berge aus aufeinandergestapelten Pfannkuchen aussehen. An mehreren Schaubildern wird die Entstehung dieser eindrucksvollen Felsformation erläutert. Bei Flut bietet sich noch ein ganz besonderes Schauspiel, dann schießt das Meerwasser durch Spalten und Kammern in den Felsen und wird fontänenartig hochgeschleudert. Diese sogenannten "Blowholes" bieten ein eindrucksvolles Schauspiel.

Eine weitere Attraktion im **Paparoa Nationalpark** ist die Kolonie der Westlandsturmvögel. Der schwarze Verwandte des Albatros brütet hier, weltweit einzigartig, in der Zeit von April

Pancake Rocks mit Besuchern

bis November. Die Kolonie kann nur im Rahmen einer Führung beobachtet werden (Paparoa Nature Tours, Tel. 03 322 7898).

Es gibt auch einige lohnende Wanderungen. Sehr zu empfehlen ist der **Truman Track**, der ca. drei km nördlich des Visitor Centre startet, und der durch dichten Regenwald ans zerklüftete Steilufer **Perpendicular Point** führt (30 Min, hin und zurück). Wer will, kann zum anmutigen Strand hinunterklettern. Ein weitere kurze Wanderung ist der **Punakaiki Cavern Track**, der 500 m nördlich der Pancake Rocks startet und zu einer eindrucksvollen Glühwürmchenhöhle und einigen Wasserfällen führt. Eine dritte - als schwierig einzustufende - Wanderung führt 6 km ins Landesinnere zum **Ballroom Overhang**, einem imposanten Kalksteinfelsüberhang, der mit 100 m Länge der größte dieser Art auf der Südinsel ist. Das Felsendach ist eindrucksvoll mit Flechten, Gräsern, Farnen und auch einigen Bäumen überwachsen. Wegen einiger Flussdurchquerungen kommt diese Wanderung bei starken Regenfällen nicht in Frage. Die Wanderung startet 12,5 km nördlich *Punakaiki* am Nordufer der neuen Brücke über den *Fox River*. Die alte Brücke hat man als historisches Bauwerk stehen lassen.

(150) WOMO-Campingplatz: Punakaiki Beach Camp
GPS: S 42°6'26" E 171°20'10"   **WOMOs:** 20 mit Stromanschluss
Ausstattung/Lage: Standard / In Punakaiki, an die Beach angrenzend.
Preise: Stellplatz mit Strom 15 NZD pro Person.   **Zufahrt:** 1,2 km nach den Pancake Rocks.   **Kontakt:** Owen St, Punakaiki, Tel. 03 731 1894, www.holidayparks.co.nz/punakaiki   **Beurteilung:** Hübscher Platz.

Nahe der Mündung des *Fox River* in die Tasmansee, am südlichen Ende der langestreckten *Woodpecker Bay*, liegt der **Kaipakati Point**, von dessen Anhöhe man einen ausgezeich-

neten Blick auf die urwüchsige und wildromantische Küstenlandschaft hat. 19 km hinter dem *Fox River* treffen wir auf Charleston. Die **Charleston Goldfields** gehörten zu den ergiebigsten Schürfgebieten der Westküste. Von den ehemals 18.000 Bewohnern sind *Charleston* heute gerade noch 30 verblieben. Neben einigen Wanderungen in der schönen Bucht wird noch eine 25-minütige Fahrt mit der **Nile River Forest Train** durch ein Kalksteingebiet geboten. Kurz hinter Charleston verlässt der SH6 die Küste, trifft nach 20 km auf den *Buller River* und führt dabei immer weiter ins Hinterland. Sie verlassen nun den SH6, um zum nahe gelegenen *Westport* weiterzufahren. Wenige Kilometer vor der Stadt biegen Sie links ab, um **Cape Foulwind** einen Besuch abzustatten. Das rund zehn Kilometer westlich *Westport* gelegene Kap verdankt seinen garstigen Namen *James Cook*, dessen Schiff *Endeavour* vor dem Kap wegen Windflaute einige Zeit herumdümpelte. Sie folgen der Straße entlang der Küste und gelangen schließlich über *die Cape Foulwind Road* zum, für die nautische Navigation genutzten, 1926 errichteten 30 m hohen Leuchtturm (das Leuchtfeuer befindet sich 231 m ü.d.M.). Eine Besichtigung oder Besteigung des Leuchtturmes ist leider nicht möglich. Vom Parkplatz führt ein 4 km langer Wanderweg, der

Cape Foulwind Walkway, zu einer Robbenkolonie, der **Tauranga Bay Seal Colony**. Die Tiere können über Aussichtsplattformen beobachtet werden. Wem diese wunderbare Wanderung durch herrliche Landschaft zu viel ist, der kann mit dem Auto noch bis zum Parkplatz am Strand der *Tauranga Bay* fahren und hat dann nur noch 10 Minuten bis zu den Aussichtsplattformen per pedes zurückzulegen.

Südlich der Robbenkolonie haben Sie die Gelegenheit, das idyllisch an einer kleinen Bucht gelegene Restaurant **The Bayhouse** (Tauranga Bay, Tel. 03 789 7133) zu besuchen. Es wurde mehrfach Preisträger in verschiedenen Wettbewerben des

Landes. Nahe dem Kap befindet sich auch die Gaststätte *Star Tavern*, die damit wirbt, die Australien am nächsten gelegene Gaststätte Neuseelands zu sein. Auf dem Rückweg nach *Westport* kommen Sie am breiten Strand der

The Bayhouse

Carters Beach vorbei, der Sie mit seinem festen grauen Sand zum Strandspaziergang einlädt. Hier befindet sich der Seal Colony TOP 10 Holiday Park.

Westport wurde als erste Stadt an der Westküste 1861 gegründet. Wie an den meisten anderen Orten, so zogen auch hier Goldfunde die Menschen an. In der neu gegründeten Stadt fanden die Gold-Digger alles, was sie für ihr einfaches Leben benötigten. Aber die Region war nicht nur reich an Gold, und nachdem die Goldsucher weitergezogen waren, sicherten die Kohlevorkommen das Überleben der Stadt. Der *Buller River* wurde kanalisiert und ein Hafen gebaut, der sich schnell zum bedeutendsten Kohleverladehafen des Landes entwickelte. Er profitierte von der geschützten Lage im „Windschatten" des *Cape Foulwind*. Auch heute noch ist der Kohleabbau ein Wirtschaftsfaktor in der Region. Das **Coaltown Museum** (Queen St, Tel. 03 789 8204, www.coaltown.co.nz, Oktober bis April 9-16.30 Uhr, Mai bis September 10-16 Uhr) informiert seine Besucher instruktiv über die Geschichte des Bergbaus. Neben dem Kohlebergbau sind das hier angesiedelte größte neuseeländische Zementwerk und die ebenfalls nicht kleine Fischereiflotte wichtige Wirtschaftsfaktoren.

(151) WOMO-Campingplatz-Tipp:
Westport Seal Colony Top 10 Holiday Park

GPS: S 41°44'57" E 171°33'19"   **WOMOs:** 51 mit Stromanschluss
Ausstattung/Lage:
Spielplatz / Am langen Strand, etwa 6 km westlich des Stadtzentrums von Westport.
Preise: Stellplatz mit Strom 20 NZD pro Person.
Zufahrt: An der Straße von Cape Foulwind nach Westport.
Kontakt: 57 Marine Parade, Carters Beach, Tel. 0508 937 876, www.top10westport.co.nz
Beurteilung:
Angenehmer Platz auf Gras.

Versteinerte Pfannkuchen

Tour 17: Abel Tasman National Park

Westport - Buller Gorge - Nelson Lakes NP - Motueka
Abel Tasman NP - Nelson - 360 km

Camping:	Lyell DOC, Kerr Bay DOC, Motueka, Marahau
Stellplätze:	Buller Gorge, Gowan Bridge, Hope Saddle Lookout, Clark Valley, McLean Picnic Area
Baden:	Motueka River, Riwaka River, Abel Tasman NP
Wandern:	Lyell, Murchison, Kawatiri Railway Walkway, St Arnaud: Short Walks, Day Walks, Lake Rotoiti, Abel Tasman NP: Torrent Bay, Bark Bay
Essen:	Mapua: The Smokehouse, Motueka: The Gothic, Red Beret, Marahau: Park Café

Freuen Sie sich auf diese reizvolle Tour, die Sie von *Westport* in das sonnenverwöhnte Nelson führen wird. Über den SH6 würden Sie das 230 km entfernte *Nelson* auf direktem Wege in ca. vier Stunden erreichen. Sie sollten sich jedoch unbedingt zwei lohnende Abstecher gönnen. Der erste Abstecher folgt dem wilden *Buller River*, der mit 170 km einer der längsten Flüsse Neuseelands ist, zu seinem Ursprung, dem im **Nelson Lakes Nationalpark** gelegenen *Lake Rotoiti*. Zum anderen besuchen Sie den **Abel Tasman Nationalpark** und wandern dort einen Tag auf dem berühmten und ausgesprochen bezaubernden Küstenwanderweg. Danach wenden Sie sich **Nelson** zu. Ihre Fahrtstrecke verlängert sich damit auf 350 km, wofür Sie durch die landschaftlichen Schönheiten der beiden Nationalparks mehr als entschädigt werden.

Sie verlassen *Westport* über den SH67 entlang dem Flussbett des **Buller River**. Sie werden diesem imposanten Fluss bis zu seiner Quelle beim *Lake Rotoiti* folgen. Zunächst aber biegen Sie wenige Kilometer hinter *Westport* links in den SH6 ein. Die Maori gaben dem *Buller River* den Namen „*Kawatiri*", was so viel wie „schnell und tief" meint. Wie sich bald herausstellen wird ist dies eine sehr treffende Bezeichnung, denn der Fluss musste sich seinen Weg zwischen den Gebirgszügen der *Lyell Range* und der *Brunner Range* hindurchbahnen, wobei

Maruia Falls

fantastische Schluchten entstanden sind. Zwischen breiteren und ruhigeren Abschnitten wird der Fluss immer wieder zum reißenden Wildbach. An diesen Stellen, wenn das Tal sehr eng wird, ist die Straße den Felsen in harter Arbeit abgerungen und

(152) WOMO-Stellplatz: Buller Gorge

GPS: S 41°50'44" E 171°42'46" **max. WOMOs:** 5
Ausstattung/Lage: Nichts / Rastplatz am SH6 zwischen Wald und Buller River. **Zufahrt:** 18 km hinter Westport am SH6, direkt hinter der Brücke über den Ohikanui River. **Beurteilung:** Ein guter Platz, trotz des Verkehrs auf dem SH6, um Buller River und Ohikanui River zu erkunden.

verläuft teilweise einspurig unter Felsüberhängen hindurch. Für Wohnmobil Fahrer stellt dies eine besondere Herausforderung dar. 46 km hinter *Westport* treffen Sie auf die 60 Seelen

(153) WOMO-Campingplatz-Tipp:
Lyell, Upper Buller Gorge Scenic Reserve DOC

GPS: S 41°47'44" E 172°2'55" **WOMOs:** 50 Stellplätze
Ausstattung/Lage: Toilette, Wasser / An der Upper Buller Gorge, von Wald umgeben. Wanderungen werden angeboten.
Preise: Stellplatz 6,10 NZD pro Erwachsenem, 1,50 NZD pro Kind.
Zufahrt: 18 km hinter Inangahua Junction vom SH6 abbiegen, ausgeschildert.
Beurteilung: Sehr schöner, großzügiger Platz, nahe den Überresten einer alten Goldgräberstadt.

Gemeinde **Inangahua Junction**, die immerhin eine Tankstelle, ein Café und einen Gemischtwarenladen aufzuweisen hat. 18 km hinter *Inangahua Junction* erreichen Sie **Lyell**, eine einstige Goldgräberstadt, die hoch über dem *Buller River* lag und von der heute wenig mehr als einige windschiefe Grabsteine erhalten geblieben sind. Hier können Sie einige Wanderungen unternehmen. 23 km hinter *Lyell* treffen Sie auf den SH65, der rechts vom SH6 abzweigt und eine Verbindung zum SH7 (Lewis Pass Road) herstellt. Wir empfehlen Ihnen hier einen 10 km langen Abstecher zu den **Maruia Falls**. Der SH65 führt Sie am **Maruia River** entlang in das *Maruia Falls Scenic Reserve*. Der *Maruia River* stürzt hier in einem lediglich 10 m hohen, aber wegen seiner Breite und gewaltigen Wassermassen beeindruckenden Wasserfall in die Tiefe, ein atemberaubendes Naturschauspiel. Vom ausgeschilderten Parkplatz aus sind die Fälle in 5 Minuten zu erreichen. Die *Maruia Falls* sind am 17. Juni 1829 durch ein Erdbeben der Stärke 7,8 entstanden, das an dieser Stelle eine starke Verwerfung verursachte. 17 Menschen verloren durch das Beben ihr Leben und  es dauerte 18 Monate, bis die zerstörte *Buller Gorge Road*, der heutige SH6, repariert war.

Auf die direkt an dem SH6 gelegenen **Buller Gorge Swingbridge** treffen Sie 14 km vor Murchison. Wer die schwankende 110 m lange Hängebrücke in luftiger Höhe überqueren will muss dafür 5 NZD berappen. Der Mutige wird durch einen tollen Blick in die Schlucht belohnt. Auf der anderen Flussufer erwartet ihn tiefgrüner Dschungel. Es wurden verschiedene Wanderwege mit einer Dauer zwischen 15 und 60 Minuten angelegt. Wem es eher nach Abenteuer zumute ist, der kann im *Adventure und Heritage Park* zahlreichen anderen Aktivitäten nachgehen, zum Beispiel nach Gold schürfen oder an einer Fahrt im Jet Boat teilnehmen. Jede dieser Aktivitäten muss allerdings separat bezahlt werden. Um zu diesem Erlebnispark in freier Natur zu gelangen, müssen Sie zunächst die mächtig schwankende Hängebrücke überqueren. Wer noch mehr Adrenalin braucht oder seinen Leidensweg bei der Rückkehr verkürzen will, kann mit dem „Flying Fox", an einem 160 m langen Drahtseil hängend, über den Buller zurücksausen (sitzend 25 NZD, liegend

Lake Rotoiti

35 NZD).

Zurück auf dem SH6 erreichen Sie nach 11 km die am Zusammenfluss von *Buller River* und *Matakitaki River* gelegene 850 Einwohner zählende Gemeinde **Murchison**. Die Gegend nordwestlich von *Murchison* wird *Four Rivers Plain* genannt, weil hier auch noch der *Mangles River* und der *Matiri River* einmünden. Das Museum der ehemaligen Goldgräbersiedlung vermittelt einen sehr instruktiven Eindruck von den Zerstörungen, die das Erdbeben von 1929 angerichtet hat. *Murchison* ist eine ländliches Versorgungszentrum für die umliegenden Farmen und ein international bekanntes Wildwasser Revier. Die selbsternannte "Whitewater Capital of New Zealand" zählt neben den genannten vier Flüssen noch den *Gowan River*, *Glenroy River* und *Maruia River* zu ihrem exzellenten Wildwasser-Revier. Im *Murchison Museum* kann man sich über die Zeit des Goldrausches informieren und im Visitor Centre die DOC Broschüre **Murchinson Day Walks** besorgen (1 NZD). Auch über einige interessante Mountain Bike Wege sind dort Informationen erhältlich.

---

(154) WOMO-Stellplatz: Gowan Bridge
GPS: S 41°42'45" E 172°33'24"   max. **WOMOs:** 5
Ausstattung/Lage: Nichts / Rastplatz zwischen SH6 und Buller River.
Zufahrt: Sie biegen vom SH6 rechts in die Gowan Valley Rd Richtung Lake Rotoroa ab. Die Zufahrt zum Platz befindet sich direkt vor der Brücke über den Gowan River.

Ihr nächstes Ziel ist **Lake Rotoroa**. Sie erreichen es, indem Sie 29 km hinter *Murchison* am Gowan River rechts abbiegen und ihm entlang der Gowan Valley Road folgen. Der *Lake Rotoroa* gehört zusammen mit dem *Lake Rotoiti* zu dem Hauptattraktionen des 1956 gegründeten **Nelson Lakes National Park** im Norden der Südinsel. Während der letzten Eiszeit haben gewaltige Gletscher die beiden Seen geschaffen, die dem Park heute seinen Namen geben. Der Park liegt in alpiner Umgebung am Nordende der Südalpen und schließt die *St Arnaud Range* und die *Spenser Mountains* einschließlich deren bis 2.300 m hohe nördliche Ausläufer mit ein. Die beiden Gletscherseen haben unterschiedliche Gesichter. *Lake Rotoroa* ist der touristischere, mit Camping- und Wassersportmöglichkeiten. Der *Lake Rotoroa* hat seine Vorzüge in seiner Schönheit und Einsamkeit. In seinen ruhigen Gewässern spiegeln sich sowohl die schneebedeckten umliegenden Berge, als auch der üppige einheimische Busch. Beide Seen können über zahlreiche Wanderwege durch den umgebenen Südbuchenwald erkundet werden. Um Vom *Lake Rotoroa* zum *Lake Rotoiti* zu gelangen, müssen Sie wieder 11 km zum SH6 zurückfahren und diesem 6 km bis zur bis **Kawatiri Junction** folgen.

(155) WOMO-Campingplatz:
Kerr Bay, Nelson Lakes National Park DOC

GPS: S 41°48'22" E 172°50'41" **WOMOs:** 9 mit Strom, 30 ohne.
Ausstattung/Lage: Toilette, Wasser, Dusche, Dump Station, Waschmaschine, Trockner / Unweit dem Nordende des Lake Rotoiti, von Wald umgeben. Wanderungen werden angeboten.
Preise:
Stellplatz mit Strom 12 NZD pro Erwachsenem, 6 NZD pro Kind (ohne Strom 10/5).
Zufahrt: Über den SH63 nach Saint Arnaud fahren, dort in die Kerr Bay Road einbiegen.
Kontakt:
Buchung über Tel. 03 521 1806, www.doc.goct.nz

Beurteilung: Sehr schöner, geschützter Platz, im Wald gelegen.

Hier kann auf dem, nahe der Kreuzung von SH6 und SH63 an der historischen Eisenbahnstation gelegenen, DOC Campingplatz (Basis, 10 Plätze, frei) übernachtet werden. Die alte Eisenbahnbrücke, der Eisenbahn Tunnel und die historische Eisenbahnstation können vom Campingplatz aus über den 20 minütigen **Kawatiri Railway Walkway** gut erkundet werden. Der SH63, der 100 km weiter bis Blenheim führt, bringt Sie nach **St Arnaud**, einen kleinen Ort am Nordufer des **Lake Rotoiti**. Er wird vom Komplex des *Nelson Lakes Village Center* beherrscht, das neben einem Laden und einem Imbiss auch ein Postamt und eine Tankstelle zu bieten hat. Das moderne DOC Visitor Centre liegt ganz in der Nähe an der Hauptstraße (DOC Nelson Lakes Visitor Centre, View Road, Tel. 03 521 1806, nelsonlakesvc@doc.govt.nz, im Sommer von 8.00 bis 16.30 Uhr geöffnet) und liefert neben Informationen zu möglichen Aktivitäten auch die Broschüren **St Arnaud Short Walks** und **St Arnaud Day Walks** zu je 0,50 NZD. Per Wassertaxi besteht die Möglichkeit, sich zu beliebigen Stellen am Seeufer bringen oder von dort abholen zu lassen (Rotoiti Water Taxis, 47 Main Road, Tel. 03 521 1894, watertaxi@clear.net.nz, Kajaks und Kanus können gemietet werden). Das bietet die komfortable Möglichkeit, Wanderungen am Seeufer nicht

(156) WOMO-Picknickplatz: Hope Saddle Lookout
GPS: S 41°37'44" E 172°43'14" **max. WOMOs:** 5
Ausstattung/Lage: Toiletten, überdachter Picknickplatz / Parkplatz am Hope Saddle Lookout, von Bäumen umgeben.
Zufahrt: Der Lookout ist am SH6 ausgeschildert, etwa 10 km hinter der Abzweigung des SH63 zum Lake Rotoiti. **Beurteilung:** Der Hope Saddle bietet mit 467 m Höhe eine phantastische Rundumsicht. Sehr schöne Übernachtungsstelle, etwa 300 m vom SH6 entfernt.

auf dem gleichen Weg zurückgehen zu müssen. Ein besonderes Highlight des *Nelson Lakes National Park* ist das 2004 ins Leben gerufene **Rotoiti Nature Recovery Project**. Hier wird durch rigorose Schädlingsbekämpfung versucht, in einer abgegrenzten Zone einen Lebensraum für einheimische Arten zu schaffen. Im zugehörigen Gebiet sind Wanderungen zwischen 15 Minuten und 1,5 Stunden frei zugänglich angelegt. Die Wälder beherbergen viele Vögel wie Blaumeisen, Rotkehlchen und den "tiny rifleman", Neuseelands kleinsten Vogel. In manchen Regionen findet man auch den Südinsel Kaka (Papagei). Besonderer Stolz ist der „Great spotted Kiwi", der hier nach seiner erfolgreichen Rücksiedlung brütet. In St Arnaud gibt es den DOC Campingplatz Kerr Bay.

(157) WOMO-Picknickplatz: Clark Valley frei
GPS: S 41°34'39" E 172°46'7" **max. WOMOs:** 6
Ausstattung/Lage: Toilette, Wasser / Auf einer schönen Wiese, neben dem SH6. Picknickplatz der *Clark Valley Recreation Area*.
Zufahrt: Am SH6, 5 km südlich der Einmündung der *Korere Tophouse Road* in den SH6. **Beurteilung:** Sehr idyllische Plätze!

Sie verlassen *St Arnaud* und *Lake Rotoiti* über den SH63 Richtung *Blenheim* und stoppen bereits nach 8 km am historischen *Tophouse Settlement*, das in den 1880-igern den Pionieren (z.B. Schaftreck-Begleitern) als Hotel diente. Das

Blick auf Motueka

schön renovierte Gebäude wird heute wieder als Hotel genutzt und wirbt mit einem originellen 9-Loch-Alpine-Golfplatz auf seinem Gelände. Die Tophouse Road bringt Sie nach wenigen Kilometern auf die Korere Tophouse Road, der Sie in nördliche Richtung folgen. Nach 39 km erreichen Sie den SH6. Wenn Sie dem SH6 5km nach links folgen, erreichen Sie die **Clark Valley Recreation Area**, auf deren Picknickplatz Sie frei übernachten können.

Wenn Sie diesen freien Übernachtungsplatz nicht in Anspruch nehmen möchten, biegen Sie am SH6 rechts ab, folgen diesem für 12 km, und biegen dann links in den *Motueka Valley Highway* ein. Sie folgen nun dem *Motueka River* in Richtung der namensgebenden Stadt. Nach 8 km passieren Sie den Ort **Tapawera** und gelangen durch Waldgebiete und eine sanfte Hügellandschaft in eine fruchtbare Mündungsebene. Direkt am Straßenrand bieten Obstbauern an Ständen ihre Früchte an, darunter Erdbeeren, Himbeeren und Blaubeeren.

(158) WOMO-Picknickplatz:
Motueka River Valley - McLean Picnic Area
GPS: S 41°17'19" E 172°48'26" max. **WOMOs:** 6
Ausstattung/Lage: Toilette, Wasser / Schöner Picknickplatz inmitten von Büschen und Bäumen zwischen dem Motueka Valley Highway (SH61) und dem Motueka River. **Zufahrt:** Am SH61, 6 km hinter Stanley Brook.
Beurteilung: Friedlicher Platz mit Badegelegenheit im Fluss!
Hinweis: Es ist maximal eine Übernachtung erlaubt.

50 km hinter *Tapawera* erreichen Sie die bereits 1842 gegründete 7.500 Einwohner Stadt **Motueka**, ein Versorgungszentrum des umliegenden landwirtschaftlichen Anbaugebietes für Tee, Hopfen und verschiedene Obstsorten wie Äpfel, Birnen, Pfirsiche, Trauben und Kiwis. Auf dem **Motueka Sunday**

Blick auf die Torrent Bay

Market (Wallace St, So ab 8 Uhr) werden auch Schmuck und Kunsthandwerk angeboten. In den Erntemonaten wächst die Bevölkerung sprunghaft an, denn in dieser Zeit suchen die Farmer nach Hilfskräften bei der Obst- und Hopfenernte. Die kleine Stadt wird dann zum Anziehungspunkt für viele junge „Work & Travel" Reisende. Die frischen Produkte der umliegenden Farmen werden in einigen sehr guten Restaurants zu delikaten Speisen verarbeitet (**The Gothic**, 208 High St, Tel. 03 528 6699 und **Red Beret**, 145 High St, Tel. 03 528 0087).

---

(159) WOMO-Campingplatz-Tipp: Motueka Top 10 HP
GPS: S 41°6'15" E 173°0'48"   **WOMOs:** 100 von 180 mit Strom
Ausstattung/Lage: Abenteuerspielplatz, Swimmingpool mit 28°C, Spa / Zentrumsnahe Lage.
Preise: Stellplatz mit Strom 43 NZD, 20 pro weiterem Erwachsenem, 15 NZD pro weiterem Kind.
Zufahrt:
Am nördlichen Ende von Motueka in die Fearon St einbiegen.
Kontakt:
10 Fearon Street, Motueka, Tel. 0800 668 835, www.motuekatop10.co.nz

Beurteilung: Gute sanitäre Anlagen, viele große Bäume. Schattiger, aber sehr enger Platz, in der Saison voll.

Gartenfreunde werden sich sicherlich die beiden Rosengärten *Motueka Rose Gardens* und *Tasman Bay Roses* anschauen. Ebenfalls empfehlenswert ist der Besuch des kleinen *Motueka District Museum* oder des *Motueka Quay*, am geschäftigen

Zwei Wassertaxis werden an Land geholt

Hafen des Fischereizentrums gelegen. Etwas außerhalb der Stadt laden Galerien und Kunsthandwerkstätten zu einem Besuch ein und in den umliegenden Weingütern können Sie die ausgezeichneten regionalen Weine probieren. Hingewiesen sei auch auf die Möglichkeit zum Tandem-Fallschirmspringen auf dem Flughafen 3 km südwestlich der Stadt (Skydive Abel Tasman, Tel. 0800 422 899, www.skydive.co.nz). Motueka ist ein beliebter Ausgangsort für Touren in den *Abel Tasman Nationalpark* und den *Kahurangi Nationalpark*.

Auf Ihrem Weg in den **Abel Tasman National Park** verlassen Sie Motueka über den SH60, überqueren den **Motueka River** kurz vor seiner Mündung, und biegen 5 km später rechts, direkt hinter dem *Riwaka River*, in die Riwaka Kaiteriteri Rd ein. Die Straße steigt sofort leicht an und windet sich eine Anhöhe hinauf, von der aus Sie bald einen atemberaubenden Blick auf den Badeort **Kaiteriteri** haben. Sie fahren hinab an den Sandstrand in der lang geschwungen Bucht, wo Kajakverleiher und Wassertaxis auf Kundschaft lauern. Hinter der Uferpromenade laden großzügige Terrassen einiger Hotels zum Verweilen ein, im flachen Mündungsbereich des **Riwaka River** können Familien mit Kleinkindern geschützt baden, die Stadt ist ganz auf Strandurlaub eingestellt. Das riesige Kaiteriteri Beach Motorcamp liegt in Strandnähe direkt hinter der Straße und bietet sage und schreibe 400 Stellplätze mit Strom an.

Sie verlassen diesen idyllischen Ort, um noch ein Stückchen näher an den *Abel Tasman NP* heranzufahren. Die enge Kaiteriteri Sandy Bay Road windet sich um die Felsnase, an der Kaiteriteri liegt und folgt schließlich der Sandy Bay Marahau Road durch Schwemmland bis **Marahau**. Der rund 500 Einwohner zählende Ort liegt direkt am östlichen Eingang des

Abel Tasman NP und ist somit ein prädestinierter Ausgangspunkt für Ausflüge in den Park. Wir wurden gleich bei der Ankunft Zeuge eines beeindruckenden Schauspiels. Es war Ebbe und Ankunftszeit einer ganzen Reihe von Wassertaxis. Wegen des sehr flachen Wassers fuhren Traktoren ins kniehohe Wasser, dockten das Wassertaxi auf der Anhängerladefläche an und fuhren über eine Rampe an Land. Auf der Straße bleibt das Boot auf dem Anhänger und die Fahrgäste der Einfachheit halber im Boot bis das Ziel erreicht ist. Ein faszinierendes Schauspiel, das einerseits beschaulich wirkt, allerdings haben es die Traktoren eilig ins Meer zurückzufahren, um das nächste Boot abzuholen.

Wer den Nationalpark zu Fuß erkunden möchte, kann sich mit dem **Wassertaxi** in eine der vielen idyllischen Buchten bringen lassen, wobei der Start natürlich wiederum an Land erfolgt, indem man das Taxi auf der Landerampe des Traktors besteigt! Der Traktor bringt das Boot über die Rampe zurück ins Wasser und lässt es von der Ladefläche heruntergleiten. Nun kann es zu seiner rasanten Fahrt in den Nationalpark starten. An den Ankunftspunkten verlässt man das Wassertaxi am Strand und sollte dazu seine Schuhe ausziehen. Die einzelnen Buchten, die von den Wassertaxis angefahren werden, sind durch schmale Wanderpfade hoch über der Tasman-See verbunden. Sie führen meist durch dichten Bewuchs, ge-

ben aber auch immer wieder einen bezaubernden Blick auf Meer und Strände frei. An manchen Stellen führen gesicherte Pfade/Treppen zu goldgelben Buchten hinab, in denen oft Kajak Fahrer bei einer Rast anzutreffen sind. Lässt man sich morgens mit dem Wassertaxi in den Park bringen, um dem Weg nach Marahau zurückzulaufen (von der **Torrent Bay** benötigt man dazu etwa 4 Stunden, von der **Bark Bay** etwa 6,5 Stunden), so entfällt der Druck, zu einem vereinbarten Zeitpunkt am Abholpunkt zu sein. Für uns wurden die wundervollen Wanderungen im Abel Tasman NP zum sehr eindrucksvollen und unvergesslichen Erlebnis. Auch der Weg vom Eingang des NP zurück nach *Marahau*, der teilweise über Holzstege durch das Schwemmland des Mündungsbereiches des *Marahau River* und einiger weiterer kleiner Einmündungen führt, ist sehr beeindruckend. Bei Ebbe fallen weite Bereiche trocken, dann ist das Meer ganz, ganz weit weg, ähnlich wie an der Nordseeküste. Statt dunklem Schlickwatt ist hier über weite Strecken welliges, goldgelbes Sandwatt zu sehen. In den verbliebenen Wasserpfützen planschen kleine Krebse und blaue Seesternchen. *White-faced Herons (Weißwangenreiher)*, deren bevorzugter Lebensraum hier im Gezeitenbereich an der Küsten zu finden ist, sind auf der Jagd und warten auf ihren langen Beinen starr im nassen Sand, um dann blitzschnell zuzuschlagen (Abel Tasman Aquataxi, Tel. 800 278 529, www.aquataxi.co.nz). Am Parkausgang wartet das empfehlenswerte **Park Café** (Tel. 03 527 8270, www.parkcafe.co.nz) auf Sie.

Unweit des Parkausganges finden Sie die „Old MacDonald's Farm", einen Familienbetrieb mit großem Campingplatz. Auf den Weiden gibt es u.a. Lamas und Alpakas. Das Grundstück ist riesig, die Stellplätze auf Gras sind großzügig und von Büschen und Bäumen umgeben (Harvey Road, Tel. 03 527 8288,

www.oldmacs.co.nz). Um den Nationalpark von der Wasserseite aus zu erkunden, leiht man sich in *Marahau* ein **Kajak** und paddelt nach einer ausführlichen Einweisung die Küste des Parks entlang, wobei auch Übernachtungen in DOC-Hütten möglich sind (ganzjährig buchungspflichtig, direkt in einem der DOC-Büros oder online über www.doc.govt.nz , Great Walks und dann Abel Tasman Coast Track auswählen). Es können auch

(160) WOMO-Campingplatz-Tipp: Marahau Beach Camp

GPS: S 41°0'19" E 173°0'32" **WOMOs:** 50 mit Stromanschluss
Ausstattung/Lage: Spielplatz / Direkt neben dem Anbieter *Abel Tasman Water Taxis* am Strand, der allerdings nicht zum Baden geeignet ist!
Preise: Stellplatz mit Strom 32 NZD, 10 pro weiterem Erwachsenem, 5 NZD pro weiterem Kind. **Zufahrt**: Mitten in Marahau an der Waterfront.
Kontakt: Franklin St, Marahau, Tel. 0800 808 018, www.abeltasmancentre.co.nz/camp.html

Beurteilung:
Idealer Platz zum Start in den Abel Tasman National Park. Gepflegt mit vielen Bäumen, alle andern Plätze in Marahau haben unzureichende sanitäre Anlagen. Allerdings gibt es zu wenige Toiletten und Duschen. Ein Restaurant ist dem Camp angeschlossen. Sie bekommen einen Platz in diesem Camp nur dann, wenn Sie auch das Water Taxi oder Kajaktouren buchen!

geführte Touren und mehrtägige Touren mit Übernachtung gebucht werden (Abel Tasman Kayaks, Tel. 800 732 529, www.abeltasmankayaks.co.nz).

Sie verlassen **Marahau** wie Sie gekommen sind, biegen dann jedoch nicht Richtung *Kaiteriteri* ab, sondern folgen der

Strand auf Rabbit Island

Riwaka Sandy Bay Road bis zum SH60. Sie biegen links in den State Highway ein, durchfahren *Motueka* und folgen dem SH60, der im weiteren Verlauf an der Küste entlangführt, mit fabelhaften Ausblicken auf die **Tasman Bay**. Direkt hinter *Port Motueka* liegt etwa 1 km vor der Küste zunächst **Jackett Island** und, nach einer schmalen Öffnung zum Meer, die **Kina Halbinsel**. 17 km hinter *Port Motueka* erreichen Sie schließlich **Mapua**, das Herz des Weinbaugebietes der Region Nelson. Im Visitor Centre erhalten Sie zahlreiche Broschüren über die Weingüter der Region. Um nicht in Alkoholkonflikte zu geraten, kann man sich einer geführten Tour anschließen (z.B. Nelson Excursions, Tel. 03 544 4744). *Mapua*, mit seinem schönen am **Waimea Inlet** gelegenen Fischerhafen, hat sich in den letzten Jahren zunehmend vom ruhigen auf das Räuchern von Fisch spezialisierten Dorf zum sommerlichen Szene Treff gewandelt. Das an der alten Warf gelegene **The Smokehouse** (Shed 2, Mapua Wharf, Nelson, Tel. 03 540 2280) liefert geräucherte Fischspezialitäten und Muscheln. Der in Neuseeland sehr populäre Maler *Toss Woolaston* lebt in *Mapua*.

Von Mapua aus haben Sie einen wundervollen Blick auf **Rabbit Island** und das malerische *Waimea Estuary*. *Rabbit Island* ist eine lange schmale Insel mit einem langen, goldenen Sandstrand. Hier kann man sich wundervoll erholen und relaxen. Es gibt hier tolle Grillplätze, die zum Lunch einladen. Der Strand ist sehr beliebt, ein Paradies für Jung und Alt. Viele Gäste spielen Volleyball oder lassen ihren Drachen in der Seebrise steigen. Man sollte allerdings beachten, dass die Zufahrtsstraße zum Strand jeden Abend bei Einbruch der Dunkelheit gesperrt wird. Nur 7 km von Mapua entfernt liegt Richmond und direkt dahinter Nelson.

Tour 18: Zu den Marlborough Sounds

Nelson - Cable Bay - Pelorus Bridge - Havelock - Picton - 140km

Camping:	Nelson, Cable Bay, Pelorus Bridge DOC, Havelock, Picton
Stellplätze:	Rai Valley, Graham Stream, Kenepuru Sound
Baden:	Rabbit Island, Nelson, Cable Bay, Pelorus River
Wandern:	Botanical Hill, Pelorus Bridge Tawa Path, Totara Path,
Essen:	Nelson: The Boat Shed Café, Lambretta, Havelock: Slip Inn

In Tour 18 beenden Sie Ihre Rundreise durch Neuseelands Südinsel und fahren zurück nach Picton um dort nach Wellington auf die Nordinsel überzusetzen. Sie starten in der fruchtbaren, vom Sonnenschein verwöhnten Region **Nelson**. Sie werden die Mediterrane Atmosphäre dieser Stadt genießen und an ihren schönen Stränden baden. Dann verlassen Sie die weite Ebene der **Tasman Bay** und tauchen in die dichten, hügeligen Wälder des **Ray Valley** ein. Durch das **Pelorus Bridge Scenic Reserve** gelangen Sie nach **Havelock**, wo Sie die lokale Spezialität *Greenlip-Mussels* genießen und mit dem Postboot hinaus in den *Pelorus Sound* fahren können. Die Tour endet, nach einer kurvenreicher Fahrt über den bezaubernden *Queen Charlotte Drive,* in **Picton**.

(161) WOMO-Campingplatz-Tipp: Nelson City HP
GPS: S 41°17'5" E 173°16'7" **WOMOs:** 20 mit Stromanschluss
Ausstattung/Lage: Spielplatz / 20 min zu Fuß ins Zentrum Nelsons.
Preise: Stellplatz mit Strom 36 NZD, 16 NZD für jeden weiteren Erwachsenen, 10 NZD für jedes weitere Kind.
Zufahrt: 2 km südwestlich Stadtzentrum, der Vanguard St folgen.
Kontakt: 230 Vanguard St, Nelson, Tel. 0800 778 898,
www.nelsonholidaypark.co.nz
Beurteilung: Idealer Platz mitten in Nelson, sehr gepflegt.

Die Stadt **Nelson** liegt mit ihren etwa 50.000 Einwohnern am Südende der *Tasman Bay*. Sie ist Verwaltungssitz der *Region Nelson*, die mit einer jährlichen Sonnenscheindauer von durchschnittlich 2.400 Stunden (zum Vergleich: Der bundesdeutsche Durchschnittswert liegt bei 1.550 Stunden) an der nationalen Spitze liegt. Im Jahr 2009 wurde Nelson mit 2.571 Sonnenstunden (*National Institute of Water and Atmospheric Research*) zum wiederholten Male „Sunshine Capital" des Landes. Die *Region Nelson*, zu der auch die direkt neben Nelson liegende Stadt **Richmond** (ca. 11.000 Ew) zählt, ist von schützenden Bergketten umgeben, die ihr ein mediterranes Klima

Christ Church Cathedral

verschaffen. Das mediterrane Klima hat sich auch auf die Lebenseinstellung der Bewohner von Nelson niedergeschlagen. Diese kann am treffendsten als entspannt, dem Leben zugewandt und bei Bedarf beherzt zupackend charakterisiert werden. So überrascht es nicht, dass die Stadt zum Refugium für Künstler wurde. Maler, Weber, Glasbläser und Töpfer haben sich hier niedergelassen. In zahlreichen Werkstätten oder Galerien kann den Kunsthandwerkern und Künstlern beim Fertigen ihrer Produkte über die Schulter geschaut werden. Die jährlich stattfindende **Arts Festival** lockt viele Besucher in die Stadt. Sehenswert ist auch das **Nelson Provincial Museum**, das eine ansehnliche Sammlung von Kunst- und Handwerksgegenständen der Maori, sowie die größte Fotoausstellung historischer Bilder Neuseelands präsentiert. Eine der Hauptattraktionen der Stadt ist jedoch das 2001 eröffnete Museum **World of Wearable Art**, dessen Exponate irgendwo zwischen unkonventioneller Modekleidung und ausgeflippter Fantasiegarderobe einzuordnen sind. Im angeschlossenem Automuseum werden entsprechend einzuordnende „Traumautos" ausgestellt. Die Stadt ist das wirtschaftliche und gesellschaftliche Zentrum einer sehr fruchtbaren Region, in der sich Obst- und Tabakplantagen mit Hopfengärten abwechseln. Begünstigt durch die gleichmäßig milde Witterung gedeiht hier fast der gesamte Hopfenbedarf der neuseeländischen Brauereien. Auch Äpfel wachsen in der Region Nelson, einem Zentrum des Obstanbaus in Neuseeland, prächtig. Die Apfelproduktion im Jahre 2009 betrug 5,2 Mio. Kartons (31 % der nationalen Ernte). Das entspricht der höchsten Apfelproduktion seit 10 Jahren. Auch Tabak und Tee werden angebaut.

Die Besiedlung der Region durch *Pakehas* begann 1841, als drei Emigrantenschiffe im Hafen von Nelson einliefen. Der Aufbau Nelsons erfolgte nach einem strengen Schachbrettmuster. Die Straßen der Stadt verlaufen noch heute in Ost-West und Nord-Süd Richtung. 1842 landete die „Sankt Pauli", ein aus Hamburg kommendes Schiff, mit 123 norddeutschen Auswanderern, die sich in *Sarau* nieder ließen. Die 1865 eingetroffene Glocke läutet noch heute in der neugotischen Kirche des Ortes. Im Jahr 1858 wurde Nelson als zweitem Ort Neuseelands das Stadtrecht zuerkannt. Am 14. Mai 1870 fand in *Nelson* das

erste Rugby-Spiel in Neuseeland statt, im Rugby verrückten Land der **All Blacks** ein besonders erwähnenswertes Ereignis. Im Stadtbild des heutigen *Nelson* finden sich noch viele aus Holz erbaute Häuser aus den Gründerjahren. Die Frühgeschichte der Stadt lässt sich etwa ein Kilometer nördlich der Kathedrale in einem nachgebauten Dorf aus der Kolonialzeit, im **Founders Historical Park** besichtigen. Jeden Mittwoch findet der hoch interessante und sehr beliebte **Farmer's Market** statt (Ecke Hardy St / Morrison St, 12-16.30 Uhr). Den Nelson Market können Sie samstags von 8 bis 13 Uhr am Montgomery Square besuchen. In der Nähe der *Christ Church Cathedral* befindet sich in der *South Street* eine restaurierte Häuserzeile mit Arbeiterunterkünften aus dem 19. Jahrhundert.

Die im Art Deco Stil erbaute **Christ Church Cathedral** thront auf einem Hügel über dem Hafen der Stadt. Schon 1925 wurde mit dem Bau der Kathedrale begonnen, doch, durch diverse Streitereien verzögert, konnten die Arbeiten erst 1967 abgeschlossen werden. Der 35 m hohe durchbrochene Westturm fällt besonders ins Auge. Die Bühne dient heute bei feierlichen Anlässen benutzt. Wer den steilen Aufstieg über eine Freitreppe nicht scheut,

wird mit einem eindrucksvollen Blick auf den Hafen belohnt. *Port Nelson* ist immerhin Neuseelands wichtigster Fischereihafen. Ein kleiner Teil der frisch angelandeten Fische werden in der Speisekarte der Restaurants des pittoresken Hafenviertels am **Wakefield Quay** zum Verzehr angeboten. Eine besondere Spezialität sind Austern. Besonders stimmungsvoll können Sie im **The Boat Shed Café** (350 Wakefield Quay, Tel. 03 546 9783) dinieren, das auf Pfeilern über dem Wasser steht. Bestellen Sie das "Vertrau dem Chefkoch (Trust the Chef)" Menü. Die Auszeichnung „Nelson's Top Café 2010" gewann das sehr beliebte und familienfreundliche **Lambretta** (204 Hardy St,

Cable Bay

Tel. 03 545 8555). Die gesamte Pieranlage des geschäftigen Hafens wurde 2009 neu gestaltet. Ein und Ausfahrt von Nelsons Hafen wurde von Beginn an durch die *Boulder Bank*, eine 15 km lange Dünennehrung, behindert. Bereits 1906 entschloss man sich zu einem Durchbruch um eine kürzere und sichere Fahrrinne in die Tasmansee zu bekommen. Aus der Nehrung wurde dadurch die Düneninsel *Haulashore Island*.

Nelson ist wegen seiner zahlreichen Parks als „grüne Stadt" bekannt. Verschiedene Anlagen zeigen neben botanischen Raritäten auch Skulpturen einheimischer Künstler. In der Nähe des Hafens findet man den *Trafalgar Park* und den *Rutherford Park* mit seinen abends beleuchteten Wasserspielen. Der Namensgeber des letztgenannten Parks, **Ernest Rutherford**, einer der Väter der Atomphysik, wurde 1871 in *Brightwater* bei Nelson geboren. Im Osten der Stadt liegt der viktorianische

(162) WOMO-Campingplatz-Tipp: Cable Bay HP

GPS: S 41°9'42" E 173°24'45"   **WOMOs:** 17 mit Stromanschluss
Ausstattung/Lage: Toilette, Dusche, Küche / Nahe Cable Bay.
Preise: Stellplatz mit Strom 17 NZD pro Erwachsenem, 12 NZD pro Kind.
Zufahrt: 14 km hinter Nelson, bei Hira, vom SH6 links in die Cable Bay Road abbiegen und dieser 8 km folgen.
Kontakt: 800 Cable Bay Rd, Nelson, Tel. 03 545 0003, www.cablebay-farm.co.nz

Beurteilung: Ein wirklich liebenswerter, gepflegter und absolut ruhiger Platz mit sauberen sanitären Anlagen. In der nahe gelegenen Cable Bay können Sie eine Wanderung mit tollen Ausblicken unternehmen oder in der entzückenden Badebucht schwimmen. Sie werden sich hier sehr wohl fühlen.

Queens Gardens und auf der anderen Seite des *Maitai River*, ist die *Botanical Reserve* zu finden. Vom Sportplatz der Botanical Reserve aus führen verschiedene Naturlehrpfade den 147 m hohen **Botanical Hill** hinauf. Eine Skulptur markiert hier das „Centre of New Zealand". Geografisch stimmt das nicht exakt, aber man wird für die etwa einstündige Wanderung (hin und zurück) mit einem atemberaubenden Ausblick über Nelson bis hin zur Küste belohnt. Bei schönem Wetter sollten Sie sich diesen Ausblick keinesfalls entgehen lassen.

(163) WOMO-Picknickplatz: Graham Stream
GPS: S 41°11'7" E 173°29'12"   **max. WOMOs:** 5
Ausstattung/Lage: Nichts / Picknickplatz auf einer von Wald umgebenen Wiese neben dem Graham Stream. **Zufahrt:** Am SH6, 5 km vor Whangamoa. **Beurteilung:** Sehr schöner Platz mit Bademöglichkeit im Flüsschen.

(164) WOMO-Stellplatz: Rai Valley, Carluke Reserve
GPS: S 41°12'58" E 173°35'31"   **max. WOMOs:** 5
Ausstattung/Lage: Toilette, Wasser / Neben dem Opouri River am Wald. **Zufahrt:** Am SH6 kurz vor Rai Valley links Richtung French Pass in die Opouri Road abbiegen. Nach 500 m überquert die Straße den Opouri River. Direkt hinter der Brücke liegt der Platz. **Beurteilung:** Schön gelegener Platz.

Sie verlassen *Nelson* über den SH6, dem Sie auf landschaftlich sehr schöner Strecke durch die Berge bis *Havelock* folgen. Unterwegs treffen Sie auf die berühmte **Pelorus Bridge**, die den vom *Pelorus River* tief eingegrabenen Canyon überspannt. Das Wasser ist tief genug, um sich von der Brücke herab mit einem Hechtsprung ins kühle Nass stürzen zu können. Trotz warnenden Schildern machen immer wieder Wagemutige von dieser Möglichkeit Gebrauch. Weniger Mutige können sich zum Fluß hinab begeben und in einer der zahlreichen Mulden und

Wannen („Rock Pools"), die der Fluss über die Zeit im harten Gestein herausgebildet hat, ein erfrischendes Bad im tiefgrünen Wasser nehmen. Die Umgebung dieses idyllischen Fleckchens ist als *Pelorus Bridge Scenic Reserve* geschützt und von zahlreiche Wanderwegen durchzogen. Der **Tawa Path** und der **Totara Path**, die beide durch üppige grüne Wälder führen, sind gut ausgebaut und besonders zu empfehlen (beide 30 Minuten).

(165) WOMO-Campingplatz-Tipp: Pelorus Bridge DOC

GPS: S 41°17'56" E 173°34'20"   **WOMOs:** 14 mit Strom
Ausstattung/Lage: Toilette, Wasser, Dusche / Im Wald nahe dem Fluss und der Pelorus Bridge. Verschiedene Wanderungen werden angeboten. Ein erfrischendes Bad im Fluss ist möglich.   **Preise:** Stellplatz mit Strom 11 NZD.   **Zufahrt:** Am SH 6 direkt hinter der Pelorus Bridge rechts abbiegen.   **Beurteilung:** Sehr schöner, großzügiger Platz auf einer grünen Wiese im üppigen Wald gelegen. Ein Shop und ein Café sind nebenan.

Der *Pelorus River* mündet nicht allzu weit entfernt in den **Pelorus Sound**, einen der längsten Meeresarme Neuseelands. Er windet sich zwischen steilen, bewaldeten Hügeln fast 50 km in Nord-Süd-Richtung. Haupt Wirtschaftszweig der Gegend um den *Pelorus Sound* ist die Forstwirtschaft, die sich heute weitgehend auf Kiefern gründet, obwohl auch einige Gebiete des ursprünglichen Waldes erhalten geblieben sind. Daneben sind die Muschelfarmen wichtige Erwerbs-

quelle am Sound. Die meisten Siedlungsplätze sind schwer von Land zu erreichen und werden hauptsächlich über den **Pelorus Express** bedient. Dieses Postboot mit 40 Passagierplätzen startet in unserer nächsten Station *Havelock* und fährt einmal in der Woche in drei verschiedenen Routen im Sound (Pelorus Mail Boat, Tel. 03 574 1088, www.mail-boat.co.nz).

(166) WOMO-Campingplatz-Tipp: Havelock Motor Camp
GPS: S 41°16'43" E 173°46'5" **WOMOs:** 50 von 90 mit Strom
Ausstattung/Lage: Standard / Zentrumsnahe Lage am Hafen.
Preise: Stellplatz mit Strom 30 NZD.
Zufahrt: Die Inglis Street zweigt im Ortszentrum vom SH6 ab (100 m).
Kontakt: 24 Inglis Street, Havelock, Tel. 03 574 2335, www.havelockmotorcamp.co.nz **Beurteilung:** Ordentlicher und sauberer aber enger Platz. Marina und Schiffsanleger sind leicht zu erreichen, auch Shops und Restaurants sind nur 5 min entfernt.

Am Südende des *Pelorus Sound* befindet sich die Gemeinde **Havelock**. Die 500 Einwohner Stadt wurde 1860 gegründet und nach dem britischen *General Henry Havelock* benannt. War Havelock früher Exporthafen und diente als Versorgungsbasis für Holzfäller und Goldgräber, so besitzt es heute einen Jachthafen, dessen ansprechender Ausbau sehr zur touristischen Entwicklung beigetragen hat. Havelock hat sich in den letzten Jahren zum Zentrum der neuseeländischen Muschelzucht entwickelt. Besonders die **Greenlip-Mussels** gelten als absolute Spezialität der Gegend. Sie werden an Tauen wachsend im Pelorus Sound und seinen zahlreichen Nebenarmen gezüchtet. Bei maritimem Flair können Sie diese lokale Köstlichkeit im **Slip Inn** (Havelock Marina, Tel. 03 574 2345) genießen. Direkt am Bootshafen gibt es einen netten kleinen Campingplatz.

Auf der weiteren Fahrt nach *Picton* verlassen Sie den SH6, denn zwischen *Havelock* und *Picton* verläuft mit dem **Queen**

Charlotte Drive eine bezaubernde Alternative, die immer wieder prächtige Ausblicke hinunter auf den Sound bietet. Die atemberaubende und kurvenreiche Straße entlang der Steilküste

---

(167) WOMO-Stellplatz: Mahau Sound - Ohingaroa Bay
GPS: S 41°14'52" E 173°53'5"   **max. WOMOs:** 4
Ausstattung/Lage: Nichts / Auf einem Parkplatz direkt am *Mahau Sound*.
Zufahrt: In *Linkwater* links vom *Queen Charlotte Drive* in die *Kenepuru Rd* abbiegen, dieser 7 km folgen. **Hinweis:** Maximal zwei Nächte sind erlaubt.

---

führt buchstäblich von einem Highlight zum anderen. Im dunkelblauen Wasser des Sounds sind weiße Boote festgemacht und zahlreiche Aussichtspunkte laden zum Verweilen und Fotografieren ein. Für die nur 35 km lange Strecke kann man so leicht zwei oder drei Stunden benötigen. Etwa 1 km vor **Picton** ergibt sich plötzlich eine Lücke in der grünen Wand zum Sound hin und von einem Lookout aus können Sie den Hafen und die Stadt überblicken und wenn Sie Glück haben sehen Sie eine der Fähren ein- oder auslaufen (vielleicht ist es Ihre eigene?). Bitte nicht vergessen: Der **Check-In** erfolgt ein bis zwei Stunden vor der Abfahrt. Wer zu spät kommt verliert seine Reservierung!

---

(168) WOMO-Campingplatz-Tipp: Picton Top 10 HP
GPS: S 41°17'18" E 174°0'54"   **WOMOs:** 49 mit Stromanschluss
Ausstattung/Lage: Spielplatz / Zentrumsnahe Lage (800 m).
Preise: Stellplatz mit Strom 42 NZD für 2 Personen, 21 NZD für jeden weiteren Erwachsenen, 12 NZD für jedes weitere Kind.
Zufahrt: Vom Zentrum in Richtung Waikawa fahren, Platz liegt rechts.
Kontakt: 70-78 Waikawa Rd, Picton, Tel. 03 573 7212, 0800 277 444, www.pictontop10.co.nz
Beurteilung: Schön bepflanzter Platz mit vielen Bäumen, aber enorm eng. Die Sanitäranlagen sind sehr gut. 2 km zum Fährterminal.
Hinweis: Wir empfehlen folgenden Fußweg in die Stadt: Laufen Sie zunächst in das gegenüber dem Campingplatz liegende Hafengebiet. Dort führt eine hohe Fußgängerbrücke mit schönen Ausblicken direkt ins Zentrum Pictons.

Tipps und Infos

Anreise

Die Anreise mit dem **Schiff** dauert 4 bis 5 Wochen und ist auch auf einem Frachtschiff mit Kabinenplatz teurer als ein Flug. Die allermeisten Neuseeland Besucher wählen deshalb den Luftweg mit einer reinen Flugzeit von ca. 24 Stunden. Sie können zwischen der Ost- (Asien) und Westroute (Amerika) und den **Ankunftsflughäfen Auckland** und **Christchurch** wählen. Die Preise liegen in der Economy Class zwischen 1000,- € und 1400,- €. Flugtickets erhält man online direkt bei den Fluggesellschaften oder aber in Reisebüros. Auf Neuseeland spezialisierte Reiseanbieter bieten Flüge in Verbindung mit Pauschalangeboten oder dem Anmieten von Wohnmobilen an.

Wegen des großen Zeitunterschiedes von 12 Stunden ist zu prüfen, ob Sie nicht einen längeren Zwischenstopp in Australien, Asien oder den USA einlegen wollen. Ebenfalls möglich ist es, im Rahmen eines *Round-the-World-Tickets*, in Neuseeland einen längeren Zwischenstopp einzulegen. Vor allem *Air New Zealand* hat spezielle Angebote mit Hinreise über Asien und Rückreise via dem Pazifik und Los Angeles oder umgekehrt. Diese Optionen stehen aber nur den wenigen Reisenden mit sehr viel Zeit zur Verfügung.

Wer weniger Zeit für seine Neuseelandreise hat, kann einen Gabelflug wählen. Er muss sich dann entscheiden, ob er nach Auckland fliegen will und von Christchurch aus die Heimreise antritt oder umgekehrt.

Folgenden **Airlines** bieten Flüge nach Neuseeland an:

- Air New Zealand   www.airnewzealand.de   0800-1830619
- Cathay Pacific   www.cathaypacific.com/de   0180-5288285
- Emirates   www.emirates.de   01805-425652
- Korean Air   www.koreanair.com   0180-5009800
- Lufthansa   www.lufthansa.com   01805-805805
- Malaysia Airlines www.de.malaysiaairlines.com 069-13871910
- Qantas   www.qantas.de   01805-250620
- Singapore Airlines www.singaporeair.de   069-7195200
- Thai Airways   www.thaiair.de   069-92874444

Zwischen Lufthansa und Air New Zealand besteht Code Sharing. Die angegebene Buchungstelefonnummern sind nur in Deutschland gültig. Für weitere Informationen zum Thema An- und Abreise steht Ihnen das Fremdenverkehrsamt zur Verfügung.

Tourism New Zealand, Rossmarkt 11, D-60311 Frankfurt, Tel. 069 9712110

Tipp: Wenn Sie über 55 Jahre alt sind oder eine Erkrankung des Gerinnungssystems haben, sprechen Sie vor der Reise mit Ihrem Hausarzt wegen einer Thrombosespritze für diesen Langstreckenflug.

Automobilclub, Pannenhilfe

Neuseelands Automobilclub AA (New Zealand Automobile Association) leistet landesweit Pannenhilfe (Tel. 0800 500 222). Die Mietwagen haben meist einen AA-Servicevertrag. Mitglieder ausländischer Automobilclubs erhalten gegen Vorlage ihres Mitgliedsausweises eine kostenlose halbjährige Mitgliedschaft im AA. Sie können damit den AA-Service in Anspruch nehmen und erhalten darüber hinaus kostenlos ausgezeichnetes Kartenmaterial. AA hat fast überall im Lande Vertretungen.

AA-Office, Level 17, 99 Albert St, Auckland, Tel. 09 966 8800 (8819), www.aa.co.nz, info@aa.co.nz

Campen

Campingparadies Neuseeland

Neuseeland ist wie für einen Wohnmobilurlaub gemacht! Die Flexibilität, die

Ihnen ein Womo bietet, passt ideal zu dem entspannten Lebensstil der Neuseeländer. Neuseeland ist so groß wie die alte Bundesrepublik und hat gerade einmal 4,3 Millionen Einwohner. Sie werden also fast überall genügend Platz vorfinden, um sich nach Belieben entfalten zu können. Überfüllte Straßen gibt es nur in den wenigen Großstädten. Das Landschaftsbild ändert sich nach fast jeder Kurve und oft haben Sie die enorm vielfältigen Naturschönheiten Aotearoas ganz für sich alleine. Zudem ist Neuseeland extrem gut für Camper ausgestattet. Es gibt eine Vielzahl von Campingmöglichkeiten, Picknickplätzen und öffentlichen Toiletten, denn auch die Kiwis (Neuseeländer) lieben den Urlaub mit dem Wohnmobil (*Motorhome, Camper, Campervan, RV, Mobile Home*). Neuseeland mit dem Wohnmobil zu erkunden ist ein einzigartig schönes Erlebnis, das Ihnen ein Höchstmaß an Unabhängigkeit bietet.

Kommerzielle Campingplätze

Neuseeland verfügt über eine Vielzahl von Campingplätzen verschiedener Preisklassen, die oft an den schönsten Stellen des Landes liegen. Sie werden beeindruckt sein von den umfassenden Ausstattungen (*Facilities*), die auf den Campingplätzen angeboten werden, wie sanitäre Einrichtungen, große und gut bestückte Gemeinschaftsküchen, Waschmaschinen, Trockner, Grillbereiche, Spielplätze, Swimmingpools und vieles mehr. Auf großen Plätzen werden diese Einrichtungen mehrfach angeboten, alles befindet sich in erreichbarer Nähe. Häufig gibt es auch einen gemeinsamen Speiseraum sowie ein gemütliches Fernsehzimmer. Für die Nutzung der Waschmaschinen und Trockner sollten Sie Ein- und Zwei-Dollar Münzen bereithalten. Sie können zwischen Plätzen mit (*powered Sites*) oder ohne Stromanschluss wählen. In den i-Sites finden Sie ein kostenloses Heft von Jasons „Holiday Parks, Campgrounds", in dem die allermeisten Campingplätze aufgelistet und beschrieben sind. Allgemein gilt die Regel, *Holiday Parks* gehören zur gehobenen Kategorie, während *Campgrounds, Motor Camps* oder *Caravan Parks* preisgünstiger zu haben sind. Fast alle Campingplätze verfügen über *Tourist Cabins*, bieten also auch PKW-Reisenden Unterkunftsmöglichkeiten. Die Holiday Parks werden von drei Ketten angeboten:

- Top 10 Holiday Parks   www.top10.co.nz/
- Kiwi Holiday Parks   www.kiwiholidayparks.com/
- Family Parks   www.familyparks.co.nz/

Wenn Sie die Kundenkarte einer dieser Ketten erwerben, erhalten Sie auf allen Plätzen der jeweiligen Kette Rabatte. Informieren Sie sich über die aktuellen Angebote! Neben den Holiday Parks findet man, oft abseits der Hauptreiserouten, privat geführte Campingplätze, die gemütlicher, individueller und auch preisgünstiger sind.

DOC Campingplätze

Die Alternative zu kommerziellen Campingplätzen bieten DOC Campingplätze (siehe **Department of Conservation**). Diese vom DOC unterhaltenen **Conservation Campsites** sind immer naturnah und liegen meist landschaftlich besonders schön inmitten von National Parks und umgeben von herrlichen Wanderwegen. Die Preise für die Übernachtung sind vergleichsweise niedrig. Für Wohnmobile gibt es drei Kategorien:

Basic Campsite, keine Gebühr (*fee*)
Einfache Ausstattung mit chemischer Toilette und Wasser vom Tank, Fluss oder See.

Standard Campsite, 1,50 – 6,10 NZD pro Person und Nacht
Bessere Ausstattung, die zusätzlich Picknicktische, Duschen (kalt), Müllentsorgung, Kochgelegenheit sowie Grill und Feuerstelle umfassen kann.

Serviced Campsite, 7 – 19 NZD
Zur Ausstattung gehören: Toiletten mit Wasserspülung, fließendes Wasser, Küche, heiße Duschen und Müllentsorgung. Auch Waschmaschine, Barbecue und Feuerstelle sind möglich.

Kinder zwischen 5 und 17 Jahren zahlen den halben Preis und Kinder unter

5 Jahren sind frei. Für Basic- und Standard Campsites gibt es keine Anmeldung. Während die Basic Campsites gebührenfrei sind, befinden sich an der Einfahrt der Standard Campsites eine Preistafel und Umschläge zur Selbstregistrierung. Diese beschriftet man sofort bei Ankunft, steckt die Gebühr hinein und wirft den Umschlag in eine Box. Bei Unterlassung wird man am nächsten Morgen zwischen 6 und 7 Uhr von einem DOC Ranger geweckt! Bei Serviced Campsites gibt es einen Host. Sie können über ein DOC Visitor Centre gebucht werden. Eine Broschüre, die eine Karte mit allen verfügbaren DOC-Plätzen beinhaltet, ist kostenlos in den i-Sites und in jedem DOC Visitor Centre erhältlich. Siehe auch: www.doc.govt.nz.

Freies Campen

Freies Campen (*Freedom Camping*) hat in Neuseeland eine große Tradition und ist im Selbstverständnis der Kiwis ein natürlich gegebenes Recht. Leider hat der zunehmende Tourismus negative Auswirkungen gebracht, die in Neuseeland heftig diskutiert werden. Fälle, in denen freie Camper den Übernachtungsplatz verschmutzt zurücklassen, häufen sich. Das hat in den letzten Jahren zu Einschränkungen geführt. In der Folge hat heute jeder Bezirk (*District*) in Neuseeland seine eigenen Vorschriften darüber, wo freies Campen erlaubt ist und wo nicht. Im Internet können Sie sich unter www.camping.org.nz einen sehr guten Überblick verschaffen. Sie können sich aber auch an jede i-Site wenden, wenn Sie Auskunft über Campingmöglichkeiten an einem bestimmten Ort haben möchten.

Wohnmobile freier Camper sollten auf jeden Fall ihre eigene Toilette und ihren eigenen Abwassertank (*Greywater Tank*) an Bord haben, also *self-contained* sein (Prüfplakette erforderlich!). Freie Camper, die diese Voraussetzung nicht erfüllen, müssen mit erheblichen Strafen rechnen (bis zu 10.000 NZD). Wir appellieren an Sie, Ihren freien Übernachtungsplatz so zu verlassen, wie Sie ihn angetroffen haben. Wenn die Fälle von Verschmutzungen der Übernachtungsplätze weiter ansteigen, ist mit einer Verschärfung der Regelungen zu rechnen. In diesem Buch werden eine Reihe von Plätzen aufgezeigt, an denen im März 2011 eine freie Übernachtung möglich war. Nach unserer Erfahrung wird freies Campen an vielen anderen Stellen praktiziert und auch geduldet. Einmaliges Übernachten zur Wiederherstellung der Fahrtauglichkeit wird im allgemeinen akzeptiert. Folgende Regeln sollten Sie für freies Campen beachten:

- Ihr Wohnmobil muss self-contained sein (Prüfplakette erforderlich!)
- In Nationalparks ist freies Campen verboten
- An allen Stellen, die in öffentlicher Hand sind, ist freies campen möglich, wenn es nicht ausdrücklich durch Schilder oder Regelungen des Distriktes ausgeschlossen wird
- Auf privatem Gelände die Erlaubnis des Eigentümers einholen
- Den Übernachtungsplatz so verlassen, wie Sie ihn angetroffen haben

Department of Conservation (DOC)

Dem Kürzel DOC werden Sie während Ihres Neuseelandurlaubes immer wieder begegnen. Es steht für **Department of Conservation (www.doc.govt.nz). DOC**, die Behörde zum Schutz des Natur- und Kulturerbes, definiert ihre eigene Aufgabe wie folgt: „Das ursprüngliche und historische Erbe Neuseelands zur Freude aller, heute und in der Zukunft zu bewahren". In Neuseeland gibt es 14 Nationalparks, die zusammengenommen rund 10% der Gesamtfläche des Landes einnehmen. Für den Unterhalt dieser Parks ist das DOC zuständig, genauso wie für Naturschutzgebiete, Waldparks und einige Formen von Reservaten. Der Zugang ist, mit einigen wenigen Ausnahmen, kostenlos. Die meisten Wanderwege führen durch vom DOC verwaltete Naturschutzgebiete. Auch die Gebiete der neun „Great Walks" werden vom

DOC verwaltet. Sie befinden sich in Staatsbesitz und stehen unter Naturschutz. Das DOC ist zuständig für die Instandhaltung der Hütten, Campingplätze, Wanderwege, Brücken und aller anderen Einrichtungen. Sie sind für den öffentlichen Gebrauch zugängig, jedoch werden für die Unterkunft in den Hütten und für die Nutzung der Campingplätze Gebühren erhoben. Auch der Erhalt einheimischer Arten gehört zu den Aufgaben des DOC. Darunter fällt auch das Aufstellen von Fallen für eingeschleppte „Schädlinge", die Ihnen bei Ihren Wanderungen immer wieder beggenen werden. Das DOC unterhält eigene Visitor Information Centres, deren Besuch sehr zu empfehlen ist. Sie erfahren dort viel über die einzigartige Tier- und Pflanzenwelt Neuseelands, oft in ausgezeichneten audiovisuellen Vorführungen. In den i-Sites (siehe Touristeninformation) erhalten Sie ein Verzeichnis dieser Informationsbüros.

Diplomatische Vertretungen in Neuseeland

Botschaft Deutschland
90-92 Hobson Street, P.O.Box 1687, Thorndon, Wellington
Telefon 04 473 6063, Mobil 021 651 987
German.Embassy@iconz.co.nz, www.wellington.diplo.de

Honorarkonsulat Österreich
Level 4, 75 Ghuznee Street, P.O.Box 9395, Wellington
Telefon 04 384 1402, Mobil 021 535 510
austria@vodafone.co.nz, www.bmeia.gv.at

Botschaft Schweiz
10 Customhouse Quay, Level 12, P.O.Box 25004, Wellington
Telefon 04 472 15 93
www.eda.admin.ch

Einreise

Für Staatsbürger aus Deutschland, Österreich oder der Schweiz ist ein Urlaub in Neuseeland ohne Visum möglich, wenn Sie nicht länger als drei Monate bleiben wollen und folgende Bedingungen erfüllen:

(1) Nachweis eines gültigen Ausreisetickets innerhalb von drei Monaten

(2) Nachweis von 1000 NZD für jeden Monat Aufenthalt in Neuseeland.

(3) Reisepass, der drei Monate länger gültig ist als das geplante Ausreisedatum.

Der Nachweis zu (2) kann über Ihre Kreditkarte geführt werden. Wer länger als drei Monate bleiben möchte, muss bei der Botschaft von Neuseeland ein Besuchervisum beantragen. Das Antragsformular (INZ 1017) können Sie auf der Webseite von Immigration New Zealand herunterladen

www.immigration.govt.nz/migrant/stream/visit/visitors/process/default.htm

oder auf dem Postweg von der Visaabteilung der Botschaft von Neuseeland in Berlin beziehen. Dazu senden Sie bitte einen an Sie adressierten und mit €1,45 frankierten A4 Rückumschlag an die Botschaft. Die neuseeländische Botschaft in Berlin ist auch für Österreich und die Schweiz zuständig. Die Anschrift lautet:

Botschaft von Neuseeland
Friedrichstr. 60, D-10117 Berlin
Tel. 0049 30 206 210, Visaabteilung 0049 30 2065 3900
www.nzembassy.com/de/deutschland

Elektrizität

Die Netzspannung beträgt 230/240 Volt bei 50 Hertz. Dreipolige Flachstekker sind üblich, entsprechende Adapter bekommt man in neuseeländischen Flughäfen, in Duty Free Shops, in Outdoor Geschäften, in Baumärkten oder beim AA. Da Sie, abends an Ihrer *Powered Site* angekommen, sicherlich diverse Geräte betreiben oder aufladen wollen, raten wir Ihnen eine deutsche **Mehrfachsteckdose** mitzunehmen. Sie können dann alle elektrischen Geräte über einen Adapter betreiben.

Essen und Trinken

Restaurants

Lange Zeit dominierte in Neuseeland die englische Küche. Vor allem die zahlreichen Einwanderer aus Asien und der Südsee haben die „Kiwi-Küche" in den letzten Jahren bereichert, indem sie Spezialitäten aus ihren Heimatländern mitbrachten. Heute gibt es eine Multikulti-Mischung, in der auch mediterrane Einflüsse sichtbar sind. Schaf, Rindfleisch und Wild, Langusten, Austern, Muscheln und Fische, frisches Gemüse und Obst, die neuseeländische Küche ist sehr vielfältig geworden! Es ist jedoch nicht ganz einfach, ein gutes Restaurant zu finden, daher der Tipp: Dort, wo die Tische sehr schön und liebevoll eingedeckt sind, ist das Essen fast immer gut. Der typische Kiwi ist auch heute noch mit „Fish & Chips" oder „Chicken & Chips" zufrieden. Fastfood Shops gibt es in jedem größeren Ort.

Das charakteristisch neuseeländische Frühstück ist reichhaltig, mittags gibt es einen leichten Lunch und die warme Hauptmahlzeit wird abends eingenommen. Eine Besonderheit ist das **Maori-Hangi**, eine Zubereitungsmethode, die von den polynesischen Vorfahren übernommen wurde. Fleisch und Gemüse werden in Blätter eingewickelt und in einem mit heißen Steinen ausgelegten Erdofen gegart. Das traditionelle Hangi wird im Rahmen von Maori Veranstaltungen für Touristen angeboten. Die beliebteste Nachspeise trägt den Namen **Pavlova** und besteht aus einer zuckersüßen Baiser-Basis, die je nach Belieben mit Früchten und viel Sahne gefüllt wird.

Lebensmittel

Als Selbstversorger können Sie in folgenden **Supermärkten** einkaufen: *New World, Pack'n Save, Countdown* oder *Woolworths*. Sehr zu empfehlen sind die Theken mit frischem Fisch, der sehr preisgünstig zu haben ist. Probieren Sie auch mal die *Süßkartoffel (Kumara)*, die Sie in den Farben lila-rot und orange erwerben können. An die Rechnung des Supermarktes angehängt, erhalten Sie *Gutscheine für Preisnachlässe an kooperierenden Tankstellen*. Pack'n Save wirkt wenig einladend und ist sehr unübersichtlich, hat aber die günstigsten Preise. In kleineren Orten gibt es oft den kleinen und recht teuren *4Square Supermarkt*. Daneben finden Sie in ländlicheren Gegenden Läden, die **Dairy** genannt werden. In diesen „Tante-Emma-Läden" können Sie alle Grundnahrungsmittel erwerben. Etwas, das Sie in Neuseeland sicher vermissen werden, ist das gute deutsche Brot. In den Supermärkten werden Sie eine schier unendliche Auswahl an Toastbrotvariationen und viel abgepacktes oder wabbeliges Brot vorfinden. Auch in einer Bakery ist in der Regel kein besseres Brot zu haben. Es gibt jedoch eine stattliche Anzahl deutscher oder holländischer Bäcker in Neuseeland, bei denen Sie die Chance haben, Ihre Lust auf europäisches Brot zu befriedigen.

Getränke

Das Leitungswasser hat in Neuseeland eine ausgezeichnete Qualität und wird Ihnen in Cafés und Restaurants kostenlos angeboten. Sicherlich werden ihnen die Billboards der *TUI Brewery* mit ihrer witzigen „Yeah right" Kampagne an den Highways ins Auge springen. Neuseeland hat zwar keine namhaften **Biere**, aber die Brauereikultur kann sich durchaus sehen lassen. Die neuseeländische Brautradition begann schon mit der Ankunft der ersten europäischen Siedler. Der in der Region Nelson angebaute Hopfen wird heute in ca. 50 Brauereien zu Bier verarbeitet. Der neuseeländische Biermarkt ist von den beiden Großbrauereien *Dominion Breweries* und *Lion Nathan* geprägt, die zusammen knapp 90% des Umsatzes generieren.

Die südlichsten **Weinbaugebiete** der Welt liegen in Neuseeland und sind heute jedem Weinkenner ein Begriff. Die Wachstumsbedingungen für Weinreben sind durch die starken Winde rund um den 40. Breitengrad nicht ideal, doch die hohe Sonneneinstrahlung, der mineralische Boden und der Pioniergeist der Kiwis machen das mehr als wett. Die ersten Reben wurden bereits 1819 von dem *Missionar Samuel Marsden* eingeführt, aber lange behinderten Gesetze die Entstehung eines nennenswerten Weinbaus. Es dauerte bis 1960 bevor Restaurants Wein ausschenken durften und bis 1990, bevor es Supermärkten erlaubt war, Wein zu verkaufen. Die Ende der 1980er Jahre aus Frankreich importierte Rebsorte *Sauvignon Blanc*, brachte es dann bis zur Jahrtausendwende zur Spitzenqualität. Auch der *Chardonnay* nimmt heute eine absolute Spitzenposition auf den Weltmarkt ein. *Riesling* und *Pinot Gris* werden ebenfalls angebaut und unter den Rotweinen ist der *Pinot Noir* der erfolgreichste.

Hochprozentigen Alkohol gibt es nur in speziellen Shops zu kaufen (**Liquor Stores** oder **Bottle Shops**). Supermärkte verkaufen ausschließlich Bier, Wein und Sekt, Tankstellen dürfen überhaupt keinen Alkohol verkaufen. Wer jünger als 25 Jahre aussieht, darf beim Kauf nach seinem Alter gefragt werden. Ein Restaurant, das über keine Lizenz zum Ausschank von Alkohol verfügt, erlaubt in der Regel das Mitbringen von Alkohol (BYO - Bring Your Own). Es wird dann ein Korkengeld erhoben.

Geld und Devisen

Währung ist der **Neuseeland-Dollar (NZD)**, der in 100 Cents (c) unterteilt ist. Gängige Kreditkarten werden im ganzen Lande akzeptiert, aber z.B. nicht an jedem Campingplatz. Zu Bargeld kommen Sie am einfachsten an **Geldautomaten** mit Kredit- oder ec-Karte und PIN-Nummer. **Banken** haben montags bis freitags zwischen 9.30 und 16.30 Uhr geöffnet und werden Ihnen dann gerne Ihre Euro- oder USD-Reisechecks einlösen. Die Einfuhr von Bargeld-Beträgen im Gegenwert von 10.000 NZD erfordert das Ausfüllen eines Cash Reports beim Zoll.

Gesundheit, Ärzte, Apotheken

Um in Neuseeland einzureisen, sind keine speziellen **Impfungen** vorgeschrieben. Aus ärztlicher Sicht sind jedoch die folgenden Impfungen generell zu empfehlen: *Tetanus, Diphtherie, Polio, Masern, Mumps, Röteln und Hepatitis A + B*. Der medizinische Standard in Neuseeland ist hoch, die Versorgung mit Ärzten und **Apotheken** (*Chemists, Pharmacies*) sehr gut. Im Krankheitsfall wenden Sie sich zunächst an einen **Allgemeinarzt** (*General Practitioner, GP*). Das Büro des Campingplatzes oder die i-Site können Ihnen bei der Suche weiterhelfen. In dringenden Fällen steht Ihnen der **Notruf 111** zur Verfügung. In Neuseeland gibt es nicht alle in Europa erhältlichen Medikamente unter dem gleichen Namen. Darum empfiehlt es sich, dringend benötigte **Medikamente** mitzubringen. Bei Medikamenten, die Narkotika enthalten, müssen die entsprechenden Rezepte beziehungsweise Originalverpackungen mitgeführt werden (Zollvorschrift).

Während das Leitungswasser bedenkenlos getrunken werden kann, sollte man kein Wasser aus Seen, Teichen oder Flüssen trinken, ohne es vorher 3 Minuten abgekocht zu haben. Diese Vorsichtsmaßnahme ist erforderlich, da der eine schwere Darminfektion auslösende **Parasit Giardia** recht weit verbreitet ist. In dem heißen Wasser natürlicher *Hot Water Pools* kommen oft **Amöben** vor, die Meningitis verursachen können, wenn sie durch Nase oder Ohren in den Körper eindringen können. Sie sollten also beim wohligen Bad im *Hot Water Pool* den Kopf über Wasser lassen, es sei denn, der Betreiber des Pools erlaubt dies ausdrücklich.

Beim Baden im Meer sollten Sie immer große Vorsicht walten lassen, da es an den Küsten Neuseelands recht oft gefährliche Strömungen gibt.

Neuseeland hat eine klare, unverschmutzte Atmosphäre und liegt dem Äquator deutlich näher als Deutschland. Daher ist die **Sonneneinstrahlung** in Neuseeland wesentlich stärker als bei uns. Da meist ein leichter Wind weht, wird die Temperatur als angenehm empfunden und eine Sonnenbrandgefahr oft zu spät bemerkt. Es empfiehlt sich immer, Sonnenbrille und Sonnenschutzkleidung dabei zu haben und eine Sonnencreme mit einem Lichtschutzfaktor von mindestens 30 aufzutragen. Neuseeland hat die höchste **Hautkrebsrate** der Welt.

Die gute Nachricht ist, in Neuseeland lebt keine einzige giftige Schlange, die schlechte, es gibt hier Millionen von *Sandflies*. Speziell beim Durchfahren der Westküste der Südinsel stürzen sie sich sofort in großen Schwärmen auf jeden potentiellen Blutlieferanten. Die winzigen Kriebelmücken verursachen mit ihren Bissen Quaddeln, deren Größe etwa dem 50-fachen ihres eigenen Körpervolumens entsprechen. Die Pusteln jucken etwa drei bis vier Tage lang teuflisch, nutzen Sie also rechtzeitig Mückenschutzmittel.

Internet

Internetcafés sind heutzutage selbst in den entlegensten Dörfern anzutreffen. Die Preise liegen zwischen 4-6 NZD pro Stunde. Auch der kabellose Internetzugang ist in Neuseeland im Vormarsch. Die meisten Campingplätze bieten WLAN an. Die Preise variieren sehr stark. Kostenlose WLAN-Hotspots sind in Neuseeland kaum zu finden. Wenn Sie ein mobiles Gerät mit auf die Reise nehmen und längere Zeit unterwegs sind, kann sich die Anschaffung eines Surfsticks lohnen. Telecom NZ bietet z.B. einen **Prepaid USB-Surfstick** inklusive SIM-Karte für 99 NZD. 500 MB kosten dann monatlich 29,95 NZD. Die sehr flexible neuseeländische Tarifstruktur ermöglicht einen problemlosen Wechsel zu den Prepaid-Tarifen mit 2 GB oder 4 GB. Die weiteren Anbieter sind Vodafone und 2degrees. Mit etwas Glück können Sie über das Internet den Surf-Stick eines Neuseeland-Rückkehrers erwerben. Und schließlich sind der TUI Surfstick und die TUI SIM-Karte im neuseeländischen Vodafone-Netz nutzbar.

www.telecom.co.nz/mobile/mobilebroadband/plansandpricing/prepaid

www.vodafone.co.nz/mobile-broadband

www.2degreesmobile.co.nz/mobilebroadband/valuepacks

www.tui-surfstick.de/

Kleidung

In Neuseeland brauchen Sie immer alles: Sie erleben manchmal alle Jahreszeiten an einem Tag. Das Wetter wechselt sehr schnell, wo es eben noch sonnig und warm war, ist es auf einmal unangenehm kalt und windig, Auch im Sommer kann es nachts richtig kalt werden, und wenn Sie in einem Tief reisen müssen, freuen Sie sich über warme Socken und eine Fleecehose. Eine Regenjacke ist unbedingt notwendig und gute Wanderschuhe sind sehr wichtig. Zu empfehlen ist Kleidung, die vor Kälte schützt, aber auch schnell wieder trocknet. Eine gute Idee ist es auch, warme Kleidung mitzunehmen, die Sie lagenweise tragen können. Wenn Sie sich nun Sorgen machen, so sei Ihnen versichert: Neuseelands Bekleidungsgeschäfte sind auf Kälte vorbereitet, überall bekommen Sie sehr schöne, warme Kleidung zu kaufen. Aus Merino- und Opossum-Wolle gefertigte Produkte sind sehr angenehm zu tragen.

Kiwis lieben es leger - Shorts und ein einfaches Shirt gehören zur Standardkleidung - und so wird in Neuseeland zu fast allen Anlässen ungezwungene Kleidung getragen. Schicke Freizeitkleidung wird auch in feinen Restaurants und Nachtclubs akzeptiert. Es gibt nahezu keinen Anlass, zu dem man lässige Kleidung nicht tragen könnte.

Klima, Jahreszeiten, Reisezeit

In Aotearoa sind die Jahreszeiten gegenüber unserer heimischen Ordnung vertauscht: Wenn in Deutschland die Blätter anfangen bunt zu werden, beginnt im *Land der langen weißen Wolke* der Frühling. Neuseeland hat ein sehr ausgeglichenes, maritimes Klima und kann zu allen Jahreszeiten bereist werden. Die Temperaturen in den warmen, sonnigen Sommermonaten und den milden

Wintern unterscheiden sich in den meisten Teilen des Landes nur um 10°C. Die wärmsten Monate sind Januar und Februar, wer also der Winterkälte der Nordhalbkugel entfliehen möchte, für den ist von Dezember bis März die ideale Reisezeit. Allerdings verbringen über Weihnachten und Neujahr auch die Kiwi-Familien an den begehrtesten Stellen des Landes ihre Sommerferien, Fähren und Campingplätze sollten dann vorgebucht werden.

Aber auch von Ende September bis Anfang Mai ist das Klima angenehm warm. In den Spätsommermonaten März und April ist das Wetter sehr stabil und diese Monate eignen sich hervorragend für Aktivitäten im Freien. Ein schöner Reisemonat ist auch der in Deutschland oft so graue November, wenn am anderen Ende der Welt die Bäume blühen. Die Durchschnittstemperatur liegt im Sommer zwischen 20-30ºC und im Winter zwischen 10-15ºC. Die Nordinsel steht eher unter subtropischem Einfluss, während die Südinsel überwiegend in gemäßigten Breiten liegt. Im Winter erwarten Sie in den Bergregionen Schnee und hervorragende Skipisten. In allen anderen Regionen sind die Winter mild, und die Temperaturen fallen normalerweise nicht unter den Gefrierpunkt. Informationen zum Wetter in Neuseeland finden Sie auf der Website des *New Zealand Met Service* (neuseeländischer Wetterdienst).

Während diese Temperaturen die Norm sind, kann sich das Wetter in Neuseeland aufgrund plötzlicher Kaltfronten oder tropischer Wirbelstürme aber auch abrupt ändern. Sie sollten auf diese Veränderungen vorbereitet sein, insbesondere wenn Sie wandern gehen oder andere Aktivitäten im Freien unternehmen. Mitten im Ozean, zwischen tropischer Südsee im Norden und frostiger Antarktis im Süden, sind rasche Wetterwechsel fast schon die Regel. Bei uns nennt man das „Aprilwetter". In Neuseeland kann man vier Jahreszeiten an einem Tag erleben. Die Kiwis leben daher nach folgender Wetterweisheit: *„Wenn euch das Wetter nicht gefällt wartet 10 Minuten".*

Kriminalität

Neuseeland ist eines der sichersten Reiseländer der Welt, auch wenn die Zeiten, in denen die Kiwis ihre Autos und Häuser nicht abzuschließen brauchten, der Vergangenheit angehören. Es gibt eine leicht, aber kontinuierlich steigende Kriminalitätsrate. Insbesondere kommt es vermehrt zu Diebstählen und Autoaufbrüchen, von denen häufig Touristen betroffen sind. Schließen Sie Ihr Womo immer ab und lassen Sie keine Wertsachen (insbesondere Ihren Pass, Bargeld oder Kameras) im geparkten Wohnmobil zurück. Dies gilt besonders an populären Aussichtspunkten oder an den Startplätzen beliebter Wanderwege. Dort werden Sie durch das Schild *„lock it or lose it"* permanent daran erinnert. Sein Wohnmobil ohne Rucksack oder Taschen zu verlassen signalisiert, da ist was zu holen. Der Abschluss einer Reisegepäckversicherung ist eine sinnvolle ergänzende Maßnahme. Melden Sie einen Diebstahl sofort der Polizei. Die **Notrufnummer 111** können Sie von allen Telefonen aus anrufen.

Maori

Die aus Polynesien kommenden ersten Einwanderer Neuseelands werden Maori genannt. Die Polynesier waren große Seefahrer, die nach den Sternen, Meeresströmungen und Zugvögeln navigierten. Beginnend vor etwa 1000 Jahren kamen sie in mehreren Einreisewellen in Reisekanus (*Wakas*) über den Pazifik. Vermutlich war Überbevölkerung die Ursache für diese wagemutigen Seereisen. Die Maori nennen das Heimatland ihrer Vorfahren **Hawaiki**. Viele ihrer traditionellen Künste wie Schnitzen, Weben und Tätowieren werden heute noch im ganzen Land praktiziert. Gäste werden überall in Neuseeland mit der Maori-Sprache konfrontiert, da die Mehrzahl der Ortsnamen eine Maori-Bedeutung haben. Die Maori-Sprache und Kultur ist reich an Geschichten und Legenden. Diese Mythen werden Ihnen bei verschiedenen Kulturveranstaltungen, in den Versammlungshäusern (*Marae*) oder von Maori geführten Wanderungen begegnen. Bei dem Besuch eines Versammlungsplatzes der Maori lernen Sie die eindrucksvolle formelle Begrüßungszeremonie der Maori kennen. Mit weit aufgerissenen Augen, herausgestreckten Zungen, imposanten Posen und lautem Brüllen prüfen die Maori Krieger die Absichten der Neuankömmlinge. Dieser **Haka** genannte Tanz ist durch die All Blacks, die neuseeländische Rugby Nationalmannschaft, weltbekannt geworden. In aller Regel bestehen die Touristen diese Prüfung und werden mit einem Nasenkuss (**Hongi**) willkommen geheißen.

Danach folgt ein gemeinsames Essen, das in einem *Hangi-Erdofen* zubereitet wurde. Schauen Sie sich die die Gesichtstätowierungen der Maori an, sie sind faszinierend ebenso wie ihre Reliefschnitzereien, ihr Nephrit-Brustschmuck sowie die Federmäntel aus Kiwi-Federn. Die Motive der traditionellen Gesichtstätowierungen in Spiralmustern geben Auskunft über Identität und soziale Stellung. Die Maori sind für ihr kunsthandwerkliches Geschick bekannt.

Der 1840 unterzeichnete **Vertrag von Waitangi** besiegelte die politische Inbesitznahme **Aotearoas** - so der Maori Name für Neuseeland - durch Großbritannien und sicherte den Maori den Schutz der englischen Krone zu. In der Folgezeit kam es zu sehr billigen Landkäufen durch die Krone und zu mehreren kriegerischen Auseinandersetzungen als Folge von Unklarheiten des Vertrags. Bis in die Gegenwart gibt es Unstimmigkeiten über die Auslegung des Vertragstextes. Sie werden im sogenannten *Waitangi Tribunal* behandelt. Die Maori stellen heute 14% der Bevölkerung und besitzen 5% des Landes.

In der heutigen neuseeländischen Gesellschaft sind die Maori sehr gut integriert. Viele Ranger in den Nationalparks, Mitarbeiter in den i-Sites und manche Reiseführer, denen Sie auf Ihrer Reise begegnen werden, sind Maori. Das durchschnittliche Pro-Kopf-Einkommen der Maori liegt jedoch immer noch deutlich unter dem gesamtneuseeländischen und die Maori sind in der sozialen Unterschicht überproportional häufig vertreten.

Einige Maori Begriffe:

aotearoa	Das Land der langen weißen Wolke (Neuseeland)
haka	Kriegstanz
haere mai	willkommen
hangi	Erdofen, traditionelles Mahl
hongi	Begrüßung
iwi	Stamm
kia ora	Hallo, Danke, alles Gute
kumara	Süßkartoffel
marae	Versammlungshaus, heiliger Boden
pakeha	Nicht-Maori, Fremder, (heute: Europäer)
Pounamu	Jade
tane	Mann
wahine	Frau
wai	Wasser
waka	Kanu
whanga	Bucht, Hafen, Meeresarm

Nationalparks, Naturschutzgebiete

In Neuseeland gibt es 14 Nationalparks, drei Meeresparks und zahlreiche weitere Naturschutzgebiete. Insgesamt wird in einem Drittel des Landes das natürliche Erbe Neuseelands geschützt. Dabei werden 10 Prozent der Gesamtfläche von Nationalparks eingenommen. Geschützt werden darin eine große Vielfalt verschiedener Landschafts- und Vegetationsformen sowie die einheimischen Tierarten. In den Nationalparks werden Sie Neuseeland in seiner ursprünglichen Schönheit kennen lernen. Bitte erkundigen Sie sich beim DOC (siehe Department of Conservation) über die jeweiligen Regelungen. Dort erhalten Sie auch die Broschüre *Exploring New Zealand's Parks*.

Neuseeländer

Es kann kein Zuckerschlecken gewesen sein, sich in einer Wildnis am Ende der Welt ein neues Leben aufzubauen. Die *europäischen Pioniere,* die Neuseeland besiedelten, waren tapfer, rau und unabhängig. Ein ruhiger, bisweilen derber Individualismus zeichnet manchen Neuseeländer heute noch aus. Die Isolation und die Tatsache, den Elementen ungeschützt ausgesetzt zu sein, zwang die Neuankömmlinge abgehärtet und vielseitig zu werden. Der Alltag war hart und die Arbeit beschwerlich, es war Zusammenhalt gefragt. Man musste mit sehr wenig auskommen und wenn man etwas aus der alten Welt benötigte, musste man monatelang darauf warten, da war es oft leichter, sich Dinge selbst zu bauen. Handwerkliche Begabung, Findigkeit und Einfallsreichtum wurden damals überlebenswichtig. Heute gehören Gefrierfleisch, das Jetboot und das Bungy-Jumping zu den bekanntesten neuseeländischen Erfindungen.

Die Neuseeländer sind abgehärtet und zwischen November und April meist in Shorts und T-Shirt unterwegs, auch wenn es für unser Empfinden eisig kalt ist. Die Frage „wie ist die Wassertemperatur?" ist für einen echten Kiwi völlig unverständlich. Wenn er schwimmen will, geht er ins Wasser, sonst nicht, so einfach ist das. Die Wassertemperatur spielt da keine Rolle!

Neuseeländer sind stolz auf ihr Land und viele lieben die Landschaft und die freie Natur. Wandern, Mountainbiken, Kajakfahren und Angeln sind beliebte Freizeitbeschäftigungen. Bei 15.000 km Küste ist es kein Wunder, dass die Neuseeländer das Wasser mögen. Sie haben eine Leidenschaft für meeresgängige Boote, stehen an der Spitze des internationalen Jachtdesigns und gewinnen von Zeit zu Zeit den prestigeträchtigen America's Cup oder olympische Medaillen im Segeln, Windsurfen, Kajakfahren und Rudern. Nationalsport ist jedoch Rugby und die All Blacks, die neuseeländische Rugby Nationalmannschaft, sind der ganze Stolz der Nation. Die ganz in schwarz gekleideten All Blacks gelten als beste Mannschaft der Welt. Vor jedem Spiel tanzen sie den Haka, um die gegnerische Mannschaft einzuschüchtern und sich selbst auf das Match einzustimmen.

Der spröde Individualismus der Neuseeländer wird durch einen starken egalitären Zug und einen Sinn für Fairness und Teamwork gemildert. Bei der geringen Bevölkerungsdichte ist Zusammenarbeit von existenzieller Bedeutung. Die künstlichen Klassenstrukturen des „Herkunftslandes" haben hier ihre Bedeutung verloren. Loyalität gegenüber Freunden und Nachbarn ist ein geschätzter sozialer Wert. Der Gemeinschaft wird in Neuseeland eine große Bedeutung zugeschrieben. Es ist weit verbreitet, Aktivitäten gemeinsam zu unternehmen, mit den Freunden oder der Familie. Man genießt das Zusammensein auf dem Sportplatz, im Pub, beim Barbecue oder beim Campen.

Mit dem Fortschreiten des 20. Jahrhunderts begann sich die Zusammensetzung und der Charakter der neuseeländischen Bevölkerung radikal zu ändern. In den 70er Jahren des 20. Jahrhunderts ließen sich viele Einwanderer von den pazifischen Inseln in Neuseeland nieder, gefolgt in den 80er und 90er Jahren von Asiaten und Europäern. Die kulinarischen Geschmäcker, Moden und Lebensstile dieser Neuankömmlinge wurden in die bestehenden eingefügt und trugen so, zusammen mit technischen und wirtschaftlichen Veränderungen, zu einer vollkommen neuen nationalen Identität bei. Neuseelands Regierung bemüht sich sehr darum, diese Entwicklung zu erhalten, denn sie trägt wesentlich zur Vielseitigkeit und Identität Neuseelands bei. In den letzten zwanzig Jahren haben die Neuseeländer die Herausforderungen der globalen Wirtschaft und die neuesten technischen Errungenschaften angenommen. Pro Kopf der Bevölkerung haben die Neuseeländer die meisten Handys und Internetzugänge auf der Welt.

Trotz aller Veränderungen hat Neuseeland immer noch eine ansehnliche ländliche Bevölkerung und die Landwirtschaft gehört zu den wichtigsten Exportbranchen. Diversifizierung und Technologisierung machten Neuseeland zu einem der produktivsten und effizientesten landwirtschaftlichen Produzenten der Welt. Während die traditionellen Exporte von Wolle stark zurückgegangen sind, haben Fleisch und Milchprodukte ihre Bedeutung erhalten können. Heute sind Rehfleisch, Blumen, Früchte, Biotechnologie und Wein wichtige Exportgüter.

Im Land der langen weißen Wolke ticken die Uhren langsamer als bei uns. *„Take it easy!"* ist das allgegenwärtige Motto der Kiwis. Geduld ist eine ihrer Haupttugenden. In einem Land, das regelmäßig von Erdbeben erschüttert wird und in dem es oft heftig stürmt und wolkenbruchartig regnet, können vom Menschen erbaute Strukturen nicht dauerhaft widerstehen. So werden zum Beispiel regelmäßig Straßen am Hang ganz oder teilweise weggeschwemmt (*washouts*) oder von Erdrutschen überdeckt (*slides*), Bäume stürzen auf Stromleitungen und Dächer werden vom Wind abgedeckt. Der Neuseeländer lebt in und mit der wilden Umwelt und baut ohne zu Murren wieder auf, was ihm die Naturkräfte zuvor kaputt gemacht haben. Entsprechend bringt einen Kiwi auch nichts so schnell aus der Ruhe und ein sehr beliebter Spruch ist *„she'll be all right!"* was so viel heißt wie: *„das wird schon (wieder)!"*.

Kiwis sind weltoffen und interessiert und lieben es, ein Schwätzchen zu halten. Der leichte, unverfängliche Plausch wird häufig eingeleitet mit *„how are you?"*, oder *„where are you coming from?"*. Sie werden fast überall in Neuseeland auf Gastfreundschaft und Hilfsbereitschaft stoßen. Kiwis sind höflich und helfen bereitwillig, ohne von Ihnen eine Gegenleistung zu erwarten. Wer nach Neuseeland reist, der wird eine Zeit mit herzlichen und gastfreundlichen Menschen erleben.

Pflanzen

Neuseeland verdankt seine üppige und vielfältige Pflanzenwelt dem Zusammenwirken von starken Niederschlägen, vielen Sonnenstunden und dem insgesamt milden Klima. Trotz der phasenweise sehr heftigen Rodung ist noch immer ein Viertel des Landes bewaldet (vor Ankunft der Maori waren es noch etwa 80 %), die meisten dieser Waldflächen werden dabei in zahlreichen Nationalparks vor der Ausbeutung durch den Menschen geschützt. So können Sie auch heute noch von den *Kauri-Wäldern* im hohen Norden und der Coromandel Halbinsel bis zu den *Buchenwäldern* in den Bergen und dem alpinen *Tussock-Grasland* der alpinen Vegetationszone der Southern Alps überall faszinierende Pflanzen und Bäume finden. Die majestätischen, immergrünen Wälder werden Sie beeindrucken: *Rimu, Totara,* viele *Buchenarten* und der größte einheimische Baum, der gigantische *Kauri* werden Ihnen besonders auffallen.

Unterhalb der Bäume befindet sich ein dichtes und üppiges Unterholz mit unzähligen heimischen Sträuchern, einer Vielzahl von Farnen, Moosen und Flechten. Im typisch neuseeländischen Wald sind die riesigen *Baumfarne* allgegenwärtig und Kletterpflanzen und Epiphyten lassen ihn wie einen tropischen Dschungel erscheinen. Von den 200 Farnarten ist der bis zu 10 m hohe *Silberfarn* mit der silberfarbenen Blattunterseite der bekannteste. Er dient als nationales Symbol im Landeswappen und als Emblem von Air New Zealand.

Wenn Sie in der Weihnachtszeit durch Neuseeland reisen, werden Ihnen wunderschön blühende, immergrüne Bäume aus der Familie der Myrtengewächse auffallen, die sich im neuseeländischen Sommer in einen dunkelroten, leuchtenden Feuerball verwandeln. Die Rede ist vom *Pohutukawa*, dem neuseeländischen Weihnachtsbaum, der vorwiegend in Küstenregionen wächst und 15 m bis 20 m hoch werden kann. Leider haben ihn auch die *Possums* „zum Fressen gerne" und gefährden seinen Bestand.

Auch die südlichste Palmenart der Welt, die bis zu 10 m hoch werdende *Nikau Palme*, gehört zu den in Neuseeland heimischen Pflanzen. Sie trägt - wie der maorische Name „Nikau" besagt, keine Nüsse.

Besonders auffällig ist schließlich noch der *Cabbage Tree*, dessen schwertähnliche Blätter von den Maoris zum Herstellen von Medizin genutzt wird. Eine weitere verbreitete Pflanze ist der *neuseeländische Flax*, aus dessen Fasern die Maori Matten, Unterlagen, Körbe, Seile oder auch Angelschnüre fertigten.

Auch im Pflanzenreich gibt es in Neuseeland jedoch unerwünschte Einwanderer, die sich unkontrollierbar ausbreiten und so die einheimischen Pflanzen verdrängen. Dazu gehören zu allererst *Stechginster, Lupinen* und die *gemeine Waldrebe*.

Post

In ländlichen Gebieten übernehmen auch Einzelhandelsgeschäfte den Postservice. Postshops gibt es in fast jedem Dorf. Die Postämter in Neuseeland haben in der Regel Öffnungszeiten montags bis freitags von 9.00-17.00 Uhr. Je nach Lage und Bedeutung des Ortes bzw. des Shops kann er auch früher öffnen oder später schließen. Sonntags gibt es vereinzelt geöffnete Postshops, hauptsächlich in großen Shopping Malls (10.00 Uhr bis 16.00 Uhr). Die Luftpost ist ca. 5 Tage nach Europa unterwegs. Das Porto nach Europa beträgt für eine Luftpostkarte bis maximal 10 g 1 NZD, für eine Luftpostkarte bis maximal 20 g 1,80 NZD und für einen Luftpostbrief zwischen 2,30 und 5 NZD. Neuseeland ist eines der ersten Länder, in denen uneingeschränkte Konkurrenz bei den Postdiensten zugelassen ist, was leider zu einigem Chaos führt. Wenn Sie in einer i-Site oder einem Souvenir-Shop ein Set der sehr hübschen Briefmarken kaufen, dann müssen Sie die frankierten Postkarten in dafür vorgesehenen blauen Briefkästen einwerfen oder auch in den i-Sites wieder abgeben.

Die Briefkästen der NZ-Post sind rot. Der Einwurfschlitz für Internationale Postsendungen ist mit einem blauem Aufkleber versehen. Wir raten Ihnen, die Briefmarken erst dann zu kaufen, wenn Ihre Postkarten oder Briefe versandbereit sind. Sie können dann Ihre Post dort abgeben, wo Sie die Briefmarken erworben haben. Zumindest kann man Ihnen dort einen geeigneten nahen Briefkasten nennen.

Reiseführer

Dumont, Richtig Reisen: Neuseeland
Diesem sehr informativen Buch ist anzumerken, dass es von einem absoluten Kenner Neuseelands geschrieben ist. Es zeichnet sich durch eine Fülle von Hintergrundinformationen aus.

Iwanowski's: Neuseeland
Reiseführer mit Routenbeschreibungen und einem übersichtlichen Informationsteil. Neben allgemeinen Reisetipps enthält dieser pro Reiseziel Unterkünfte, Restaurants, Aktivitäten, etc.

Lonely Planet: Neuseeland
Bei Backpackern beliebter Reiseführer mit umfassenden praktischen Informationen und Tipps. Alles Wichtige wird angesprochen.

Rother Wanderführer: Neuseeland. Die schönsten Wanderungen und Trekkingtouren
In diesem Buch werden 65 Wanderstrecken von kurzen Tagesstrecken bis hin zur anspruchsvollen mehrtägigen Wandertouren mit Höhenprofil beschrieben. Der Schwerpunkt liegt auf Touren für geübte, trittsichere und ausdauernde Bergwanderer.

Mana: Wandern in Neuseeland
Das Buch enthält alles Wichtige für den Wanderer in Neuseeland. Die meist mehrtägigen Wandertouren werden sehr lebendig beschrieben.

Mana: Aotearoa, Ein Reiseführer durch das Neuseeland der Maori
Dieser Spezialreiseführer liefert eine umfassende Übersicht über kulturelle Angebote, die Einblicke in Vergangenheit und Gegenwart der Ureinwohner vermitteln. Er enthält Tipps, wie Sie Zugang zur Maori-Kultur finden können.

Michael Müller Verlag: Neuseeland
Neben zahlreichen praktischen Tipps liefert dieser Reiseführer die Beschreibung von mehr als 40 Trekking- und Radtouren.

Stefan Loose: Neuseeland
Bei Backpackern beliebter Reiseführer mit vielen praktischen Informationen und Tipps. Alle Regionen werden vorgestellt, wobei jeweils am Anfang die Highlights aufgezeigt werden.

Terra NaturReiseführer: Neuseeland
Pflanzen und Tiere Neuseelands werden anschaulich, informativ und mit schönem Bildmaterial beschrieben. Enthalten sind auch Wander- und Tourenvorschläge mit Karten.

Sprache

Seit 1987 ist **Maori** (siehe Maori) neben dem Englischen 2. Amtssprache. Neuseeländisches Englisch ist irgendwo zwischen dem australischen Englisch und dem britischen Englisch angesiedelt. Neuseeländer sind meist gut zu verstehen. Im folgenden sind einige nützliche Begriffe vorgestellt:

Aussie	Australier
Awesome	Klasse, super
Bach	Ferienhaus
Bucks	Dollar, Geld
Bush	Regenwald, Urwald
Camping Ground	Campingplatz
Coaster	Menschen von der Westküste der Südinsel
Concealed Road	versteckte Einfahrt, schlecht einsehbare Seitenstraße
Dairy	Tante-Emma-Laden, Eck-Kiosk
Dump Station	Entsorgungsstation
EFTPOS	mit Karte zahlen (wie mit der EC Karte in Deutschland)
Fee	Gebühr, Preis
Give Way	Vorfahrt achten
G'day	guten Tag
Good on ya	ausgezeichnet, gut gemacht
Greywater	Abwasser
Guys	Leute (are you guys ready? – seid ihr fertig?)
Loop	Schleife, Rundweg
Mate	Kumpel
Metal Road	Schotterstraße
No worries	keine Sorge, alles ok
Peninsula	Halbinsel
(Powered) Site	Stellplatz (mit Strom)
Public	öffentlich
Range	Bergkette, Gebirgszug
See ya	bis dann
Track	langer Wanderweg
Tramp, tramping	Wanderung, wandern
Uneven Surface	unebener Straßenbelag
Walk	Spaziergang

Strände

An den 15.000 km langen Küsten Neuseelands finden Sie neben schneeweißen oder goldgelben Sandstränden auch schwarzgraue Kies- oder Felsstrände. Es gibt unzählige einsame, romantische und bezaubernde Strände, aber auch wilde und ursprüngliche, von Wind und Wellen umtoste Küstenabschnitte. Ob Sie surfen, schnorcheln, tauchen, angeln, Kajak fahren oder einfach nur schwimmen wollen, Neuseelands Strände bieten Ihnen die Gelegenheit dazu. Oft können Sie in unmittelbarer Nähe dieser Strände auch Campen. Die Neuseeländer verbringen gerne viel Zeit in oder am Wasser, trotzdem werden Sie nie einen überfüllten Strand erleben. Was Ihnen jedoch immer wieder an den Stränden begegnen wird, sind die Autos der Besucher, denn für Neuseeländer ist es ganz selbstverständlich, mit ihren Fahrzeugen auf den Strand zu fahren, wo immer dies möglich ist.

Sicherheit im Wasser

Die Wassertemperaturen erreichen maximal 22°C. Bei dem immer erfrischenden Bad im Wasser sollten Sie vorsichtig sein. Es gibt oft starke Strömungen, Querströmungen, kalte Unterströmungen oder sogar Bodensog. Am sichersten ist es, nur dort zu baden, wo offizielle und überwachte Strände sind. Wir empfehlen Ihnen, die Webseite von *Water Safety New Zealand* zu besuchen, www.watersafety.org.nz, die Ihnen Tipps für den sicheren Aufenthalt an Neuseelands Stränden und Gewässern gibt.

Telefonieren

Die größten Anbieter sind die *Telecom New Zealand* und *Vodafone*. Gespräche ins Ausland können in Neuseeland von jedem Münz- und Kartentelefon aus getätigt werden. Diese Gespräche sind in der Regel auch nicht allzu teuer. Beim Telefonieren aus dem Festnetz oder aus der Telefonzelle ist die preisgünstigste Möglichkeit die Nutzung einer aufladbaren *Prepaid Calling Card* oder *Prepaid Phone Card*. Diese sind in Post-

ämtern, vielen Hotels, Herbergen, Zeitungsläden, Internet-Cafés und in allen Dairies (Tante Emma Läden) erhältlich. Beispiel: Mit der „Talk'n'Save CallingCard" kann man (März 2011) für 1.6 NZCent/min nach Deutschland ins Festnetz und für 56 NZ-Cent/min aufs Handy telefonieren. Die Nutzung der CallCards ist etwas umständlich: vor jedem Anruf müssen Sie eine Anschluss-, Karten- und Pinnummer eingeben.

Münzfernsprecher sind nur sehr selten zu finden. Einige Telefonzellen akzeptieren auch Kreditkarten. Es gibt viele Telekommunikationsanbieter auf dem Markt. Informieren Sie sich gut über die Preise, ein Vergleich lohnt bei Auslandsgesprächen auf jeden Fall. Ein weiteres Beispiel: Die neuseeländische Telecom bietet die Yabba-Card an, über die Sie für 20 Cents/min nach Deutschland telefonieren können. Wir empfehlen Ihnen Ihr Handy mitzunehmen und eine Prepaid SIM-Karte zu erwerben. Derzeitige Anbieter sind Telecom, Vodafone und 2°. Die 2° SIM-Karte kostete im März 2011 4 NZD. Für 22 NZCent/min konnte man damit innerhalb Neuseelands und nach Deutschland telefonieren! Telecom und Vodafone sind teurer, haben aber die bessere Netzabdeckung. Auf den folgenden Webseiten sind die verschiedenen Netzabdeckungen grafisch dargestellt:

www.telecom.co.nz/mobile/ournetwork/coverage

www.vodafone.co.nz/coverage/

www.2degreesmobile.co.nz/why-2degrees/coverage

Einige Unternehmen in Neuseeland bieten kostenlose Servicenummer an, unter der Sie Buchungen vornehmen können. Diese beginnt mit 0800 (in Ausnahmefällen auch mit 0508) und kann nicht aus dem Ausland genutzt werden. In den größeren Städten sind die Polizei, Feuerwehr und der Rettungsdienst über die **Notrufnummer 111** zu erreichen, andernfalls finden Sie entsprechende Informationen auf den ersten Seiten des Telefonbuchs oder in jeder Telefonzelle. Die Telefonauskunft hat die Nummer 018 für das Inland und 0172 für das Ausland. Die Vorwahl für Deutschland ist „0049", Österreich „0043" und in die Schweiz „0041". Um von Deutschland aus in Neuseeland anzurufen, wählen Sie bitte die „0064" vor.

Tiere

Als Neuseeland sich vor etwa 90 Millionen Jahren vom urzeitlichen Superkontinent Gondwanaland löste, gab es dort weder Schlangen noch Säugetiere. Vielmehr prägten Vögel, Reptilien und Insekten die Tierwelt. Zu den direkten Nachkommen der prähistorischen Tierwelt gehört neben den Vögeln z.B. die **Brückenechse Tuatara,** die als „lebendes Fossil" gilt. Sie kann beachtliche 75 cm lang werden, ist jedoch völlig harmlos. Von der Isolation profitierten vor allem die Vögel, die ungestört eine einzigartige Vielfalt bilden konnten. Es gab keine natürlichen Feinde, sodass die Vögel sich ohne Gefahr auch auf dem Boden aufhalten konnten. Da einige von ihnen hier genügend zu fressen fanden, gab es für sie keine Notwendigkeit mehr zu fliegen und sie verloren ihre Flugfähigkeit. Der bekannteste der flugunfähigen Vögel ist der **Kiwi**, Neuseelands Nationalsymbol, der heute vom Aussterben bedroht ist. Flugunfähig sind auch der **Weka**, der **Takahe** und der **Kakapo**, der weltweit größte Papagei. Weithin bekannt ist der neugierige Bergpapagei **Kea**, einer der intelligentesten Vögel der Welt. Er ist gegenüber Menschen wenig scheu und liebt vor allem ihre Autos, von denen er gerne Scheibenwischer oder andere Gummiteile anknabbert!

Von den zahlreichen heimischen Singvögeln sollte der **Tui** besonders hervorgehoben werden, der in ganz Neuseeland anzutreffen ist. Er hat einen wunderschönen, markanten Gesang und ein auffälliges Paar aufgeplusterter weißer Brustfedern (Pastorenkragen). Sein dunkles, schwarz wirkendes Federkleid hat einen grünlich-/bläulichen Schimmer.

Zu den Seevögeln, die in Neuseeland brüten, gehören der **Königsalbatros, Tölpel** und **Silberreiher**. Auch die kleinen **Blaupinguine** und die seltenen **Gelbaugenpinguine** nisten hier. Aotearoa ist außerdem Winterquartier für viele arktische Zugvögel wie den *Regenpfeifer, Flussuferläufer, Zwergstrandläufer, Brachvogel* und *Steinwälzer*. Sie legen dabei die beachtliche Flugleistung von bis zu 12.000 km zurück.

Als die Maori in ihren Kanus in Neuseeland anlandeten und Ratten, Wiesel und Hunde mitbrachten, endete die paradiesische Zeit der Vögel. Die Europäer brachten einige hundert Jahre später 30 weitere Säugetierarten mit nach Aotearoa. Diese fanden unter den flugunfähigen Vögeln und ihren Eiern reichlich Nahrung. Die eingeführten Tiere richten bis heute großen Schaden an und gelten regelrecht als Plage. Dazu gehört zuallererst das aus Australien eingeführte **Possum**. Die Population dieser Beutelratten in der Größe einer Katze ist seitdem geradezu explodiert. Heute bedrohen ca. 80 Millionen Possums sowohl die einheimische Pflanzen- als auch Tierwelt.

Auch der Mensch trug und trägt zur Dezimierung von vielen Arten bei. Der **Moa**, der größte Laufvogel, der jemals auf der Erde gelebt hat, wurde von den Maori bis auf das letzte Exemplar gejagt und getötet. Heute ist die Hälfte der endemischen Vögel Neuseelands ausgestorben und weitere Arten sind bedroht. Mit zahlreichen Schutzprogrammen versucht man ihr Überleben sicherzustellen.

Neben den tierischen Attraktionen an Land ist auch das Meeresleben in Neuseeland reich und vielfältig. Das Beobachten von **Robben** und **Walen** sowie das Schwimmen mit **Delfinen** sind zwei der besonders zu empfehlende Touristenattraktionen Neuseelands. Der *Hector-Delfin* ist der seltenste Delfin der Welt und kommt nur in den Gewässern Neuseelands vor. Auch *Orcas, Bottlenose-, Dusky-* und *Common-Dolphins* tummeln sich in Neuseelands Küstenbereichen, ebenso wie zahlreiche Fischarten.

Toiletten

Es ist kein Problem, in Neuseeland eine öffentliche Toilette zu finden. Es gibt sie überall, selbst an abgelegenen Stränden, Picknickplätzen, Sehenswürdigkeiten und kleinen Ortschaften. Und sie sind in den allermeisten Fällen sauber und mit Toilettenpapier ausgestattet. Die bekannteste - und mit Abstand kunstvollste - öffentliche Toilette in Neuseeland ist die Hundertwasser Toilette in Kawakawa.

Touristeninformation

Fast jeder kleine Ort in Neuseeland hat ein *Visitor Information Centre*. Es ist zu unterscheiden zwischen kommerziellen Büros, die in erster Linie eigene Produkte vermarkten wollen und offiziellen Fremdenverkehrsämtern, die objektiv informieren. Diese sind an grün-weiß-grauen Schildern mit der grünen Aufschrift **i-Site** zu erkennen. Die i-Sites (www.newzealand.com/travel/i-sites) sind immer sehr gut ausgeschildert und haben in der Regel Parkplätze, die für Wohnmobile geeignet sind. Während in kleineren Ortschaften auch weniger gut ausgebildetes Personal anzutreffen ist, zeichnen sich die i-Sites in größeren Orten durch Kenntnisreichtum, enorme Hilfsbereitschaft und sehr guten Service aus. Sie werden dort umfassend und objektiv informiert, z.B. über Attraktionen und mögliche Aktivitäten in der Region. Außerdem erhalten Sie in den i-Sites kostenloses Kartenmaterial der jeweiligen Umgebung, wobei Ihnen Campingplätze auf Nachfrage eingezeichnet werden. Die i-Sites buchen für Sie auch Touren oder fragen bei Campingplätzen verfügbare Plätze an. Auch die Fähre zwischen Nord- und Südinsel können Sie hier buchen. Broschüren, in denen Wanderungen der Region beschrieben werden, können Sie gegen eine kleine Gebühr erwerben.

Neben den i-Sites betreibt das DOC (siehe Department of Conservation) ausgezeichnete und sehr informative Besucherzentren. Über die Webseite von Neuseelands Tourismusorganisation *Tourism New Zealand* (www.newzealand.com) können Sie sich sehr gut über Neuseeland informieren. Die Basisinformationen gibt es auch in deutscher Sprache. Ausgesprochen informativ sind auch die deutschsprachigen Online-Magazine www.neuseeland-news.co.nz und www.360grad-neuseeland.de.

Die Fremdenverkehrsämter haben einen **Radio**-Service für Touristen eingerichtet. Wissenswertes in deutscher Sprache empfangen Sie unter 100.4 FM.

Trinkgeld

Alle Preise in Bars, Cafés, Hotels, Restaurants oder Taxis sind Komplettpreise, Trinkgeld wird also nicht erwartet. Auf der anderen Seite ist in den letzten Jahren ein Trinkgeld in den besseren Restaurants durchaus üblich geworden. Also scheuen Sie sich nicht den Rechnungsbetrag großzügig aufzurunden, wenn Sie mit dem Service zufrieden sind.

Verkehr

Verkehrsregeln

Die wichtigste Verkehrsregel vorweg: Auf der linken Straßenseite fahren! Die Umstellung auf den Linksverkehr wird Ihnen wahrscheinlich nicht schwerfallen, dafür werden Sie in den ersten Tagen die Hebel von Blinker und Scheibenwischer vertauschen.

Trotz Linksverkehr gilt *rechts vor links*.

„Give Way" bedeutet „Vorfahrt achten". Die Regel rechts vor links bewirkt, dass der Kreisverkehr Vorfahrt hat. Ansonsten gelten meist die uns bekannten Verkehrsregeln. Detaillierte Straßenverkehrsregeln sind zu finden unter:

www.nzta.govt.nz/resources/roadcode/road-code-index.html

Die **Höchstgeschwindigkeit** beträgt innerhalb geschlossener Ortschaften 50 km/h und außerhalb 100 km/h. Ein haltender Schulbus darf mit maximal 20 km/h überholt werden. Geschwindigkeitskontrollen werden häufig vorgenommen und es gibt keine Toleranz. Vor Kurven wird oft eine maximale Richtgeschwindigkeit angegeben. Wir empfehlen dringend diese einzuhalten. Bei 15 km/h wird's eng! Europäische nationale Führerscheine werden anerkannt, sofern eine englische Übersetzung vorliegt. Einfacher ist es zusätzlich zum nationalen Kartenführerschein einen **internationalen Führerschein** mitzuführen. Er wird von den Bürgerämtern ausgestellt und ist drei Jahre gültig. Man muss persönlich erscheinen, seinen nationalen Führerschein und ein Passfoto mitbringen. Das gesetzliche Mindestalter, um ein Auto in Neuseeland zu mieten, beträgt 25 Jahre. In Neuseeland herrscht Sitzgurtpflicht für Fahrer sowie alle Insassen. Für Alkohol am Steuer gilt unter 20 Jahren 0,3 Promille und ab 20 Jahren 0,8 Promille. Gelbe Linien am Straßenrand bedeuten Parkverbot. Kleine blaue Schilder zeigen die maximal erlaubte Parkzeit an.

Straßennetz

Das neuseeländische Fernstraßennetz besteht aus den so genannten State Highways und ist sehr gut ausgebaut. Die State Highways sind in der Regel zweispurig ausgebaut, verfügen also über eine Fahrspur in die jeweilige Richtung. Die Bezeichnung der State Highways, wie sie auch in diesem Buch verwendet wird, besteht aus den beiden Buchstaben „SH", sowie der Nummer des Highways (z.B. „SH77").

Es gibt immer noch viele Schotterstraßen *(metal surface, unsealed* oder *gravel road)* in Neuseeland. Schauen Sie bitte in Ihren Vertrag, ob Sie diese fahren dürfen. Manche dieser Straßen sind sehr unschön und löchrig, das Womo leidet. In Neuseeland haben viele Brücken aus Kostengründen nur eine Spur *(one lane bridges)*. Der rote Pfeil in Fahrtrichtung heißt Vorfahrt gewähren. Das Verkehrsschild „*concealed road*" heißt „Vorsicht, versteckte Einfahrt oder schlecht einsehbare Seitenstraße". Selbst auf Highways müssen Sie immer damit rechnen, dass Farmer Rinder oder Schafe über die Fahrbahn treiben. Nicht immer wird mit einem Hinweisschild (etwa „*Stock on the Road*") oder gelbem Blinklicht vor dem Tiertrieb gewarnt.

Straßenzustand

Die Straßen sind überwiegend in einem guten Zustand. Die geografischen Gegebenheiten in Neuseeland führen jedoch häufig zu schmalen, kurvenreichen und steil ansteigenden Straßen. Viele Straßen sind jedoch „*bumpy*". Das Hinweisschild „*uneven surface*" sollten Sie ernst nehmen, um Ihr Womo nicht zu heftig ins Schaukeln zu bringen. Bei Sturm und starken Regenfällen kommt es regelmäßig zu Erdrutschen oder Auswaschungen. Die Straße wird dann schnellstmöglich wieder fahrbereit gemacht. Der Automobilclub Neuseeland (AA) kann Ihnen aktuelle Informationen über den Straßenzustand in den genannten Gebieten geben.

Reisezeiten

Außerhalb der Städte sind die meisten Straßen in beiden Richtungen einspurig und teilen sich nur hier und da in zwei Spuren, um ein sicheres Überholen zu ermöglichen. Da die Straßen zudem häufig eng und kurvenreich verlaufen, müssen sie mit längeren Fahrzeiten als erwartet rechnen. Nehmen Sie sich viel Zeit, damit Sie die Reise entspannt genießen können.

Versicherungen

Eine Auslandskrankenversicherung ist sehr zu empfehlen. Über Ihre Kreditkarte sind die ersten sechs Wochen in aller Regel abgedeckt. Für längere Aufenthalte benötigen Sie eine Langzeitversicherung, die möglichst auch einen Rücktransport umfassen sollte.

In Neuseeland gibt es keine Versicherungspflicht für Autofahrer. Wenn Sie ein Wohnmobil anmieten, werden Sie in Sachen Versicherung beraten und haben verschiedene Optionen. Alle anderen sollten eine Unfallversicherung abschließen. Eine einfache *Third Party-Versicherung* ist preiswert und unbedingt zu empfehlen. Diese erhalten Sie z.B. beim AA (siehe Automobilclub).

Wandern

Es gibt kaum eine bessere Möglichkeit, die unberührten Landschaften und außergewöhnlichen Naturschönheiten Neuseelands kennen zu lernen, als zu Fuß. Neuseeland ist von einem dichten Netz aus Wanderwegen durchzogen und damit ein Eldorado für Wanderer. Dabei wird jeder eine Vielzahl von für ihn geeigneten Trecks vorfinden. Das Spektrum reicht von *Short Walks*, die nicht länger als eine Stunde in Anspruch nehmen, bis zu den mehrtägigen *Great Walks*. Das vielfältige Angebot an Wanderungen kann in jeder *i-Site* erfragt werden. Dort erhalten Sie kostenlose oder kostengünstige Broschüren, in denen die Wanderwege beschrieben sind, für Sie bereit. Bei Wanderungen in Nationalparks empfiehlt es sich vor Ort bei einem *DOC Visitor Information Centre* (siehe *Department of Conservation*) Informationen zu Wetter, Beschaffenheit, Dauer und Schwierigkeit der Ausflüge zu besorgen.

In vielen Städten gibt es Historic Walks, die an historisch interessanten Stätten vorbeiführen. Es werden Wanderungen in allen **Schwierigkeitsgraden und Längen angeboten.** Wählen Sie die Strecke entsprechend Ihrer Fähigkeit und aktuellen Kondition aus. Die *Walking Tracks* sind in der Regel relativ einfach und auch für wenig geübte Wanderer geeignet. Alle Wege sind gut ausgeschildert und am Startpunkt auf einer Schautafel beschrieben. Bedenken Sie bitte, dass es zu sehr schnellen Wetterwechseln kommen kann, daher sollten Sie bei Wanderungen in der neuseeländischen Natur immer gut ausgerüstet sein. Bei längeren Ausflügen raten wir Ihnen zu guten Wanderschuhen, warmer Thermo-Kleidung (Fleecejacken haben sich gut bewährt), Regenjacke, Mütze und Sonnenschutz. Auch ein „Erste Hilfe Päckchen" und ausreichend Verpflegung sollten Sie mit auf den Weg nehmen. Informieren Sie sich beim nächsten Visitor Centre über die aktuellen Wanderbedingungen und über den Wetterbericht. Die neun mehrtägigen *Great Walks* werden vom DOC verwaltet. Um sie wandern zu können, benötigen Sie einen *Great Walk Pass*, den Sie in den Büros der *DOC Visitor Information Centre* bekommen. Der Pass beinhaltet die Übernachtungen in Hütten. In Neuseeland lohnt sich jede Wanderung! In der Rubrik „Tipps & Infos" finden Sie unter dem Stichwort Reiseführer Wanderführer, die wir Ihnen für Neuseeland empfehlen können.

Wohnmobil, eine Liebe auf Zeit!

Es gibt verschiedene Wege, in Neuseeland zu einem Wohnmobil zu kommen:

1. Sie mieten ein Wohnmobil
2. Sie tauschen ihr Wohnmobil gegen das eines Kiwis
3. Sie kaufen ein Wohnmobil in Neuseeland
4. Sie verschiffen ihr eigenes Wohnmobil nach Neuseeland

1. Mieten:

Da dies die mit Abstand gebräuchlichste Variante ist, werden wir ausführlich auf die WOMO-Vermieter eingehen. Es gibt inzwischen eine unglaubliche Vielzahl von Firmen. Für die wichtigsten acht Anbieter geben wir Ihnen die Kontaktdaten:

Kea	09 448 8800	www.keacampers.com
Britz	09 255 3919	www.britz.co.nz
Maui	09 255 3983	www.maui.co.nz
Backpacker	09 255 3985	www.backpackercampervans.co.nz
Apollo	09 889 2976	www.apollocamper.co.nz
Pacific Horizon	03 357 1525	www.pacifichorizon.co.nz
United Campervans	09 275 9919	www.campervan.co.nz
Wilderness Motorhomes	09 255 5300	www.wilderness.co.nz

Über die Webseite **www.newzealand.com/de** von *Tourism New Zealand* gelangen Sie über die Auswahl „Transport" und den Knopf „Wohnmobile" zu den restlichen Verleihern von Wohnmobilen. Beachten Sie bei der Auswahl auch die Gütesiegel von Qualmark. Interessant ist es, einen Blick auf folgende Webseite zu werfen:

www.rankers.co.nz/tags/motorhomes-campervans-rv

Von fast allen Anbietern werden ähnliche Fahrzeugtypen angeboten: Zwei verschiedene Modelle für 2 Personen, ein Modell für 4 Personen und ein Modell für 6 Personen. Bei den letztgenannten Modellen ist ein Doppelbett über dem Führerstand (Alkoven) platziert. Auch wenn sie zu Zweit durch Neuseeland reisen wollen, ist die Anmietung eines Womos für 4 Personen in Erwägung zu ziehen. Es bietet Ihnen zwei wesentliche Vorteile. Ihnen steht mehr Platz zur Verfügung und Sie brauchen ihr Bett nicht jeden Tag umzubauen. Abhängig von der Saison gibt es große Preisunterschiede.

Marktführer ist eindeutig Kea. Er nimmt für sich in Anspruch, die modernste Fahrzeugflotte in Neuseeland zu haben, mit Wohnmobilen, die nicht älter als 2,5 Jahre sind. Einen detaillierten Firmenvergleich finden Sie unter:

www.neuseelandwohnmobile.com/firmenvergleich.html

Oft ist es jedoch günstiger, das Wohnmobil über deutsche Reiseunternehmen zu buchen. Sie erzielen damit nicht unbedingt die besseren Konditionen, haben aber einen deutschen Vertragspartner. Selbstverständlich können Sie auch über das Internet ein Wohnmobil in Neuseeland anmieten. Hier einige Möglichkeiten:

www.camperboerse.de

www.bedmobils.com   (auch Kauf mit Rückkauf)

www.touring-newzealand.de/

www.banz.co.nz

www.bestcamper.de/

www.campervan-rentals.com/

Ausstattung der gemieteten Wohnmobile

Die Wohnmobile aller Anbieter sind mit einem Kühlschrank, einer Spüle sowie Gasherd und Gasflasche ausgestattet. Gasflaschen können Sie ohne Probleme an fast jeder Tankstelle nachfüllen lassen. Leider werden auch Camper ohne WC angeboten. Wegen der eingeschränkten Möglichkeiten zu freiem Campen raten wir davon ab. Die Küchenausstattung ist im Preis enthalten. Ebenso ein Laken, Bettdecke und Kissen mit Überzug, Handtücher und Geschirrtücher. Die Größe des Stauraumes für Gepäck und der Schrankfläche für Ihre Kleidung schwankt stark. Zur Unterbringung im Wohnmobil sollten Ihre Gepäckstücke elastisch sein. Sie können Ihre Koffer zwar kostenlos bei den Vermietern unterstellen, aber es ist oft praktischer, mit nicht ausgepacktem Koffer loszufahren, bzw. vor Abgabe des Campers zu packen.

Darauf sollten Sie bei der Auswahl besonders achten:

- wie hoch ist die Selbstbeteiligung?
- sind Fahrzeugunterboden, Dach, Windschutzscheibe und Reifen versichert?
- verfügt der Camper über ein Navigationsgerät?
- gibt es eine Rückfahrkamera oder einen Rückfahrwarner?
- ist die Dieselsteuer im Preis enthalten (ca. 5 NZD / 100 km)?
- ist die Campingausrüstung im Preis enthalten?
- verlangt der Vermieter einen internationalen Führerschein?
- wie hoch ist das Mindestfahreralter?
- zahlt ein junger Fahrer mehr?
- gibt es Gebühren für einen zweiten Fahrer?

- ist der Transfer zwischen Flughafen und Mietstationen kostenfrei?
- gibt es eine 24-Stunden-Notfallnummer?
- gibt es eine Einwegmiete zwischen Auckland und Christchurch?
- gibt es einen Sonderpreis für die Fähre zwischen Nord- und Südinsel?
- welche Straßen dürfen nicht befahren werden?

Ankunft und Übernahme des Wohnmobils

Wegen der meist anstrengenden Anreise und dem Jetlag, raten wir, zumindest die erste Nacht im Hotel zu verbringen. Sollten Sie den Camper gleich bei Ankunft übernehmen wollen, empfehlen wir für die erste Nacht, den nächstgelegenen Campingplatz anzusteuern. Bei den meisten Anbietern ist der Transfer vom Flughafen bzw. dem Hotel zum Depot inklusive. Die Übernahme des für Sie bereitgestellten Wohnmobils erfolgt in der Regel gegen Mittag oder sogar erst am frühen Nachmittag. Bitte nehmen Sie sich

bei der Fahrzeugübernahme Zeit und lassen Sie sich das Fahrzeug genau erklären. Die meisten Anbieter haben deutschsprechendes Personal. Nach der gründlichen Einweisung in die Handhabung des Fahrzeuges und die Ausrüstung, sowie die Benutzung von Propan-Kühlschrank, Herd und Heizung, richten Sie sich häuslich in Ihrem Fahrzeug ein. Planen Sie für die Fahrzeugübernahme mindestens eine Stunde ein. Eventuelle Fahrzeugmängel sowie Kratzer und Dellen sollten Sie sofort reklamieren. Sie werden in einem Übergabe Protokoll vermerkt. Die Fahrzeuge werden mit aufgefüllter Gasflasche und vollen Wasser- und Treibstofftanks übernommen. Nachdem Sie Ausrüstung und die Funktionsfähigkeit ihres Wohnmobils selbst kontrolliert haben, geht es los. Ihr erstes Anlaufziel wird ein großer Supermarkt sein, gute Fahrt!

Mietvertrag und Kaution

Falls dies nicht schon vorher geschehen ist, schließen Sie vor der Übernahme des Wohnmobils einen rechtsgültigen Mietvertrag ab. Lassen Sie sich seinen Inhalt genau erklären. Bei Fahrzeugübernahme ist eine Kaution fällig, deren Höhe vom Vermieter und der gewählten Versicherung abhängig ist. Die Kaution zahlen Sie über Ihre Kreditkarte. Bei einigen Anbietern wird der komplette Betrag umgehend von Ihrem Konto abgebucht. Bitte beachten Sie für diesen Fall, dass Ihre Kreditkarte die entsprechende Deckung aufweist. Die Kaution wird nach einwandfreier Fahrzeugrückgabe ohne Schäden und unter Einhaltung der Mietbedingungen rückerstattet. Die Rückzahlung auf Ihr Kreditkartenkonto dauert in der Regel ca. 2-3 Wochen. Der Vermieter haftet dabei nicht für eventuelle Kursverluste. Bei anderen Anbietern ist die Kaution mittels *Kreditkarten-Imprint* zu hinterlegen. Diesen erhalten Sie bei ordnungsgemäßer Rückgabe zurück, bzw. er wird in Ihrem Beisein vernichtet.

Wohnmobil Rückgabe

Die Fahrzeuge müssen besenrein und vollgetankt zurückgebracht werden. Die Endreinigung ist meistens im Mietpreis inklusive. Abwassertank und Bordtoilette müssen leer sein. Ansonsten wird Ihnen eine Gebühr berechnet. Bei einem vorzeitigen Reiseabbruch werden nicht genutzte Miettage nicht rückerstattet, ebenso wenig wie nicht genutztes Gas. Das Wohnmobil wird auf Schäden untersucht und gegen das Übergabeprotokoll gecheckt.

2. Tauschen (Swap):

Wir haben damit sehr gute Erfahrungen gemacht. Sie stellen Ihr Wohnmobil einer Kiwi-Familie zur Verfügung und nutzen im Gegenzug deren Motorhome in Neuseeland. Die folgende Internet-Tauschbörse macht es möglich:

www.motorhomeholidayswap.com/index.php

3. Kaufen und Verkaufen:

Wohnmobile sind in NZ sehr teuer, selbst für ältere Modelle zahlen Sie viel Geld. Zudem ist nicht einfach, das Wohnmobil wieder punktgenau zur Abreise zu verkaufen. Oft wird das erworbene Wohnmobil zum Ende der Saison wieder verkauft, also nicht gerade zum günstigsten Zeitpunkt. Mit etwas Glück können Sie bei Kauf und Verkauf eines Wohnmobils einen sehr preisgünstigen Urlaub haben. Wenn es dagegen schlecht läuft, bleiben Sie auf ihrem Womo sitzen. Das kann Ihnen nicht passieren, wenn Sie ein Womo mit einem garantierten Rückkauf (*Buy Back*) erwerben, wie es von einigen Autohändlern angeboten wird. Auch die unten aufgelisteten Vermieter von Wohnmobilen verkaufen ihre Womos, wenn diese die Altersgrenze erreicht haben. Einen sehr guten Überblick über alle Details gibt Ihnen die folgende Internetseite: **www.nzinfo.de/camper_kauf_1.php**

4. Verschiffen:

Für einen sehr langen Aufenthalt ist auch das Mitbringen des eigenen Wohnmobils eine Option. Das Verfahren von der Einschiffung in Deutschland bis zur Zulassung in Neuseeland ist jedoch sehr aufwendig und dann sitzen Sie auch noch auf der falschen Seite. Wir beschränken uns darauf, Ihnen einige Kontakte zu nennen:

Wallenius Wilhelmsen: www.2wglobal.com

AFL-Logostik GmbH: www.shipafl.com/profilDEUTSCH.htm

Höeg Autoliners: www.hoeghautoliners.com

Hamburg-Süd: www.hamburgsud.com/group/de/corporatehome

Zeitunterschied

Der Zeitunterschied zu Neuseeland schwankt zwischen 10 und 12 Stunden. Er ist abhängig von der jeweiligen Sommer- und Winterzeit, denn die Uhren werden sowohl in Deutschland, als auch in Neuseeland entsprechend den Jahreszeiten umgestellt. Die Sommerzeit in Neuseeland beginnt am letzten Sonntag im September und endet am ersten Sonntag im April. In unserer Winterzeit ist uns Neuseeland 12 Stunden voraus, wenn dort Sommerzeit ist. In Neuseelands Winterzeit, d.h. in deutscher Sommerzeit, beträgt der Zeitunterschied lediglich 10 Stunden. In den dazwischenliegenden Phasen beträgt der Zeitunterschied kurzfristig 11 Stunden.

Zollbestimmungen

Um Neuseeland frei von Schädlingen, Pflanzenkrankheiten und Tierinfektionen zu halten, wird die Einfuhr der folgender Waren mit erheblichen Geldstrafen geahndet:

- Tierprodukte, einschließlich Häuten, Fellen, Dung, Federn, Knochen, Korallen, Eiern und Muscheln.
- Frische verderbliche Lebensmittel wie Obst, Gemüse und Fleisch.
- Aus Pflanzenprodukten hergestellte Artikel. Diese können keimfähige Samen oder Insekten mit sich führen.

Beispiel: Wenn man in Ihrem Gepäck einen nicht angemeldeten Apfel findet, haben Sie 200 NZD Strafe zu zahlen. Einen angemeldeten Apfel nimmt man Ihnen ab. Bevor Sie durch die Passkontrolle gehen, müssen Sie eine Arrival Card (Zollkarte) ausfüllen. Bitte deklarieren Sie hier alle Waren, von denen Sie nicht sicher sind, ob sie eingeführt werden dürfen. Verschreibungspflichtige Medikamente können Sie nur einzuführen, wenn Sie eine ärztliche Verschreibung vorweisen können.

Stichwortverzeichnis

Abel Tasman National Park   295
Ahipara   27
Akaroa   181
Aniwaniwa Falls   96
Aoraki Mount Cook   193
Arrowtown   249
Art Deco-Weekend   90
Arthur's Pass National Park   279
Aviemore Damm   202
Awanui River   27

Balclutha   213
Banks Halbinsel   180
Barrytown   281
Baylys Beach   35
Bay of Islands   20
Bay of Plenty   106, 109
Bluff   221
Boundary Creek   254
Bridal Vail Falls   41
Bridge to Nowhere   56
Browne Falls   230
Bruce Bay   262
Brunner Coalfield   280
Buller Gorge Swingbridge   289
Bulls   69
Burkes Pass   188

Cable Bay   304
Canterbury Ebene   185
Cape Foulwind   284
Cape Kidnappers   87
Cape Reinga   27
Cape Runaway   105
Cardrona Valley   250
Carterton   83
Cathedral Caves   218
Catlins   214
Charleston Goldfields   284
Clark Valley   293
Clay Cliffs   200
Clifden Swin Bridge   228
Clive   87
Colac Bay   226
Curio Bay   220

Danseys Pass   203
Darfield   183
Dargaville   34
Dart River   248
Dawson Falls   48
Doubtless Bay   26
Dunedin   207
Duntroon   202

East Cape   103
Eglinton Valley   235
Elephant Rocks   202

Fairlie   187
Fairy Falls   239

Featherston   82
Fjordland-Nationalpark   230
Flagstaff Hill   21
Fortose   221
Fossil Forest   220
Foveaux Strait   223
Fox Glacier Township   262
Foxton   73
Franz-Josef-Gletscher   265
Frasertown   94

Galway Beach   265
Gemstone Beach   226
Gentle Annie Road, Summit   68, 97
Geraldine   187
Gillespies Beach   265
Gisborne   98
Glenorchy   248
Gowan Bridge   290
Greymouth, Grey River   280

Haast Pass   254
Hamilton   38
Harihari   269
Haruru Falls   25
Hastings   90
Havelock, North   307, 86
Hawera   49
Hawke Bay   89
Helena Bay   19
Helena Falls   230
Hicks Bay   103
Hikurangi   18
Hokianga Harbour   30
Hokitika, River   274
Hollyford River   236
Homer Tunnel   237
Hooker Valley Track   194
Horseshoe Falls   218
Huka Falls   65
Humboldt Falls   236

Inangahua Junction   288
Inglewood   47
Invercargill   221
Iwikau Village   61

Jack's Blowhole   217
Jackson Bay   257
Jerusalem   56

Kahurangi Point   259
Kai-Iwi-Lakes   34
Kaipakati Point   283
Kaitaia   27
Kaiteriteri   295
Kaka Point   215
Kapiti Island   74
Karikari   26
Katiki Point   206
Kawakawa, River   19

Kawarau River 243, 250
Kawatiri Junction 291
Kawau Bay, Island 16
Kawhia 41
Kawiti Caves 19
Kerikeri 25
Kingston Flyer 244
Knights Point 261
Kohukohu 30
Kuirau Park 118

Lake Benmore 200
Lake Brunner 279
Lake Clearwater 186
Lake Hawea 252
Lake Ianthe 270
Lake Mahinapua 274
Lake Manapouri 228
Lake Mangamahoe 46
Lake Mapourika 267
Lake Matheson 264
Lake Ohau 199
Lake Okataina 114
Lake Paringa 262
Lake Poerua 279
Lake Rotoiti 291
Lake Rotopounamu 62
Lake Rotoroa 290
Lake Ruataniwha 198
Lake Taupo 64
Lake Te Anau 232
Lake Tekapo 188
Lake Tutira 93
Lake Waikaremoana 94
Lake Wairarapa 82
Lake Wakatipu 243
Lake Wilkie 218
Larnach Castle 211
Levin 73
Lewis Pass 279
Lyell Range 287
Lyttelton 179

Mackenzie Becken 188
Mahia Beach, Halbinsel 97
Manapouri 228
Manawatu Ebene, Gorge 73, 85
Mangatepopo Hut 61
Mangaweka 69
Mangonui 26
Manu Bay 40
Maori 316
Mapua 299
Marae 101, 316
Marahau River 295, 297
Marsden Point, Hill 17, 45
Martinborough 83
Maruia Falls, River 289
Masterton 84
Matai Falls 217
Milford Road, Sound 235, 238
Miramar Halbinsel 81

Mirror Lakes 236
Mission Bay 64
Mitre Peak 239
Moana 279
Moeraki Boulders 205
Mohaka River, Viadukt 93
Mokai Canyon 68
Mokau River 43
Moosburn 241
Morere Hot Springs 98
Motueka River 295
Mount Edgecumbe 113
Mount Hikurangi 100
Mount Cook 193
Mount John 190
Mount Murchison 278
Mount Maunganui 124
Mount Ngauruhoe 57
Mount Pihanga 62
Mount Ruapehu 56
Mount Somers 185
Mount Taranaki 46
Mount Tarawera 116
Mount Tongariro 57
Mount Victoria 81, 157
Mt. Aspiring National Park 251
Murchison 290

Napier 90
Narrows Landing 30
Nelson 301
Nelson Lakes National Park 290
New Plymouth 44
Ninety Mile Beach 28
Nugget Point 216

Oamaru 204
Ohakune 59
Ohawe Beach 48
Ohinemutu 118
Ohiwa Beach 111
Ohope Beach 111
Okarito Lagune 267
Okuru 256
Omapere 31
Omarama 200
Oponoi 31
Opotiki 106
Opua 20
Oreti Beach, River 225
Orewa 14
Otago Harbour, Peninsula 207
Otira Gorge, Tunnel, Viadukt 277
Otorohanga 42
Oturere Stream 66
Owaka 215

Paihia 22
Palmerston, North 207, 71
Papakorito Falls 96
Papamoa Beach 124
Paparoa Nationalpark 282
Papatowai 218

Stichwortverzeichnis 331

Paremata 75
Paringa River 262
Peel Forest 186
Pelorus Bridge, River, Sound 305
Pihanga Scenic Reserve 62
Pipiriki 56
Poor Knights Islands 18
Porpoise Bay 220
Port Chalmers 207
Pounawea 217
Poverty Bay 99
Puhoi River 15
Punakaiki 282
Purakaunui Falls 217

Queenstown 245

Rabbit Island 299
Raetihi 56
Raglan 40
Rainbow Falls 25
Rangiata Gorge, River 186
Rangipo Desert 66
Rangitikei River 69
Rapahoe Beach 281
Rawene 30
Remarkables 245
Richmond 301
Riverton 225
Ross 271
Rotorua 116
Ruakaka 17
Russell 20

Shag Point 206
Sharplin Falls 185
Shotover River 249
Slope Point 220
St Arnaud 291
Sterling Falls 239
Steward-Island 223
Stratford 47

Taiaroa Head 210
Taieri Gorge 208
Taihape 68
Takiroa 202
Tangitikei River 69
Tangoio Falls 92
Tapawera 293
Taramakau River 277
Tarawera Falls 114
Tararua Forest Park 85
Tasman Bay 299
Tasman-Gletscher 191
Taumarunui 52
Taupo 65
Taupo Vulcanic Zone 116
Tauranga (Bay) 124 (284)
Te Anau 231
Te Araroa 103
Te Kaha 106
Te Kopua 40

Te Kuiti 43
Te Mata Peak 86
Te Paki Stream 29
Te Papa Tongarewa 77
Te Puia 120
Te Reinga 96
Te Urewera Nationalpark 94
Te Wairoa 121
Tikitiki 102
Timaru 203
Tolaga Bay 101
Tongariro Nationalpark 57
Torrent Bay 297
TranzAlpine 184, 277
Trotters Gorge 207
Trounson Kauri Park 34
Tuatapere 227
Turangi 63
Tutukaka 18
Twizel 197

Vinegar Hill 69

Waiapu River 102
Waiau River 227
Waihua Beach 93
Waihi Beach 127
Waiinu Beach 49
Waikanae 74
Waikato Plains, River 38
Waikite Valley 122
Waimangu 122
Waimea Inlet 299
Wai-O-Tapu 122
Waipapa Point 220
Waipoua Kauri Forest 32
Waipu 16
Wairakei 65
Wairarapa Region 82
Wairoa River 34
Waitaki River, Valley 191, 201
Waitangi Treaty Grounds 22
Waitemata Harbour 14
Waitomo Caves 42
Waiwera 15
Wanganui, River 52, 270
Warkworth 15
Wellington 76
Westport 285
Whakapapa Village 60
Whakarewarewa 119
Whakatene 112
Whale Bay 18, 40
Whale Island 109, 113
Whanganui River Road 54
Whangaparaoa Halbinsel 14
Whangarei Falls 17
Whatuwhiwhi 26
White Island 109, 113
Wilmot Pass 231
Woolleys Bay 18

Young Nicks Head 98

Der WOMO®-Pfannenknecht

ist die saubere Alternative zum Holzkohlengrill.

* Kein tropfendes Fett,
* Holz statt Holzkohle,
* vielfältige Benutzung –
* vom Kartoffelpuffer bis zur Gemüsepfanne.

Massive Kunstschmiedearbeit, campinggerecht zerlegbar, Qualitäts-Eisenpfanne von Rösle, bequeme Handhabung im Freien, einfachste Reinigung.

Nur 49,90 € – und nur bei WOMO!

Der WOMO®-Aufkleber

* passt mit 45 cm Breite auch auf Ihr Wohnmobil.
* ist das weit sichtbare Symbol für alle WOMO-Freunde.

Nur 2,90 € – und nur bei WOMO!

Der WOMO®-Knackerschreck

* ist die universelle und **sofort sichtbare Einbruchssperre**.
* Wird einfach in die beiden Türarmlehnen eingehängt, zusammengeschoben und abgeschlossen. (tagsüber unter Einbeziehung des Lenkrades, nachts direkt, somit ist Notstart möglich).
* Passend für Ducato, Peugeot, MB Sprinter sowie VW (LT & T4).
* Krallen aus 10 mm starkem (Edel-) Stahl, d. h. nahezu unverwüstlich.

Ab 44,90 € – und nur bei WOMO!

Tipps & Tricks 333

Info-Blatt für das WOM-Buch Neuseeland '12
(ausgefüllt erhalte ich 10% Info-Honorar auf Buchbestellungen direkt beim Verlag)

Lokalität: **Seite:**   **Datum:**
(Stellplatz, Campingplatz, Wandertour, Gaststätte, usw.)
○ unverändert   ○ gesperrt/geschlossen   ○ folgende Änderungen:

Lokalität: **Seite:**   **Datum:**
(Stellplatz, Campingplatz, Wandertour, Gaststätte, usw.)
○ unverändert   ○ gesperrt/geschlossen   ○ folgende Änderungen:

Lokalität: **Seite:**   **Datum:**
(Stellplatz, Campingplatz, Wandertour, Gaststätte, usw.)
○ unverändert   ○ gesperrt/geschlossen   ○ folgende Änderungen:

Lokalität: **Seite:**   **Datum:**
(Stellplatz, Campingplatz, Wandertour, Gaststätte, usw.)
○ unverändert   ○ gesperrt/geschlossen   ○ folgende Änderungen:

Lokalität: **Seite:**   **Datum:**
(Stellplatz, Campingplatz, Wandertour, Gaststätte, usw.)
○ unverändert   ○ gesperrt/geschlossen   ○ folgende Änderungen:

Lokalität: **Seite:**   **Datum:**
(Stellplatz, Campingplatz, Wandertour, Gaststätte, usw.)
○ unverändert   ○ gesperrt/geschlossen   ○ folgende Änderungen:

Meine Adresse und Tel.-Nummer:
(nur komplett ausgefüllte, zeitnah eingesandte Infoblätter können berücksichtigt werden)

_____ _____

_____ _____

Wir bestellen zur sofortigen Lieferung:
(Alle Preise in € [D], Preisänderungen vorbehalten)

☐ Wohnmobil Handbuch	19,90 €
☐ Wohnmobil Kochbuch	12,90 €
☐ Multimedia im Wohnmobil	9,90 €
☐ Heitere WOMO-Geschichten	6,90 €
☐ Gordische Lüge – WOMO-Krimi	9,90 €
☐ WOMO-Aufkleber "WOMO-fan"	2,90 €
☐ WOMO-Pfannenknecht	49,90 €
☐ WOMO-Knackerschreck	ab 44,90 €
☐ Fahrzeugmarke/Bj.:	

WOMO-Reiseführer: Mit dem WOMO ins/durch/nach...

Ziel	Preis	Ziel	Preis
☐ Albanien	19,90 €	☐ Neuseeland	19,90 €
☐ Allgäu	17,90 €	☐ Niederlande	19,90 €
☐ Auvergne	17,90 €	☐ Normandie	17,90 €
☐ Bayern (Nordost)	19,90 €	☐ Norwegen (Nord)	19,90 €
☐ Belgien & Luxemburg	18,90 €	☐ Norwegen (Süd)	19,90 €
☐ Bretagne	18,90 €	☐ Österreich (Ost)	19,90 €
☐ Burgund	17,90 €	☐ Österreich (West)	18,90 €
☐ Dänemark	17,90 €	☐ Ostfriesland	19,90 €
☐ Elsass	18,90 €	☐ Peloponnes	17,90 €
☐ England	18,90 €	☐ Pfalz	18,90 €
☐ Finnland	18,90 €	☐ Piemont/Aosta-Tal	19,90 €
☐ Franz. Atlantikküste (Nord)	17,90 €	☐ Polen (Nord/Masuren)	17,90 €
☐ Franz. Atlantikküste (Süd)	17,90 €	☐ Polen (Süd/Schlesien)	17,90 €
☐ Griechenland	19,90 €	☐ Portugal	17,90 €
☐ Hunsrück/Mosel/Eifel	19,90 €	☐ Provence & Côte d'Azur (Ost)	18,90 €
☐ Irland	18,90 €	☐ Provence & Côte d'Azur (West)	17,90 €
☐ Korsika	17,90 €	☐ Pyrenäen	17,90 €
☐ Kroatien (Dalmatien)	17,90 €	☐ Sachsen	19,90 €
☐ Languedoc/Roussillon	19,90 €	☐ Sardinien	19,90 €
☐ Ligurien	17,90 €	☐ Schleswig-Holstein	19,90 €
☐ Loire-Tal/Paris	17,90 €	☐ Schottland	18,90 €
☐ Marokko	18,90 €	☐ Schwabenländle	17,90 €
☐ Schwarzwald	17,90 €	☐ Südtirol	17,90 €
☐ Schweden (Nord)	18,90 €	☐ Thüringen	19,90 €
☐ Schweden (Süd)	19,90 €	☐ Toskana & Elba	19,90 €
☐ Schweiz (West)	18,90 €	☐ Trentino/Gardasee	17,90 €
☐ Sizilien	17,90 €	☐ Tschechien	18,90 €
☐ Slowenien	17,90 €	☐ Tunesien	17,90 €
☐ Spanien (Nord/Atlantik)	17,90 €	☐ Türkei (West)	18,90 €
☐ Spanien (Ost/Katalonien)	17,90 €	☐ Umbrien & Marken mit Adria	17,90 €
☐ Spanien (Süd/Andalusien)	17,90 €	☐ Ungarn	17,90 €
☐ Süditalien (Osthälfte)	17,90 €	☐ Venetien/Friaul	19,90 €
☐ Süditalien (Westhälfte)	18,90 €		

.... und jährlich werden's mehr!

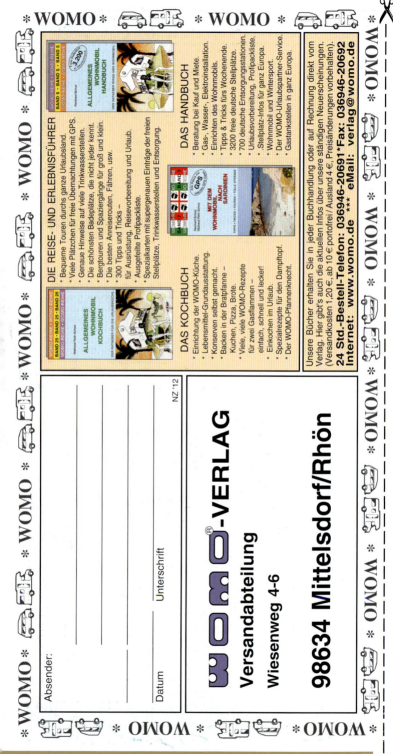